NOWROUSIAN · BAHNE

Strafrecht für die Polizei

Strafrecht für die Polizei

Kompaktlehrbuch mit Praxistipps

Prof. Dr. Bijan Nowrousian
Hochschule für Polizei und öffentliche Verwaltung NRW

Luca Bahne
Polizeikommissar z. A.

BOORBERG

Bibliografische Information der Deutschen Nationalbibliothek |
Die Deutsche Nationalbibliothek verzeichnet diese Publikation in der Deutschen Nationalbibliografie; detaillierte bibliografische Daten sind im Internet über www.dnb.de abrufbar.

ISBN 978-3-415-07128-5

Titelfoto: © Maksim Kabakou – stock.adobe.com | Satz: abavo GmbH, Nebelhornstraße 8, 86807 Buchloe | Druck und Bindung: Plump Druck & Medien GmbH, Rolandsecker Weg 33, 53619 Rheinbreitbach

Richard Boorberg Verlag GmbH & Co KG | Scharrstraße 2 | 70563 Stuttgart
Stuttgart | München | Hannover | Berlin | Weimar | Dresden
www.boorberg.de

Vorwort

Statt eines Vorwortes: *Gebrauchsanweisung* zum Arbeiten mit dem Buch

Der *reguläre* Text: *Strafrecht* …

Das Buch enthält über den regulären Text hinaus Passagen, die jeweils als „Praxisbox" überschrieben sind.

Der *reguläre* Text ist dabei das *Strafrechtslehrbuch* im engeren Sinne. Er umfasst das *gesamte Pflichtprogramm* für das *ganze* Polizeistudium, von einer Einführung in die Methoden über allgemeine Fragen wie Vorsatz und Rechtswidrigkeit bis zu den relevanten Straftatbeständen[1] – und enthält dabei *alles*, was für den Studienerfolg im Strafrecht nötig ist.

Seinem Verständnis nach ist es dabei weniger ein Lehr-, sondern vor allem ein *Lern*buch: Der Stoff wird also nicht einfach präsentiert, sondern anhand eines aktiven Arbeitens mit dem Normtext und der schrittweisen Lösung von Fällen mit dem Leser *erarbeitet*. Den maximalen Nutzen hat man daher, wenn man nicht nur mitliest, sondern *aktiv* mit*denkt*, also selber mit Normtext, Systematik und gestellten Leitfragen arbeitet und so Schritt für Schritt nicht nur neues Wissen erwirbt, sondern zugleich immer mehr Sicherheit in der selbstständigen Arbeit mit juristischen Methoden.

Die Praxisbox

Der eilige Leser, etwa bei der Vorbereitung auf eine nahende Klausur, kann sich daher auf den regulären Text beschränken. Empfohlen ist dies aber *ausdrücklich nicht*!

Denn die Praxisbox schlägt die *Brücke* vom strafrechtlichen Studienstoff zum *polizeilichen Alltag*: *Schlaglichtartig* und themenbezogen finden sich dabei Hinweise auf begleitende eingriffsrechtliche Maßnahmen, Bezüge zur Anzeigenaufnahme und zur Aktenführung, Ausführungen zum Tatnachweis in der Praxis und zum gezielten Führen von Ermittlungen sowie immer wieder knifflige Fälle, die einem in der Praxis durchaus begegnen können.

Auf diese Art werden die *Zusammenhänge* zwischen den verschiedenen Studienfächern deutlich, zeigt sich die *hohe praktische Relevanz* des Strafrechts auch für die schutzpolizeiliche Arbeit, wird der strafrechtliche Stoff auf originelle Art weiter *eingeübt* und *vertieft* – und wird von Anfang an *Lust gemacht* darauf, all das eines Tages *selber* in der Praxis umzusetzen.

1 Enthalten sind alle Straftatbestände aus allen Pflichtmodulen im Studiengang PVD der HSPV NRW, ergänzt um die Delikte der Bedrohung, § 241 StGB, und der Geldwäsche, § 261 StGB.

Die Autoren wünschen daher eine Lektüre, die nicht nur bildet, sondern vor allem auch Freude und Vorfreude weckt. Ein Feedback und Anregungen für Verbesserungen nehmen sie dabei gerne entgegen.

Literatur und Rechtsprechung sind bis zum 25.06.2021 berücksichtigt.

Münster/Soest, im August 2021

Inhaltsverzeichnis

Vorwort 5

Erster Teil: Grundlagen und Methodik 15
1. Strafrecht – was ist das? 15
2. Strafrecht – wozu brauche ich das? 17
3. Strafrecht – wie geht das? 18
   a. Normstruktur und Subsumtion 18
   b. Deliktsaufbau 21
   c. „Keine Strafe ohne Gesetz“ 24
   d. Gutachtenstil 25

Zweiter Teil: Allgemeiner Teil 29
1. Objektiver Tatbestand: Kausalität und objektive Zurechnung 29
   a. Einleitung 29
   b. Kausalität 29
   c. (Mini-)Exkurs: Zur Einteilung der Delikte 32
   d. Objektive Zurechnung 32
2. Subjektiver Tatbestand 37
3. Rechtswidrigkeit 41
   a. Grundsätzliches zur Rechtswidrigkeit 41
   b. Notwehr, § 32 StGB 42
   c. Rechtfertigender Notstand gem. § 34 StGB 54
   d. Notstandsregeln des BGB 59
      aa. Einführung 59
      bb. Defensivnotstand: § 228 Satz 1 BGB 59
      cc. Aggressivnotstand, § 904 BGB 62
   e. Das Festnahmerecht gem. § 127 I StPO 63
   f. Einwilligung 69
   g. Prüfungsreihenfolge der Rechtfertigungsgründe 73
   h. Notwehr für Polizeibeamte 74
   i. „Erlaubnistatbestandsirrtum“ 75
4. Schuld 77
   a. Einführung 77
   b. Notwehrexzess, § 33 StGB 79
   c. Entschuldigender Notstand, § 35 StGB 81
5. Versuch und Rücktritt 84
   a. Einleitung und Prüfungsschema 84
   b. Die Prüfungspunkte und Tatbestandsmerkmale des Versuchs 85
   c. Rücktritt 90

6. Täterschaft und Teilnahme ... 97
a. Mittäterschaft ... 97
aa. Einleitung ... 97
bb. Formen der Täterschaft ... 97
cc. Formen der *Mit*täterschaft ... 98
dd. Mittäterschaft nach Variante 1 (MV 1) ... 99
ee. Mittäter nach Variante 2 (MV 2) ... 103
ff. Kombination von Mittätern nach Variante 1 und 2 ... 106
b. Mittelbare Täterschaft ... 107
c. Anstiftung, § 26 StGB ... 108
d. Beihilfe, § 27 StGB ... 111
e. Ergänzungen ... 114
aa. Zum Wesen von Variante-2-Mittäterschaft, Anstiftung und Beihilfe ... 114
bb. Zur Terminologie ... 115
cc. Rangfolge der Beteiligungsarten ... 116
dd. „Mittäterexzess“ ... 116
7. Fahrlässiges Delikt ... 118
a. Einführung und Prüfungsschema ... 118
b. Zu den Tatbestandsvoraussetzungen ... 120
c. Zu den weiteren Fallgruppen bei der objektiven Zurechnung ... 125
8. Erfolgsqualifikation ... 132
a. Zum Charakter der erfolgsqualifizierten Delikte ... 132
b. Zum Prüfungsschema und den Tatbestandsvoraussetzungen ... 134
9. Unterlassungsdelikte ... 139
a. Echte Unterlassungsdelikte ... 139
aa. Allgemeines zum „echten Unterlassungsdelikt“ (und zu § 323c StGB) ... 139
bb. Näheres zu § 323c StGB ... 140
b. Unechte Unterlassungsdelikte ... 141
aa. Einführung I: Tun und Unterlassen ... 141
bb. Einführung II: Wesen und Konstruktion der unechten Unterlassungsdelikte ... 144
cc. Zu den Merkmalen der unechten Unterlassungsdelikte ... 146
10. Irrtumslehre ... 153
a. Einführung ... 153
b. Tatbestandsirrtum ... 153
c. Verbotsirrtum ... 154
d. Irrtum über das Tatobjekt ... 155
e. Fehlgehen der Tat ... 157

Dritter Teil: Die einzelnen Straftatbestände 161
1. Delikte gegen die körperliche Unversehrtheit (zugleich: „Grunddelikt und Qualifikation" sowie „Antragsdelikte") 161
a. Grundlagen: Grunddelikt und Qualifikation 161
b. Die Tatbestandsmerkmale des § 223 StGB 166
c. (Mini-)Exkurs: Antragsdelikte 167
d. Die Tatbestandsmerkmale des § 224 StGB 168
e. Körperverletzung im Amt, § 340 StGB 172
f. Schwere Körperverletzung gem. § 226 StGB 173
aa. Einführung 173
bb. § 226 II StGB 174
cc. Die Merkmale des § 226 StGB 175
dd. § 226 I StGB 177
g. Misshandlung Schutzbefohlener, § 225 StGB 177
h. Verletzung der Fürsorgepflicht, § 171 StGB 180
i. Beteiligung an einer Schlägerei, § 231 StGB (zugleich: Objektive Bedingung der Strafbarkeit) 181
2. Diebstahlsdelikte 184
a. Diebstahl, § 242 StGB 184
aa. Einleitung 184
bb. Das Prüfungsschema des Diebstahls 184
cc. Zu den Merkmalen des objektiven Tatbestands I: Das Tatobjekt 185
dd. Zu den Merkmalen des objektiven Tatbestands II: Die Tathandlung „Wegnahme" 189
ee. Zusammenfassung: Prüfung „Wegnahme" 194
ff. Subjektiver Tatbestand I: Vorsatz 194
gg. Subjektiver Tatbestand II: Absicht rechtswidriger Zueignung 195
hh. Rechtswidrigkeit und Schuld 200
ii. Komplettes Prüfungsschema für § 242 StGB 200
jj. Ausnahmen: Diebstahl trotz Rückgabeabsicht 201
kk. Prüfung des versuchten Diebstahls 202
b. Besonders schwerer Fall des Diebstahls gem. § 243 StGB (zugleich: Regelbeispiele) 203
aa. Bedeutung, Charakter und Prüfungsort „besonders schwerer Fälle" 203
bb. Zu den Prüfungspunkten des § 243 StGB I: Standort, Einleitung der Prüfung und mögliche Unanwendbarkeit des § 243 StGB nach § 243 II StGB . . . 205
cc. Zu den Prüfungspunkten des § 243 I StGB: Die im Fall vorkommenden Varianten des § 243 I StGB 207

dd. Zu den Prüfungspunkten des § 243 I StGB: Subjektive Seite des Regelbeispiels 210
ee. Zu den anderen Varianten des § 243 StGB 210
ff. §§ 242, 243, 22, 23 StGB 211
c. Diebstahl mit Waffen; Bandendiebstahl, Wohnungseinbruchsdiebstahl, § 244 StGB 211
aa. Einführung 211
bb. § 244 I Nr. 1a StGB 212
cc. § 244 I Nr. 1b StGB 213
dd. § 244 I Nr. 2 StGB: Bandendiebstahl 213
ee. § 244 I Nr. 3 und IV StGB: Wohnungseinbruchsdiebstahl (WED) 213
d. Schwerer Bandendiebstahl, § 244a StGB 215
e. Unterschlagung, § 246 StGB 215
f. §§ 247, 248a StGB 219
3. Delikte gegen das Leben 221
a. Systematik der Tötungsdelikte 221
b. Totschlag, § 212 StGB 223
c. Mord, § 211 StGB 224
aa. Aufbau und Prüfungsschema des § 211 StGB 224
bb. Zur Rechtsfolge bei Mord 225
cc. Mordmerkmale I: Heimtücke und „niedere Beweggründe" 227
dd. Mordmerkmale II: Grausam/zur Verdeckung einer anderen Straftat/niederer Beweggrund 233
ee. Mordmerkmale III: gemeingefährliches Mittel/ Habgier 237
ff. Mordmerkmale IV: zur Befriedigung des Geschlechtstriebs/Mordlust/Heimtücke/ („Motivbündel") 241
d. Tötung auf Verlangen, § 216 StGB 245
aa. Zur Sperrwirkung der Privilegierung 245
bb. Zum Prüfungsschema und zu den Tatbestandsmerkmalen 246
4. Delikte gegen die Freiheit 249
a. Freiheitsberaubung, § 239 StGB 249
b. Nötigung, § 240 StGB 250
aa. Einführung und Prüfungsschema 250
bb. Zu den Tatbestandsmerkmalen 252
cc. Exkurs: Nötigung im Straßenverkehr 255
c. Nachstellung, § 238 StGB 256
d. Bedrohung, § 241 StGB 261

5. Delikte gegen die Ehre ... 264
a. Systematik ... 264
b. Beleidigung, § 185 StGB ... 265
c. Üble Nachrede, § 186 StGB ... 270
d. Verleumdung, § 187 StGB ... 272
6. Delikte gegen die sexuelle Selbstbestimmung ... 273
a. Sexueller Übergriff, sexuelle Nötigung, § 177 StGB ... 273
aa. Systematik des § 177 StGB ... 273
bb. Zu § 177 I StGB (Prüfungsschema und Definitionen) ... 274
cc. Zu § 177 VI StGB (Regelbeispiel „Vergewaltigung“) ... 275
b. Strafbarkeit von „nicht erheblichen“ sexuellen Handlungen: § 184i StGB ... 276
c. Weitere Sexualstraftaten: §§ 174, 176, 184b StGB ... 278
7. (Weitere) Delikte gegen Eigentum und Vermögen ... 281
a. Raub, § 249 StGB ... 281
b. Erpressung und räuberische Erpressung, §§ 253, 255 StGB ... 286
aa. Einleitung ... 286
bb. Erpressung und räuberische Erpressung, §§ 253, 255 StGB: Prüfungsschemata und Definitionen ... 286
cc. Streitstand: Abgrenzung Raub und räuberische Erpressung ... 289
c. Räuberischer Diebstahl, § 252 StGB ... 298
d. Qualifikationen gem. § 250 StGB ... 303
e. Raub mit Todesfolge, § 251 StGB ... 304
f. Betrug, § 263 StGB ... 305
aa. Einführung und Prüfungsschema ... 305
bb. Zu den einzelnen Tatbestandsmerkmalen ... 307
cc. Der Betrug als reines Vermögensdelikt ... 312
dd. Betrug durch Unterlassen ... 313
ee. Abgrenzung zum Trickdiebstahl ... 319
ff. Sonderfälle (Persönlicher Schadenseinschlag, Zweckverfehlung, Dreiecksbetrug) ... 323
gg. Regelbeispiele und Qualifikation ... 329
g. Computerbetrug, § 263a StGB ... 329
aa. Normzweck und Prüfungsschema ... 329
bb. Zu den Tatbestandsvoraussetzungen ... 333
h. Erschleichen von Leistungen, § 265a StGB ... 337
i. Sachbeschädigung, § 303 StGB ... 340
j. Gemeinschädliche Sachbeschädigung, § 304 StGB ... 347
k. Hausfriedensbruch, § 123 StGB ... 348

8. Urkundsdelikte ... 355
a. Urkundenfälschung § 267 StGB ... 355
aa. Einführung ... 355
bb. Urkundsbegriff und Tathandlung „Herstellen einer unechten Urkunde“ ... 356
cc. Verfälschen einer echten Urkunde; subjektiver Tatbestand ... 361
dd. Zum Tatbestandsmerkmal des „Gebrauchen“ ... 364
ee. Sonderformen der Urkunde ... 364
ff. Zur Urkundsqualität von Reproduktionen ... 366
gg. Regelbeispiele und Qualifikationen ... 367
b. Fälschung technischer Aufzeichnungen, § 268 StGB ... 367
c. Fälschung beweiserheblicher Daten, § 269 StGB ... 369
d. Urkundenunterdrückung, § 274 StGB ... 371
e. §§ 278, 281 StGB ... 373
9. Nachtatdelikte ... 376
a. Einführung ... 376
b. Hehlerei, § 259 StGB ... 376
c. Geldwäsche, § 261 StGB ... 380
d. Strafvereitelung und Strafvereitelung im Amt, §§ 258, 258a StGB ... 383
aa. Strafvereitelung als Begehungsdelikt ... 383
bb. Strafvereitelung durch Unterlassen, §§ 258, (258a), 13 StGB ... 385
e. Begünstigung, § 257 StGB ... 388
10. Widerstandsdelikte ... 390
a. Einführung ... 390
b. Tätlicher Angriff auf Vollstreckungsbeamte, § 114 StGB ... 390
c. Widerstand gegen Vollstreckungsbeamte, § 113 StGB ... 398
d. Regelbeispiele ... 401
e. Zusammenfassung zur Systematik ... 401
11. Brandstiftungsdelikte ... 402
a. Systematik der Brandstiftungsdelikte ... 402
b. Die drei Grunddelikte ... 402
c. Qualifikationen, Erfolgsqualifikationen, Fahrlässigkeit ... 405
d. Die Tathandlungen ... 405
e. Tätige Reue ... 406
12. Delikte gegen die Rechtspflege ... 407
a. Einführung ... 407
b. Falsche Verdächtigung, § 164 StGB ... 407
c. Vortäuschen einer Straftat, § 145d StGB ... 409

13. Korruptionsstraftaten 412
a. Einführung 412
b. Bestechlichkeit/Bestechung, §§ 332, 334 StGB 413
c. Vorteilsannahme/Vorteilsgewährung, §§ 331, 333 StGB 415
14. Politisch motivierte Kriminalität (PMK) 419
a. Einführung 419
b. Verwenden von Kennzeichen verfassungswidriger Organisationen, § 86a StGB 419
c. Volksverhetzung, § 130 StGB 422

Annex: Strafverfahren und Strafarten 427

Erster Teil: Grundlagen und Methodik

1. Strafrecht – was ist das?

Was *ist „Strafrecht" eigentlich* überhaupt? Womit befasst es sich? Was unterscheidet es von anderen Rechtsgebieten? Darum soll es zuerst gehen. Die Frage ist also zunächst: welche Rechtsgebiete gibt es überhaupt? Was macht diese dabei aus? Und vor allem: was macht das Strafrecht dabei aus? Zur Illustration dient dabei nachfolgender

Fall 1:

Der B hat sich seinen Traum von einem Haus im Grünen verwirklicht und außerhalb der Stadt ein Haus gebaut. Leider hat er die erforderliche Baugenehmigung nicht eingeholt und hätte sie aus Landschaftsschutzgründen auch nicht erhalten. Als das Bauamt davon erfährt, schickt der zuständige Sachbearbeiter S dem B ein Schreiben, in dem steht, dass B das Haus beseitigen müsse. B, der weiß, wo der ihm flüchtig bekannte S wohnt, ist so verärgert, dass er zum Haus des S fährt und dort so lange gegen den Briefkasten tritt, bis dieser viele Beulen hat. Welche Rechtsgebiete sind berührt?

Als Hinführung soll folgende erste Überlegung dienen: *Was* im Fall hat überhaupt alles *rechtliche Relevanz* und *wen betrifft* es jeweils?

Es gibt zunächst die *Beseitigungsanordnung* (und vorangehend den Schwarzbau durch B). *„Beteiligt"* an der Beseitigungsanordnung sind B und die Baubehörde.

Rechtlich relevant ist ferner die Zerstörung des Briefkastens:

Zum einen kommt es durch die Tritte des B zur Entstehung eines materiellen Schadens bei dem *S als Privatperson*; beteiligt sind insoweit B und S.

Ferner steht eine Strafbarkeit wegen *Sachbeschädigung (§ 303 StGB)* im Raum. Auch hier ist S als Geschädigter irgendwie beteiligt, aber es ist auch das Feld von Polizei, Staatsanwaltschaft und Strafgerichten.

Nach den *Beteiligten* lassen sich diese Rechtsverhältnisse nun *systematisieren*:

Die Beseitigungsanordnung betrifft das *Verhältnis Bürger – Staat.*

Es geht also um eine Hierarchie und damit ein vertikales Verhältnis bzw. eine *Über- und Unterordnung.*

Rechtsfragen, die dieses Verhältnis betreffen, gehören zum **öffentlichen Recht**.

Weitere *Beispiele* öffentlich-rechtlicher Regeln wären: Erteilung eines Aufenthaltstitels für Ausländer, Erteilung einer Gewerbeerlaubnis, Erteilung eines Waffenscheins.

Beim Schadensersatz für den zerstörten Briefkasten stehen sich – wieder im Fall – mit B und S *zwei Bürger gegenüber.*

Es geht also um eine Rechtsfrage zwischen *rechtlich gleichgestellten* Bürgern, also ein horizontales Rechtsverhältnis.

Das Rechtsgebiet, in dem sich Bürger mit Forderungen gegenüberstehen, heißt **Zivilrecht** (oder auch „bürgerliches Recht").

Weitere *Beispiele* sind: Kaufverträge, Mietverträge, Beauftragung eines Handwerkers (sogenannte Werkverträge).

Im Fall kann S von B Schadensersatz verlangen.

Soweit es die *Sachbeschädigung als Straftat* betrifft, gilt Folgendes:

Zwar ist eine Sache des S zerstört worden, S ist also Geschädigter. Die *strafrechtliche* Rechtsfolge ist aber *nicht* der Ersatz des entstandenen Schadens, sondern eine *Bestrafung.* Der B wird also vom Staat bestraft, etwa mit einer an den Staat (!) zu zahlenden Geldstrafe.

Die Bestrafung erfolgt dabei *durch den Staat* in Form eines Gerichts, und dies in einem vertikalen Verhältnis bzw. einem *Über- und Unterordnungsverhältnis.*

Es geht im Strafrecht also um *öffentliches Recht, dass die Bestrafung des Bürgers zur Rechtsfolge hat.*

Strafrecht ist also eigentlich ein *Unterfall des öffentlichen Rechts,* dass sich aber wegen seiner besonderen Inhalte zu einem eigenen Rechtsgebiet *verselbstständigt* hat.

Es gibt mithin *drei* große Rechtsgebiete: **Zivilrecht, Öffentliches Recht** und **Strafrecht**.

Entsprechend ergibt sich zur Beschreibung dessen, was Strafrecht ist, die folgende

Definition „Strafrecht":

Das Strafrecht umfasst diejenigen öffentlich-rechtlichen Normen, die die Voraussetzungen und Folgen eines mit Strafe bedrohten Verhaltens regeln.

Die *Funktion des Strafrechts* besteht dabei im *Rechtsgüterschutz.* Der Straftatbestand der Sachbeschädigung etwa schützt das Eigentum (vor Beschädigung und Zerstörung), der Straftatbestand des Totschlags, § 212 StGB, schützt das Leben, der der Körperverletzung gem. § 223 StGB die Gesundheit.

2. Strafrecht – wozu brauche ich das?

Mit welchen der genannten Rechtsgebiete befassen sich nun *Polizeibeamte*?

Natürlich: mit dem *Strafrecht*, soweit es um die *Aufklärung begangener Straftaten* geht: Die Polizei ist zusammen mit der Staatsanwaltschaft (die gegenüber der Polizei weisungsbefugt ist) *Ermittlungsbehörde*; sie ermittelt alle Fakten, die nötig sind, um zu entscheiden, ob eine Straftat begangen und dem Beschuldigten nachweisbar ist.

Dies ist (in der Regel zumindest) die Aufgabe der **Kriminalpolizei.**

Mit dem *öffentlichen Recht* befasst sich die Polizei, soweit es um die *Verhütung (zukünftiger)* Straftaten und allgemein die *Aufrechterhaltung der öffentlichen Sicherheit und Ordnung* geht. Hier ist die Polizei zwar nicht alleine zuständig, viele andere Behörden befassen sich ebenfalls mit der Durchsetzung des öffentlichen Rechts, etwa das Bauamt, das Ordnungsamt pp. Aber neben diesen diversen anderen Behörden setzt eben auch die Polizei öffentlich-rechtliche Normen gegenüber dem Bürger durch. Beispiele wären: Verkehrskontrolle, Begleitung von Demonstrationen mit dem Ziel, dafür zu sorgen, dass dort nicht gegen Auflagen oder gegen Gesetze verstoßen wird, Streifenfahrt.

Dies ist die Aufgabe der **Schutzpolizei.**

Wie ist es aber mit dem *Zivilrecht*? Befasst die Polizei sich auch damit?

Von einigen wenigen Ausnahmekonstellationen abgesehen lautet die Antwort darauf eindeutig: *Nein!*

Zivilrechtliche Ansprüche muss der Bürger vor einem Zivilgericht *selber* geltend machen.

Entsprechend werden Sie in Ihrem Studium auch mit *Strafrecht* und *öffentlichem Recht* in hohem Maße und als *Kernfächer* befasst werden. Zivilrecht lernen Sie als angehende Polizeibeamte aber nicht, weil Sie es für Ihren Beruf nicht brauchen.

3. Strafrecht – wie geht das?

a. Normstruktur und Subsumtion

Fall 1 (Fortsetzung):

Der B ist zwischenzeitlich wegen Sachbeschädigung gemäß § 303 StGB verurteilt worden, weil er den Briefkasten des S zusammengetreten hat. Wie ist das Gericht dazu gekommen, darin eine Sachbeschädigung zu sehen?

Hierfür muss nun auf den *einschlägigen*, also den in Frage kommenden *Straftatbestand* aus dem Strafgesetzbuch geschaut werden. Dies ist hier wie oben bereits genannt **§ 303 I StGB, Sachbeschädigung**. Der Straftatbestand der Sachbeschädigung gem. § 303 I StGB, um den es also geht, lautet:

„Wer (rechtswidrig) eine fremde Sache beschädigt oder zerstört, wird (...) bestraft."

Welche *Elemente* enthält diese Norm? (Über das eingeklammerte „rechtswidrig" lesen Sie bitte hinweg, dies hat keine eigenständige Funktion.)

„Wer (rechtswidrig) eine fremde Sache beschädigt *oder* zerstört, *wird (...)* bestraft.*"*

Die enthaltenen *Elemente* sind also:

- Sache
- Fremdheit der Sache
- Beschädigen oder
- Zerstören
- Vorgesehene Strafe

Entscheidend zum Verständnis der Norm ist nun die folgende Frage: Wie ist die *Verknüpfung* dieser Elemente?

Die Verknüpfung erfolgt nach einem *„Wenn..., dann..."-Schema*: „Wenn jemand eine fremde Sache zerstört oder beschädigt, dann wird er bestraft."

Die Norm enthält also bestimmte *Voraussetzungen*, nämlich das *„Wenn"*, und eine bestimmte *Folge*, nämlich das *„Dann"*. So sind *alle Normen* aufgebaut!

Das „Dann" in einer Norm heißt dabei **Rechtsfolge**.

Das „Wenn" heißt **Tatbestand**.

Die **Struktur** ist also: Wenn jemand den Tatbestand erfüllt, dann tritt die Rechtsfolge ein.

Der Tatbestand besteht nun aus *mehreren* Elementen (bei § 303 StGB: Sache, Fremdheit, Beschädigen oder Zerstören).

Diese heißen **Tatbestandsmerkmale**.

Normen bestehen also (immer) aus *Tatbestandsmerkmalen* und einer *Rechtsfolge*. Dies ist keine Besonderheit des Strafrechts. Es gilt in *allen* Rechtsgebieten.

Zu beachten – und ganz zentral zum Verständnis – ist ferner noch etwas, was ebenfalls in allen Rechtsgebieten gilt:

Die Rechtsfolge tritt **nur** ein, wenn *alle* Tatbestandsmerkmale erfüllt sind; *fehlt* auch nur eines, tritt die Rechtsfolge *nicht* ein!

Einzige *Ausnahme* von dieser Regel sind *alternative* Tatbestandsmerkmale, im Gesetz leicht an dem Wort *„oder"* zu erkennen. Hier reicht es, wenn eines der alternativen Merkmale erfüllt ist. Bei § 303 I StGB etwa muss die fremde Sache beschädigt oder zerstört werden. Es reicht also eines von beidem, aber jedenfalls eins muss dann auch erfüllt sein, damit die Rechtsfolge eintritt.

Zurück zum Fall: Es soll nun – nach dem Blick auf die Norm – auf den *Sachverhalt*, also die (erzählte bzw. in der Praxis: geschehene) Geschichte, geschaut werden. Welche inhaltlichen Elemente hat dieser Sachverhalt, soweit es den Briefkasten betrifft?

Enthalten sind folgende *tatsächlichen* Elemente:

Es gibt einen Briefkasten.

Dieser ist Eigentum des S.

B hat so lange dagegengetreten, bis der Briefkasten kaputt war.

Die **Aufgabe juristischer Falllösung** besteht jetzt darin, zu prüfen, ob sich die – konkreten, in jedem Fall individuellen – Sachverhaltselemente unter die – abstrakten – Tatbestandsmerkmale einer Norm – im Strafrecht: eines Straftatbestandes – fassen lassen. Man *vergleicht* also quasi Lebenssachverhalt und Norm und *prüft*, ob es für jedes Tatbestandsmerkmal eine *Entsprechung* im Lebenssachverhalt gibt.

Dieser Vorgang heißt **Subsumtion**. Man *subsumiert* einen konkreten Lebenssachverhalt *unter* eine Norm.

Gibt es zu jedem Tatbestandsmerkmal ein Sachverhaltselement, tritt die Rechtsfolge ein. Wenn nicht, tritt sie nicht ein.

Im Strafrecht bedeutet dies: Gibt es zu jedem Tatbestandsmerkmal eines Strafgesetzes ein Sachverhaltselement (und liegen keine Ausnahmen vor, die sich aus anderen Normen ergeben, dazu später mehr), hat sich der Beschuldigte strafbar gemacht.

Um nun richtig zu subsumieren, muss *der Reihe nach* für *jedes einzelne Tatbestandsmerkmal* untersucht werden, ob es durch ein Sachverhaltselement erfüllt ist.

Mögliche tatsächliche Entsprechungen zu den Tatbestandsmerkmalen des § 303 StGB sind im Fall nun:

Sache: Es gibt den Briefkasten.

Fremdheit der Sache für B: Der Briefkasten gehörte S.

Zerstören: B hat den Briefkasten vollständig demoliert.

Das Ergebnis ist also: Zu allen Tatbestandsmerkmalen gibt es ein Sachverhaltselement. Die Rechtsfolge kann also eintreten.

Dazu ein weiteres Beispiel zur *Übung*:

Fall 2:

Der B will seinem Erzfeind O eine Abreibung verpassen. Er geht zu ihm und schlägt ihm ins Gesicht. O erleidet dadurch eine Beule an der Stirn. Strafbarkeit des B?

Einschlägige Norm ist **§ 223 I StGB, Körperverletzung**: „Wer eine andere Person körperlich misshandelt oder an der Gesundheit schädigt, wird (…) bestraft."

Tatbestandsmerkmale sind:

- Andere Person
- Körperlich misshandeln oder
- An der Gesundheit schädigen

Sachverhaltselemente im Fall sind:

Andere Person = O

Körperlich misshandeln = Schlag ins Gesicht

An der Gesundheit schädigen = Beule

Es gibt also zu jedem Tatbestandsmerkmal der Norm ein Sachverhaltselement. B hat mithin alle Tatbestandsmerkmale des § 223 I StGB erfüllt.

b. Deliktsaufbau

Um die Frage, ob eine Person sich strafbar gemacht hat, abschließend bejahen zu können, reichen die Tatbestandsmerkmale, die sich in dem konkreten Straftatbestand finden, indes alleine nicht aus. Die *Liste der erforderlichen Tatbestandsmerkmale* auf der „wenn"-Seite, damit dass „dann", also die Rechtsfolge der Strafbarkeit, tatsächlich eintritt, ist vielmehr noch etwas zu *verlängern* – etwa um Aspekte wie den Vorsatz. Was noch dazukommen muss und wie mithin ein *vollständiger* **Deliktsaufbau** für einen vollendeten (vorsätzlichen) Straftatbestand aussieht, soll nun Thema sein.

Der Deliktsaufbau sei an folgendem **Fall** illustriert:

Der B, der in einem Mehrfamilienhaus mit Garage mit Stellplätzen für alle Bewohner lebt, ist wütend und will sich abreagieren, indem er ein Auto durch Tritte verbeult.

- Variante 1: Er tritt heftig gegen sein Auto.
- Variante 2: Er will heftig gegen sein Auto treten, verwechselt dies aber mit dem Auto eines Nachbarn, das vom gleichen Typ ist und die gleiche Farbe hat. Er tritt daher Beulen in das Auto des Nachbarn.
- Variante 3: B tritt heftig gegen das Auto von Nachbar N, der ihm am Vortag erzählt hatte, der Wagen sei nach einem Unfall nur noch wenig wert und solle in drei Tagen abgeschleppt und verschrottet werden, weswegen B sich an ihm, so er denn müsse, „abreagieren" könne.
- Variante 4: B fasst seinen Entschluss, ein Auto zu zerbeulen, weil er ständig Stimmen hört, die es nicht gibt, er aber für real hält und die ihm dies befehlen.

Hat B sich jeweils wegen Sachbeschädigung gemäß § 303 StGB strafbar gemacht?

Variante 1:

Das Tatobjekt ist hier zwar eine Sache, aber keine für B fremde Sache. B erfüllt *schon die Tatbestandsmerkmale des § 303* StGB *nicht*. B ist nicht strafbar.

Variante 2:

B erfüllt hier die Tatbestandsmerkmale des § 303 StGB. B *weiß und will* dies aber *nicht*, denn er denkt, die zerstörte Sache sei seine eigene. Ihm fehlt also das Wissen um das Tatbestandsmerkmal „fremd".

B fehlt damit der *Vorsatz* dafür, eine *fremde* Sache zu zerstören. Auch hier ist B nicht strafbar, ihm fehlt der **Vorsatz.**

Die Notwendigkeit des Vorsatzes ergibt sich dabei *nicht* aus § 303 StGB. Sie ergibt sich – für *alle* Straftatbestände, falls nicht ausnahmsweise auch die fahrlässige Begehung strafbar ist – aus *§ 15 StGB.*

Variante 3:

B erfüllt auch hier die Tatbestandsmerkmale des § 303 StGB. B weiß und will dies auch, da er diesmal auch wusste, dass die Sache fremd ist. B handelte also auch vorsätzlich.

N hat B aber die Zerstörung erlaubt. B *darf* daher – ausnahmsweise – eine fremde Sache beschädigen. B handelt mit Einwilligung des Nachbarn als Eigentümer der beschädigten Sache und daher *nicht rechtswidrig*. Denn mit der Einwilligung des N liegt eine Rechtfertigung dafür vor, dass B den Tatbestand verwirklicht. Für eine Strafbarkeit fehlt mithin die **Rechtswidrigkeit.**

Variante 4:

B erfüllt wieder die Tatbestandsmerkmale des § 303 StGB und weiß und will dies auch. N hat ihm dies auch nicht erlaubt, sodass B auch rechtswidrig handelt.

B ist sein Handeln aber *nicht vorzuwerfen*, weil er umgangssprachlich „nicht zurechnungsfähig" (korrekt: „schuldunfähig") handelt. B handelt nicht *schuldhaft.* Für eine Strafbarkeit fehlt also hier die **Schuld.**

Ein *vollständiger* Straftatbestand besteht also aus...

...dem **objektiven Tatbestand** (= Tatbestandsmerkmale der jeweiligen Norm),

...dem **subjektiven Tatbestand** (= Vorsatz),

...der **Rechtswidrigkeit** (= keine Rechtfertigung) und

...der **Schuld** (= keine Schuldunfähigkeit).

Gemeint ist damit jeweils Folgendes:

<u>Objektiver Tatbestand:</u> Erfüllt der Täter die jeweiligen Tatbestandsmerkmale des einschlägigen Straftatbestands?

<u>Subjektiver Tatbestand (Vorsatz):</u> Will der Täter die Merkmale des Straftatbestands erfüllen?

<u>Rechtswidrigkeit:</u> Handelt der Täter dabei ohne Rechtfertigungsgründe (Notwehr, Einwilligung pp.)?

<u>Schuld:</u> Ist der Täter schuldfähig?

Das Ganze lässt sich nun wieder in ein „*Wenn-dann-Schema*" fassen:

Wenn der Täter…

… den objektiven Tatbestand verwirklicht **und…**

… den subjektiven Tatbestand verwirklicht **und…**

… rechtswidrig handelt **und…**

… schuldhaft handelt,

… **dann** wird er bestraft!

So entsteht ein **Prüfungsschema**:

Prüfungsschema Vorsatzdelikt:

Objektiver Tatbestand

(= Tatbestandsmerkmale der konkreten Norm)

Subjektiver Tatbestand: Vorsatz

Rechtswidrigkeit

Schuld

Damit das „Dann" (Rechtsfolge) eintritt, müssen **alle** Elemente des „Wenn" erfüllt sein, also **alle** Elemente des Prüfungsschemas. Fehlt auch nur eines, ist der Täter nach der geprüften Norm nicht strafbar!

Beachte also: Das „*Wenn*" für die Rechtsfolge „wird bestraft" steht *nicht nur in einem Paragrafen.*

Prüfungsschemata für vorsätzliche Delikte werden mithin wie folgt „gebastelt":

Den *objektiven* Tatbestand entnehmen Sie dem *jeweiligen Straftatbestand*, indem Sie alle Tatbestandsmerkmale aus der jeweiligen Norm herausfinden und zusammentragen. Der objektive Tatbestand ist daher von Straftatbestand zu Straftatbestand *unterschiedlich.*

Als Nächstes *ergänzen* Sie die Punkte „subjektiver Tatbestand", „Rechtswidrigkeit" und „Schuld". Diese sind für alle (vorsätzlich-vollendeten) Straftatbestände *gleich.*

Dies sei an der folgenden Norm illustriert:

Prüfungsschema § 303 StGB:

Objektiver Tatbestand:

- **Sache**
- **fremd**

- **beschädigen oder**
- **zerstören**

Subjektiver Tatbestand: Vorsatz

Rechtswidrigkeit

Schuld

Sie können so *aus jedem* Tatbestand ein vollständiges Prüfungs*schema* „herstellen"!

Praxisbox:

Prüfungsschemata und Subsumtionen werden Sie Ihr *gesamtes* Berufsleben lang *begleiten*. Denn *bevor* Sie als Schutz- oder Kripobeamter entscheiden, welche Maßnahmen Sie treffen wollen, müssen Sie *immer zuerst* klären, wie das Geschehene überhaupt rechtlich zu werten ist. Dazu müssen Sie unter Normen, die in Betracht kommen, also juristisch gesprochen, „einschlägig sind", subsumieren.

Wie bei einer Fremdsprache, die man irgendwann sicher beherrscht, werden Sie dies oft nur im Kopf in Sekunden machen. Aber falls Sie mit sehr komplexen Sachverhalten oder mit Ihnen neuen Normen zu tun haben, kann die rechtliche Einordnung auch in der Praxis durchaus mal recht „schulmäßig" vorgenommen werden müssen.

So oder so gilt aber: *Sie prüfen rechtlich, bevor Sie handeln.* Denn Sie sind Polizeibeamter und nicht nur Laie in Uniform!

Schemata und Definitionen sind bei alledem keineswegs nur eine umständliche Förmelei. Sie dienen der Rechtssicherheit – und damit letztlich dem Freiheitsschutz. Denn ihr Zweck ist, eine Technik zu haben, mit der sich der Anwendungsbereich einer Norm so präzise wie möglich und damit so willkürfrei wie möglich bestimmen lässt. So soll erreicht werden, dass es nicht vom konkreten Richter abhängt, was am Ende strafbar ist und was nicht, sondern sich dies allgemein und im Voraus klären lässt. Schemata und Definitionen haben also eine zentrale rechtsstaatliche Funktion: Sie dienen dem *Willkürschutz!*

c. „Keine Strafe ohne Gesetz"

Lässt sich ein Verhalten *unter kein* (*zum Tatzeitpunkt geltendes*) Gesetz subsumieren, ist es *straflos*. Denn es gilt der eherne Grundsatz: **Keine Strafe ohne Gesetz**! Dies findet sich auch ausdrücklich in § 1 StGB, folgt aber auch aus der Idee des Rechtsstaats. *Nachträglich* geschaffene Straftatbestände, die ein zur Tatzeit noch strafloses Verhalten erfassen würden, können daher auch *nicht rückwirkend* angewandt werden, sondern nur für Täterverhalten ab dem Zeitpunkt, zu dem die neue Norm in Kraft tritt. Es gilt also auch ein **Rückwirkungsverbot**. Der *Sinn* ist, dass der Bürger immer sicher wissen können muss, was er jetzt und hier darf und was unter Strafe verboten ist. Rückwirkende „Überraschungen" darf es daher nicht geben.

d. Gutachtenstil

Die Abarbeitung des Prüfungsschemas erfolgt in einem bestimmten, *streng festgelegten* Aufbau und Stil, der **Gutachtenstil** heißt.

Der Stil verlangt die Prüfung auf folgende Art in *vier Schritten*:

- *Hypothese*: Hier benennen Sie das Tatbestandsmerkmal, unter das Sie subsumieren wollen.
- *Definition*: Hier stellen Sie dar, wie das Tatbestandsmerkmal zu verstehen ist.
- *Subsumtion*: Hier erfolgt dann die eigentliche Prüfung, ob das Sachverhaltselement dem Tatbestandsmerkmal entspricht.
- *Ergebnis*: Hier stellen Sie fest, ob das Tatbestandsmerkmal erfüllt ist oder nicht.

> Im „Briefkasten-Fall" aus dem Beginn des Buches klingt dies dann so (was kursiv und in Anführungszeichen ist, ist im Folgenden das, was Sie in der Klausur hinschreiben würden, wenn auch dort natürlich ohne Anführungszeichen):
>
> *„Der B könnte sich einer Sachbeschädigung gemäß § 303 StGB strafbar gemacht haben, indem er den Briefkasten des S demoliert hat."*

Das ist die *Einleitung* der Prüfung des Straftatbestands, also hier der Sachbeschädigung. Sie nennen das *Delikt mit Paragrafennummer* und mit der *Bezeichnung* sowie – mit nur einem Satz – was *passiert* ist.

Sodann beginnen Sie mit dem *Abarbeiten des Prüfungsschemas* von *oben nach unten*, also zunächst mit dem objektiven Tatbestand. Sie schreiben als (Zwischen-)Überschrift:

„Objektiver Tatbestand:"

Hier genügt dieses *Schlagwort ohne* Fließtext.

Sodann sind die Tatbestandsmerkmale durchzuprüfen – und dies nun **nacheinander für *jedes Merkmal* im Gutachtenstil**, also im Fließtext der oben beschriebenen Art.

„Der Briefkasten müsste eine Sache gewesen sein."

Das ist im Fall für das erste Tatbestandsmerkmal, dass Sie prüfen – Sache – die Hypothese, die Sie klären wollen.

„Sachen sind körperliche Gegenstände."

Das ist die Definition des Begriffs „Sache".

„Der Briefkasten war aus festem Material und somit ein körperlicher Gegenstand."

Das ist ihre Subsumtion. Hier ist diese denkbar einfach.

In Prüfung und Praxis können hier aber erhebliche Probleme liegen, die es zu lösen gilt; dazu später mehr. Schon hier aber ein wichtiger Hinweis: Die Subsumtion darf sich *nicht* einfach in einer Wiederholung der Definition erschöpfen! Es wäre zu wenig, einfach nur zu schreiben: „Der Briefkasten war ein körperlicher Gegenstand". Sie müssen vielmehr – und sei es auch kurz – erläutern, *warum* das TB-Merkmal erfüllt ist (bzw. nicht erfüllt, wenn dies der Fall sein sollte).

„Der Briefkasten war eine Sache."

Das ist im Fall das Ergebnis zur Prüfung dieses Tatbestandsmerkmal.

Sie gehen dann zum nächsten Tatbestandsmerkmal über:

„Der Briefkasten müsste für B fremd gewesen sein." (Hypothese)

„Fremd ist eine Sache, die dem Täter nicht oder nicht alleine gehört." (Definition)

„Der Briefkasten gehörte dem S." (Subsumtion)

„Der Briefkasten war für B fremd." (Ergebnis der Prüfung dieses Tatbestandsmerkmales)

„B müsste den Briefkasten beschädigt haben." (Hypothese zum nächsten Tatbestandsmerkmal)

„Beschädigen ist jede Verletzung der Sachsubstanz oder jede dauerhafte Einschränkung der Brauchbarkeit." (Definition)

„B hat den Briefkasten zerbeult und damit die Sachsubstanz verletzt." (Subsumtion)

„B hat den Briefkasten beschädigt." (Ergebnis)

„B hat den objektiven Tatbestand des § 303 StGB erfüllt." (Gesamtergebnis Ihrer Prüfung aller Tatbestandsmerkmale)

Beachte noch mal: Die Klammerzusätze dienen nur der Erläuterung, schreiben müssten Sie hier *nur* das, was *kursiv* gesetzt ist!

Woher *stammen* nun die **Definitionen**?

Teils stammen sie aus dem Gesetz. Ein Beispiel: „Sache“ ist in § 90 BGB legal (also: durch das Gesetz) definiert. Solche „Legaldefinitionen“ sind aber sehr selten.

Im Regelfall „entstehen“ die Definitionen aus der Auslegung der Norm durch die Strafgerichte oder durch die Rechtswissenschaft.

Sie werden alle fürs Pflichtstudium nötigen Definitionen im Buch erhalten. Sie müssen sie nur **auswendig lernen**!

Praxisbox:

Auch wenn das Lernen strafrechtlicher Definitionen eine nicht nur unwesentliche Mehrarbeit in Ihrem Studium bedeutet, ist es nicht nur zum Erfolg in der Klausur notwendig. Es ist auch für die genaue Einordnung von strafrechtlichen Sachverhalten *in der polizeilichen Praxis mehr als hilfreich*. Oft unterscheiden Nuancen in Definitionen zwischen strafbarem Handeln und zivilrechtlichen Streitigkeiten oder auch strafbarem und schlicht erlaubtem Handeln. Also gilt – einmal mehr –: Lernen lohnt sich! Denn Sie lernen sie fürs *(Berufs-)Leben*.

Beachte: Mit der beschriebenen Technik können Sie nun einzelne Straftatbestände prüfen. Wie ein kompletter Fall aufzubauen ist, dazu später mehr.

Zweiter Teil: Allgemeiner Teil

1. Objektiver Tatbestand: Kausalität und objektive Zurechnung

a. Einleitung

Der objektive Tatbestand ergibt sich grundsätzlich aus den Merkmalen des jeweils konkret geprüften Straftatbestands. Er ist also von Delikt zu Delikt verschieden.

Zu diesen jeweils im Gesetz stehenden Merkmalen kommen indes *zwei ungeschriebene* (also: gar nicht im Gesetz stehende) Tatbestandsmerkmale hinzu, und zwar bei (fast) allen Straftatbeständen: die **Kausalität** und die **objektive Zurechnung**.

b. Kausalität

Zum Darstellen der Kausalität soll folgender Fall dienen:

Fall 1:

Der B gibt dem O Gift, um diesen zu töten.

- Variante 1: O verstirbt unmittelbar nach der Einnahme, aber nicht an dem Gift, sondern an einem Blutgerinnsel im Gehirn, das mit dem Gift nichts zu tun hat.
- Variante 2: O verstirbt an dem Gift.
- Variante 3: O verstirbt an dem Gift, wäre aber wenige Sekunden später an einem Blutgerinnsel im Gehirn verstorben.

Ist B jeweils wegen vollendetem Totschlag (§ 212 StGB) strafbar?

Variante 1:

Nach § 212 StGB gilt: Wer einen (anderen) Menschen *tötet*, wird bestraft.

Zwar ist O in Variante 1 tot, aber *getötet* wurde er *nicht* durch B.

Der Gesetzeswortlaut „...einen Menschen tötet..." enthält eine **Handlung** (die konkrete Tötungshandlung) und einen Effekt, den sogenannten **„Erfolg"**, das heißt den eingetreten Schaden (hier: der Tod des Opfers).

Genauso ist es etwa auch bei § 223 StGB: Dieser enthält die Körperverletzungshandlung und den „Erfolg", also die Beeinträchtigung der Gesundheit des Opfers.

Dies steht jeweils im Gesetz. „Handlung" und „Erfolg" sind dabei *keine* zusätzlichen Merkmale des objektiven Tatbestands. Die Begriffe sind lediglich eine Art *gedankliche Systematisierung* der im Gesetz vorhandenen Tatbestandsmerkmale.

Ungeschriebene Voraussetzung des objektiven Tatbestands ist aber nun eine bestimmte *Beziehung* zwischen Handlung und Erfolg:

Der Erfolg muss *Folge* der Handlung des Täters sein, juristisch gesprochen: **die Handlung muss für den Erfolg kausal sein!**

O ist in Variante 1 nicht durch das von B verabreichte Gift verstorben. B hat Os Tod mithin nicht verursacht. Bs Handlung war demnach nicht kausal für den Tod des O.

Die Kausalität wird dabei nach der sogenannten *Äquivalenztheorie* bestimmt.

Danach ist jedes Verhalten kausal, dass nicht hinweggedacht werden kann, ohne dass der Erfolg entfiele.

In Variante 1 könnte die Gabe des Gifts hinweggedacht werden und der Erfolg (Tod des O) bliebe bestehen, daher fehlt es an der Kausalität.

In Variante 1 könnte B also *nicht* wegen *vollendetem* Totschlag bestraft werden (lediglich eine Strafbarkeit wegen *versuchten* Totschlags käme in Betracht, da B den O ja vergiften wollte. Dazu erst im späteren Verlauf des Buches mehr).

Variante 2:

Hätte B nicht Gift verabreicht, wäre der O nicht verstorben.

Bs Handlung war in Variante 2 für den Erfolg (Tod des O) also kausal.

Variante 3:

Hätte B nicht Gift verabreicht, wäre O nicht an dem Gift verstorben.

O wäre aber Sekunden später aufgrund einer anderen Ursache verstorben. Der Tod des O wäre also auch ohne das Gift eingetreten, wenn auch aus anderem Grund.

Aber: *Ereignet* hat sich der Tod durch das Gift. Ein Tod durch das Blutgerinnsel hat sich nicht ereignet, sondern ist nur hypothetisch.

Hypothetische andere Kausalverläufe sind nun für die Beurteilung der Kausalität *irrelevant*. Es ist stets *nur* auf das abzustellen, was sich *tatsächlich ereignet* hat!

Die **Definition für „Kausalität"** lautet daher: Es ist jedes Verhalten kausal, dass nicht hinweggedacht werden kann, ohne dass der Erfolg in seiner konkreten Gestalt entfiele.[2]

Diese „Kausalität" kommt also zu den Tatbestandsmerkmalen des konkreten Straftatbestands *als Teil des objektiven TB hinzu.*

Das – bereits bekannte – Prüfungsschema des vorsätzlichen Delikts erfährt also eine *erste* Erweiterung:

Objektiver Tatbestand:

- **Tatbestandsmerkmale des konkreten Straftatbestands**
- ***Kausalität***

Subjektiver Tatbestand: Vorsatz

Rechtswidrigkeit

Schuld

Es kann (in Klausuren öfter als in der Praxis) nun noch Fälle geben, in denen man die obige Kausalitätsformel *modifizieren* muss, um zu sachgerechten Ergebnissen zu kommen. Dazu

Fall 2:

B1 und B2 wollen unabhängig voneinander den O töten und montieren während einer mehrwöchigen Abwesenheit des O jeweils unabhängig voneinander eine Bombe, die hochgeht, sobald der O das Licht anmacht. Jede der beiden Bomben hat eine tödliche Sprengkraft. Als O nach Hause kommt und das Licht anmacht, explodieren beide gleichzeitig und O stirbt.

Würde man hier die *normale* Kausalitätsdefinition anwenden, könnte man *weder B1, noch B2* wegen *vollendeter* Tötung verurteilen: Denn denkt man jeweils die Bombe des einen weg, wäre der Erfolg durch die Bombe des anderen genauso eingetreten und würde mithin nicht entfallen. Denkt man sich indes *beide* Bomben weg, *entfällt* der Erfolg. In solchen Fällen *alternativer* Kausalität (oder auch: Doppelkausalität) gilt daher folgende

Definition „alternative Kausalität":

Von mehreren Handlungen ist jede ursächlich, wenn die Handlungen zwar alternativ, nicht aber kumulativ hinweggedacht werden könnten, ohne dass der Erfolg in seiner konkreten Gestalt entfiele.[3]

2 Vgl. BGHSt 39, 195.

3 Vgl. Joecks/Jäger, StGB, 12. Auflage 2018, vor § 13 Rn. 31 f.

Aber wie gesagt: Das ist ein *Ausnahmefall*, normalerweise kommen Sie mit der „gängigen“ Kausalitätsformel zum Ziel.

c. (Mini-)Exkurs: Zur Einteilung der Delikte

Beachte dabei noch:

Nicht alle Straftatbestände verlangen, dass als Erfolg ein Schaden wirklich eingetreten ist. Die meisten verlangen dies zwar, und Delikte, die im objektiven Tatbestand einen Erfolg erfordern, heißen *Erfolgsdelikte*. Manchmal reicht aber auch die Verursachung einer bloßen Gefahr, etwa eines Beinaheunfalls bei der Straßenverkehrsgefährdung nach § 315c StGB. Delikte, bei denen die Verursachung einer konkreten Gefahr reicht, heißen *konkrete Gefährdungsdelikte*. Gelegentlich gibt es sogar Delikte, die das schlichte Handeln ohne jede konkrete Folge unter Strafe stellen, diese heißen *Tätigkeits-* oder auch *abstrakte Gefährdungsdelikte*. Ein Beispiel wäre die Trunkenheitsfahrt nach § 316 StGB, bei der das schlichte alkoholisierte Fahren bestraft wird, auch wenn sonst „nichts passiert ist“.[4]

Ob ein Erfolgsdelikt bzw. ein konkretes Gefährdungsdelikt vorliegt oder nicht, ergibt sich aus dem *konkreten Tatbestand* und hier der Frage, ob dort ein eingetretener Schaden oder zumindest eine konkrete Gefahr Tatbestandsmerkmal ist oder nicht.

Bedeutung hat dies im Wesentlichen *nur* für die Prüfung der *Kausalität*: Bei reinen Tätigkeitsdelikten entfällt diese – weil eben die schlichte Handlung bereits strafbar ist, ohne dass diese kausal einen Erfolg oder eine Gefahr verursacht haben muss.

d. Objektive Zurechnung

Fall 1:

Der O wird von seinem Erzfeind E angegriffen, wobei der E dem O heftig und in Tötungsabsicht mit einem Hammer auf den Kopf schlagen will. In letzter Sekunde schubst der B den E so beiseite, dass der Schlag des E nur Os Schulter trifft und den O nicht lebensgefährlich verletzt. Damit, dass der E den O noch woanders treffen könnte, hatte der B bei dem Wegschubsen gerechnet; es ging ihm aber darum, ein Treffen von Os Kopf zu verhindern. Strafbarkeit des B?[5]

4 Vgl. Nimtz, Strafrecht für Polizeibeamte, Band 1, 6. Auflage 2018, Rn. 77, 79.

5 Sachverhalt gebildet nach Heuchemer, BeckOK, StGB, 49. Edition, 1.2.2021, § 13 Rn. 25.

Zu prüfen ist eine Strafbarkeit des B nach § 223 StGB:

Objektiver Tatbestand:

Der O ist an der Schulter verletzt und so an seiner Gesundheit beschädigt. Der Erfolg liegt mithin vor.

Es gibt auch eine Tathandlung des B; diese ist hier das Wegschubsen des E.

Fraglich ist, ob die *Kausalität* vorliegt:

Würde man das Wegschubsen wegdenken, wäre O *nicht an der Schulter verletzt* worden. Damit ist die Kausalität zu *bejahen*.

Spielt es dabei nun eine Rolle, dass O ohne das Wegschubsen eine schwere Kopfverletzung bekommen und womöglich daran vielleicht sogar gestorben wäre?

Dies ist zu verneinen: Es ist auf den Erfolg *in seiner konkreten Gestalt* abzustellen, also auf die Verletzung durch das Wegschubsen. Hypothetische andere Kausalverläufe, also ein etwaiger Tod oder jedenfalls eine sehr viel schwerere Verletzung durch den Angriff des E, sind irrelevant.

Nach dem *bisherigen* Ergebnis hätte B mithin den objektiven Tatbestand der Körperverletzung erfüllt.

Aber: Ist dieses Ergebnis *sachgerecht?*

Nein! B hat durch sein Verhalten das *anders unabwendbare Risiko* für den O *verringert* – und dies, *ohne* selbst ein neues Risiko zu schaffen. Dass O auch dabei verletzt wurde, ändert nichts daran, dass O dank B nur leicht und vor allem nicht lebensgefährlich verletzt wurde und dass das Risiko schon da war, als B eingriff, und eben nur noch minimiert werden konnte.

Die weite Kausalitätsformel führt manchmal also dazu, dass auch solche Handlungen in eine Strafbarkeit einbezogen würden, die *wertungsmäßig nicht strafwürdig* sind. Dies gilt namentlich bei einer *Risikoverringerung*, also wenn der Täter *ohnehin unvermeidbare* Gefahren nicht steigert, sondern wie im Fall sogar minimiert.

Um dieses Ergebnis bereits auf der Ebene des objektiven Tatbestands zu *korrigieren*, sind nun diejenigen kausalen Handlungen gleichwohl nicht strafbar, die *nicht strafwürdig erscheinen*.

Um dieses Ziel zu erreichen, gibt es die **objektive Zurechnung**.

Es geht dabei also darum, zu prüfen, ob der Täter für kausale Erfolge wirklich *strafrechtlich haften* soll. Juristisch gesprochen geht es darum, ob dem Täter der Erfolg *zugerechnet* werden soll (daher der Name „objektive Zurechnung“).

Nicht objektiv zurechenbar sind daher solche Erfolge, die zwar (in ihrer konkreten Gestalt) dadurch entstanden sind, dass der Täter ein Risiko geschaffen hat, die Risiko*schaffung* aber rechtlich nicht missbilligt war.

So liegt es im Fall 1:

Durch das Wegschubsen hat B zwar das Risiko geschaffen, das O woanders als am Kopf von dem E getroffen wird. Die Risikoschaffung war aber nicht rechtlich missbilligt, sondern der einzige Weg, dem O überhaupt noch zu helfen und einen lebensgefährlichen Schlag auf den Kopf zu verhindern. B hat also zwar ein (neues) Risiko geschaffen (nämlich für die bis dahin „ungefährdete" Schulter). Er hat aber kein *rechtlich missbilligtes* Risiko geschaffen, weil er nur auf alternativlose Art und Weise ein ohnehin bestehendes, viel größeres Risiko *verringert* hat.

Nicht rechtlich missbilligt meint so viel wie „von Rechts wegen gewollt".

Der Erfolg ist also nur objektiv zurechenbar, wenn der Täter ihn dadurch verursacht, dass er ein *rechtlich missbilligtes* Risiko geschaffen hat. Dies ist bei einer *reinen* Risiko*verringerung* jedenfalls dann zu verneinen, wenn eine andere Option nicht mehr bestand.

Die objektive Zurechnung hat aber noch einen *zweiten Anwendungsfall.* Zu dessen Illustration dient der folgende Fall:

Fall 2:

B sticht den O in Tötungsabsicht nieder. O wird schwer verletzt, kommt aber rechtzeitig ins Krankenhaus, wo er notoperiert wird. Danach ist er außer Lebensgefahr, liegt aber noch auf der Intensivstation. Einen Tag nach der OP bekommt O einen Pudding serviert, auf den er – für alle völlig überraschend – mit einem allergischen Schock reagiert, an dessen Folgen der O verstirbt. Mit dem Stich durch den B und der Not-OP hat diese allergische Reaktion nichts zu tun. Strafbarkeit des B wegen *vollendetem* Totschlag?

Auch hier ist nun also § 212 StGB zu prüfen:

Objektiver Tatbestand:

Mit dem Tod des O und dem Stich des B liegen Erfolg und Handlung (jedenfalls letztendlich) vor.

Hätte B den O nicht niedergestochen, wäre O am Tage nach der OP nicht auf der Station gewesen, hätte dort keinen Pudding gegessen, hätte daher auch keinen allergischen Schock erlitten und wäre nicht gestorben. Auch die *Kausalität* liegt daher vor.

Wie steht nun um die *objektive Zurechnung*?

Hat B eine rechtlich missbilligte *Gefahr geschaffen*?

Das Niederstechen war rechtlich natürlich nicht gewollt und hat auch die Todesgefahr erzeugt. B hat also eindeutig eine rechtlich missbilligte Gefahr geschaffen.

Aber: O ist *nicht an der Stichverletzung* gestorben, sondern an dem allergischen Schock.

Es hat sich also letztlich nicht die von B geschaffene Gefahr in dem Erfolg realisiert, sondern eine *ganz andere, sehr atypische* Gefahr.

Auch dann *entfällt* die *objektive Zurechnung.*

Dies ergibt dann die folgende **Definition „objektive Zurechnung"**: Der Täter muss eine rechtlich missbilligte Gefahr schaffen und gerade diese Gefahr muss sich im Erfolgseintritt realisieren.

Die rechtlich missbilligte **Gefahr*schaffung*** entfällt, wenn die Schaffung des Risikos eine (anders nicht mögliche) Risikoverringerung darstellt.

Entfallen kann sie auch, wenn die *Gefahrschaffung* schlicht *rechtlich erlaubt* ist. Wer etwa als Händler unter Einhaltung aller Vorschriften eine Waffe an einen Kunden verkauft, der ebenfalls alle Vorschriften erfüllt und insbesondere eine entsprechende Waffenerlaubnis hat, haftet nicht, wenn dieser Kunde später jemanden mit der Waffe erschießt.

Die **Gefahr-*Realisierung*** entfällt, wenn sich nicht die rechtlich missbilligte Gefahr im Erfolg realisiert hat. Dies ist der Fall bei *ganz atypischen Geschehensabläufen* (Beispiel Fall 2: Allergischer Schock aufgrund einer Unverträglichkeit im Krankenhaus, in das das Opfer kommt).

Bei zwar ungewöhnlichen, aber *nicht gänzlich a*typischen Verläufen entfällt die objektive Zurechnung indes *nicht*! Dies gilt auch, wenn ein Verhalten Dritter für den Erfolg mitursächlich ist.

Wäre im Fall 2 der O etwa deshalb gestorben, weil es bei dessen Transport ins Krankenhaus mit dem Krankenwagen zu einem schweren Unfall kam, wäre die objektive Zurechnung zu *bejahen.* Es solcher Verlauf ist nicht völlig atypisch und *Teil des Risikos*, das man schafft, wenn man eine andere Person lebensgefährlich verletzt.

Das – bereits bekannte – **Prüfungsschema des vorsätzlichen Delikts** erfährt also eine ***zweite, abschließende*** **Erweiterung:**

Objektiver Tatbestand:

- **Tatbestandsmerkmale des konkreten Straftatbestands**
- **Kausalität**
- **Objektive *Zurechnung***

Subjektiver Tatbestand: Vorsatz

Rechtswidrigkeit

Schuld

Die objektive Zurechnung ist wie dargestellt eine wertende Ergebniskorrektur für *Ausnahmefälle*. Daraus folgt, dass sie (zumindest beim Vorsatzdelikt) *nur* angesprochen werden muss, wenn dazu *Anlass* besteht, weil ausnahmsweise (wegen reiner Risikoverringerung) der Gefahrschaffung oder (wegen atypischem Verlauf) die Gefahrrealisierung fraglich ist. In allen anderen Fällen muss (beim Vorsatzdelikt) auf die objektive Zurechnung *nicht* eingegangen werden. Nur beim Fahrlässigkeitsdelikt ist dies anders; Näheres dazu dort.[6]

6 Vgl. Joecks/Jäger, StGB, 12. Auflage 2018, vor § 13 Rn. 36.

2. Subjektiver Tatbestand

Zu prüfen ist (wie beim Deliktsaufbau bereits dargestellt) beim subjektiven Tatbestand, ob der Täter *Vorsatz* hatte.

Zur Illustration, wann *Vorsatz* vorliegt und welche Vorsatz*formen* es gibt, dient folgender Fall:

Sachverhalt „Lukona-Fall" (nach einem Originalfall):

Der B ist Reeder und Eigentümer des Frachters „Lukona". Als die Geschäfte immer schlechter laufen, beschließt er, sich durch einen Versicherungsbetrug zu sanieren. Er lässt daher den Frachter „Lukona", als seine Reederei mit diesem eine teure und hochversicherte Spezialmaschine von Hamburg nach Indien transportieren soll, mit wertlosem Schrott beladen und bringt eine Sprengladung mit Zeitzünder im Laderaum an. Der Zeitzünder ist dabei so eingestellt, dass die Explosion stattfinden soll, wenn die Lukona über einer Meerestiefe von 5500 Metern fährt. B selber ist bei der Fahrt nicht an Bord; die Besatzung besteht aus sechs Seeleuten. An der vorgesehenen Stelle explodiert die Bombe. Die Lukona geht binnen weniger Minuten unter; alle Seeleute sterben.

- Variante *1*: B ging davon aus, dass die Seeleute sterben und wollte dies auch, um keine Zeugen zu haben.
- Variante *2* (Originalfall): B war es gleichgültig, ob die Seeleute sterben, hielt es aber für unmöglich, dass sie überleben werden.
- Variante *3*: B hielt ein Ertrinken der Seeleute ebenso für möglich wie ein rechtzeitiges Springen in die Rettungsboote, interessieren tat ihn dies aber nicht.
- Variante *4*: B war sich bewusst, wie riskant sein Plan für die Seeleute war, meinte aber, diese würden es in die Rettungsboote schaffen.

Strafbarkeit des B *nach § 212 StGB?* (Andere Straftatbestände sind – natürlich – verwirklicht, aber nicht zu prüfen.)

Objektiv ist jeweils ein Totschlag nach § 212 StGB verwirklicht:

B tötet andere Menschen durch Anbringen der Sprengladung, wobei diese auch nicht hinweggedacht werden könnte, ohne dass der Tod der Seeleute entfiele (in der Klausur wäre jede Variante für sich alleine komplett durchzuprüfen und der objektive Tatbestand jeweils Punkt für Punkt im Gutachtenstil festzustellen).

Wie steht es um die *subjektive Seite* im Fall? *Wusste* B in den jeweiligen Varianten um die Gefahr des Erfolgseintritts und *wollte* er diesen?

Variante *1*: B wusste sicher, dass die Seeleute sterben werden und wollte gerade den Tod der Seeleute.

Variante *2*: B ging es zwar nicht um den Tod der Seeleute, aber er wusste sicher, dass diese sterben werden.

Variante *3*: B erkannte, dass die Seeleute sterben könnten, was ihm aber egal war.

Variante *4*: B erkannte zwar die theoretische Gefahr des Todes der Seeleute, aber er war sicher, dass diese gleichwohl überleben werden.

In Variante *1 und 2* handelte B *eindeutig im Wissen* um die Tatbestandsverwirklichung. In Variante 1 *wollte* er diese auch, in Variante 2 *akzeptierte* er sie zumindest.

In Variante *4* glaubte B hingegen *sicher*, dass es – trotz des Risikos – zur Tatbestandsverwirklichung *nicht* kommen werde.

In den Varianten 1 und 2 handelte B *vorsätzlich*; in Variante 4 hingegen nur *fahrlässig*.

In Variante 1 handelte B dabei *absichtlich*.

In Variante 2 handelte B *wissentlich*.

Wie ist das Verhalten von B in Variante *3* zu bewerten?

B *wusste* in Variante 3 um die *Gefahr* der Tatbestandsverwirklichung und nahm diese *billigend in Kauf* („na, wenn schon").

Dem Unrechtsgehalt nach liegt dies *über* der Fahrlässigkeit, da B der Rechtspflicht gegenüber bewusst gleichgültig ist. In Variante 4 ist B eben wichtig, dass die Seeleute nicht sterben und er glaubt daran auch (wenn auch zu Unrecht). In Variante 3 hingegen ist es ihm letztlich schlicht egal.

Auch in Variante 3 handelte B daher vorsätzlich, nämlich *bedingt vorsätzlich* bzw. mit *Eventualvorsatz*.

> **Vorsatz** ist dabei grundsätzlich also wie folgt zu verstehen (**Definition** Vorsatz): Wissen und Wollen (Akzeptieren) der Tatbestandsverwirklichung.

Dagegen handelt *fahrlässig*, wer nur „aus Versehen" gegen eine Norm verstößt.

Der Vorsatz muss sich dabei *auf alle* Merkmale des objektiven Tatbestandes beziehen!

Der Vorsatz enthält – wie auch aus der Definition ersichtlich – jeweils ein *Wissens*- und ein *Willens*element und dies kann unterschiedlich stark ausgeprägt sein. Danach unterscheiden sich dann auch die **Vorsatzformen**.

Es gibt dabei drei Vorsatz*formen*, nämlich **Absicht, Wissentlichkeit** und **bedingten Vorsatz**, die wie folgt definiert werden und jeweils wie folgt ein Wissens- und ein Willenselement enthalten:

Definition Absicht:

Dem Täter kommt es gerade darauf an, den Tatbestand zu verwirklichen (= zielgerichtetes Wollen).

Absicht ist also zielgerichtetes Wollen der TB-Verwirklichung (in der Regel wird dabei auch ein sicheres Wissen vorliegen, die TB-Merkmale zu verwirklichen; maßgeblich ist aber bereits das angestrebte Ziel).[7]

Definition Wissentlichkeit:

Dem Täter geht es zwar nicht darum, aber er weiß sicher, den Tatbestand zu verwirklichen.

Wissentlichkeit ist also sicheres Wissen der TB-Verwirklichung und Akzeptieren als unvermeidliche Folge.[8]

Definition bedingter Vorsatz:

Der Täter erkennt die Gefahr, den Tatbestand zu verwirklichen und nimmt dies billigend in Kauf.

Bedingter Vorsatz ist also Erkennen der Möglichkeit der TB-Verwirklichung und In-Kauf-Nehmen dieser Folge.[9]

Bei *allen drei* Vorsatzformen liegt also *Vorsatz vor* und ist der subjektive TB zu *bejahen*. Mit der Annahme, dass *auch bei bedingtem* Vorsatz der subjektive Tatbestand erfüllt ist und Vorsatz vorliegt, nimmt der Bundesgerichtshof dabei eine *erhebliche Ausweitung* der Vorsatzstrafbarkeit vor.

Abzugrenzen ist der bedingte Vorsatz dabei aber von der *bewussten Fahrlässigkeit* (die *keine* Vorsatzform mehr ist, sondern eben nur eine Form der fahrlässigen Begehung).

Bewusste Fahrlässigkeit ist das Erkennen der theoretischen Möglichkeit der TB-Verwirklichung, aber kombiniert mit einem Darauf-Vertrauen, dass die Gefahr im konkreten Fall nicht eintritt.

7 Vgl. Nimtz, Strafrecht für Polizeibeamte, Band 1, 6. Auflage 2018, Rn. 99.

8 Vgl. Nimtz, Strafrecht für Polizeibeamte, Band 1, 6. Auflage 2018, Rn. 100.

9 Vgl. Nimtz, Strafrecht für Polizeibeamte, Band 1, 6. Auflage 2018, Rn. 101.

Zur *Abgrenzung* bewährt hat sich dabei die folgende Hilfe:[10]

- Bei bedingtem Vorsatz denkt der Täter: „*Na, wenn schon!*"
- Bei bewusster Fahrlässigkeit denkt er: „*Es wird schon gut gehen*!"

In der *Klausur* ist *nicht nur* zu klären, ob überhaupt Vorsatz vorliegt, sondern immer auch die Vorsatz*form*. Dies kann *sprachlich* so eingeleitet werden:

„Der B müsste vorsätzlich gehandelt haben. Vorsatz ist Wissen und Akzeptieren der TB-Verwirklichung. Vorliegend kommt Absicht/Wissentlichkeit/bedingter Vorsatz in Betracht. Absicht/Wissentlichkeit/bedingter Vorsatz ist..."

Beachte noch: Für die drei Vorsatzformen finden sich in rechtswissenschaftlichen Werken oft noch die früher üblichen *lateinischen Namen*. Absicht heißt lateinisch dabei Dolus directus 1. Grades, Wissentlichkeit Dolus directus 2. Grades und bedingter Vorsatz heißt Dolus eventualis. Inhaltlich gemeint ist dabei das Gleiche; Sie können also frei wählen, ob Sie die deutschen oder die lateinischen Namen verwenden.

Praxisbox:

Wenn der Täter nicht gerade geständig ist und den Vorsatz nicht zugibt, ist dessen *Nachweis in der Praxis* oft ein Problem.

Als *Beweismittel* gibt es dann neben etwaigen Äußerungen des Täters über seine Tatmotive gegenüber Zeugen oft nur die Möglichkeit, anhand von *Indizien* auf die Tätervorstellung zu *schlussfolgern*.

Besonders bedeutsam ist dabei einerseits, wie *objektiv riskant* das Täterverhalten ist, sowie andererseits, ob der Täter etwas tut, um das Risiko für etwaige Opfer *abzuschirmen*. Wer also etwa dem Opfer mit einem Schrotgewehr in die Brust schießt, begeht eine objektiv derart riskante Tat, dass man diesem Täter die Aussage, er habe fest vertraut, dass das Opfer nicht sterben werde, nicht glauben wird. Wer hingegen in einem Café eine Bombe zündet, aber außerhalb der Öffnungszeiten und mit einer Warnung zur Evakuierung an Polizei und Betreiber eine halbe Stunde vor der Explosion, mag durchaus ernsthaft darauf vertraut haben, dass es nur zu Sachschäden kommen wird.

Bei den *Ermittlungen* sind daher alle Umstände, die irgendwie Rückschlüsse auf den Vorsatz zulassen, zu erheben, namentlich alles, was die *Gefährlichkeit der Tat* auf der einen und mögliche *Abschirmhandlungen* des Täters auf der anderen Seite betrifft.

Aber bedenken Sie dabei stets: Die genannten Aspekte sind immer nur Indizien! Sie müssen letztlich in jedem Fall fallbezogen entscheiden, ob die Indizien für den Nachweis von Vorsatz ausreichen oder nicht.

10 Vgl. Nimtz, Strafrecht für Polizeibeamte, Band 1, 6. Auflage 2018, Rn. 102.

3. Rechtswidrigkeit

a. Grundsätzliches zur Rechtswidrigkeit

Sind der objektive und der subjektive Tatbestand verwirklicht, ist zu prüfen, ob der Täter **rechtswidrig** handelte.

Zu weiteren Erläuterung soll nachfolgender Fall dienen:

Fall:

Der korpulente, unsportliche B liegt zu Hause im Bett und schläft, als er von Geräuschen geweckt wird. Er wacht auf und stellt fest, dass der junge, kräftig gebaute Dieb D im Schlafzimmer steht und in einer Kommode nach Wertsachen sucht, in der sich auch wertvoller, geerbter Schmuck des B befindet. Gefunden hat D diesen aber noch nicht. Als B „He, was machen Sie da?" ruft, dreht D sich um, läuft dann aber nicht etwa weg, sondern geht auf B zu und hebt dabei die Faust. Dabei grinst er und sagt zu B: „Keine Angst, nur einmal weiterschlafen, und wenn Du aufwachst, bin ich weg!" B, der legal eine Schusswaffe besitzt, die immer griffbereit am Kopfende des Bettes versteckt ist, zieht nun blitzartig seine Waffe und schießt D, als dieser noch etwa ein Meter entfernt ist, in die Brust. Den Tod des D hält er dabei für möglich und billigt ihn auch. D verstirbt. Strafbarkeit des B?

Strafbarkeit des B gem. § 212 StGB:

***Objektiver* Tatbestand:**

B hat den D mit einer für dessen Tod ursächlichen Handlung getötet. Handlung, Erfolg und Kausalität liegen daher vor (gegeben ist auch die *objektive Zurechnung*. Insbesondere verringert der B nicht nur eine bestehende Gefahr, sondern *schafft* für den D durch den Schuss eine *neue* Gefahr. Ob er das ausnahmsweise durfte, ist bei der Rechtswidrigkeit zu erörtern, nicht bei der objektiven Zurechnung).

***Subjektiver* Tatbestand:**

B erkannte, dass D durch den Schuss sterben könnte und nahm dies billigend in Kauf. Er handelte daher mit bedingtem Vorsatz.

Rechtswidrigkeit:

Für die **Rechtswidrigkeit** gilt ganz allgemein folgender *Grundsatz:* Die Tatbestandsmäßigkeit *indiziert* die Rechtswidrigkeit.

Gemeint ist damit: Wer den Tatbestand eines Strafgesetzes verwirklicht, ist dazu *regelmäßig nicht berechtigt* – und handelt damit rechtswidrig. Man darf eben normalerweise niemanden vorsätzlich töten oder verletzen oder ihm sein Eigentum wegnehmen oder Ähnliches.

Es gibt davon indes eine *Ausnahme*: Es liegt ein **Rechtfertigungsgrund** vor. Wenn ein solcher vorliegt, heißt dies, dass der Täter den objektiven und subjektiven Tatbestand eines Strafgesetzes – ausnahmsweise – verwirklichen darf! Er ist dann **gerechtfertigt**.

Wichtige *Rechtfertigungsgründe* sind dabei die auch Laien dem Namen nach bekannte Notwehr, der rechtfertigende Notstand, die Einwilligung und das Festnahmerecht. Strafrechtliche Rechtfertigungsgründe sind aber *auch* hoheitliche Eingriffsermächtigungen: Wer als Polizeibeamter einen Beschuldigten (rechtmäßig) festnimmt und in eine Gewahrsamszelle einsperrt, begeht objektiv eine Freiheitsberaubung und will dies auch. Diese ist aber durch die Eingriffsermächtigung erlaubt – und damit gerechtfertigt.

Da im Regelfall keine Rechtfertigungsgründe vorliegen, gilt hinsichtlich der Frage, ob diese *angesprochen* werden müssen, in der *Klausur Folgendes*:

Kommen Rechtfertigungsgründe *nicht* in Betracht, schreiben Sie zum Prüfungspunkt „Rechtswidrigkeit" *nur*: „B handelte auch rechtswidrig (da die Tatbestandsmäßigkeit die Rechtswidrigkeit indiziert und keine Rechtfertigungsgründe vorliegen)."

Nur wenn Rechtfertigungsgründe *in Betracht kommen*, ist mehr zu schreiben.

Mit *„in Betracht kommen"* ist dabei *nicht* gemeint, dass ein Rechtfertigungsgrund am Ende auch bejaht wird. Gemeint ist nur, dass eine Fallkonstellation vorliegt, bei der man *ernsthaft darüber nachdenken* kann, ob der Täter nicht vielleicht gerechtfertigt sein könnte. Schon wenn das der Fall ist, müssen Sie also die Rechtfertigung im Fall prüfen, auch wenn Sie am Ende das Vorliegen eines Rechtfertigungsgrundes verneinen!

b. Notwehr, § 32 StGB

Im Fall käme als Rechtfertigungsgrund nun *Notwehr gemäß § 32 StGB* in Betracht.

Die dem *Normtext* entnehmbaren *Tatbestandsmerkmale* sind dabei:

§ 32 StGB

(1) Wer eine Tat begeht, die durch Notwehr geboten *ist, handelt nicht rechtswidrig.*

(2) Notwehr ist die Verteidigung, *die* erforderlich *ist,* um *einen* gegenwärtigen rechtswidrigen Angriff *von sich oder einem anderen* abzuwenden.

Elemente des Prüfungsschemas nach dem Gesetzestext sind also: Ein gegenwärtiger, rechtswidriger Angriff; eine Verteidigungshandlung; die Erforderlichkeit der Verteidigungshandlung; die Gebotenheit der Verteidigungshandlung und als Ziel der Verteidigungshandlung die Abwehr des Angriffs.

Dies ergibt – leicht ergänzt und etwas anders „sortiert" – folgendes Prüfungsschema Notwehr:

Notwehrlage:

- **Angriff**
- **Gegenwärtig**
- **Rechtswidrig**

Notwehrhandlung:

- **Erforderliche Verteidigungshandlung**
- **Gegen den Angreifer**
- **Gebotenheit**

Subjektives Rechtsfertigungselement: Verteidigungswille

Diese Prüfungspunkte sind *in das Schema* zur Prüfung des vorsätzlichen vollendeten Delikts *als Unterpunkte* des Prüfungspunktes „Rechtswidrigkeit" *einzubauen* – und dort *jeweils Punkt für Punkt im Gutachtenstil* abzuarbeiten.

Liegen *alle* Voraussetzungen der Notwehr vor, ist der Täter gerechtfertigt, handelt also nicht rechtswidrig – und ist damit nach dem geprüften Straftatbestand *nicht strafbar*. Die Prüfung *dieses* Straftatbestandes *muss* dann *abgebrochen* werden.

Fehlt auch nur *eine* Voraussetzung der Notwehr, ist der Täter *nicht* nach § 32 StGB gerechtfertigt! Die Prüfung, ob er sich nach der geprüften Norm strafbar gemacht hat, ist dann *fortzusetzen* – ggf. mit anderen im Fall in Betracht kommenden Rechtfertigungsgründen und, falls solche ebenfalls nicht komplett vorliegen, mit der Schuld.

Praxisbox:

Auch das mögliche Vorliegen eines Rechtfertigungsgrundes hat *unmittelbare Auswirkungen auf die praktische Arbeit* im Polizeialltag. Dies gilt jedenfalls in *zweierlei* Hinsicht:

Kommen in einem Fall Rechtfertigungsgründe in Betracht, muss – natürlich – *auch in diese Richtung* ermittelt werden, denn Polizei und Staatsanwaltschaft haben von sich aus *auch alles Entlastende* zu ermitteln.

Das Vorliegen eines Rechtsfertigungsgrundes kann aber auch dazu führen, dass *gar kein Anfangsverdacht* gegen den Beschuldigten besteht oder dieser im Laufe der Ermittlungen entfällt. Ein Anfangsverdacht verlangt zureichende tatsächliche Anhaltspunkte für eine Straftat – und zwar eine verfolgbare Straftat. Eine „verfolgbare Straftat“ im Sinne des § 152 II StPO liegt nicht vor, wenn der Täter gerechtfertigt ist. Allerdings gilt dies *nur*, wenn der Rechtfertigungsgrund sicher gegeben ist. Namentlich zum Beginn von Ermittlungen wird man dies kaum sagen können. Ist ein Rechtfertigungsgrund nur *möglich*, bleibt der Anfangsverdacht bestehen und kann und muss weiterermittelt werden, aber eben auch in entlastender Richtung. Steht der Rechtfertigungsgrund indes fest, entfällt ein Tatverdacht als Grundlage weiterer Ermittlungen.

Diese rechtliche Bewertung ist dabei abschließend indes nicht Aufgabe der Polizei, sondern der *Justiz*. Halten Sie als polizeilicher Sachbearbeiter einen Rechtfertigungsgrund für gegeben, müssen Sie den Fall der Staatsanwaltschaft *vorlegen* (durch Aktenübersendung oder auch mittels Sachvortrag per Telefon). Die Staatsanwaltschaft entscheidet dann, ob die Ermittlungen weitergeführt werden sollen und falls ja, wie.

Im Fall ist also zunächst zu klären, ob eine **Notwehrlage** vorlag.

Nötig dafür ist zunächst ein **Angriff** *auf B*.

D hat bereits unerlaubt Bs Wohnung betreten. Ferner hatte D vor, B Wertsachen wegzunehmen, darunter nach Auffinden auch den Familienschmuck, sowie den B körperlich zu verletzen, indem er ihn bewusstlos schlägt.

D wollte damit Rechtsgüter des B (körperliche Unversehrtheit, Eigentum) verletzen und hat ein Rechtsgut, nämlich das Hausrecht, bereits verletzt.

D wollte B angreifen.

Ein Angriff ist also **(Definition Angriff)**: Die unmittelbare Bedrohung rechtlich geschützter Güter durch menschliches Verhalten.[11]

Kein Angriff i. S. d. § 32 StGB wäre danach, wenn ein Wildtier Rechtsgüter zu verletzen droht (die Abwehr dieser Gefahr kann nur nach §§ 228, 904 BGB gerechtfertigt sein).[12] Ein Angriff läge aber vor, wenn ein Hundehalter seinem Hund befiehlt, einen anderen Menschen zu beißen („Hasso, fass!“).[13]

11 Nimtz, Strafrecht für Polizeibeamte, Band 1, 6. Auflage 2018, Rn. 113.

12 Vgl. OLG Hamm NJW-RR 1997, 467.

13 Vgl. Fischer, StGB, 68. Auflage 2021, § 32 Rn. 6.

Geholfen werden darf auch, wenn Rechtsgüter Dritter angegriffen werden, aber nur, wenn der Dritte Hilfe will (**Nothilfe**). Ansonsten sind die Voraussetzungen für Not*wehr* und Not*hilfe identisch*.

Im Fall als Nächstes erforderlich wäre die **Gegenwärtigkeit** des Angriffs.

Der Angriff auf Bs Hausrecht und auf das Eigentum war schon im Gange. Zum Angriff auf Bs Gesundheit setzte der D indes gerade erst an, sodass dieser noch nicht stattfand. Der Angriff auf die Gesundheit stand aber binnen Sekunden und damit unmittelbar bevor. Auch dann darf derjenige, der in den nächsten Sekunden angegriffen werden würde, sich schon in Notwehr wehren.

> Die **Definition für „gegenwärtig"** lautet: Gegenwärtig ist ein Angriff, der unmittelbar bevorsteht, stattfindet oder fortdauert.[14]

Beachte aber: Vorweg-Notwehr ist *nur* bei unmittelbar bevorstehenden Angriffen erlaubt!

Ist ein Angriff geplant, aber noch nicht kurz vor der Ausführung, besteht *kein* Notwehrrecht. Wetzt der B also gerade das Messer, um übermorgen den A damit anzugreifen, ist dieser Angriff noch nicht gegenwärtig. Ein Not*wehr*recht hätte der A also jetzt noch nicht (was nicht heißt, dass A gar nichts tun kann. Gegebenenfalls kämen andere rechtlich zulässige Abwehrmöglichkeiten in Betracht, z. B. Notstand, dazu später mehr).

Ist der Angriff *beendet*, besteht ebenfalls *kein* Notwehrrecht mehr.

Ein *Beispiel* ist: Der Angreifer liegt nach der Abwehrhandlung kampfunfähig am Boden.

Kann das verletzte Rechtsgut aber in – zeitlich-räumlich direktem Zusammenhang – noch gerettet werden, ist der Angriff noch nicht beendet (Bsp.: Dieb flüchtet mit der Beute, hier ist Notwehr noch möglich).[15]

Notwehr ist also *zeitlich eng begrenzt*: Besteht die Gefahr noch nicht akut oder nicht mehr, ist keine Notwehrlage gegeben! Notwehr ist zeitlich also beschränkt auf den „*Moment der unmittelbaren Gefahr*".[16]

Im Fall wäre als Nächstes die **Rechtswidrigkeit** *des Angriffs (!)* zu prüfen.

D hatte seinerseits kein Recht, den B anzugreifen.

> Die **Definition für „Rechtswidrigkeit (des Angriffs)"** lautet: Rechtswidrig ist ein Angriff, der nicht selbst gerechtfertigt ist.[17]

---

14 Vgl. Nimtz, Strafrecht für Polizeibeamte, Band 1, 6. Auflage 2018, Rn. 113.

15 Vgl. Joecks/Jäger, StGB, § 32 Rn. 9.

16 Vgl. BGH, BeckRS 1987, 31098992.

17 Vgl. Joecks/Jäger, StGB, 12. Auflage 2018, § 32 Rn. 11.

Es kommt also darauf an, ob *der Angreifer seinerseits* gerechtfertigt ist; dazu bei Fall 2 zur Notwehr mehr.

Liegt eine Notwehr*lage* vollständig vor, heißt dies, dass der Angegriffene sich verteidigen darf. *Was* er zur Verteidigung dann tun darf, betrifft den nächsten Prüfungspunkt, nämlich die Notwehr*handlung*.

Im Fall ist also nun die **Notwehrhandlung** zu prüfen.

Es müsste eine **erforderliche Verteidigungshandlung** vorliegen.

Dazu ist im Fall Folgendes vorweg zu überlegen:

Ist der Schuss in die Brust zur Abwehr *geeignet*? Ja, er beendet diesen dauerhaft.

Gäbe es *mildere* Mittel?

Ja, mildere Mittel wären das Androhen eines Schusses, die Nutzung der Waffe nur als Schlaginstrument, ein Warnschuss oder ein Schuss in die Beine. Aber: Bei allen diesen Varianten hätte immer die sehr reale Gefahr bestanden, dass sie den D gar nicht vertreiben und dieser sodann den B bewusstlos schlägt. D war schon so nah an B, dass er ihn beim bloßen Drohen sogleich hätte schlagen können. Ein Schuss in die Beine hätte nur wirklich dann geholfen, wenn er sehr sicher gesetzt und den D auch wirklich erheblich getroffen und nicht nur gestreift hätte. Alle milderen Varianten wären also *nur mit höherem Risiko* für den B möglich gewesen.

Gleich wirksame, mildere Mittel gäbe es hingegen nicht.

Die Frage ist daher: Muss der B sich auf riskante Verteidigungsmittel beschränken?

Nein, muss er nicht. B ist – anders als E – *rechtstreu* und muss daher das *Risiko* unwirksamer Verteidigungsmittel *nicht* eingehen!

> Diese Erwägungen führen zur folgenden **Definition „Erforderlichkeit"**: Erforderlich ist diejenige Verteidigung, die geeignet ist, den Angriff zu beenden und dabei das mildeste, gleich wirksame Mittel ist.[18]

Es gilt also:

Gibt es mehrere wirksame Mittel zur Verteidigung, ist *das mildeste* zu wählen. Ist der Angegriffene *bewaffnet*, gehört dazu in der Regel das Androhen des Waffeneinsatzes, soweit dies nicht wegen der Schnelligkeit des Angriffs

18 Vgl. Joecks/Jäger, StGB, 12. Auflage 2018, § 32 Rn. 16.

nicht mehr möglich ist.[19] Sind mildere Mittel indes *nicht gleich wirksam, darf* zum härteren Mittel gegriffen werden – und zwar auch sofort!

Denn: Einen „Kampf mit ungewissem Ausgang“ muss der Angegriffene *nicht riskieren.*[20]

Ein *Schusswaffeneinsatz* oder der Einsatz eines sonstigen lebensgefährlichen Kampfmittels ist dabei (dann, aber eben auch nur dann) vorher anzudrohen, wenn dies nach Kampflage als ausreichend angesehen werden kann und der Angreifer selbst nicht gleich bewaffnet ist. Erscheint das Androhen als nicht ausreichend, darf sofort geschossen werden.[21]

Ein *Beispiel* für gleich wirksame Mittel wäre daher etwa: Der Angreifer ist noch dreißig Meter entfernt. Hier kann ein bewaffneter Angegriffener dem Angreifer den Waffeneinsatz androhen und ggf. nach der Androhung noch in die Beine schießen.

Beachte aber: Der Angegriffene darf sich *auch* erforderlich *verteidigen*, wenn er ebenso leicht fliehen könnte. Eine *Pflicht zur Flucht* besteht *nicht* („das Recht braucht dem Unrecht nicht zu weichen“).[22]

Kann der Angegriffene aber *obrigkeitliche Hilfe* rechtzeitig herbeirufen, geht dies vor!

In der konkreten Notwehrsituation wird dies selten in Betracht kommen, denn wenn der Angriff schon gegenwärtig ist, müsste wohl ein Polizeibeamter direkt danebenstehen, damit der Angegriffene noch rechtzeitig „die Polizei rufen“ könnte. Von Bedeutung ist dies daher v. a., wenn der Angegriffene *schon im Vorfeld* erfahren hat, dass es zu einem Angriff kommen wird. Ein Beispiel hierfür wäre folgender Fall: Der B erfährt bereits am Vormittag, das am späten Abend sein Erzfeind E zusammen mit seinen Leuten den Laden des B „plattmachen“ will. Anstelle sich an die Polizei zu wenden, wartet B nun bewaffnet den Angriff ab, um sich dann zu verteidigen und in Notwehr einen der Angreifer zu töten. Hier ist diese Verteidigung völlig unabhängig davon, ob die sonstigen Voraussetzungen der Notwehr vorliegen und völlig unabhängig von der konkreten Kampflage nicht erforderlich, eben weil der B schon im Vorfeld die Polizei hätte informieren können.[23]

Im Fall gibt es noch einen Aspekt, der die Verteidigungshandlung betrifft: B tötet E, obwohl E den B „nur“ körperverletzen wollte.

---

19 Vgl. Joecks/Jäger, StGB, § 32 Rn. 19.

20 BGH, NStZ-RR 2007, 199.

21 Vgl. Fischer, StGB, 68. Auflage 2021, § 32 Rn. 33a.

22 Vgl. Hoven: (Original-)Referendarexamensklausur – Strafrecht: Anfahren als Notwehr, JuS 2016, 631, 633.

23 Vgl. BGH, NStZ 1993, 333 mit Anmerkung Roxin.

Für die *Erforderlichkeit* ist dies indes *völlig irrelevant*, es gibt im Notwehrrecht *keine Prüfung der Verhältnismäßigkeit!* Der Angegriffene darf also größere Schäden beim Angreifer verursachen, als dieser bei ihm verursachen wollte, solange dies zur Verteidigung erforderlich ist. Wenn erforderlich, dürfen sogar zur Rettung von Sachwerten tödliche Verteidigungshandlungen vorgenommen werden.[24]

Nur wenn ein krasses Missverhältnis besteht (z. B. Tötung des Angreifers zur Rettung einer Woolworth-Uhr für 4,59 Euro), kann es an der Gebotenheit der Verteidigung fehlen; dazu später mehr.

Die **Struktur der Notwehr** besteht also in einer *sehr eng gefassten* und streng zu prüfenden Notwehr*lage*, aber (bei deren Vorliegen) *sehr weitgehenden Rechten* des Angegriffenen bei der Notwehr*handlung*.

Ein weiteres Erfordernis von § 32 StGB ist ferner: Die Verteidigung muss sich **gegen den Angreifer** richten.

Ist ein Eingriff in *Rechte Dritter* nötig, um sich zu verteidigen, kommt eine Rechtfertigung *dieser* Handlungen nur nach §§ 34 StGB, 228, 904 BGB in Betracht (dazu im Detail später mehr). Wenn also der von A angegriffene B mangels Waffe eine Latte vom Gartenzaun des unbeteiligten C abreißt und damit auf A zur Abwehr einschlägt, käme für die (gefährliche) Körperverletzung zum Nachteil des A Notwehr in Betracht. Für die Zerstörungen am Zaun des C scheitert § 32 StGB aber daran, dass C den B nicht angegriffen hat. Hier wäre also auf die genannten §§ 228, 904 BGB zurückzugreifen.

Im Fall greift B nur in Rechte des Angreifers E ein.

Bs Verteidigung müsste im Fall ferner **geboten** sein. Dies ist hier zu bejahen; Näheres dazu bei Fall 2 zur Notwehr.

Im Fall liegt also auch die Notwehrhandlung im Sinne des § 32 StGB vor.

B hätte ferner **Verteidigungswillen** haben müssen. Ziel seiner Handlung hätte also die Abwehr des Angriffs sein müssen. Das ist hier der Fall.

Verteidigungswille wird *in der Regel* vorliegen.

Ein *Beispiel*, in dem dieser *fehlt*, wäre etwa: Die E will ihren Ehemann M ein für alle Mal davon abbringen, betrunken nach Hause zu kommen. Im dunklen Flur wartet sie daher auf ihn mit einem Nudelholz, dass sie ihm über den Kopf ziehen will. Nun betritt Dieb D den Flur. E hält ihn für ihren Ehemann und schlägt ihn mit dem Nudelholz nieder. Die E ist hier im Hausrecht und Eigentum unmittelbar angegriffen und hätte gleich wirksame mildere Mittel gegen den D nicht gehabt. Notwehrlage und Notwehrhandlung wären also zu

---

24 Vgl. Fischer, StGB, 68. Auflage 2021, § 32 Rn. 31.

bejahen. Sie will sich aber gar nicht gegen den Angriff des D – den sie als solchen nicht einmal erkannt hat – wehren, sondern hat ein ganz anderes Handlungsziel. Sie ist daher hier nicht nach § 32 StGB gerechtfertigt.[25]

Zusammenfassend ist festzustellen, dass die Notwehr sich dadurch auszeichnet, dass die Voraussetzungen, also die **Notwehrlage**, sehr *eng* zu fassen ist (nur bei akuter Gefahr durch einen menschlichen Angriff), bei ihrem Vorliegen aber im Rahmen der **Notwehrhandlung** *sehr weitgehende* Verteidigungsrechte (alles Erforderliche, keine Prüfung der Verhältnismäßigkeit) bestehen. Die Notwehrlage ist also der „Flaschenhals", durch den der Täter durchkommen muss. Gelingt dies, ist zumindest grundsätzlich dann erlaubt, was (zur Abwehr) nötig ist.

Im Fall ist der B also durch Notwehr gerechtfertigt und damit nicht nach § 212 StGB strafbar. Die Prüfung des Totschlags ist daher an dieser Stelle zu *beenden.*

Es gibt indes **Ausnahmefälle**, in denen dem Angegriffenen trotz Vorliegen einer Notstandslage nur eine eingeschränkte oder auch gar keine Verteidigung gestattet ist.

Zur Illustration dient folgender **Fall 2** zur Notwehr:

Der B hat sich ein sündhaft teures Auto gekauft, ein Cabriolet, mit dem er an einem schönen Sommertag mit offenem Verdeck zu einem Badesee fährt und dort auf dem Parkplatz parkt. Beim Aussteigen sieht er seinen Erzfeind E, von dem der B weiß, dass der E sich ein solches Auto auch immer gewünscht hat, jedoch niemals leisten könnte. Der B – nun neben dem Wagen stehend, aber bei noch offener Tür – ruft dem E zu: „Nur gucken, nicht anfassen!" Als der B erkennt, dass der E dadurch richtig wütend wird, ruft der B noch: „Aber Schlappschwänze wie du können halt einfach nichts, außer Flennen vielleicht!". Der E wird nun richtig sauer und läuft schnellen Schrittes auf den B zu. Dabei brüllt er: „Das werden wir ja sehen!" und schlägt dabei mit der geballten rechten Faust in die linke Hand. Damit hatte der B überhaupt nicht gerechnet. Er ist daher zunächst auch vor Schreck erstarrt, zumal er weiß, dass der E Boxer ist und ihm daher im Kampf überlegen. Der E steht bereits wenige Meter vor dem B und brüllt „Jetzt dresche ich dich zu Brei!", als der B seinen ersten Schreck überwunden hat und wieder handlungsfähig wird. Der B blickt nun für einen Sekundenbruchteil auf sein Cabriolet, wo der Schlüssel noch steckt, und denkt, dass er versuchen könnte, hineinzuspringen und loszufahren. Schon, weil er nicht feige abhauen will, entschließt er sich aber anders: Er zieht ein Messer aus der Tasche, dass er dem nun unmittelbar vor ihm stehenden und die Faust zum Schlag schwingenden E in die Brust sticht. Der E wird dadurch tödlich getroffen, was der B angesichts des Stichs in die Brust auch für „ziemlich wahrscheinlich" hielt. Strafbarkeit des B gem. § 212 StGB?

25 Vgl. Joecks/Jäger, StGB, vor § 32 Rn. 10 ff.

Zu prüfen ist also Totschlag, § 212 StGB:

Objektiver Tatbestand:

B tötet mit E einen anderen Menschen, wobei sein Stich auch die Ursache des Todes ist.

Subjektiver Tatbestand:

B hält zumindest für möglich, den E zu töten, und nimmt dies in Kauf. B handelt jedenfalls bedingt vorsätzlich.

Rechtswidrigkeit:

B könnte indes durch Notwehr gerechtfertigt sein, § 32 StGB.

Notwehrlage:

Ein Angriff auf Bs körperliche Unversehrtheit lag vor.

Der Angriff drohte binnen Sekunden und war damit auch gegenwärtig.

War der *Angriff* des E (!) auf den B auch *rechtswidrig*?

Die Frage ist hier, ob der *E den B* angreifen durfte. Dies wäre der Fall, wenn der E *seinerseits gerechtfertigt* wäre, z. B., weil der E durch B angegriffen wurde und daher seinerseits in Notwehr gehandelt hätte. Denkbar wäre dies hier zumindest insoweit, als B den E mit der Bezeichnung „Schlappschwanz“ ja beleidigt hat, was ein Angriff auf Es Ehre darstellt. Diese Beleidigungen waren jedoch *bereits vorbei*, als der E den B schlagen wollte. Der Angriff des B auf die Ehre des E war also zu diesem Zeitpunkt nicht mehr gegenwärtig. E durfte B daher trotz der Provokation und Beleidigung seinerseits schon deshalb nicht angreifen, da eine Notwehrlage für den E (!) *nicht mehr* vorlag.

Fallunabhängig gilt für die **Rechtswidrigkeit des Angriffs** bei § 32 StGB ja folgende, bereits oben einmal genannte Definition „rechtswidrig“: Ein Angriff ist rechtswidrig, wenn er nicht selbst gerechtfertigt ist.

Hat also *der Angreifer seinerseits* einen Rechtfertigungsgrund, ist der Angriff nicht rechtswidrig und darf der Angegriffene sich *nicht* verteidigen. Es gibt also anders gesagt *keine „Notwehr gegen Notwehr“*!

Praxisbox:

Das hat für Sie als Polizeibeamte *große praktische Bedeutung*! Wenn Sie einen Beschuldigten etwa aufgrund eines vorliegenden Haftbefehls festnehmen, begehen Sie damit tatbestandlich eine Freiheitsberaubung nach § 239 StGB, und dies sogar mit der Vorsatzform Absicht. Schreit der Gefangene in der Zelle nun „Das ist Freiheitsberaubung!“ hätte er damit also sogar zumindest insofern

Recht, als der objektive und subjektive Tatbestand von § 239 StGB tatsächlich erfüllt wäre. Aber Ihre Freiheitsberaubung ist eben *durch die eingriffsrechtliche Befugnisnorm (hier: § 115 StPO) gerechtfertigt.*

Schlägt der Gefangene Ihnen nun bei Öffnung der Zelle ins Gesicht, um zu entkommen, ist dieser Schlag *seinerseits* dann *nicht* gerechtfertigt. Denn ein gegenwärtiger Angriff auf die Freiheit des Beschuldigten durch Sie liegt zwar in dem Einsperren vor, aber *Ihr Angriff* ist eben *nicht rechtswidrig*, sondern seinerseits gerechtfertigt. Damit fehlt es für den Gefangenen an einer Notwehrlage nach § 32 StGB, weswegen er sich nicht verteidigen darf, sondern Ihr Handeln hinnehmen muss (will er sich gleichwohl mit Ihrem Handeln nicht abfinden, bleibt ihm also nur, die einschlägigen Rechtsbehelfe einzulegen).

Aus dieser Systematik würde nun eigentlich folgen, dass der Beschuldigte sich gegen Sie in Notwehr wehren darf, falls Sie als Polizeibeamter zwar eine Eingriffsnorm an Ihrer Seite haben, aber deren Tatbestandsvoraussetzungen nicht vollständig vorliegen. Denn dann wäre Ihr Angriff auf den Beschuldigten nicht selbst gerechtfertigt, und damit läge ein rechtswidriger Angriff auf den Beschuldigten im Sinne einer Notwehrlage für diesen vor. Hier kommt Ihnen die Rechtsprechung nun aber *weit entgegen*: Ihr Angriff auf den Beschuldigten soll *schon dann gerechtfertigt* sein, wenn es überhaupt eine *Eingriffsnorm gibt*, die Ihr Verhalten rechtfertigt und wenn diese zumindest *nicht grob fehlerhaft* angewandt wurde. Anders gesagt: Auch bei Fehlern in der Anwendung einer Eingriffsnorm bleiben Sie durch diese im strafrechtlichen Sinne gerechtfertigt – und darf der Beschuldigte sich dann eben *nicht* in Notwehr dagegen wehren![26]

Es bestand *im Fall* also eine Notwehr*lage*.

Erforderlich wäre weiter eine Notwehr*handlung*:

Lag eine erforderliche Verteidigung seitens des B vor?

Ein Androhen des Stichs war aus Zeitgründen schwierig und hätte den rasenden E wohl auch nicht aufgehalten. Mit Fäusten zu schlagen hätte dem körperlich unterlegenen B nicht geholfen. Ein Stich in eine andere Körperregion des E hätten diesen zwar mit einer gewissen Chance vielleicht, aber nicht genauso sicher gestoppt. Ob der B noch hätte in den Wagen springen und wegfahren können, kann hier dahinstehen, denn im Rahmen der Erforderlichkeit muss der B nicht fliehen. Mildere, gleich wirksame Mittel gab es also nicht.

Die Verteidigung richtete sich auch gegen den Angreifer.

26 Vgl. Nimtz, Strafrecht für Polizeibeamte, Band 1, 6. Auflage 2018, Rn. 163 ff.

Das Ergebnis *bis hierhin* lautet also: Die Voraussetzungen von § 32 StGB liegen vor.

Das Problem ist nun aber: B hat den Angriff *selbst „heraufbeschworen"*.

Ob dadurch seine Verteidigungsrechte eingeschränkt sind, ist unter dem Punkt der **Gebotenheit** zu klären.

Die Gebotenheit dient also einer *wertenden Ergebniskorrektur* für *Ausnahmefälle*. Mit ihr kann eine – an sich vorliegende – Rechtfertigung versagt werden.

> Die **Definition für „Gebotenheit"** lautet: Geboten ist die erforderliche Verteidigung dann ausnahmsweise nicht, wenn der Angegriffene den Angriff hinnehmen muss oder sich nur eingeschränkt verteidigen darf.[27]

Es gibt dabei *Fallgruppen*, in denen die erforderliche Verteidigung nicht bzw. nicht voll erlaubt ist:

(1) Der Angriff muss *hingenommen* werden bei einer *zielgerichteten* Provokation/*Absichtsprovokation*. Damit sind Fälle gemeint, in denen der Täter den Angreifer *bewusst mit dem Ziel* provoziert, von dem Angreifer angegriffen zu werden (und sich dann gegen ihn in einer Notwehrlage verteidigen zu können). In solchen Fällen besteht also <u>*gar kein*</u> Notwehrrecht![28]

(2) Nur *beschränkt verteidigen* darf man sich in *zwei* Konstellationen:

 (a) Zum einen bei völligen *Bagatellangriffen* oder *leichten Angriffen erkennbar Schuldloser*. Hier ist das Recht auf Verteidigung nicht aufgehoben, aber anders als bei Notwehr muss die Verteidigung verhältnismäßig sein. Soweit es Bagatellangriffe betrifft, gilt dies aber wirklich nur bei einem ganz krassen Missverhältnis, also etwa dem Erschießen eines Angreifers zur Verhinderung eines Duplo-Diebstahls oder zur Verteidigung einer Woolworth-Uhr für 4,59 Euro.[29]

 (b) Zum anderen ist das Recht auf Verteidigung beschränkt bei *sonst schuldhafter* Herbeiführung der Notwehrlage. Gemeint sind Fälle, in denen der Täter einen Angriff auf sich zwar *nicht provozieren* will, aber gleichwohl in vorwerfbarer Weise *hervorruft*.

Für die Verteidigung gilt dabei dann die Formel: *Ausweichen – Schutzwehr – Trutzwehr.*

---

27 Vgl. Nimtz, Strafrecht für Polizeibeamte, Band 1, 6. Auflage 2018, Rn. 113.

28 Vgl. Joecks/Jäger, StGB, 12. Auflage 2018, § 32 Rn. 34.

29 Vgl. Joecks/Jäger, StGB, 12. Auflage 2018, § 32 Rn. 46.

Wenn möglich, muss der Angegriffene in solchen Fällen also – anders als sonst bei der Notwehr üblich – *fliehen*. Geht dies nicht, muss er sich *defensiv* verteidigen, auch wenn das riskanter ist. Er darf dabei auch grundsätzlich keine höherrangigen Rechtsgüter beim Angreifer verletzen, als dieser bei ihm verletzen will. *Nur* wenn auch damit die Abwehr unmöglich ist, darf er – wie sonst bei der Notwehr sofort – das Erforderliche tun.[30]

Im Fall ist die Gebotenheit nun also wie folgt zu prüfen:

Liegt eine *zielgerichtete* Provokation vor?

B wollte *nicht erreichen*, dass E ihn tatsächlich angreift. Eine Absichtsprovokation liegt mithin nicht vor. Völlig aufgehoben ist Bs Notwehrrecht also trotz der Beleidigung des E im Vorfeld nicht.

Liegt eine sonst schuldhafte Herbeiführung von Es Angriff vor? Liegt also eine Herbeiführung von Es Angriff durch rechtlich oder ethisch *missbilligtes* Verhalten des B vor?

Die Drohungen und Beleidigungen des B waren rechtlich missbilligt und ein Angriff des E wegen dieser war zumindest erwartbar. Eine sonst schuldhafte Herbeiführung der Notwehrlage ist also zu *bejahen*.

B darf sich daher *nur eingeschränkt* verteidigen:

B muss falls möglich *ausweichen*. Geht dies nicht, muss B sich defensiv (= verhältnismäßig) verteidigen (= *Schutzwehr*). Nur wenn das unmöglich ist, darf er mehr tun (= *Trutzwehr*).

B hätte zwar noch in den Wagen springen und diesen wohl auch noch starten können. Allerdings hat der Wagen ein offenes Verdeck und stand der E direkt daneben. Schwere Schläge auf den Kopf oder Oberkörper hätten sich also so nicht mehr verhindern lassen. Ausweichen war hier daher nicht mehr möglich (das könnten Sie mit entsprechender Begründung auch anders sehen).

B hätte aber – wenn auch mit höherem Risiko – woandershin stechen können. Aussichtslos wäre dies nicht gewesen. Schutzwehr war also noch möglich.

Bs Verteidigung war mithin *nicht geboten*.

B ist *nicht* nach § 32 StGB gerechtfertigt und handelte rechtswidrig.

B handelte auch schuldhaft (zur Schuld später mehr) und ist nach § 212 StGB strafbar.

30 Vgl. „Bahnhofsschlägerei-Fall" BGH, 19. August 2020 – 1 StR 248/20.

c. Rechtfertigender Notstand gem. § 34 StGB

Neben § 32 StGB gibt es, wie schon gesagt, noch eine Reihe anderer Rechtfertigungsgründe. Um einen davon, der praktisch bedeutsam ist, aber anders als Notwehr viel weniger bekannt, nämlich § 34 StGB, soll es nun gehen.

Fall (nach einer Originalentscheidung des BGH[31]):

B und seine Ehefrau, die einen Bungalow mit umzäuntem Garten am Waldrand bewohnen, bekommen seit Wochen alle zwei bis drei Nächte „Besuch" von dem Spanner S. Dieser erschien zunächst nur auf dem Grundstück und stand vor dem Schlafzimmerfenster. Zwischenzeitlich war es ihm aber sogar einige Male gelungen, nachts in das Haus einzudringen und im Schlafzimmer zu stehen. Alle Versuche, ihn durch Kameras und Zusatzschlösser abzuschrecken, schlugen fehl; ebenso alle Versuche, seine Identität festzustellen. Eines Nachts wacht B auf und sieht, das S wieder im Schlafzimmer ist. Als S sieht, dass B aufwacht, ergreift er sofort die Flucht. B springt auf, holt ein zwischenzeitlich von ihm angeschafftes Gewehr und schießt S durch Schüsse auf die Beine fluchtunfähig, wobei er auf S erst schießt, als dieser schon außerhalb des umzäunten Grundstückes ist. Ist B nach § 223 StGB strafbar?

Strafbarkeit des B nach § 223 StGB:

Objektiver **Tatbestand:**

B hat S körperlich misshandelt. Dies geschah auch kausal durch den Schuss des B.

Subjektiver **Tatbestand:**

B wollte S anschießen und damit verletzen, weil er nur so erreichen konnte, dass der S stehen bleibt und seine Identität festgestellt werden kann. B handelte mithin mit Absicht.

Rechtswidrigkeit:

Ist B durch *Notwehr, § 32 StGB*, gerechtfertigt (diese ist *vor § 34 StGB zu prüfen,* zur Prüfungsreihenfolge später mehr)?

Es gab eine Verletzung von Bs Hausrecht, womit ein Angriff des S vorlag.

Der (aktuelle) Angriff war mit Verlassen des Grundstücks beendet. Der zu erwartende erneute „Besuch" durch den S stand noch nicht an, sondern drohte erst in ein paar Tagen. *Gegenwärtig* war der Angriff daher *nicht mehr*, soweit es den aktuellen „Besuch" angeht und *noch nicht*, soweit es zukünftige betrifft. Es gab auch kein noch rettbares Rechtsgut, denn der

31 Vgl. BGH. NJW 1979, 2053.

S hatte ja nichts mitgenommen, was der B durch seine Handlung noch wiedererhalten könnte.

B ist mithin *nicht* nach § 32 StGB gerechtfertigt, da schon keine Notwehrlage vorlag.

B könnte indes wegen eines **rechtfertigenden Notstands gem. § 34 StGB** gerechtfertigt sein.

Dem *Normtext* sind die folgenden *Tatbestandsmerkmale* zu entnehmen:

§ 34 StGB

Wer in einer gegenwärtigen, nicht anders abwendbaren Gefahr für Leben, Leib, Freiheit, Ehre, Eigentum oder ein anderes Rechtsgut eine Tat begeht, um die Gefahr von sich oder einem anderen abzuwenden, handelt nicht rechtswidrig, wenn bei Abwägung der widerstreitenden Interessen, namentlich der betroffenen Rechtsgüter und des Grades der ihnen drohenden Gefahren, das geschützte Interesse das beeinträchtigte wesentlich überwiegt. Dies gilt jedoch nur, soweit die Tat ein angemessenes Mittel ist, die Gefahr abzuwenden.

Dies ergibt folgendes Prüfungsschema § 34 StGB:

Notstandslage:

- **Gefahr**
- **Gegenwärtigkeit**

Notstandshandlung:

- **„nicht anders abwendbar“: Erforderlichkeit**

Abwägung: wesentliches Überwiegen des geschütztem gegenüber dem geopferten Rechtsgut

(Angemessenheit)

Notstandswille

Im Fall: liegt ein rechtfertigender Notstand vor?

Es bedarf zunächst einer **Notstandslage**:

Erforderlich ist zunächst eine **Gefahr** für ein Rechtsgut des B.

> Die **Definition für „Gefahr“** lautet: Ein Zustand, der eine Rechtsgutsverletzung mit hinreichender Wahrscheinlichkeit erwarten lässt.[32]

32 Vgl. Nimtz, Strafrecht für Polizeibeamte, Band 1, 6. Auflage 2018, Rn. 124.

Im Fall geht es um eine Verletzung von Hausrecht (und Intimsphäre). Die akute Rechtsgutsverletzung ist zwar mit der Flucht des S beendet. Es ist aber sicher anzunehmen, dass S *wiederkommt*. Es ist also mit hinreichender Wahrscheinlichkeit eine *erneute* Rechtsgutsverletzung durch S zu erwarten. Eine Gefahr liegt damit vor.

Der Begriff „*Gefahr*" ist also *weiter* als der des Angriffs! Dies wird noch deutlicher, wenn man noch die Definition von „**Gegenwärtigkeit**" der Gefahr hinzunimmt:

> Die **Definition „gegenwärtig"** ist: Die Gefahr ist gegenwärtig, wenn der Eintritt eines Schadens sicher oder höchstwahrscheinlich ist, falls nicht alsbald Abwehrmaßnahmen ergriffen werden.[33]

Beachte dabei: Obwohl der Begriff der Gegenwärtigkeit in § 32 und § 34 StGB gleichlautend auftauchen, werden sie *jeweils anders definiert*. Das ist nicht so ungewöhnlich: Identische Begriffe in verschiedenen Normen *können* gleichbedeutend sein, *müssen* es aber *nicht*! Sie müssen also jeweils darauf achten, wo Definitionen normübergreifend gleich sind und wo verschieden.

Unternimmt im Fall der B nicht sofort etwas, wird S sicher wiederkommen und erneut eine Tat nach § 123 StGB begehen.

Eine Gefahr kann danach *auch vor und nach der Rechtsgutsverletzung* selbst *schon* bzw. *noch* vorliegen:

Davor, wenn die Rechtsgutsverletzung zwar noch nicht begonnen hat, aber schon geplant und vorbereitet ist.

Ein *Beispiel* wäre: Zwei Täter verabreden, drei Nächte später einen Dritten anzugreifen.

Danach, wenn eine sogenannte *Dauergefahr* vorliegt, bei der erneute, gleichartige Rechtsgutsverletzungen sicher sind oder wenn ein gefährlicher Zustand entsteht, der andauert (etwa bei einem dauerhaft einsturzgefährdeten Gebäude).[34]

Beachte dabei: Eine Gefahr im Sinne des § 34 StGB muss nicht durch einen Menschen verursacht worden sein! *Auch* durch Tiere, Sachen oder natürliche Abläufe entstandene Gefahren für ein Rechtsgut können eine Gefahr im Sinne des § 34 StGB sein, z. B. Krankheiten, Unfallfolgen pp.[35]

---

33 Vgl. Nimtz, Strafrecht für Polizeibeamte, Band 1, 6. Auflage 2018, Rn. 124.

34 Vgl. Joecks/Jäger, StGB, 12. Auflage 2018, § 34 Rn. 18.

35 Vgl. Joecks/Jäger, StGB, 12. Auflage 2018, § 34 Rn. 19.

Im Fall drohen neue Hausrechtsverletzungen durch den S. Es liegt also eine Gefahr in Form der Dauergefahr vor.

Die **Unterschiede Notwehrlage – Notstandslage** sind also:

- Die Notstandslage ist *zeitlich* deutlich *weiter*, Dauergefahren reichen.
- Die *Quelle* der Gefahr ist bei § 34 StGB irrelevant.

Liegt eine Notstandslage vor, ist die **Notstandshandlung** zu prüfen.

Die Gefahr darf „nicht anders abwendbar" sein. Dies ist identisch mit **„Erforderlichkeit"** im Sinne des § 32 StGB – und hier auch mit *gleicher Definition*.

Im Fall: ein milderes, wirksames Mittel gab es nicht mehr.

> **Beachte:**
>
> Die Notstandshandlung kann sich – anders als bei Notwehr – *auch gegen Rechtsgüter Dritter oder der Allgemeinheit* richten!

Ein *Beispiel*: ein Täter fährt mit 1,3 Promille Auto, um einen schwer verletzten Freund aus einem Funkloch zum nächsten Krankenhaus zu bringen (Straftat nach § 316 StGB und damit ein Eingriff in das Rechtsgut „Sicherheit des Straßenverkehrs", die aber nach § 34 StGB gerechtfertigt sein kann).

Die *Unterschiede zwischen Notwehr- und Notstandshandlung* sind also:

Not*wehr* erlaubt *nur* Eingriffe in Rechtsgüter des Angreifers

Not*stand* erlaubt *auch* Eingriffe in Rechte Dritter und der Allgemeineinheit!

Sodann bedarf es bei § 34 StGB einer **Abwägung.**

Der *Zweck der Abwägung* ist folgender: Weil der Gefahrbegriff weit ist und auch in Rechtsgüter Dritter eingegriffen werden kann, muss das gerettete Rechtsgut dem bedrohten im konkreten Fall *wesentlich über*wiegen.

Gegenüberzustellen ist dabei:

- Abstrakter Wert der betroffenen Rechtsgüter
- Grad der im Fall drohenden Gefahr
- Herkunft der Gefahr: wird in das Rechtsgut eines Dritten eingegriffen oder in das eines Angreifers?[36]

Im Fall liefe dies wie folgt:

Zunächst ist der *abstrakte Wert* der betroffenen Rechtsgüter gegenüberzustellen. Im Fall steht das Hausrecht des B gegen die Gesundheit des S. Die Gesundheit ist generell mehr wert als das Hausrecht. Der abstrakte Wert des (durch B) geretteten Rechtsguts ist also sogar niedriger als der des (bei S)

36 Vgl. Joecks/Jäger, StGB, 12. Auflage 2018, § 34 Rn. 26 ff.

verletzten Rechtsguts. Selbst wenn man davon ausginge, dass der B und seine Frau Schlafprobleme wegen S bekommen, wäre der abstrakte Wert des durch B geretteten Rechtsguts (Gesundheit) gleich hoch wie der des (bei S) verletzten, was auch nicht ausreichen würde, da das gerettete Rechtsgut eben *überwiegen* muss.

Zu klären ist daher, ob sich ein wesentliches Überwiegen aus *dem Grad der im Fall konkret drohenden Gefahr* für die betroffenen Rechtsgüter ergibt. Die Hausrechtsverletzungen treten wiederholt auf und sind mit einem Eindringen ins Schlafzimmer bei Nacht erheblich. Die konkret drohende Gefahr für das Hausrecht ist mithin massiv. Die Gesundheit des S ist zwar durch den Schuss des B nur einmal bedroht, allerdings ist ein Schuss in eine von wichtigen Blutbahnen durchzogene Region wie das Knie sehr gefährlich. Insoweit ist auch die Gesundheit des S stark bedroht. Ein wesentliches Überwiegen des von B geretteten Rechtsguts gibt es also auch hier nicht (dies könnte man wegen der Vielzahl der „Besuche" des S bei B auch anders sehen).

Zu prüfen ist daher, ob sich aus der *Herkunft der Gefahr* etwas anderes ergibt. Maßgeblich ist, ob in das Rechtsgut eines Dritten eingegriffen wird oder in das des Angreifers. Denn wird in ein Rechtsgut eines Angreifers eingegriffen, der die Gefahr bewusst verursacht hat, muss auf dessen Rechtsgüter eben nicht die gleiche Rücksicht genommen werden wie bei einem Eingreifen in die Rechtsgüter Unbeteiligter. Im Fall wird nur in Rechte des Spanners S eingegriffen. Daraus lässt sich – zusammen mit der hohen konkreten Gefahr für Bs Rechte – ein wesentliches Überwiegen der geretteten Güter herleiten.

Beachte zur Abwägung: Das Erfordernis eines wesentlichen Überwiegens des geretteten Rechtsguts gegenüber dem Verletzten führt dazu, dass *Tötungshandlungen* zur Abwehr einer Gefahr *generell nicht nach § 34 StGB gerechtfertigt* werden können. Denn was immer auch der Täter retten will, wesentlich wertvoller als menschliches Leben kann es nicht sein. Dies gilt *auch* bei der Tötung von einem zur Rettung mehrerer, denn menschliches Leben ist nicht quantifizierbar[37] (die weiter im Schema zu findende **Angemessenheit** hat *nur wenig* Bedeutung und ist *nur* anzusprechen, wenn sie im Fall relevant ist. Ihre Funktion ist – ähnlich der Gebotenheit bei § 32 StGB – eine wertende Ergebniskorrektur in Fällen, in denen zwar alle anderen Merkmale des § 34 StGB vorliegen, aber es sachwidrig erscheint, dem Täter eine Rechtfertigung zuzugestehen. Der Fall ist dies namentlich, wenn ein Täter durch Straftaten ein Problem lösen will, für dessen Lösung

37 Vgl. Fischer, StGB, 68. Auflage 2021, § 34 Rn. 14 ff.

es rechtlich geordnete Verfahren gibt. Ein Beispiel wäre der Diebstahl teurer Medikamente durch den schwerkranken, bettelarmen B).[38]

Letzter Punkt im Fall ist dann der **Notstandswille.**

Dieser ist so zu verstehen wie der Notwehrwille. Dem Täter muss es bei der Vornahme der erforderlichen Rettungshandlung also gerade darum gehen, die Gefahr abzuwehren.

B hatte im Fall auch Notstandswillen.

B ist mithin nach § 34 StGB gerechtfertigt. B ist nicht nach § 223 StGB strafbar.

d. Notstandsregeln des BGB

aa. Einführung

Zwei weitere Rechtfertigungsgründe, die Not*stands*handlungen erlauben, finden sich im BGB: § 228 (sog. Defensivnotstand) und § 904 BGB (sog. Aggressivnotstand). Sie regeln beide (*nur*) Fälle, in denen der Gefährdete zur Gefahrabwendung eine *Sache* beschädigt oder zerstört (zum Verhältnis der Notstandsnormen aus StGB und BGB Näheres später).

Der Hintergrund dafür, dass es sie neben § 34 StGB überhaupt gibt, ist, dass im BGB zivilrechtliche Schadensersatzregelungen an die Normen angehängt sind, die für Sie als Polizeibeamte indes unwichtig sind.

Als *strafrechtliche* Rechtfertigungsgründe lassen diese BGB-Notstände indes bei Straftaten wie die §§ 32 und 34 StGB die Rechtswidrigkeit entfallen. *Insoweit* sind sie also auch für die Strafverfolgungsbehörden von Relevanz. Dies gilt umso mehr, als vor allem § 228 BGB sich in den Voraussetzungen von § 34 StGB deutlich unterscheidet. Insofern müssen Polizeibeamten auch diese „Exoten" bekannt sein!

bb. Defensivnotstand: § 228 Satz 1 BGB

Tatbestandsmerkmale nach dem Normtext sind:

§ 228 BGB

„Wer eine fremde Sache beschädigt oder zerstört, *um eine* durch sie drohende Gefahr *von sich oder einem anderen* abzuwenden, *handelt nicht widerrechtlich, wenn die Beschädigung oder die Zerstörung zur Abwendung der Gefahr* erforderlich *ist und der* Schaden nicht außer Verhältnis zu der Gefahr *steht."*

---

38 Vgl. Joecks/Jäger, StGB, 12. Auflage 2018, § 34 Rn. 31.

Daraus ergibt sich folgendes Prüfungsschema für § 228 BGB:

Notstandslage:

- **Drohende Gefahr für ein Rechtsgut**
- **Gefahr geht von einer (für den Täter) fremden Sache aus**

Notstandshandlung:

- **Erforderliche Verteidigung**
- **Gegen die Sache, von der die Gefahr ausgeht**

Abwägung: verteidigtes Rechtsgut ist nicht wesentlich weniger wert als die beeinträchtigte Sache

Gefahrabwendungswille

Zur Illustration und Erläuterung dient folgender

Fall:

B geht im Park spazieren, wobei er seine brandneuen englischen Herrenschuhe aus Schlangenleder für 1600 Pfund pro Stück trägt. Der große Schäferhund des O riecht das Leder und ist spontan begeistert. Er rennt auf B zu und beginnt, heftig an den Schuhen zu kauen. Os Rufe zu dem Hund, dies zu lassen, bewirken bei dem Hund nichts. Auch Bs Versuche, den Hund mit Geschrei und Gesten wieder auf Abstand zu bringen, bleiben wirkungslos. Gleiches gilt für seine Versuche, ihn abzuschütteln, da der Hund sogleich wieder zubeißt. B schüttelt ihn daher ab und versetzt dem Schäferhund daraufhin einen so heftigen Tritt, dass dieser verstirbt, was B für möglich hielt. Strafbarkeit des B?

Einschlägiger Straftatbestand ist *§ 303 StGB*, Sachbeschädigung (in Betracht käme ferner § 17 Tierschutzgesetz, auf den hier nicht einzugehen ist).

***Objektiver* Tatbestand:**

Der Hund müsste eine Sache sein. Dies ist der Fall, da Tiere zwar nach § 90 BGB keine Sachen sind, aber grundsätzlich für sie die Regeln für Sachen gelten, vgl. *§ 90a BGB*.

Der Hund müsste fremd gewesen sein. Der Hund gehörte O.

Die Tötung ist hier ferner die Tathandlung der „Zerstörung“.

***Subjektiver* Tatbestand:**

Zumindest nahm B die Zerstörung billigend in Kauf.

Rechtswidrigkeit:

B könnte nach *§ 32* StGB, Notwehr, gerechtfertigt sein:

(Es ist mit Notwehr zu beginnen, da dieser weitergehende Verteidigungsmöglichkeiten vorsieht als alle Notstandsregeln; Näheres später.)

Notwehrlage:

Der O hetzt den Hund nicht auf B. Ein Angriff *eines Menschen*, auch nicht indirekt, liegt nicht vor.

B ist schon mangels Angriffs nicht durch Notwehr gerechtfertigt.

B könnte indes nach **§ 228 BGB** gerechtfertigt sein (zur Prüfungsreihenfolge nach § 32 StGB später mehr).

Notstandslage:

Es bedürfte zunächst einer *drohenden Gefahr* für ein Rechtsgut. Es drohte unmittelbar eine Eigentumsverletzung bei B. Damit bestand eine drohende Gefahr für ein Rechtsgut.

Der Begriff **„Gefahr“** ist so zu verstehen *wie in § 34* StGB.

Die Gefahr müsste weiter **von einer fremden Sache ausgehen.**

Quelle der Gefahr für B war Os Hund und damit im Rechtssinne eine (für B fremde) Sache.

Notstandshandlung:

Die Verteidigung des B hätte **erforderlich** sein müssen.

Ein milderes, gleich wirksames Mittel gab es jedenfalls nicht mehr, da alles andere erfolglos war.

Die Erforderlichkeit ist hier so zu verstehen *wie in § 32 und § 34* StGB.

Die Abwehrhandlung müsste **gegen die Sache** gerichtet gewesen sein, von der die Gefahr *ausgeht.*

Die Verteidigung richtete sich gegen Os Hund, der auch die Quelle der Gefahr für Bs Schuhe war.

Sodann bedarf es einer **Abwägung:**

> **Beachte:**
>
> Jetzt wird es entscheidend, dass *nur erforderlich* ist, dass das gerettete Rechtsgut gegenüber der die Gefahr begründenden Sache *nicht wesentlich weniger wert* ist!

Im Fall: Bs teure Schuhe sind materiell nicht wesentlich weniger wert als Os Hund.

> **Beachte:**
>
> *Hier* liegt der *große Unterschied* zu § 34 StGB (und § 904 BGB): Da hier die Sache beschädigt oder zerstört wird, von der die Gefahr *ausgeht*, ist *nur erforderlich*, dass das gerettete Rechtsgut gegenüber dieser Sache *nicht wesentlich weniger wert* ist! Anders als bei § 34 StGB (und § 904 BGB, dazu unten) ist *nicht* erforderlich, dass die gerettete Sache mehr wert ist als die zur Gefahrenabwehr zerstörte.

Die *Abwägung erfolgt* dabei grundsätzlich durch Gegenüberstellung des *materiellen* Wertes. Zumindest dann, wenn es allgemein gesellschaftlich anerkannt und nachvollziehbar ist, kann aber auch das sogenannte *Affektionsinteresse* (also *ideelle* Aspekte zum Wert der Sache) mitberücksichtigt werden.[39]

Im Fall könnte man daher *vertreten*, dass die Schuhe *deswegen wesentlich weniger* wert sind, weil bei nicht völlig unähnlichem Sachwert Os Hund einen *hohen ideellen Wert* hat. B wäre dann *nicht* nach § 228 BGB gerechtfertigt und – da es auch keinen sonstigen Rechtfertigungsgrund gäbe und B auch schuldhaft gehandelt hätte – nach § 303 StGB *strafbar*.

Vertreten ließe sich aber auch, dass selbst mit dem ideellen Wert des Hundes die neuwertigen und sehr edlen Schuhe des B zwar weniger wert, aber *eben nicht wesentlich* weniger wert wären als Os Hund. Dann wäre § 228 BGB so weiter zu prüfen, dass B noch **Gefahrabwendungswillen** bräuchte. B handelte hier, um seine Schuhe gegen den Hund zu verteidigen und damit mit dem Ziel, die Gefahr abzuwenden. B wäre nach dieser Lösung mithin nach § 228 BGB *gerechtfertigt* und *nicht* nach § 303 StGB strafbar.

> **Beachte:**
>
> Dass man *verschiedene Lösungen gleich gut* vertreten kann, ist in juristischen Falllösungen keineswegs ungewöhnlich. *Oft* (allerdings *nicht immer*) lässt ein Begriff und eine Definition so viel Spielraum, dass verschiedene Subsumtionsergebnisse möglich sind. In der *Klausur* geht es in solchen Fällen dann auch nicht darum, dass „richtige“ Ergebnis zu treffen. Es geht vielmehr darum, dass Sie durch eine nachvollziehbare Subsumtion zeigen, das Tatbestandsmerkmal überhaupt richtig verstanden zu haben und es methodisch richtig bearbeiten können!

cc. Aggressivnotstand, § 904 BGB

Während § 228 BGB (nur) erlaubt, eine Sache zu beschädigen oder zu zerstören, von der eine Gefahr ausgeht, erlaubt § 904 BGB die Beschädigung oder Zerstörung einer *„unbeteiligten“ Sache*, also einer, von der die Gefahr *nicht* ausgeht.

---

39 Vgl. Grothe, Münchener Kommentar zum BGB, 8. Auflage 2018, § 228 Rn. 10.

Der Normtext von § 904 BGB ist sehr verwirrend. Daher gilt hier *ausnahmsweise*: Das Prüfungsschema ist nicht herzuleiten, sondern einfach auswendig zu lernen! Da es mit dem von *§ 34 StGB nahezu identisch* ist, geht dies aber recht leicht.

Prüfungsschema § 904 BGB (fast identisch mit § 34 StGB):

Notstandslage:

- **Gefahr für ein Rechtsgut**
- **Gegenwärtigkeit der Gefahr**

Notstandshandlung:

- **Erforderliche Verteidigung**
- **Dabei: Beeinträchtigung einer Sache, von der die Gefahr nicht ausgeht**

Abwägung: geschütztes Rechtsgut muss die beeinträchtigte Sache wesentlich überwiegen

Gefahrabwendungswille

Das Schema *unterscheidet* sich vom dem Prüfungsschema des § 34 StGB *nur* darin, dass die Verteidigungshandlung sich gegen eine Sache richten muss. Ansonsten ist das Schema *identisch.* Auch alle **Tatbestandsmerkmale** und damit alle **Definitionen** sind so zu verstehen wie bei § 34 StGB.

Zur Illustration, für welche Fälle § 904 BGB einschlägig ist, dient folgendes *Beispiel*: B wird von einem streunenden Hund angefallen. Um sich zu verteidigen, reißt er aus dem neben seinem Weg verlaufenden Gartenzaun des O eine Latte raus und schlägt den Hund damit in die Flucht.

Der **Unterschied zu § 228 BGB** besteht darin, dass bei § 228 BGB die Gefahr von einer Sache ausgehen muss und Täter *diese gefährliche* Sache zur Abwehr beschädigt oder zerstört, während bei § 904 BGB die Gefahr von jeder beliebigen Quelle ausgehen kann, der Täter aber eine *andere, „unbeteiligte“* Sache zur Verteidigung beschädigt oder zerstört.

e. Das Festnahmerecht gem. § 127 I StPO

Neben den Notwehr- und Notstandsregeln, die den Schwerpunkt bei einer Prüfung der Rechtswidrigkeit darstellen, gibt es noch einige andere Rechtfertigungsgründe. Die wichtigsten sind das *allgemeine Festnahmerecht* sowie die *Einwilligung*. Um diese soll es nun gehen.

Das **allgemeine Festnahmerecht** ist in *§ 127 I Satz 1 StPO* geregelt, der folgenden Wortlaut hat und damit die folgenden Tatbestandsmerkmale enthält:

§ 127 I StPO

Wird jemand auf frischer Tat betroffen *oder* verfolgt, *so ist, wenn er der* Flucht verdächtig *ist oder seine* Identität nicht sofort festgestellt *werden kann,* jedermann befugt, *ihn auch ohne richterliche Anordnung* vorläufig festzunehmen.

Daraus ergibt sich nachfolgendes Prüfungsschema des § 127 I Satz 1 StPO:

Festnahmelage:

- **Täter auf frischer Tat betroffen *oder***
- **Täter auf frischer Tat verfolgt**
- **Fluchtverdacht *oder***
- **Identität nicht sofort feststellbar**

Festnahmehandlung: „vorläufige Festnahme"

Festnahmewille

Zur Erläuterung der Tatbestandsmerkmale dient folgender

Fall:

Der B geht durch ein Wohngebiet, als er aus einer Wohnung im Erdgeschoss zunächst einen gellenden Schrei hört und kurz danach den F mit blutender Verletzung an der Stirn am Fenster sieht. In diesem Moment erkennt er, dass der O aus dem Haus rennt. B ist nun sicher, dass der O den F blutig geschlagen hat und flüchten will. Er rennt dem O nach und drückt ihn fest gegen eine Hauswand, bis die Polizei, die ein anderer Passant auf Bs Bitte hin gerufen hat, erscheint. Tatsächlich hatte der F sich über eine Spinne erschrocken und dabei eine unwillkürliche Bewegung gemacht, die zu einem Stoß an einem Regal und der blutenden Verletzung führte. O, der in einer anderen Wohnung lebt, war aus dem Haus gerannt, um den Bus noch zu kriegen. Der O erleidet durch Bs Drücken Hämatome und Schmerzen am Rücken und den Armen. Dass dies durch das Drücken passieren kann, ist dem B dabei bewusst, er meint aber, anders den O nicht aufhalten zu können. Strafbarkeit des B *nach § 223 StGB*?

Strafbarkeit des B nach § 223 I StGB:

***Objektiver* Tatbestand:**

Das Drücken gegen die Hauswand ist eine üble Behandlung, die Os Wohlbefinden beeinträchtigt. Eine körperliche Misshandlung liegt daher vor.

Ebenfalls gegeben (wenn auch nur alternativ neben der körperlichen Misshandlung nötig) ist eine Gesundheitsschädigung in Form der Hämatome und Schmerzen, die pathologische Zustände sind.

Das Drücken des B ist auch die Ursache der Hämatome und damit kausal (und objektiv zurechenbar).

***Subjektiver* Tatbestand:**

B erkannte die Gefahr von Hämatomen pp. und nahm sie billigend in Kauf, sodass er bedingt vorsätzlich handelte.

Rechtswidrigkeit:

§ 32 StGB, Not*hilfe*

Zur Erinnerung: Not*hilfe* ist Not*wehr für Dritte*. Sie wird genauso wie Notwehr zur Verteidigung eigener Rechte nach § 32 StGB geprüft. *Einzige Besonderheit*, die aber nur anzusprechen ist, wenn es im Fall ein Problem ist: Nothilfe kann *nicht* geleistet werden (und ist daher *nicht erforderlich*), wenn der Angegriffene, dem man helfen will, gar *keine Hilfe* möchte.

Beachte ferner: Auch hier im Fall sollten Sie zunächst § 32 StGB prüfen, da dieser weitergehende Rechte einräumt als § 127 StPO. Abschließendes zur Prüfungsreihenfolge finden Sie am Ende des Kapitels zu den Rechtfertigungsgründen.

Zu klären ist im Fall zunächst, ob eine *Notwehrlage* vorlag:

Schon ein *Angriff* lag *nicht* vor: es gab schlicht keine Bedrohung rechtlich geschützter Güter durch menschliches Verhalten vor der Festnahme.

B ist daher *nicht* durch Notwehr gerechtfertigt.

Beachte also: Die Notwehr*lage* muss – wie bei den §§ 228, 904 BGB und 34 StGB die Notstands*lage* – *tatsächlich, also objektiv, bestehen*! Fehlt es schon daran, ist der Täter auch dann *nicht* gerechtfertigt, wenn er glaubt, ein Angriff bzw. eine Gefahr läge vor.

Im Fall fehlt es wie gesehen daran.

B könnte aber nach **§ 127 I StPO** gerechtfertigt sein.

Zu prüfen ist zunächst die **Festnahmelage**:

O müsste **auf frischer Tat** betroffen oder verfolgt sein.

Nach dem Wortlaut würde hier das Gleiche gelten wie zum Angriff bei § 32 StGB: „auf frischer Tat“ verlangt der Formulierung nach, dass es tatsächlich, also objektiv, eine Tat gibt.

Bei § 127 StPO – und *nur* bei § 127 StPO – macht die Rechtsprechung nun jedoch eine *Ausnahme*: hier – und *nur* hier – lässt sie es genügen, wenn ein Tat*verdacht* besteht![40]

Daraus ergibt sich daher folgende **Definition „frische Tat"**: Eine frische Tat liegt vor, wenn die Gesamtschau aller erkennbaren äußeren Umstände im Tatzeitpunkt nach der Lebenserfahrung im Urteil des Festnehmenden den Schluss auf eine rechtswidrige Tat zulässt.

Maßgeblich ist also, ob der Festnehmende Grund hat, *anzunehmen*, dass es eine Straftat gab. Ob sie *tatsächlich* vorlag, ist *unerheblich*.

Im Fall läge danach eine „frische Tat" vor: Die Umstände (Schrei des F, Verletzung des F, die von einem Schlag stammen konnte, Wegrennen des O) begründeten einen Tatverdacht. Mehr ist nicht verlangt.

Der Täter (also im Fall der B) muss ferner auf frischer Tat **betroffen** oder **verfolgt** sein.

Die Definitionen lauten:

Definition „betroffen": Betroffen ist, wer am Tatort als Täter festgestellt wird.

Definition „verfolgt": Verfolgt ist, wer sich zwar schon vom Tatort entfernt hat, aber aufgrund sicherer Anhaltspunkte als Täter erscheint.[41]

Im Fall war O nicht mehr in der Wohnung, wo die „Tat" stattfand bzw. stattgefunden zu haben scheint, und auch nicht einmal mehr in dem Haus, also nicht mehr am „Tatort" und daher nicht „(auf frischer Tat) betroffen".

O erschien wegen des Wegrennens nach der „Tat" aber als der „Täter" und war daher „(auf frischer Tat) verfolgt".

Erforderlich ist weiter ein **Fluchtverdacht** (oder alternativ eine Nichtfeststellbarkeit der Identität, dazu sogleich).

O schien abzuhauen, mithin bestand hier auch *Fluchtverdacht*.

Die **Definition „Fluchtverdacht"** lautet: Fluchtverdacht besteht, wenn der Festnehmende nach dem erkennbaren Verhalten des Tatverdächtigen vernünftigerweise davon ausgehen muss, dieser werde sich ohne Festnahme dem Verfahren entziehen.[42]

---

40 Vgl. BGH, NJW 1981, 745.

41 Vgl. Krauß, BeckOK, StPO, 39. Edition 1.2.2021, § 127 Rn. 4 f.

42 Vgl. Krauß, BeckOK, StPO, 39. Edition 1.2.2021, § 127 Rn. 6.

Hier *genügt* schon nach dem Wortlaut der Norm der bloße *(begründete) Verdacht.* Ob der Tatverdächtige tatsächlich fliehen will, wird der Festnehmende im Zweifel ja auch kaum feststellen können, sodass mehr als die Feststellung entsprechender Anhaltspunkte nicht verlangt werden kann.

Inwieweit – zurück im Fall – Os **Identität nicht sofort feststellbar** war – was zum Fluchtverdacht grundsätzlich im alternativen Verhältnis steht und hier nur angesprochen wird, um das Merkmal zu erläutern – ist fraglich:

Hätte F den O gekannt und hätte B dies durch einen raschen Zuruf sicher klären können, hätte es einer Festnahme unter diesem Aspekt nicht mehr bedurft. Im Sachverhalt ist dies aber unklar.

Allgemein gilt also zum *Merkmal „Identität nicht sofort feststellbar“* (wobei Sie hier ohne Definition unter den Wortlaut subsumieren dürfen):

Ist *bekannt* oder ohne jeden Zeitverzug *sicher (!) feststellbar*, wie die Personalien des Täters sind, ist seine Identität „sofort feststellbar“. Lässt sich dies aber *nicht sofort* klären – und sei es auch, weil der Täter zwar etwas angibt, was aber nicht sogleich überprüft werden kann –, ist seine Identität nicht sofort feststellbar und kann er (bei Vorliegen auch der übrigen Voraussetzungen) vorläufig festgenommen werden.[43]

Im Fall lag damit eine Festnahme*lage* vor.

Beachte: Fluchtverdacht und Nicht-Feststellbarkeit der Identität sind grundsätzlich alternativ („oder“). Ist die Identität indes bekannt, wird ein Fluchtverdacht nur noch in Betracht kommen, wenn zu befürchten ist, dass der Tatverdächtige sich dem Verfahren entziehen wird, obwohl man weiß, wer er ist und ihn daher grundsätzlich im weiteren Verfahren als Beschuldigten problemlos laden kann. Denkbar wäre dies etwa, wenn die Gefahr besteht, dass der bekannte Tatverdächtige sich ins Ausland absetzt o. ä.

Im Fall weiter zu prüfen ist sodann die **Festnahmehandlung:**

§ 127 StPO erlaubt dem Wortlaut nach die „Festnahme“. Der Straftatbestand, der nach dieser Norm gerechtfertigt werden kann, ist daher grundsätzlich nur die *Freiheitsberaubung nach § 239* StGB.

Im Fall hat B aber (auch) den objektiven und subjektiven Tatbestand einer Körperverletzung nach § 223 StGB verwirklicht, und ob er nach § 223 StGB strafbar ist, ist das, was zu prüfen ist.

Fraglich ist, inwieweit § 127 StPO *auch andere Straftaten* als Freiheitsberaubungen rechtfertigt.

43 Vgl. Krauß, BeckOK, StPO, 39. Edition 1.2.2021, § 127 Rn. 7.

Dabei gilt: Neben Freiheitsberaubungen sind andere Delikte gerechtfertigt, wenn sie zur Festnahme *unvermeidlich* und *wenig gravierend* sind. Beispiele sind leichte Körperverletzungen oder Nötigungen gem. § 240 StGB. *Nicht* gerechtfertigt sind *schwerere* Begleitdelikte sowie ganz generell der *Einsatz von Schusswaffen* über bloßes Drohen und Warnschüsse hinaus. Ob Letzteres auch gilt, wenn es um die Festnahme beim Verdacht auf sehr schwere Straftaten geht, ist umstritten und selbst in der Judikatur des BGH bisher nicht einheitlich entschieden.[44]

B hat im Fall den O nur zum Zwecke des Festhaltens leicht körperlich misshandelt. Dies ist im Rahmen der Festnahme erlaubt.

Nötig ist im Fall schließlich noch ein **Festnahmewille:**

Der Täter darf nur zu dem Zweck festnehmen, den Festgenommenen unverzüglich der Polizei zu übergeben.

Im Fall ging es B nur darum, den „Täter" an der Flucht zu hindern, bis die Polizei kommt.

B ist daher nach § 127 I StPO gerechtfertigt und nicht nach § 223 StGB strafbar.

Beachte noch (fallunabhängig):

Wie (fast) alle Eingriffe in die Rechte eines Betroffenen muss auch die vorläufige Festnahme nach § 127 I StPO **verhältnismäßig** sein. Da dies aber durch einen festnehmenden Bürger kaum geprüft werden kann, erst recht nicht im meistens hektischen Moment der Entscheidung über die Festnahme, wird die Rechtmäßigkeit einer solchen Festnahme an deren Unverhältnismäßigkeit nur scheitern, wenn sie *offensichtlich* unverhältnismäßig ist. Da dies eine *seltene Ausnahme* ist,[45] muss es *nur geprüft* werden, wenn es im Fall tatsächlich in Betracht kommt. Als Prüfungs*ort* kann dafür dann die Festnahme*handlung* gewählt und dort diskutiert werden, ob eine Festnahmehandlung überhaupt nötig war.

Praxisbox:

Die herrschende Meinung geht davon aus, dass das „Jedermann"-Festnahmerecht *auch Polizeibeamten zusteht*, sofern die Maßnahme nicht nur auf die Feststellung der Identität der Person gerichtet ist (dann gilt § 163b StPO), sondern auf den *Fluchtverdacht*.[46]

44 Vgl. Krauß, BeckOK, StPO, 39. Edition 1.2.2021, § 127 Rn. 11 m. w. N.

45 Vgl. Krauß, BeckOK, StPO, 39. Edition 1.2.2021, § 127 Rn. 8.

46 Vgl. Krauß, BeckOK, StPO, 39. Edition 1.2.2021, § 127 Rn. 9.

Beachte dabei:

Ist ein Täter handlungsfähig auf frischer Tat betroffen, lässt sich seine Identität nicht sofort feststellen, etwa weil der Verdächtige nicht bekannt ist, sich nicht ausweisen kann oder sonst unkooperativ ist, oder läuft er gar weg, kann Flucht*verdacht* ohne Weiteres *bejaht* werden. Auf die Haftgründe des § 127 II StPO kommt es in dieser Situation *nicht* an.[47]

Ein solcher Flucht*verdacht besteht so lange fort*, bis alle für oder gegen Fluchtgefahr erheblichen Umstände geklärt sind. Darunter fallen die Ermittlung aller feststellbaren relevanten Tatsachen (z. B. häufiger Wohnortwechsel, regelmäßige Berufsausübung, Arbeitslosigkeit, familiäre Bindungen, Befolgung oder Nichtbefolgung bisheriger polizeilichen/staatsanwaltschaftlichen/gerichtlichen Auflagen) und deren sorgsame Abwägung. Dies ist meist *vor Ort nicht* abschließend möglich, sodass eine *Verbringung zur Polizeiwache* (und somit die vorläufige Festnahme nach § 127 I StPO) bei solchen Konstellationen in der Regel notwendig ist.

f. Einwilligung

Als letzter Rechtfertigungsgrund im Polizei-Studium ist noch die Einwilligung anzusprechen. Diese hat mit allen anderen Rechtfertigungsgründen *gemeinsam*, bei der Rechtswidrigkeit geprüft zu werden und diese – und damit die Strafbarkeit insgesamt – bei Vorliegen aller ihrer Tatbestandsmerkmale entfallen zu lassen. In der Sache betrifft sie aber *ganz andere Fallkonstellationen* als die Notwehr- und Notstandsregeln:

Grund der Rechtfertigung bei Notwehr und Notstand ist die *Abwehr* eines Angriffs bzw. einer Gefahr.

Grund der Rechtfertigung bei Einwilligung hingegen ist die *Erlaubnis* des Geschädigten, sein Rechtsgut zu verletzen.

Ein *Beispiel* aus dem Beginn des Buches wäre etwa: B ist gefrustet und will sich abreagieren. O erlaubt ihm, sein Altauto zu zerbeulen. B beschädigt hier vorsätzlich eine fremde Sache. Wegen der „Erlaubnis“ (= Einwilligung) von O handelt er aber nicht rechtswidrig.

Die Einwilligung hat unter den Rechtfertigungsgründen schon daher eine *Sonderstellung.*

Eine weitere Besonderheit ist, dass die Einwilligung *nicht im Gesetz* steht. Ihre Existenz wird lediglich in § 228 StGB vorausgesetzt. Das Prüfungs-

47 Vgl. Malcher, Polizeiliches Eingriffsrecht im Überblick, 10. Auflage 2011, S. 257.

schema kann also nicht am Normtext hergeleitet werden, sondern muss *einfach so gelernt* werden. Es lautet:

Prüfungsschema Einwilligung

Objektives Rechtfertigungselement:
- **Dispositionsbefugnis des Opfers über das Rechtsgut**
- **Erklärung der Einwilligung**
- **Einwilligungsfähigkeit**
- **Keine Willensmängel**
- **Bei Körperverletzungen: Keine Sittenwidrigkeit *der Tat,* § 228 StGB**

Subjektives Rechtfertigungselement: Handeln in Kenntnis der Einwilligung

Noch etwas folgt aus der fehlenden gesetzlichen Regelung: Die einzelnen Tatbestandsmerkmale sind in der Rechtswissenschaft teils *sehr umstritten*. Dass vieles bei der Einwilligung also *auch anders* gesehen werden kann, als es hier geschehen wird (und sich daher in anderen Lehrbüchern teils auch andere Darstellungen finden), ist bei den nachfolgenden Erläuterungen also stets mitzudenken.

Die *einzelnen Tatbestandsmerkmale* sind nun wie folgt zu verstehen:

Dispositionsbefugnis des Opfers über das Rechtsgut:

Es muss sich bei dem Rechtsgut, in das der Täter eingreift, um ein *Individualrechtsgut des Opfers* handeln (Bsp.: Eigentum, Gesundheit, Freiheit des Opfers). Das Opfer kann eben dem Täter *nur erlauben*, in *seine eigenen* Rechtsgüter einzugreifen. Einen Eingriff in Rechtsgüter Dritter oder der Allgemeinheit kann das Opfer – natürlich – nicht wirksam gestatten.

Bei einem Rechtsgut fehlt dem Opfer die Dispositionsbefugnis indes auch dann, wenn es nur es selber betrifft: beim Rechtsgut *Leben*. Eine Einwilligung in die eigene Tötung ist daher mangels Dispositionsbefugnis unwirksam. Daher ist die Tötung auf Verlangen strafbar und nicht dadurch gerechtfertigt, dass der Getötete in seine Tötung eingewilligt hat.[48]

Erklärung der Einwilligung:

Das Opfer muss grundsätzlich *ausdrücklich* zustimmen, wobei dies mündlich, schriftlich, aber auch durch schlüssiges Verhalten erfolgen kann. Es muss nur klar und eindeutig sein.[49]

---

48 Vgl. Joecks/Jäger, StGB, 12. Auflage 2018, vor § 32 Rn. 23 ff.

49 Vgl. Joecks/Jäger, StGB, 12. Auflage 2018, vor § 32 Rn. 25 m. w. N. auch zur Gegenansicht.

Ergänzt sei aber, dass es Fälle gibt, in denen das Opfer schlicht nicht einwilligen kann, etwa, wenn bei einem Hauseigentümer, der sich gerade im Urlaub befindet, ein Feuer ausbricht und der Nachbar zum Löschen die Tür aufbricht. Dann ist der Täter gerechtfertigt, wenn das Opfer vernünftigerweise eingewilligt hätte (sog. **mutmaßliche Einwilligung**).[50]

Einwilligungsfähigkeit:

Gemeint ist hier, dass das Opfer *allgemein* die Tragweite seiner Entscheidung verstehen können muss. Diese Voraussetzung ist namentlich bei Kindern und geistig Behinderten oft nicht gegeben.

Formale Altersgrenzen gibt es dabei indes nicht. Es ist jeweils *im Einzelfall* zu entscheiden, ob das konkrete (minderjährige oder geistig behinderte) Opfer bei der konkreten Straftat, in die es eingewilligt hat, grundsätzlich verstehen konnte, worauf es sich einlässt.[51]

Keine Willensmängel:

Gemeint ist hiermit, dass das – an sich einwilligungsfähige! – Opfer *bei der konkreten Entscheidung* nicht frei entscheiden konnte, weil es *bedroht* oder *berauscht* war. Es geht hier also um an sich einwilligungsfähige, also erwachsene und nicht geistig behinderte Opfer, die aber in der Entscheidungssituation gehandicapt waren.[52]

Hierunter fiele eine starke akute *Berauschung*, aber auch *bedrohte Opfer*. Dazu folgendes *Beispiel*: Der Täter droht, kompromittierende Fotos des Opfers zu veröffentlichen, falls das Opfer sich nicht schlagen lässt. Wenn das Opfer hier in den Schlag „einwilligt", ist der Täter gleichwohl strafbar, denn die Einwilligung des Opfers ist wegen Willensmängeln unwirksam.

Bei Körperverletzungen: keine Sittenwidrigkeit der Tat, § 228 StGB

Bei Einwilligung in eine Körperverletzung kommt zu den übrigen Voraussetzungen eine weitere hinzu: *die Tat, in die eingewilligt wird,* darf nicht gegen die guten Sitten verstoßen. Dies folgt aus § 228 StGB. Gemeint ist: die Tat darf *nicht „eklatant unvernünftig"* sein. Ist die Tat „eklatant unvernünftig", ist die Einwilligung auch bei sonstigem Vorliegen aller Tatbestandsvoraussetzungen *un*wirksam und der Täter – trotz „Erlaubnis" des Opfers – strafbar!

Als *Kriterien* für die Einordnung kann insbesondere das Ausmaß der entstandenen Gefahr für Leib und Leben des Opfers gelten, ferner auch das

50 Vgl. Joecks/Jäger, StGB, 12. Auflage 2018, vor § 32 Rn. 37 ff.

51 Vgl. Joecks/Jäger, StGB, 12. Auflage 2018, vor § 32 Rn. 27.

52 Vgl. Joecks/Jäger, StGB, 12. Auflage 2018, vor § 32 Rn. 27 ff. M.w.N. auch zu Gegenansichten.

Eskalationsrisiko.[53] Relevant ist indes auch die soziale Akzeptanz, etwa bei gefährlichen Kampfsportarten.

Beispiele für „eklatant unvernünftige" Taten sind etwa: Verbotenes Doping, verabredete Gruppenschlägerei, Körperverletzung als Aufnahmeritual in eine Gang.[54]

Praxisbox:

Polizeiliche Relevanz (für Schutz- wie Kriminalpolizei) entwickelte die Frage nach der Einwilligung insbesondere bei rivalisierenden (Fußball-)Fangruppen, die sich regelmäßig zu Schlägereien im Rahmen der *„dritten Halbzeit"* verabredeten. Der BGH entschied, dass die Einwilligung – wegen des immensen Eskalationsrisikos und damit wegen der Sittenwidrigkeit der Tat – *unwirksam* ist und die Beteiligten sich somit (wegen §§ 223, 224 StGB) strafbar gemacht haben.[55] Lassen Sie sich also von irgendwelchen Erklärungen zur Freiwilligkeit der Teilnahme der Beteiligten an einer etwaigen Straftat nicht ins Bockshorn jagen! An der Anzeigenaufnahme wie auch an den erforderlichen Gefahrenabwehrmaßnahmen *hindern* solche Einlassungen *nicht*; entsprechende Erklärungen sind nur *mit aufzunehmen*. Die Bewertung, ob wirklich eine – wirksame – Einwilligung vorlag, trifft am Ende der Sachverhaltsklärung die Justiz.

Subjektives Rechtfertigungselement:

Subjektiv erforderlich ist ein Handeln aufgrund der Einwilligung. Dies liegt aber schon vor, wenn der Täter um die Einwilligung des Opfers *weiß*.[56]

Praxisbox:

Im Rahmen der polizeilichen Einsatzwahrnehmung wird man unweigerlich früher oder später mit dem Phänomen der *HG (Häuslichen Gewalt)* konfrontiert.

Tatbestandlich handelt es sich bei HG fast immer um eines der Körperverletzungsdelikte, §§ 223, 224 StGB. Im Rahmen dieser *Einsatzwahrnehmung* wird man von den beteiligten Personen z. T. spektakuläre Darstellungen des Geschehens zu hören bekommen. Neben Schutzbehauptungen für erkennbare Verletzungen ([Treppen-]Sturz, selbst zugeführte Verletzungen, Missgeschicke) wird *z. T. auch die Einwilligung* angeführt, und zwar teils sogar durch das Opfer selbst (in vielen Fällen wird die Polizei auch gar nicht durch dieses, sondern durch besorgte Nachbarn verständigt).

53 Vgl. BGH, NJW 2013, 1379.

54 Vgl. Nimtz, Strafrecht für Polizeibeamte, Band 1, 6. Auflage 2018, Rn. 154.

55 Vgl. BGH, NJW 2013, 1379.

56 Vgl. Joecks/Jäger, StGB, 12. Auflage 2018, vor § 32 Rn. 36.

In diesem Fall ist *besonders akkurat* zu prüfen welche Folgemaßnahmen zu treffen sind. Die *bloße Behauptung* eines Unfalls oder einer Einwilligung jedenfalls lässt den Anfangsverdacht *nicht* entfallen, solange anhand anderer Beweismittel zumindest im Raume steht, dass eine Körperverletzung begangen wurde und eine Einwilligung in Wahrheit nicht vorlag. Das gilt *auch*, wenn das mutmaßliche Opfer behauptet, es sei nichts strafrechtlich Relevantes passiert!

Im Zweifel ist daher *immer* von einer häuslichen Gewalt auszugehen, die sodann entsprechend die Rechtsfolgen der einschlägigen polizeirechtlichen Befugnisnormen einleitet (Wohnungsverweisung, Rückkehrverbot). In *jedem Fall* ist eine *Strafanzeige* zu fertigen. Über das Vorliegen eines Rechtfertigungsgrundes entscheidet dann (wie stets) die zuständige Staatsanwaltschaft, und dies abschließend auch erst, wenn alle Fakten des Falls bekannt sind.

g. Prüfungsreihenfolge der Rechtfertigungsgründe

Die *prüfungsrelevanten Rechtfertigungsgründe* sind also: Notwehr nach § 32 StGB, die Notstandsnormen nach den §§ 34 StGB, 228, 904 BGB, die vorläufige Festnahme nach § 127 I StPO und die Einwilligung.

Kommen Rechtfertigungsgründe in der Klausur *gar nicht* in Betracht, muss *keiner* der Rechtfertigungsgründe auch nur angeprüft werden!

Kommen Rechtfertigungsgründe hingegen *in Betracht, müssen* sie geprüft werden, auch wenn man sie am Ende vielleicht verneint. Die Frage ist dann: In *welcher Reihenfolge* sind die genannten Rechtfertigungsgründe zu prüfen? Hierbei gilt Folgendes:

<u>Wenn</u> es um die **Abwehr eines Angriffs bzw. einer Gefahr** geht, gilt folgende **Reihenfolge**:

(1) **Immer** zuerst zu prüfen: Notwehr, § 32 StGB

(2) (*Falls* Notwehr scheitert *und* es nach dem Sachverhalt denkbar ist: § 127 StPO)

(3) **Falls** keine Notwehr (und kein Festnahmerecht) vorliegt **und**…

  a. …der Täter zur Gefahrenabwehr eine *Sache beschädigt*:

    aa. § 228 BGB und *falls* dieser *nicht* vorliegt…

    bb. § 904 BGB

  b. …der Täter zur Gefahrenabwehr *andere* Rechtsgüter als Sachen beeinträchtig: § 34 StGB

<u>Wenn</u> eine **„Erlaubnis“ des Geschädigten** in Betracht kommt, gilt hingegen:

(**sofort**) Einwilligung prüfen!

Zur – ergänzenden – Erläuterung:

Die Prüfungsreihenfolge bei Abwehr eines Angriffs bzw. einer Gefahr orientiert sich daran, zuerst die Rechtfertigungsgründe zu prüfen, die für den Täter *am besten* wären, weil sie die *weitestgehende Verteidigung* erlauben. Daher beginnt man immer mit Notwehr, bei der es keine Verhältnismäßigkeit bzw. Abwägung gibt und prüft die Notstandsregeln nur, wenn Notwehr (und falls im Fall überhaupt denkbar: auch das Festnahmerecht) scheitern.

Dass diese Reihenfolge bei der *Einwilligung anders* ist, liegt daran, dass die Einwilligung wie dargelegt ganz andere Fallgruppen als Notwehr und Notstand betrifft. Kommt eine Einwilligung in Betracht und geht es schlicht nicht um die Rettung gegen Angriffe oder Gefahren, ist die Einwilligung daher sogleich zu prüfen. Sonst aber bleibt es dabei, dass immer zuerst Notwehr zu prüfen ist.

h. Notwehr für Polizeibeamte

Inwieweit sich *Polizeibeamte* in Ausübung ihres Dienstes *auf Notwehrrechte* nach § 32 StGB *berufen* können, ist *umstritten*, weil polizeiliches Handeln grundsätzlich einer speziellen – eingriffsrechtlichen – Rechtsgrundlage bedarf, die umgangen werden könnte, wenn man daneben § 32 StGB zulassen würde. Die Rechtsprechung indes *billigt Polizeibeamten zu*, ihr Verhalten im Falle eines Angriffs auf sie oder Dritte – natürlich nur bei Vorliegen aller Voraussetzungen des § 32 StGB – auch auf dieses allgemeine Notwehrrecht zu stützen:

„Einem Polizeibeamten steht bei Ausübung seines Dienstes das Notwehrrecht uneingeschränkt zur Seite. Der Polizeibeamte ist kein Bürger minderen Rechts. Was jedem Privaten nach § 32 StGB erlaubt ist, kann den Polizeibeamten nicht verwehrt sein."[57]

Das Notwehrrecht gilt damit für Bürger, aber im Falle eines Angriffs auf sie oder Dritte *genauso für Polizeibeamte im Dienst.*

Allerdings bedeutet dies *nur*, dass so handelnde Polizeibeamte *strafrechtlich* gerechtfertigt sind! Eine *hoheitliche Ermächtigungsgrundlage* für polizeiliches Handeln im eingriffsrechtlichen Sinne stellt § 32 StGB deswegen *nicht* dar. Disziplinarrechtliche Sanktionen gegen einen in Notwehr handelnden, dabei aber polizeiliche Befugnisse überschreitenden Polizeibeamten bleiben möglich.[58]

---

57 BayObLGSt 1990, 141.

58 Vgl. Nimtz, Strafrecht für Polizeibeamte, Band 1, 6. Auflage 2018, Rn. 121.

Große praktische Relevanz hat diese Frage indes nicht mehr, da die eingriffsrechtlichen Befugnisse meist ohnehin ausreichen und § 32 StGB gar keinen „Mehrwert" (in Form von weitergehender Handlungsmöglichkeiten) mehr bringt. Nur beim Schusswaffengebrauch gegen Personen sind in der Praxis noch Fälle möglich, in denen der dann einschlägige § 64 PolG NRW weniger zulässt als § 32 StGB.

Sollte die Konstellation daher einmal in einer Klausur vorkommen, wäre der *Prüfungsort* nach dem objektiven und subjektiven TB *in* der Rechtswidrigkeit *vor* § 32 StGB.

Ein *Formulierungs-Beispiel* dazu sähe so aus:

„B könnte durch Notwehr gerechtfertigt sein. Fraglich ist indes, ob B sich als Polizeibeamter im Dienst auf Notwehr überhaupt berufen kann. Polizeibeamte sind keine Bürger minderen Rechts. Das Notwehrrecht steht ihnen daher so zu wie jedem anderen Bürger auch. B kann sich also grundsätzlich auf § 32 StGB berufen. Es müsste dafür aber eine Notwehrlage vorgelegen haben. (...)"

i. „Erlaubnistatbestandsirrtum"

Bei der Besprechung des § 127 StPO wurde bereits thematisiert, dass *Notstand/Notwehr* eine *reale* Gefahr verlangen. Es ist also für § 32 StGB wie auch für die §§ 34 StGB, 228, 904 BGB *zwingend* erforderlich, das *objektiv* ein Angriff bzw. eine Gefahr tatsächlich vorlagen.

Fehlt diese, liegt *keine* Notwehr bzw. Notstand vor, *auch* wenn der Täter an eine Gefahr *glaubt*. Man spricht in solchen Fällen von *„Putativnotwehr" bzw. „Putativnotstand"*.

Bei **„Putativnotwehr" bzw. „Putativnotstand"** gilt also:

Die §§ 32, 34 StGB, 228, 904 BGB liegen schon mangels Notwehr-/Notstandslage *nicht* vor (nur bei § 127 StPO kann dies, wie ausgeführt, anders sein).

Natürlich wirft dies die *Frage* auf, ob der Täter, der in Putativnotwehr/-notstand gehandelt hat, dann einfach strafbar ist oder ob die Strafbarkeit trotz fehlender Rechtfertigung gleichwohl irgendwie entfällt.

Diese Frage nach der *Behandlung von Putativnotwehr/-notstand* ist *sehr umstritten* und dies mit teils recht komplexen juristischen Argumentationen. (Angehende) Polizeibeamte brauchen keine Detailkenntnisse zu diesem Streit, sollten aber *zumindest das Folgende* dazu wissen:

- Gesetzlich ist die Behandlung von Putativnotwehr/-notstand *nicht geregelt*. Diese fehlende Regelung ist der Grund dafür, dass die Behandlung dieser Fälle so umstritten ist.

- Stellen tut sich die Frage *nur*, wenn abgesehen vom Angriff die übrigen Voraussetzungen der Notwehr *gegeben wären*. Die „Verteidigungshandlung" müsste also (wenn es den Angriff wirklich gegeben hätte) erforderlich gewesen sein und es müsste ein Notwehrwille vorliegen.
- Der *BGH* ist, wenn dies der Fall ist, dann recht *täterfreundlich*, weil der Täter ja tatsächlich gerechtfertigt wäre, wenn der von ihm vorgestellte Angriff wirklich vorgelegen hätte. Der Täter ist eben im Prinzip rechtstreu. Putativnotwehr/-notstand führen nach BGH daher wegen eines sogenannten „Erlaubnistatbestandsirrtums" in entsprechender Anwendung der Rechtsfolge des § 16 StGB zum *Wegfall des Vorsatzes*. Der Täter kann daher wegen *Vorsatz*delikts *nicht* bestraft werden, sondern *nur* wegen *fahrlässiger Begehung* (wenn diese überhaupt mit Strafe bedroht ist). [59]

Sollte diese Problematik in einer *Klausur* einmal auftauchen (wovon zumindest *in NRW nicht* auszugehen ist), könnte dies wie folgt aussehen und gelöst werden:

Sachverhalt:

Der B geht im Park spazieren, als sein Erzfeind E plötzlich aus dem Gebüsch kommt und direkt vor ihm steht und breit grinsend in seine Manteltasche greift. E hatte dem B in der Vergangenheit wiederholt Schläge angedroht und mit seiner Schlagring-Sammlung geprahlt. B glaubt nun, E wolle einen solchen herausholen und ihn damit angreifen, weswegen er den E blitzartig niederschlägt. Tatsächlich wollte E nur eine Zigarette aus der Tasche holen. Strafbarkeit des B?

Sie würden hier zunächst § 223 StGB mit objektivem und subjektivem Tatbestand wie gewohnt prüfen und beides bejahen. Sodann prüfen Sie Notwehr an und verneinen diese schon beim Merkmal „Angriff". § 34 StGB verneinen Sie beim Merkmal „Gefahr". Danach können Sie schreiben: „Fraglich ist, wie es sich auswirkt, dass der B geglaubt hat, von dem E angegriffen zu werden. Gesetzlich geregelt ist diese Frage nicht. Der BGH ist hier täterfreundlich, da ein Täter, der gerechtfertigt wäre, wenn der von ihm vorgestellte Angriff vorgelegen hätte, im Prinzip rechtstreu ist. In solchen Fällen soll daher in entsprechender Anwendung der Rechtsfolge des § 16 StGB der Vorsatz entfallen. Voraussetzung ist aber, dass abgesehen vom objektiv fehlenden Angriff die weiteren Voraussetzungen des § 32 StGB gegeben wären, also insbesondere eine Erforderlichkeit der ‚Verteidigung' und ein Notwehrwille. Erforderlich ist eine Verteidigung, wenn (...). Im Fall...".

59 Vgl. BGHSt 3, 105, 107.

4. Schuld

a. Einführung

Die Schuld ist der letzte Prüfungspunkt im (bisher bekannten) Schema für das vollendete Delikt. Der *Unterschied* zwischen der davor zu prüfenden Rechtswidrigkeit und der Schuld ist der folgende:

Bei der **Rechtswidrigkeit** geht es um die Frage: Ist *die Tat* – ausnahmsweise (da gerechtfertigt) – *erlaubt* (wer etwa einen anderen in Notwehr tötet, *darf* dies [ausnahmsweise] und handelt nicht im Widerspruch zur Rechtsordnung)?

Bei der **Schuld** geht es hingegen um die Frage: kann man die (*nicht* erlaubte) Tat *dem Täter* ausnahmsweise *nicht vorwerfen*?

Ein schwer schizophrener Täter, dem Stimmen im Kopf „befehlen", einen anderen zu töten, darf dies wegen der Stimmen ja nicht und handelt daher natürlich auch *nicht* im Einklang mit der Rechtsordnung. Gleichwohl kann man ihm die Tat *nicht vorwerfen*, da er individuell nicht normgemäß hätte handeln können (weswegen er auch nicht bestraft wird, sondern in der geschlossenen Psychiatrie, dem sogenannten *Maßregelvollzug*, landet).

Nicht vorwerfbar ist die Tat (und der Täter damit schuldlos) in *zwei Konstellationen*:

Die Schuld *entfällt (1)* bei fehlender **Schuldfähigkeit**.

Dies betrifft gem. § 14 StGB *Kinder* bis vierzehn Jahren und gem. § 20 StGB schwerst *psychisch Kranke* sowie schwerst *Berauschte*. Bei *psychischen Erkrankungen* gilt dies aber nur, wenn die Krankheit die Fähigkeit aufhebt, das Unrecht der Tat einzusehen bzw. nach dieser Einsicht zu handeln. Dies kann etwa bei Psychosen der Fall sein, also wenn der Täter Stimmen hört, im Regelfall aber nicht bei einer Depression oder einer Angststörung. Bei *berauschten Tätern* gibt es für *Alkohol* eine Faustformel, wann über Schuldunfähigkeit nachgedacht werden kann, nämlich ab 3,0 Promille (bzw. bei Tötungsdelikten ab 3,3 Promille). Es kommt allerdings trotzdem jeweils auf die individuelle Verträglichkeit an, sodass im Einzelfall auch bei entsprechend hohen Werten Schuldfähigkeit durchaus möglich ist. Bei *Drogen* gibt es keine Faustformeln, hier ist immer individuell zu prüfen, ob ein festgestellter Konsum Auswirkungen auf die Schuldfähigkeit haben kann.[60]

60 Vgl. Fischer, StGB, 68. Auflage 2021, § 20 Rn. 9 ff, 19 ff.; vgl. Eschelbach, BeckOK, StGB, 49. Edition 1.2.2021, § 20 Rn. 53.

Neben der Schuldunfähigkeit gem. § 20 StGB gibt es nach § 21 StGB noch die verminderte Schuldfähigkeit. Bei dieser bleibt der Täter schuldfähig und wird daher wegen des begangenen Delikts auch bestraft. Die Strafe ist aber zu mildern, und neben der Strafe (und nicht, wie bei Schuldunfähigkeit statt der Strafe) kann die Unterbringung im Maßregelvollzug angeordnet werden. In Klausuren ist die verminderte Schuldfähigkeit indes irrelevant. Denn auch bei verminderter Schuldfähigkeit wäre die Schuld eben zu bejahen.

Praxisbox:

Während Schuldfähigkeitsprobleme in der Klausur eher selten vorkommen, sind Täter, deren Schuldfähigkeit zumindest zweifelhaft ist, *in der Praxis recht häufig*. Namentlich im Rahmen des ersten Zugriffs durch die Schutzpolizei ist es daher wichtig, entsprechende Anzeichen zu erkennen, ggf. weiter zu erforschen und zu dokumentieren!

Entsprechende Anzeichen müssen also zuallererst *erkannt* werden. Achten Sie also nicht nur auf Hinweise z. B. einer Alkoholisierung wie etwa eine „Fahne", verwaschene Sprache oder Probleme beim Stehen und Gehen, sondern auch sonst auf Auffälligkeiten wie ständiges angsterfülltes Sich-umschauen auch in eigentlich beruhigten Momenten (als Indiz für einen Täter mit Psychosen, der sich verfolgt fühlt) oder völlig situationsinadäquate Heiterkeit oder Aggressivität (als Indiz für Drogen).

Sehen Sie solche Anzeichen, sollten Sie *gezielt* in diese Richtung versuchen, *aufzuklären*. Dazu können Sie (natürlich immer nach Belehrung) den Beschuldigten schlicht fragen. Befragen dazu sollten Sie aber auch mögliche Zeugen. Zu denken ist ferner bei Alkohol und Drogen auch immer an eine *Blutuntersuchung*, auch wenn es nicht um Verkehrsdelikte geht.

Schließlich sind all Ihre Feststellungen hierzu zu *dokumentieren*, also in der Anzeige detailliert niederzuschreiben. Denn wenn Sie ein dreiviertel Jahr später als Zeuge dazu aussagen sollen, werden Sie die Details vergessen haben – und gerade auf diese kann es ankommen.

Bedenken Sie bei alledem: Wichtige Hinweise und Indizien für die Schuldfähigkeit lassen sich *in späteren Verfahrensstadien* oft *gar nicht mehr* erheben. Wenn etwa am Tattag die Entnahme einer Blutprobe durch die aufnehmende Schutzpolizei nicht veranlasst wurde, obwohl Anlass dazu bestand, kann weder die Kripo ein paar Wochen, noch die Staatsanwaltschaft ein paar Monate später dieses Versäumnis nachholen. Das Beweismittel ist dann also für immer „verloren". Darum ist es so wichtig, dass schon bei der Aufnahme *rechtlich mitgedacht* wird – hier wie sonst auch!

Die Schuld *entfällt (2)* bei Vorliegen eines **Entschuldigungsgrundes**.

Entschuldigungsgründe sind v. a. **§ 33 (Notwehrexzess)** und **§ 35 StGB (entschuldigender Notstand)**. Auf beide soll sogleich noch eingegangen werden.

Generell gilt, dass Entschuldigungsgründe genauso *„funktionieren"* wie Rechtfertigungsgründe: Liegen alle Voraussetzungen des Entschuldigungsgrundes vor, entfällt die Schuld, sodass der Täter sich mangels Schuld nicht strafbar gemacht hat. Fehlt es hingegen an einem Entschuldigungsgrund, z. B. weil nicht alle Merkmale eines solchen erfüllt sind, ist der Täter nicht entschuldigt und damit strafbar.

b. Notwehrexzess, § 33 StGB

Ein relativ bedeutsamer Entschuldigungsgrund ist *§ 33 StGB; Notwehrexzess.* Dazu folgender

Fall:

B läuft einen Feldweg entlang, als auf einmal der für B erkennbar unbewaffnete E vor ihm steht und B anbrüllt, B solle E seine Geldbörse geben, sonst gebe es Schläge. B ist total geschockt. Anstelle das für solche Fälle mitgeführte Pfefferspray zu ergreifen, das ohne bleibende Schäden so massive Augenreizungen verursacht, dass man minutenlang nichts sehen kann, greift B panisch nach seinem Taschenmesser und sticht den E mit einem Stich in den Oberschenkel nieder. E wird schwer verletzt. Strafbarkeit des B gem. § 223 StGB?

§ 223 StGB:

Der *objektive Tatbestand* liegt vor: B schädigt kausal Os Gesundheit.

B wollte O verletzen, um ihn abzuwehren. B handelte daher mit Absicht. Auch der *subjektive Tatbestand* liegt mithin vor.

Rechtswidrigkeit:

Zu prüfen ist, ob der B wegen *Notwehr* nach § 32 StGB gerechtfertigt ist.

Es gab einen unmittelbar bevorstehenden Angriff auf Bs Gesundheit. Eine *Notwehrlage* bestand also.

Mit dem Pfefferspray war indes ein milderes, nach dem Sachverhalt auch gleich wirksames Mittel vorhanden. Der Stich war daher *nicht erforderlich.* Es fehlt also an einer erforderlichen Notwehrhandlung.

B ist mithin *nicht* nach § 32 StGB gerechtfertigt.

§ 34 StGB scheitert – bei bestehender Notstandslage – ebenfalls an der Notstandshandlung, da auch hier eine – wie bei § 32 StGB zu verstehende –

erforderliche Handlung verlangt ist, an der es aus den gleichen Gründen wie bei § 32 StGB fehlt.

B handelte daher rechtswidrig.

Schuld:

An der Schuldfähigkeit des B bestehen keine Zweifel.

B könnte aber durch einen Entschuldigungsgrund entschuldigt sein, nämlich durch *§ 33 StGB,* **Notwehrexzess.**

Der *Normtext* lautet:

§ 33 StGB

Überschreitet der Täter die Grenzen der Notwehr aus Verwirrung, Furcht oder Schrecken, so wird er nicht bestraft.

Aus diesem Normtext ergibt sich folgendes Prüfungsschema für § 33 StGB:

Vorliegen einer Notwehrlage

Nicht erforderliche, da zu heftige, oder nicht gebotene Notwehrhandlung

Überschreitung der Erforderlichkeit aus Furcht oder Schrecken (Nicht: Wut, Rachsucht)

Es gilt nach Normtext und Schema für § 33 StGB also Folgendes:

§ 33 StGB entschuldigt – nur – *aus Angst* erfolgte *zu heftige* Verteidigung.

Liegt *schon keine* Notwehrlage (mehr) vor, greift § 33 StGB (jedenfalls nach Ansicht des BGH) *nicht*! Gleiches gilt, wenn (bei bestehender Notwehrlage) die Verteidigung zu heftig erfolgt, weil der (angegriffene) Täter in *Wut und Rage* oder *„eiskalt"* mehr zur Verteidigung tut als das Erforderliche.

Im Fall gilt nun:

Das Vorliegen einer Notwehr*lage* wurde *schon geprüft* und ist zu bejahen.

Eine *nicht erforderliche*, da zu heftige Notwehr*handlung* liegt, wie auch *schon geprüft*, ebenfalls vor (beachte: hier darf auch in der Klausur nach oben verwiesen werden).

Nötig wäre ferner eine Überschreitung der Erforderlichkeit aus *Furcht oder Schrecken* (und nicht aus Wut, Rachsucht). B war geschockt und panisch und hat deswegen „überreagiert". Er handelte daher aus Schrecken.

B ist daher nach § 33 StGB *entschuldigt*.

B ist *nicht* nach § 223 StGB strafbar.

c. *Entschuldigender* Notstand, § 35 StGB

Ein Blick soll auch noch auf den weiteren im Gesetz normierten Entschuldigungsgrund geworfen werden, nämlich den *entschuldigenden* Notstand nach § 35 StGB.

Tatbestandsmerkmale sind nach dem *Gesetzeswortlaut* die folgenden:

§ 35 StGB

(1) Wer in einer gegenwärtigen, nicht anders abwendbaren Gefahr für Leben, Leib oder Freiheit eine rechtswidrige Tat begeht, um die Gefahr von sich, einem Angehörigen oder einer anderen ihm nahestehenden Person abzuwenden, handelt ohne Schuld. Dies gilt nicht, soweit dem Täter nach den Umständen, namentlich weil er die Gefahr selbst verursacht hat oder weil er in einem besonderen Rechtsverhältnis stand, zugemutet werden konnte, die Gefahr hinzunehmen; (…)

Es ergibt sich so das folgende Prüfungsschema für § 35 StGB:

Notstandslage:

- **Gefahr für Leib, Leben, Freiheit**
- **Gefährdet: Täter oder nahestehende Person**
- **Gegenwärtigkeit**

Notstandshandlung:

- **Erforderliche Rettung**
- **Keine Pflicht zur Gefahrhinnahme**

Notstandswille

Zur *Erläuterung* sei auf Folgendes hingewiesen:

Die **Gefahr** muss nach dem Normtext für **Leib, Leben oder Freiheit** bestehen. *Anders* als in § 34 StGB, dem rechtfertigenden Notstand, ist in § 35 StGB die Aufzählung *abschließend.* Gefahren für andere Rechtsgüter, etwa Ehre oder Eigentum, erlauben eine Rettungshandlung nach § 35 StGB daher *nicht*!

Eine weitere Einschränkung besteht dabei, *für wen* die Gefahr bestehen muss. Gefährdet sein muss **der Täter** oder eine **ihm nahestehende Person**. Auch hier ist diese Aufzählung *abschließend*! Gefahren für Dritte, mit denen der Täter nicht nahe verbunden ist, erlauben wiederum keine Rettungshandlung nach § 35 StGB. „Nahestehende Personen“ sind dabei nahe Verwandte, Lebensgefährten oder Personen einer Hausgemeinschaft.[61]

Die Begriffe der **Gegenwärtigkeit** (der Gefahr) und der **Erforderlichkeit** (der Rettungshandlung) sind so zu verstehen wie bei § 34 StGB, Besonderheiten gibt es hier nicht.[62]

Eine weitere Besonderheit des § 35 StGB ist dann freilich das, was verglichen mit § 34 StGB *fehlt*: nämlich die Abwägung! Eines wesentlichen Überwiegens des geretteten Rechtsguts bedarf es für § 35 StGB also *nicht*.

Die einzige Einschränkung, in der trotz Gefahr und Erforderlichkeit keine Entschuldigung nach § 35 StGB vorliegt, ist, wenn eine „**Pflicht zur Gefahrhinnahme**“ besteht.

Eine solche *Pflicht zur Hinnahme* besteht z. B. bei eigener Verursachung der Gefahr durch den Täter. Bestehen kann sie aber auch für besondere Berufsgruppen, etwa Polizeibeamte oder Soldaten.

Der **Notstandswille** ist wieder zu verstehen wie bei § 34 StGB.

§ 35 StGB hat also – anders als § 34 StGB – recht *enge* Voraussetzungen bei der Notstands*lage*, aber (wegen der fehlenden Abwägung) sehr *weitgehende* Handlungsmöglichkeiten bei der Notstands*handlung*.

Zum besseren Verständnis sei noch ein *klassischer Beispielsfall* angefügt:

Der B ist mit seiner Frau auf Kreuzfahrt, als das Schiff vor Helgoland kentert und sinkt. B schafft es, sich an einem Rettungsring festzuhalten, der maximal zwei Menschen über Wasser halten kann und an dem bereits der O hängt. Bs Frau, die keinen Halt gefunden hat, droht, unterzugehen und zu ertrinken. B schubst den O nun vom Ring weg mit der Folge, dass seine Frau diesen ergreifen und sich retten kann, während O ertrinkt. Letzteres sah der B sicher voraus. Strafbarkeit des B nach § 212 StGB?

§ 212 StGB:

Der *objektive* und der *subjektive* Tatbestand (letzterer in Form der Wissentlichkeit) liegen vor.

Sodann ist zu untersuchen, ob der B rechtswidrig gehandelt hat oder *gerechtfertigt* ist.

Zu prüfen ist zunächst Notwehr (als *Nothilfe), § 32* StGB. Die Gefahr für Bs Frau war hier durch die Havarie verursacht. Mithin gab es schon keinen Angriff und daher keine Notwehrlage. *§ 34* StGB, der dann zu prüfen ist,

61 Vgl. Joecks/Jäger, StGB, 12. Auflage 2018, § 35 Rn. 7.

62 Vgl. BeckOK-StGB, 49. Edition, 1.2.2021, § 35 Rn. 9 ff.

läge zwar vor, soweit es die Notstandslage und die Erforderlichkeit der Rettungshandlung betrifft. Das Leben der Ehefrau des B ist aber nicht mehr wert als das des O. Es fehlt daher am wesentlichen Überwiegen des geretteten Rechtsguts. Gerechtfertigt ist B also *nicht*.

B könnte aber nach § 35 StGB entschuldigt sein. Es drohte eine Lebensgefahr für eine dem B nahestehende Person, die Rettung war erforderlich und eine Abwägung erfolgt bei § 35 StGB nicht. B ist daher nach § 35 StGB entschuldigt.

Im Ergebnis ist B daher straflos.

5. Versuch und Rücktritt

a. Einleitung und Prüfungsschema

Von *großer Bedeutung* in *Klausur und Praxis* ist der strafbare Versuch.

Dieser folgt – was sogleich im Detail hergeleitet und dargestellt wird – einem *anderen Prüfungsschema* als das vollendete Delikt. Daran in der Klausur zu denken, ist überlebenswichtig, denn nur dann kann der Versuch überhaupt richtig geprüft werden!

Zur Herleitung dient nachfolgender Fall mit folgender Vorüberlegung: Was ist in diesem Fall *anders* als beim vollendeten Delikt, was ist *gleich*?

Fall:

Der B will den O totfahren. Er wartet daher im Wagen, bis O auf seinem Weg zur Arbeit eine lange Straße entlangläuft und rast dann von hinten auf den O zu, um diesen mit dem Auto tödlich zu erfassen. O erkennt die Gefahr aber und springt in letzter Sekunde über eine Steinmauer. B rast davon. Strafbarkeit des B (Verkehrsdelikte sind nicht zu prüfen)?

Anders ist, dass der *objektive Tatbestand* des Totschlages *nicht* verwirklicht ist: Der Erfolg ist nicht eingetreten, da der O nicht tot ist. Der B hat lediglich auf die Tötung abzielende Handlungen vorgenommen, die aber erfolglos blieben.

Gleich ist, dass der B *Vorsatz* auf eine Tötung des O und damit auf einen Totschlag gem. § 212 StGB hatte.

Das ist die *Konstellation des Versuchs*:

- Der *subjektive* Tatbestand liegt vor.
- Der *objektive* Tatbestand ist aber *nicht* verwirklicht, sondern *nur begonnen*.

Die gesetzliche Regelung des Versuchs findet sich in *§ 22 StGB*. Die darin enthaltenen Tatbestandsmerkmale sind:

§ 22 StGB

Eine Straftat versucht, *wer* nach seiner Vorstellung von der Tat *zur Verwirklichung des Tatbestandes* unmittelbar ansetzt.

Die beschriebene Grundkonstellation des Versuchs findet sich darin wie folgt wieder:

- „nach seiner Vorstellung von der Tat" beschreibt den Vorsatz;
- „unmittelbar ansetzt" beschreibt, dass der obj. TB noch nicht verwirklicht ist, aber der Täter „loslegt".

Beim Versuch wird der Täter, *sobald* er mit dessen Umsetzung *beginnt*, also schon für den *„bösen Plan“* bestraft.

Dies ergibt – ergänzt um eine im Gesetz so nicht stehende, aber gleichwohl übliche „Vorprüfung“ – folgendes Prüfungsschema „Versuch“:

Vorprüfung:

- **Tat ist nicht vollendet (d. h. noch nicht vollständig verwirklicht)**
- **Strafbarkeit des Versuchs**

Subjektive Seite: Tatentschluss (= Vorsatz bezüglich der versuchten Tat)

Objektive Seite: unmittelbares Ansetzen

Rechtswidrigkeit

Schuld

Rücktritt (dazu später mehr)

Schon im Prüfungsschema wird deutlich: Eigentlicher *Strafgrund* ist der „böse Plan“, weswegen auch anders als beim Vorsatzdelikt (nach der Vorprüfung) *erst der Vorsatz* geprüft wird. Die *objektive* Seite, die aus mehr als dem Umsetzungs*beginn* ja nicht besteht, folgt erst *danach*.

b. Die Prüfungspunkte und Tatbestandsmerkmale des Versuchs

Die einzelnen Prüfungspunkte sind wie folgt zu verstehen:

Vorprüfung:

Zu klären ist zunächst, dass die **Tat nicht vollendet** ist. Ist die Tat vollendet, ist für einen Versuch kein Raum mehr und nach dem Schema für das vollendete Delikt zu prüfen.

Im Regelfall lässt sich die Nichtvollendung also mit einem Blick feststellen, weil schlicht der Erfolg nicht eingetreten ist. *Abweichend vom Gutachtenstil* darf die Nichtvollendung hier in Form einer *Ein-Satz-Feststellung*, dass der obj. TB nicht (vollständig) verwirklicht ist, geschehen. Bsp.: „Die Tat ist nicht vollendet, der O ist nicht tot.“

Es kann aber auch Fälle geben, in denen *trotz Eintritts des Erfolgs* die Tat *nicht vollendet* ist – nämlich dann, wenn es an der *Kausalität* oder der *objektiven Zurechnung fehlt.* Allgemein gilt: Ist auch nur ein notwendiges Merkmal des objektiven Tatbestands nicht verwirklicht, ist das Delikt nicht vollendet. Wenn Kausalität und objektive Zurechnung zum objektiven Tatbestand des geprüften Delikts (mit-)gehören, fehlt es an der Vollendung eben auch dann, wenn (nur) diese nicht vorliegen. Im Zimmerbrandfall, der als Fall 2 bei der objektiven Zurechnung besprochen wurde, wäre der B also (nur) wegen versuchten Totschlags zu bestrafen, obwohl der O am Ende tot ist.

In einem solchen Fall sollte in der *Klausur* zunächst mit dem vollendeten Delikt begonnen und dort der objektive Tatbestand sorgfältig geprüft werden. Wird er dort verneint, kann dann bei der Versuchsprüfung bezüglich der Nichtvollendung nach oben verwiesen werden.

Ebenfalls zur Vorprüfung gehört die Frage nach der **Strafbarkeit des Versuchs:**

Nicht bei jedem Straftatbestand ist der Versuch strafbar! Wann er dies ist, ergibt sich aus § 23 I StGB:

Bei *Verbrechen* ist der Versuch *immer* strafbar.

Bei *Vergehen* ist er dies *nur*, wenn es im Gesetz (d. h. im konkreten Straftatbestand) ausdrücklich angeordnet ist.

Was ein Verbrechen und was ein Vergehen ist, ergibt sich nun aus § 12 I StGB:

Ein *Verbrechen* ist eine Tat mit einer *Mindest*strafe von einem Jahr oder mehr.

Bei diesen ist der Versuch mithin *immer* strafbar, ohne dass dies irgendwo im konkreten Straftatbestand ausdrücklich steht. Beispiele wären etwa: § 212 StGB oder § 249 StGB (Raub).

Ein *Vergehen* ist eine Tat mit einer *Mindest*strafe unter einem Jahr, also niedrigere Freiheitsstrafe oder Geldstrafe. Beispiele wären: § 223 StGB (Mindeststrafe Geldstrafe), § 224 StGB (Mindeststrafe sechs Monate).

Bei Vergehen muss die Strafbarkeit des Versuches im konkreten Straftatbestand *ausdrücklich angeordnet* sein. Ein Beispiel: § 223 II StGB („der Versuch ist strafbar.“)

Nicht strafbar ist danach z. B. der Versuch des Hausfriedensbruchs gem. § 123 StGB: Es ist ein Vergehen (Mindeststrafe Geldstrafe), und eine ausdrückliche Regelung, dass der Versuch strafbar ist, findet sich in § 123 StGB nicht.

Im Fall begänne die Prüfung nun wie folgt (und zwar jetzt so formuliert, wie Sie es auch in der Klausur machen können):

„B könnte sich eines versuchten Totschlages gemäß §§ 212, 22, 23 StGB strafbar gemacht haben, indem er auf den O zufuhr.

Vorprüfung:

Die Tat ist nicht vollendet; O ist noch am Leben.

Der Versuch ist strafbar, denn der Totschlag ist mit einer Mindeststrafe von fünf Jahren ein Verbrechen, §§ 12, 23 StGB.“

Subjektive Seite Tatentschluss:

Mit „Tatentschluss" ist nicht mehr gemeint als *Vorsatz auf das versuchte Delikt*.

Vorsatz ist dabei so zu verstehen wie sonst auch, also Wissen und Akzeptieren der Tatbestandsverwirklichung. Zu klären ist also, ob der Täter um *alle* Tatbestandsmerkmale der versuchten Tat *wusste* und diese verwirklichen *wollte* oder dies zumindest billigend *in Kauf nahm*.

Im Fall müsste B also Vorsatz auf einen Totschlag gehabt haben. B muss also vorgehabt haben, „einen anderen Menschen zu töten".

B wusste, dass O „ein anderer Mensch" ist.

B wollte O töten.

B hatte somit Vorsatz auf einen Totschlag in Form von Absicht und damit Tatentschluss.

Beachte dabei: Tatentschluss geht mit *allen* Vorsatzformen!

Bsp.: B schießt ohne Erfolg auf O, um ihn zu verletzen. Er hält den Tod bei dem Schuss aber für möglich. Hier hat B *bedingten Vorsatz auf einen Totschlag* – und damit auch hier Tatentschluss auf § 212 StGB.

Unmittelbares Ansetzen:

Das unmittelbare Ansetzen ist die objektive Seite des Versuchs. Gemeint ist, dass die Tat *begonnen* sein muss und *nicht bloß vorbereitet*.

Hintergrund ist, dass die *bloße Vorbereitung* in der Regel *straflos* ist. *Erst* wenn der Täter tatsächlich anfängt, den Plan in die Tat *umzusetzen*, beginnt zumeist auch der Bereich strafbaren Handelns (will der Gesetzgeber schon bloße Vorbereitungshandlungen bestraft sehen, muss er diese in eigenen Straftatbeständen unter Strafe stellen. Wer also heute eine Bombe baut, um diese in zwei Wochen zu verstecken und zu zünden, begeht heute noch keinen versuchten Mord. Denn für den Mord liegt eben noch kein unmittelbares Ansetzen vor. Schon das Bauen der Bombe kann aber eine Straftat nach § 40 I Nr. 1 Sprengstoffgesetz sein, denn nach dieser Norm ist schon der bloße „Umgang" mit Sprengstoff strafbar).

Die **Definition „unmittelbares Ansetzen"** lautet:

Unmittelbares Ansetzen liegt vor, wenn nach dem Plan des Täters seine Handlung ohne wesentliche Zwischenschritte unmittelbar in die Tatbestandsverwirklichung übergehen soll.[63]

---

63 Nimtz, Strafrecht für Polizeibeamte, Band 1, 6. Auflage 2018, Rn. 260.

Dabei gilt:

Hat der Täter bereits eine *Tathandlung vorgenommen*, also z. B. bereits geschossen, geschlagen, gegen die Sache getreten usw., hat er *immer auch* bereits unmittelbar angesetzt. Diese Fälle sind eindeutig.

Hat er *noch keine* Tathandlung vorgenommen, wird die Abgrenzung zwischen strafloser Vorbereitung und strafbarem Versuch schwieriger. Maßgeblich ist, wie „nah" der Täter an der Tathandlung bzw. wie (unmittelbar) gefährdet das Rechtsgut, dass der Täter angreifen möchte, bereits ist.

Soll die Tathandlung *als Nächstes* folgen, ohne dass der Täter noch Zwischenschritte braucht, liegt unmittelbares Ansetzen in der Regel vor. Wer etwa mit geladener Waffe an der Tür des Opfers klingelt und nur noch auf das Erscheinen des Opfers wartet, um dann abzudrücken, setzt schon mit dem Klingeln unmittelbar an.

Sind aber *noch wesentliche Zwischenschritte* bis zur Tathandlung nötig, fehlt es am unmittelbaren Ansetzen. Wer also erst noch 1,5 km zur Opferwohnung laufen und dort noch klingeln muss, hat mit dem Losgehen noch nicht unmittelbar angesetzt.[64]

Im Fall wäre nun also wie folgt zu prüfen:

Das schnelle Zufahren dient unmittelbar der Verwirklichung des Tatbestands.

Mit dem Zufahren geht die Tatbestandsverwirklichung los.

B hat unmittelbar angesetzt.

Beachte noch:

Da es bei dem unmittelbaren Ansetzen um die Frage geht, ob der Täter noch wesentliche Zwischenschritte vornehmen muss, steht dem unmittelbaren Ansetzen *nicht* entgegen, wenn *das Opfer* noch etwas tun muss. Wer also eine Sprengfalle baut, die hochgeht, sobald das Opfer die Tür aufschließt, setzt unmittelbar an, wenn die Falle montiert ist bzw. er mit der Montage beginnt. Dass das Opfer noch die Tür aufschließen muss, damit die Explosion auslöst, steht dem nicht entgegen.

Ebenfalls *nicht* entgegen steht ein *überschaubarer Zeitverzug* zwischen der Tathandlung und dem geplanten Erfolg. Erwartet der Täter, der morgens um neun die Sprengfalle montiert, also erst gegen Abend das Opfer zurück, ist gleichwohl schon die Montage das unmittelbare Ansetzen. Denn schon darin ist eine unmittelbare Gefährdung des Opfers zu sehen.[65]

---

64 Vgl. BeckOK-StGB, 49. Edition, 1.11.2020, § 22 Rn. 70 ff.

65 Vgl. BGH, NStZ 1998, 294 („Sprengfalle").

Da es auf die Tätervorstellung ankommt, ist ein unmittelbares Ansetzen auch gegeben, wenn der Täter ein objektiv ungefährliches Tatmittel einsetzt, aber an dessen Eignung zur Tatbestandsverwirklichung glaubt (sogenannter „*untauglicher Versuch*"). Wer also meint, dem Opfer tödliches Gift in den Tee zu mischen, ist wegen versuchten Totschlags (oder Mordes) strafbar, auch wenn durch den Täter aus Versehen nur Zucker in den Tee gemischt wurde.

Praxisbox:

Namentlich wenn Polizeibeamte die Entstehung einer Tat *beobachten* – sei es aufgrund von Maßnahmen wie einer Observation, sei es zufällig – stellt sich die manchmal schwierige Frage, *wann* eingegriffen werden soll. Das *Problem*: Greift man *zu früh* ein, nämlich vor einem unmittelbaren Ansetzen des Täters, kann es sein, dass dieser so straflos bleibt. Greift man indes *zu spät* ein, kann es sein, dass man massive Eskalationsgefahren schafft. Beobachten etwa zwei Streifenbeamte zufällig, wie der B sein Fahrzeug parkt und (noch im Auto sitzend) eine Sturmhaube hervorholt, um ersichtlich diese überzuziehen und zu einer etwa 200 Meter entfernten Bank zu laufen, die er betreten und ausrauben will, hätte ein Eingreifen schon zu diesem Zeitpunkt zur Folge, dass der B zwar *sicher kein Risiko* darstellt, aber *straflos* bliebe. Denn da B sich noch vollständig „vorbereiten" und zur Bank rüberlaufen müsste, bevor die eigentliche Tatausführung beginnt, lägen hier noch wesentliche Zwischenschritte vor dem B, weshalb er zu *diesem* Zeitpunkt *noch nicht unmittelbar angesetzt* hätte. Würden die Beamten warten, bis B die Haube auf hat und zur Bank geht und erst an der Tür oder gar in der Schalterhalle versuchen, ihn aufzuhalten, hätte B zwar unmittelbar angesetzt, aber bestünde die Gefahr, dass die ganze Sache *jetzt aus dem Ruder läuft* und der B vielleicht sogar Geiseln nimmt.

Was richtigerweise zu tun, ist dabei *fallabhängig*. Im *Zweifel* wird allerdings die Verhinderung von Gefahren der Strafverfolgung *vorgehen*.

Strafrechtlich freilich sind Sie als Polizeibeamte in solchen Fällen durchaus *abgesichert*, wenn Sie – etwa aus ermittlungstaktischen Gründen – erst einmal *zuwarten* und zuschauen: Das Legalitätsprinzip zwingt Sie zwar zum Einschreiten, allerdings dürfen Sie den *Zeitpunkt eines Tätigwerdens* hinausschieben. Einen Anspruch eines Straftäters darauf, dass die Polizei so rechtzeitig eingreift, dass seine Taten verhindert werden, gibt es nämlich nicht![66]

Rechtswidrigkeit und Schuld:

Hier gibt es *keine Unterschiede* zum vollendeten Delikt. *Alle* Rechtfertigungs- und Entschuldigungsgründe können hier genauso vorliegen wie beim vollendeten Delikt – und sind dann auch *genauso zu prüfen*.

66 Vgl. Beukelmann, BeckOK, StGB, 49. Edition 1.2.2021, § 152 Rn. 9.

Im Fall: B handelte auch rechtswidrig und schuldhaft.

Im Fall ist B auch nicht zurückgetreten (dazu sogleich mehr).

B ist wegen versuchten Totschlags gem. § 212, 22, 23 StGB strafbar.

c. Rücktritt

Liegt ein Versuch mit allen Tatbestandsvoraussetzungen vor, ist der Täter nach § 24 StGB gleichwohl hinsichtlich der versuchten Tat *straflos*, wenn er *zurückgetreten* ist. Der Rücktritt ist dabei *nach* der Schuld (*nicht* als Teil der Schuld!) zu prüfen und stellt einen sogenannten *Strafaufhebungsgrund* dar.

In Praxis und Klausur ist daher bei Versuch *stets* daran zu denken, ob der Täter zurückgetreten sein könnte!

Geregelt ist der Rücktritt des Alleintäters in *§ 24 I StGB*. Diesem sind die folgenden *Tatbestandsmerkmale* zu entnehmen:

§ 24 StGB

(1) StGB: Wegen Versuchs wird nicht bestraft, wer freiwillig *die* weitere Ausführung *der Tat* aufgibt *oder deren* Vollendung verhindert.

Die der Norm entnehmbaren Tatbestandsmerkmale sind also:

- Der Rücktritt muss freiwillig sein.
- Es gibt zwei mögliche Rücktrittshandlungen: „Aufgeben" oder „Vollendung verhindern". Diese sind alternative Tatbestandsmerkmale („oder").

Direkt ist dem Gesetz nicht mehr zu entnehmen. Dass es alternativ zwei Rücktrittshandlungen gibt, zeigt jedoch, dass es *zwei Varianten* des Rücktritts geben muss. Da bei einer schon das Aufgeben des Versuchs reicht, bei der anderen aber der Erfolgseintritt aktiv verhindert werden muss, müssen diese sich dadurch unterscheiden, *wie weit* der Versuch bereits gediehen ist. Man erhält so – ergänzt indes um ein Element, das aus dem Gesetzestext schlicht gar nicht folgt – folgendes

Prüfungsschema Rücktritt, § 24 StGB:

Kein Fehlschlag

Versuch unbeendet *oder* beendet?

***Falls* unbeendet: Ausführung aufgegeben**

***Falls* beendet: Vollendung der Tat verhindert**

Freiwilligkeit

Da Prüfungs*ort* des Rücktritts nach der Schuld ist, ist dieses Schema dann nach der Schuld *an das Versuchsschema anzuhängen*. Man erhält so das folgende

Vollständiges Prüfungsschema Versuch:

Keine Vollendung

Strafbarkeit des Versuchs

Subjektive Seite: Tatentschluss (Vorsatz)

Objektive Seite: Unmittelbares Ansetzen

Rechtswidrigkeit

Schuld

Rücktritt gem. § 24 I S. 1 StGB

- **Kein Fehlschlag**
- **Versuch unbeendet *oder* beendet?**
- ***Falls* unbeendet: Ausführung aufgegeben**
- ***Falls* beendet: Vollendung der Tat verhindert**
- **Freiwilligkeit**

Dazu noch *zwei Hinweise*:

Die Elemente bis einschließlich zur Schuld müssen vorliegen, damit der Täter eines Versuches strafbar ist. Ein Rücktritt hingegen muss nicht vorliegen, damit der Täter strafbar ist. Der Rücktritt lässt vielmehr eine an sich bestehende Strafbarkeit *entfallen*.

Die Prüfung kann daher etwa wie folgt *eingeleitet* werden: „Der B könnte indes strafbefreiend zurückgetreten sein." Das erste TB-Merkmal der Rücktrittsprüfung, nämlich „kein Fehlschlag", kann dann wie gewohnt angeschlossen werden, etwa: „Es dürfte dafür kein Fehlschlag vorliegen."

Sie können das aber auch anders formulieren, nämlich quasi „negativ". Die Prüfung wäre dann einzuleiten mit dem Satz: „Der B dürfte nicht zurückgetreten sein." Nicht weil es ausführlicher hingeschrieben werden soll, sondern *nur zum Verständnis* wäre dabei in Gedanken zu *ergänzen*: „Der B dürfte, *um sich wegen Versuchs strafbar gemacht zu haben, nicht* zurückgetreten sein." Denn wäre er zurückgetreten, wäre er wegen Versuchs ja *nicht* strafbar. Als Nächstes hinzuschreiben wäre dann: „Damit B überhaupt zurücktreten kann, dürfte der Versuch nicht fehlgeschlagen sein." Auch so kommt man richtig in die Prüfung des Rücktritts hinein. Welche Art der

Formulierung Sie wählen, ist Ihnen überlassen. Wichtig ist nur, dass Sie den Überblick behalten, was Sie gerade tun!

Ferner gilt: Zurücktreten kann man *nur* vom *versuchten* Delikt. Vom vollendeten Delikt kann *nicht* zurückgetreten werden. Bei einem vollendeten Delikt einen Rücktritt *auch nur zu prüfen*, wäre daher ein *gravierender Fehler*! Ist der Erfolg also eingetreten und der objektive Tatbestand verwirklicht, stellt sich die Frage nach einem Rücktritt nicht.

Zur weiteren Erläuterung des Rücktritts soll nun folgender Fall dienen:

Der B will den O töten, wobei er plant, diesen zu erschießen. Als er vor O steht, stellt er fest, keine Munition dabei zu haben. Er hat aber ein Messer mit, weswegen er nun beschließt, den O zu erstechen. Als O fleht, ihn zu verschonen, überkommt B großes Mitleid. Er wirft das Messer weg und läuft davon. Strafbarkeit des B (§ 211 StGB ist nicht zu prüfen)?

Strafbarkeit nach §§ 212, 22, 23 StGB?

Die Tat ist nicht vollendet, der Versuch ist strafbar (Verbrechen).

B wollte den O umbringen und hatte damit Tatentschluss in Form von Absicht.

B stand bereits vor dem O und hätte als Nächstes die Tathandlung – jedenfalls durch Zustechen – verwirklicht. B hat daher unmittelbar angesetzt.

Beachte:

Hier hat B die Tathandlung (Zustechen) noch nicht ausgeführt. In der Klausur wäre daher sorgfältig zu subsumieren, ob ein unmittelbares Ansetzen bereits vorliegt.

B handelte rechtswidrig und schuldhaft.

Liegt ein möglicher **Rücktritt** nach § 24 I StGB vor?

Zu klären ist dafür zuerst, ob ein **Fehlschlag** der Tat anzunehmen ist oder nicht.

Bs *ursprünglicher* Plan, den O zu erschießen, war gescheitert. B hatte keine Munition. Aber: Der Taterfolg, also Os Tod, wäre durch B *nach Planänderung* mittels Erstechens noch erreichbar gewesen, und dies auch sozusagen an Ort und Stelle und darauf kommt es hier an.

Maßgeblich für die Frage nach einem Fehlschlag des Versuchs ist also die Vollendungsmöglichkeit *zum Zeitpunkt des Rücktritts.*

Im Fall läge danach *kein* Fehlschlagen vor, da B *im Moment des Rücktritts* eben noch hätte zustechen können.

Die **Definition Fehlschlag** lautet daher: Der Versuch ist fehlgeschlagen, wenn der Taterfolg aus Sicht des Täters zum Rücktrittszeitpunkt nicht mehr erreicht werden kann.[67]

Stellen Sie es sich *bildlich* vor: Betrachten Sie vor Ihrem geistigen Auge die Szenerie und überlegen Sie, ob der Täter noch ein Mittel hätte, mit dem er die Tat jetzt und hier vollenden könnte. Gibt es noch eines, ist der Versuch nicht fehlgeschlagen. Ist ein solches für den Täter nicht mehr greifbar, ist der Versuch fehlgeschlagen.

Im Fall gab es noch das Messer, daher lag kein Fehlschlag vor. Hätte B nur die Waffe ohne Munition dabeigehabt, wäre ein Fehlschlag anzunehmen.

Der *Sinn dieses Tatbestandsmerkmals* liegt in Folgendem: Tritt der Täter zurück, ist er insoweit straflos. Das ist ein sehr weitereichendes „Entgegenkommen" des Gesetzgebers. „Verdient" hat dies aber nur, wer nicht erzwungenermaßen auf den Pfad der Tugend zurückkehrt. Letzteres läge vor, wenn der Täter nur deshalb die Tat nicht vollendet, weil er es – wegen Fehlschlags – ohnehin nicht mehr kann. Darum kann *nur* strafbefreiend *zurücktreten*, wer die Tat überhaupt noch vollenden könnte.

Zu prüfen ist im Fall danach weiter, ob der *Versuch* **beendet oder unbeendet** ist.

Im Fall hätte B *noch mehr tun* müssen, damit O stirbt, nämlich zustechen.

Schon bei einer Subsumtion nur nach dem Wortlaut ist der Versuch hier *un*beendet.

Definiert wird dies wie folgt:

Definition „unbeendet"

Nach Vorstellung des Täters ist noch nicht alles zur Tatbestandsverwirklichung Nötige getan.

Damit hat man auch *gleich die Definition für vollendet*: Es sind nur die Wörter „noch nicht" zu streichen:

Definition „beendet"

Nach Vorstellung des Täters ist alles zur Tatbestandsverwirklichung Nötige getan.

Auch hier hilft wieder ein *bildliches Vorstellen*: Was würde geschehen, wenn der Täter nichts mehr tut? Bliebe der Erfolg aus? Dann wäre der Versuch *un*beendet. Träte er trotzdem ein, z. B. weil das Opfer so schwer verletzt ist, dass es bereits an den zugefügten Verletzungen versterben würde? Dann ist der Versuch *be*endet.

---

67 Vgl. Nimtz, Strafrecht für Polizeibeamte, Band 1, 6. Auflage 2018, Rn. 290.

Von der Frage „beendet oder unbeendet?“ *hängt dann ab, was als Nächstes* zu prüfen ist.

Für die mögliche **Rücktrittshandlung** gilt nämlich:

- Wenn der Versuch *un*beendet ist, dann *reicht* als Rücktrittshandlung das **Aufgeben**.
- Wenn der Versuch *be*endet ist, muss als Rücktrittshandlung der **Eintritt des Erfolgs aktiv verhindert** werden.

Hat der Täter beim Mordversuch das Opfer nicht mal verletzt, reicht es eben, damit der Erfolg nicht eintritt, wenn der Täter einfach nur aufhört, weitere Tötungshandlungen vorzunehmen. Liegt das Opfer indes blutend und lebensgefährlich verletzt am Boden, muss der Täter schon aktiv werden, etwa durch Rufen des Notarztes, damit der Erfolg ausbleibt.

Im Fall:

B macht schlicht nicht weiter.

B *gibt* damit die weitere Tatausführung *auf*. Da der Versuch unbeendet ist, reicht dies als Rücktrittshandlung.

Letzter Punkt der Rücktrittsprüfung ist die **Freiwilligkeit**.

Der Rücktritt muss also freiwillig sein. Auch hier gilt eben: Wer die Tat erzwungenermaßen nicht vollendet, der kann nicht deshalb straflos sein. Nur wer weitermachen könnte, aber es aus freien Stücken unterlässt, kommt ohne Strafe davon!

Im Fall wäre wie folgt zu prüfen:

B handelte aus Mitleid ohne äußeren Zwang. Damit handelte B schon dem Wortlaut nach freiwillig.

> Die **Definition „Freiwilligkeit“** lautet: Der Täter gibt die Tat aus autonomen Motiven ohne Zwang auf.

Beispiele für Freiwilligkeit sind: Mitleid, Scham, (abstrakte) Angst vor Bestrafung.

Beispiel für Unfreiwilligkeit sind: Angst vor tathindernder (!) Entdeckung, namentlich Herannahen der Polizei.

Beachte: Im Detail ist die Rechtsprechung zur Freiwilligkeit teils uneinheitlich und immer auf den konkreten Fall bezogen. Für die Klausur ist daher weniger das Ergebnis entscheidend, sondern eine gute Argumentation.

Das Ergebnis im Fall ist also: B ist zurückgetreten und damit *nicht* nach §§ 212, 22, 23 StGB strafbar.

Beachte: Mitverwirklichte *vollendete* Delikte blieben *bestehen*. Wie schon gesagt: man kann nur vom Versuch zurücktreten, nicht vom vollendeten Delikt!

Zur weiteren Illustration der Rücktrittvoraussetzungen soll der folgende

Fall 2

dienen: Der B will den O totfahren. Er wartet daher im Wagen, bis O auf seinem Weg zur Arbeit eine lange Straße entlangläuft und rast dann von hinten auf den O zu. Er fährt den O so von hinten an, dass dieser zur Seite geschleudert, lebensgefährlich verletzt wird und bewusstlos liegen bleibt. B beginnt bei diesem Anblick zu überlegen, ob dieser Moment es wirklich wert ist, „mit Pech ein Lebenslang" zu riskieren. Er hievt den O daher ins Auto und bringt ihn zum nächsten Krankenhaus, wo er ihn in die Notaufnahme setzt und dann davongeht. O wird wie von B erwartet durch das Personal gefunden und durch eine Not-OP gerettet. Strafbarkeit des B (§ 211 StGB ist nicht zu prüfen)?

Zu prüfen ist eine Strafbarkeit des B nach *§§ 212, 22, 23* StGB:

Die Vorprüfung ergibt, dass das Delikt nicht vollendet ist, da O noch lebt, und dass der Versuch strafbar ist, da Totschlag ein Verbrechen ist.

B wollte den O auch töten und hatte daher Tatentschluss in Form von Absicht.

B hat ferner die Tathandlung bereits vorgenommen und damit unmittelbar angesetzt.

Rechtswidrigkeit und Schuld sind unproblematisch gegeben.

Fraglich ist aber, ob ein *Rücktritt* des B vorliegt.

Bs Plan hätte geklappt und B hätte damit den Taterfolg realisieren können. Fehlgeschlagen ist die Tat daher nicht.

Zu klären ist, ob der Versuch beendet oder unbeendet war.

O war bereits lebensgefährlich verletzt, sodass er auch ohne weitere Handlungen des B gestorben und der Taterfolgt daher eingetreten wäre. Der Versuch ist hier daher beendet.

Als Rücktritts*handlung* hätte B in Fall 2 daher die **Vollendung der Tat verhindern** müssen.

Liegt eine solche Verhinderung der Vollendung vor?

B rettet O zwar nicht selbst, aber er *veranlasst* Os Rettung, das genügt!

Die **Definition „Verhinderung der Vollendung“** lautet daher: Ingangsetzen einer Kausalkette, an deren Ende das Ausbleiben des Taterfolges steht.[68]

Dass B *nicht unbedingt die bestmöglichen* Maßnahmen zur Rettung unternommen, sondern den O nur an einer Stelle abgesetzt, wo B mit einem Auffinden und Retten durch Dritte zumindest rechnen konnte, steht dem *nicht entgegen*. Ist die Rettungshandlung des Täters erfolgreich und zielte sie auch auf Rettung, ist es unerheblich, wenn es noch bessere Arten gegeben hätte, den Erfolg zu verhindern.[69]

Im Fall zu prüfen ist dann nur noch die Freiwilligkeit des Rücktritts. B handelte nicht aus Angst vor einer (ja auch nicht drohenden) tathindernden Entdeckung, sondern nur aus abstrakter Angst vor Bestrafung und damit autonom ohne Zwang und mithin freiwillig.

B ist in Fall 2 zurückgetreten und damit *nicht* nach §§ 212, 22, 23 StGB strafbar.

Strafbar ist B indes in Fall 2 nach §§ 223, 224 StGB, da die gefährliche Körperverletzung *vollendet* ist.

Praxisbox:

Denken Sie in der *Anzeigenaufnahme* sowohl an den *Versuch*, als auch an den *Rücktritt*.

Wenn ein Bürger etwa anzeigt, man drohe ihm, kompromittierende Fotos zu veröffentlichen, wenn er keine 2500 Euro zahlt, ist *schon diese Drohung strafbar*, auch wenn es zur Zahlung noch nicht gekommen ist – nämlich als *versuchte* Erpressung gem. § 253 II StGB (Details bei der Besprechung dieses Delikts). Schon mit der Drohung liegt also eine verfolgbare Straftat vor. Den Bürger hier nach Hause zu schicken mit dem Hinweis, es sei ja „noch nichts passiert“, wäre also ein grober Fehler!

Andererseits besteht selbst nach dem Anzeigenvorwurf *gar kein Anfangsverdacht*, wenn schon der Anzeigende nur ein Verhalten schildert, dass auch bei Wahrunterstellung *wegen Rücktritts straflos* wäre. Wenn der N etwa anzeigt, sein Nachbar habe in einem Streit drohend die Faust gehoben und gebrüllt „Jetzt setzt es was!“, habe dann aber aus freien Stücken einfach aufgehört und sei schlicht weggegangen, ist dies schon nach der Anzeige des N nur eine versuchte Körperverletzung, von der der B zurückgetreten ist – und damit ein im Ergebnis strafloses Verhalten. Besteht der N gleichwohl auf einer Anzeige, wäre wie stets, wenn Sie rechtliche Zweifel haben, ob überhaupt ermittelt werden soll, die Anzeige *aufzunehmen*, dann aber *sogleich der Staatsanwaltschaft zu übersenden*. Diese muss dann prüfen, ob überhaupt Ermittlungen geführt werden sollen.

68 Vgl. Fischer, StGB, 68. Auflage 2021, § 24 Rn. 31a.

69 Vgl. Fischer, StGB, 68. Auflage 2021, § 24 Rn. 32.

6. Täterschaft und Teilnahme

a. Mittäterschaft

aa. Einleitung

Bisher wurden im Buch nur Fälle bearbeitet, in denen es einen jeweils alleine handelnden Täter gab. Sowohl in der *Praxis*, als auch im Studium und in der *Klausur* sind aber auch Fälle häufig, in denen *mehrere*, teils in der Praxis sogar recht viele Personen *zusammen* eine Tat begehen. Wie damit umzugehen ist, ist ein eigenes, recht umfängliches Themenfeld, dass unter der Überschrift „**Täterschaft und Teilnahme**" läuft. Um dieses soll es nun gehen.

Dabei ist vieles unter Rechtswissenschaftlern umstritten. Auswirkungen hat dies insofern, als es in der Lehrbuchliteratur teils recht große Unterschiede in den Prüfungsschemata und Definitionen gibt. Wundern Sie sich also nicht, wenn etwa Studierende aus Parallelkursen scheinbar „ganz anders" prüfen. Gerade bei diesem Thema führen eben viele Wege nach Rom!

bb. Formen der Täterschaft

Zur weiteren Bearbeitung dient folgender

Fall 1

A und B wollen ihrer beider Erzfeind O töten. Dazu wollen sie in Os Haus eine technisch recht komplexe Sprengfalle installieren. Zuallererst müssen sie dazu in das Haus gelangen. Der A, der darin ein Meister ist, hebelt die Terrassentür auf. Diese wird dabei, wie von beiden erwartet, beschädigt. Sodann präpariert und montiert der A den Sprengstoff, während der B das Kabel zwischen Sprengstoff und Haustür sowie den Auslösemechanismus montiert. Nur Sprengstoff und Kabel zusammen ergeben dabei eine funktionsfähige Falle. Danach verlassen sie das Haus. Als O abends nach Hause kommt und die Tür aufschließt und öffnet, löst dies den von A und B angebrachten Mechanismus aus mit der Folge, dass die Bombe wie geplant explodiert und den O tötet.

Die in Betracht kommenden Delikte sind §§ 212, 303 StGB.

Die Besonderheit ist eine *„gemeinsame" Begehung*. Diese soll zunächst näher analysiert werden.

Bei § 212 StGB – auf den hier zuerst geschaut werden soll, um zunächst *nur die Grundstruktur* der Mittäterschaft zu verdeutlichen – gehört als Tathandlung zum objektiven Tatbestand die Tötung eines Menschen.

Durch eigene Hand haben A und B dies *jeweils nur z. T.* verwirklicht. Denn keiner hat die komplette Sprengvorrichtung alleine gebaut, sondern beide nur jeweils Teile, die nur zusammen eine Sprengfalle ergaben. *Zusammen aber* ergeben sie die Tötungshandlung.

Im Blick auf § 212 StGB gilt also: Weder A noch B verwirklichen den obj. TB *alleine* vollständig, wohl aber: *zusammen*! Um das Tatgeschehen sachgerecht und vollständig zu erfassen, muss man A und B also quasi *als Einheit* betrachten.

Genau für solche Fälle gibt es eine *besondere Norm im StGB,* die *das ermöglicht: § 25 II StGB.* Dieser sind die folgenden Tatbestandsmerkmale sowie die folgende Rechtsfolge zu entnehmen:

§ 25 StGB

(2) Begehen mehrere *die Straftat* gemeinschaftlich, *so wird jeder als Täter bestraft (Mittäter).*

Es gilt also: *Jeder Mit*täter ist *Täter*, auch wenn er *selbst* die Tathandlung(-en) *nicht* (vollständig alleine) verwirklicht hat. Liegen die Voraussetzungen vor (dazu sogleich ausführlich), wird jeder so behandelt, als habe er diejenigen Tatbeiträge, die bei ihm „fehlen", die aber ein anderer Mittäter verwirklicht hat, selbst verwirklicht. Juristisch gesprochen heißt dies dann: Tatbeiträge werden wechselseitig „*zugerechnet*".

Das ist die *Grundidee von Mittäterschaft:* Solange nur die *Tätergruppe* das Delikt mit (allen) Tathandlungen am Ende *komplett* verwirklicht, wird *jeder* einzelne Mittäter so behandelt, als habe er es selber komplett verwirklicht. Es werden dann eben *alle als Täter bestraft.* Denn alleine dies wird dem *arbeitsteiligen Verhalten* einer solchen Tätergruppe gerecht.

Es gibt mithin *verschiedene Arten* von *Tätern.* Bis hierhin kennen Sie nun also die folgenden zwei (wenn auch zur Mittäterschaft noch ohne Details):

- *Allein*täter (so bisher im Buch)
- *Mit*täter (*mit* anderen unter „*Zurechnung*" fremder Tatbeiträge)

Eine dritte Art der Täterschaft, nämlich die sogenannten „*mittelbare Täterschaft*", wird im Anschluss an die Mittäterschaft erläutert.

cc. Formen der *Mit*täterschaft

Freilich ist damit noch nicht alles gesagt, was die Mittäterschaft *der Struktur nach* auszeichnet. Es gibt nämlich *zwei unterschiedliche Varianten der Mittäterschaft,* die wiederum an dem Fall aufgezeigt werden sollen.

Mittäterschaft kann so aussehen, dass *jeder* den objektiven TB zumindest *teilweise* selbst verwirklicht.

Im Fall ist dies *bei § 212 StGB* geschehen, da A und B jeweils einen Teil der Tathandlung „Bombenbau" verwirklichen.

Diese Art der „Arbeitsteilung" unter Mittätern soll hier im weiteren als **Mittäterschaft Variante 1 (MV 1)** bezeichnet werden.

Wie aber verhält es sich im Fall *mit § 303 StGB*?

Hier verwirklicht A den obj. TB *vollständig selbst.* A zerstört alleine eine fremde Sache.

B verwirklicht den obj. TB hingegen *gar nicht.* B erfüllt eben *kein einziges* Merkmal des objektiven TB des § 303 StGB.

Diese Art der „Arbeitsteilung" unter Mittätern soll als **Mittäterschaft Variante 2 (MV 2)** bezeichnet werden: *Einer* verwirklicht den obj. TB komplett *selbst*, der andere *gar nicht.*

Im Fall läge dies wie gesagt bei § 303 StGB vor.

Mittäter nach Variante 1 und Mittäter nach Variante 2 sind *unterschiedlich* zu prüfen, darum ist diese Unterscheidung überhaupt nur bedeutsam!

Es soll im Weiteren *zunächst Variante 1 erläutert* und komplett durchgeprüft werden. Danach folgt Variante 2.

dd. Mittäterschaft nach Variante 1 (MV 1)

Bei der Prüfung von Mittätern nach Variante 1 gibt es eine *Besonderheit*:

An sich gilt – mit dieser *einzigen*, sogleich präsentierten Ausnahme – *grundsätzlich*, dass mehrere Personen *nie zusammen* auf ihre Strafbarkeit hin geprüft werden dürfen. Es ist grundsätzlich stets *jedes Delikt komplett für jede Person alleine* durchzuprüfen!

Die *einzige Ausnahme davon* aber ist eben die Prüfung von Mittätern *nach Variante 1*, hier – und nur hier – prüfen Sie alle Mittäter *zusammen*!

Für solche Fälle gilt folgendes Prüfungsschema MV 1:

(gemeinsame Prüfung der Mittäter!)

Objektiver Tatbestand:

- **TB-Merkmale des konkreten Straftatbestandes**
  - **(durch „die Täter[-gruppe]" verwirklicht)**
- **Gemeinschaftlichkeit**

Subjektiver Tatbestand:

- **Vorsatz auf die TB-Verwirklichung**
- **Vorsatz auf Gemeinschaftlichkeit**

Rechtswidrigkeit

Schuld

Im Fall ist also § 212 StGB – für A und B *zusammen* – so zu prüfen:

***Objektiver* Tatbestand:**

O ist tot, der Erfolg ist also eingetreten.

Das Montieren der (kompletten) Sprengfalle durch A und B ist die Tathandlung.

Ohne die Sprengfalle wäre O nicht gestorben, sodass die Handlung für den Erfolg auch kausal ist.

Beachte: Bisher ist dies gar keine so wesentliche Abweichung vom üblichen Vorgehen beim Prüfen des Alleintäters. Es wird eben der *gesamte obj. TB* mit allen TB-Merkmalen durchgeprüft. Einzige Besonderheit bis hierhin ist, dass es im Prinzip egal ist, wer welches Merkmal verwirklicht oder dazu beigetragen hat, solange nur feststeht, dass es von einem aus der Gruppe verwirklicht wurde.

Fraglich kann indes sein, wie eine solche Prüfung zu formulieren ist. Dazu dienen die folgenden *Formulierungsbeispiele*:

Der Obersatz lautet:

„A *und B* könnten sich eines Totschlags gem. § 212, *25 II* StGB strafbar gemacht haben, indem sie in Os Wohnung eine Sprengfalle präparierten.“ Es werden also *alle* geprüften Personen *und § 25 II* StGB als Hinweis auf die geprüfte Mittäterschaft genannt.

Die Tötungshandlung kann wie folgt formuliert werden:

„A und B müssten eine Tötungshandlung begangen haben. Indem A den Sprengstoff und B Kabel und Auslöser montiert haben, haben sie eine Sprengfalle gebaut. Eine Tötungshandlung liegt mithin vor.“

Eine solche Formulierung geht natürlich hinsichtlich des vorletzten Satzes nur, wenn klar ist, wer genau welchen Teil der Tathandlungen begangen, also im Fall wer welchen Teil der Vorrichtung gebaut hat. Der Sachverhalt wird dies meist vorgeben. Da es aber für die rechtliche Bewertung hier erst einmal nur darauf ankommt, dass die Täter*gruppe insgesamt* alle Merkmale des objektiven Tatbestands erfüllt hat, kann auch formuliert werden:

„A und B müssten eine Tötungshandlung begangen haben. Indem A und B Sprengstoff, Kabel und Auslöser montiert haben, haben sie eine Sprengfalle gebaut. Eine Tötungshandlung liegt mithin vor."

Ergänzend zu den Merkmalen des konkreten Tatbestands, die abgesehen von den geschilderten Besonderheiten *genauso und genauso vollständig wie immer* abzuarbeiten sind, tritt nun ein *weiteres TB-Merkmal* im objektiven TB hinzu, dass sich eben aus § 25 II StGB ergibt und das den Umstand betrifft, dass zu klären ist, ob da wirklich Mittäter zusammenwirken. Dies ist das Merkmal der **Gemeinschaftlichkeit**.

Der *Obersatz* für die Prüfung dieses Merkmals lautet im Fall:

„A und B müssten dabei Mittäter gewesen sein." oder (gleichbedeutend) „A und B müssten gemeinschaftlich gehandelt haben."

Von Bedeutung ist diese Prüfung deswegen, weil gilt: Mehrere Beteiligte sind *nicht zwingend* Mittäter!

Dies zu erkennen, ist der *entscheidende Punkt*, um überhaupt zu verstehen, worum es bei diesem Merkmal gehen soll.

Zur Erinnerung: Der Mittäter wird *für fremdes Handeln*, nämlich die Verwirklichung von Tatbestandsmerkmalen bzw. Tatbeiträgen durch einen anderen, so bestraft, *als sei es eigenes* Handeln gewesen. Diese Bestrafung verlangt indes, dass er tatsächlich in entsprechend *herausgehobener Rolle arbeitsteilig* mit anderen zusammengewirkt hat. Fehlt es daran, weil jemand nur eine ganz untergeordnete Rolle spielt, ist dieser Beteiligte kein Mittäter (sondern etwa nur Gehilfe; zur Beihilfe später noch ausführlich).

Beteiligte sind daher nur Mittäter, wenn sie sogenannte „*Tatherrschaft*" haben, also eine bedeutende Rolle bei der Tat spielen. Vorliegen tut dies namentlich bei einem *wesentlichen* (objektiven) Tatbeitrag. Die Verwirklichung von Tatbestandsmerkmalen durch einen Beteiligten spricht dabei meist für Mittäterschaft. Aber auch ein *eigenes Interesse* am Taterfolg jedes Beteiligten (etwa bei gleicher Beuteteilung) kann ein Indiz für Mittäterschaft sein.

Keine Mittäter sind in der Regel Personen, die *keinen wesentlichen*, sondern nur einen *untergeordneten* Tatbeitrag erbracht haben.[70] Das gilt vor allem bei bloß unterstützenden Handlungen wie etwa der Beschaffung von Tatwerkzeugen. Bei *absichernden* Verhaltensweisen, also wenn jemand *Schmiere steht* oder den *Fluchtwagen fährt*, ist im Einzelfall zu prüfen, wie bedeutsam

70 Vgl. Fischer, StGB, 68. Auflage 2021, § 25 Rn. 27.

diese für die konkrete Tat sind und inwieweit sie ggf. zusammen mit einem eigenen Interesse am Taterfolg Mittäterschaft begründen können.[71]

Ein Beispiel *gegen* Mittäterschaft wäre daher etwa: als Gefallen einem anderen für dessen Körperverletzung den Schlagring leihen (hier fehlt es an einem wesentlichen Tatbeitrag und an einem eigenen Interesse am Taterfolg, diese Person ist nur nur *Gehilfe*. Dieser wird zwar auch bestraft, aber milder. Dazu wie schon gesagt später mehr).

Ein *eigenes Interesse am Taterfolg* kann allerdings einen nicht wesentlichen Tatbeitrag durchaus *ausgleichen*.[72] Steht also jemand nur „zur Sicherheit" Schmiere, ohne dass es dieses Dienstes für die Tatbegehung zwingend bräuchte, erhält aber den gleichen Beuteanteil wie diejenigen, die in das Objekt einbrechen und dieses nach Stehlenswertem durchsuchen, kann dies eine Mittäterschaft im Blick auf das eigene Interesse am Taterfolg begründen.

Die Prüfung muss daher *jeweils fallbezogen* erfolgen. Es kann *nicht schematisch* entschieden werden, sondern es muss alles, was der Sachverhalt an Umständen zum konkreten Fall bietet, aufgegriffen und abgewogen werden!

In der Definition zu Gemeinschaftlich wird nun versucht, diese relative „Unschärfe" und Fallbezogenheit der Mittäterschaft irgendwie „einzufangen".

> Die **Definition „gemeinschaftlich"** lautet daher: Gemeinschaftlichkeit (Mittäterschaft) liegt vor, wenn die Personen mit jeweils wesentlichem Tatbeitrag bzw. eigenem Interesse am Taterfolg arbeitsteilig zusammenwirken.

Im Fall ist nun darunter zu subsumieren:

A und B leisten mit dem Montieren ihrer Bombenteile jeweils *wesentliche* Beiträge und haben mit der Beseitigung ihrer beider Erzfeind auch jeweils *ein eigenes Interesse* am Taterfolg.

Gemeinschaftlichkeit liegt vor.

Weiter zu prüfen wäre im Fall mit dem **subjektiven Tatbestand**:

Es bedarf subjektiv bei *allen* Mittätern Vorsatz auf *alle* Merkmale des objektiven Tatbestands. Jeder muss also nicht nur alles wollen, jeder muss *auch* Vorsatz auf eine Mittäterschaft haben.

Gedanklich ist dabei *jeder Mittäter gesondert* durchzugehen, denn eine „Zurechnung" *subjektiver* Elemente über § 25 II StGB ist *nicht* möglich!

---

71 Vgl. Rönnau, Grundwissen – Strafrecht: Mittäterschaft in Abgrenzung zur Beihilfe, JuS 2007, 514.; vgl. Joecks/Jäger, StGB, 12. Auflage 2018, § 25 Rn. 84.

72 Vgl. Fischer, StGB, 68. Auflage 2021, vor § 25 Rn. 4.

Liegt aber jeweils bei allen die gleiche Vorsatzform vor (was recht häufig ist), kann die *Prüfung für alle Mittäter zusammen* niedergeschrieben werden („A und B müssten Vorsatz gehabt haben. Vorsatz ist […]. Hier käme […] in Betracht. Darunter versteht man […]. A und B wollten hier […]. A und handelten daher absichtlich.“).

Im Fall sieht dies wie folgt aus:

Vorsatz von A und B auf § 212 StGB: A und B wollten O töten. Es liegt Absicht vor.

Vorsatz von A und B auf Mittäterschaft: A und B hatten das gemeinsame Vorgehen so geplant und gewollt. Auch insoweit besteht Absicht.

Rechtswidrigkeit und Schuld liegen im Fall ebenfalls (unproblematisch) vor.

A und B sind gemäß §§ 242, 244 IV, 25 II StGB strafbar.

Beachte: Der Aufbau nach Variante *1 ist auch zu wählen*, wenn *alle* Mittäter den TB *vollständig* verwirklichen.

Bsp.: A und B schlagen gemeinsam auf O ein.

Streng genommen bräuchte man die gemeinsame Prüfung und den § 25 II StGB hier nicht, es hat sich aber weitgehend durchgesetzt, auch hier nach diesem Schema zu prüfen.

ee. Mittäter nach Variante 2 (MV 2)

Im Fall gab es indes noch ein Delikt: *§ 303* StGB. Bei diesem verwirklicht wie schon gesagt A *alle*, B hingegen *keine* TB-Merkmale. Es liegt eine **Mittäterschaft nach Variante-2 (MV 2)** vor. Dafür gilt nun Folgendes:

Es erfolgt eine *getrennte* Prüfung:

Zunächst wird A geprüft – und zwar wie ein *Allein*täter.

Sodann wird B geprüft – und zwar mit „*Zurechnung*“.

Das Prüfungsschema Variante-2-Mittäter lautet daher:

(1. Prüfung des *Tatausführenden* [wie Alleintäter])

2. Prüfung des *Hintermanns*

Objektiver Tatbestand:

- **Feststellung, dass der Hintermann keine TB-Merkmale erfüllt hat**
- **Gemeinschaftlichkeit**

Subjektiver Tatbestand:

- **Vorsatz auf Tat des *Tatausführenden* (!)**
- **Vorsatz auf Gemeinschaftlichkeit**

RW/Schuld

Im Fall sieht dies so aus:

§ 303 StGB durch A:

Objektiver TB:

Die Tür ist ein taugliches Tatobjekt. A beschädigt sie durch das Aufhebeln. Dies ist für die Beschädigung auch kausal.

Subjektiver TB:

Der A erwartet sicher, die Tür zu zerstören, auch wenn es ihm darauf nicht ankommt. Es liegt mithin Wissentlichkeit vor.

Rechtswidrigkeit und Schuld sind jeweils gegeben.

A ist nach § 303 StGB strafbar.

Die Prüfung erfolgte hier also komplett *ohne* Nennung des B und § 25 II StGB.

Danach ist der B zu prüfen – und zwar *nun mit* § 25 II StGB.

§§ 303, 25 II StGB durch B:

Objektiver TB:

„B verwirklicht kein TB-Merkmal selbst" (dies darf in der Klausur so in einem Satz festgestellt werden).

Gemeinschaftlichkeit:

Einen konkreten Beitrag zum Aufhebeln der Tür leistet der B hier nicht. Das ist alleine As Job. Mit der gemeinsamen Planung und der arbeitsteiligen Montage der Bombe leistet B aber einen *wesentlichen Beitrag zum Gesamtgeschehen* „Tötung des O".

Beachte nun:

Für eine Mittäterschaft reicht es, wenn der wesentliche Tatbeitrag *zum Gesamtgeschehen* erbracht wird, hier also dem Töten mittels Sprengfalle. Denn zu dem konkreten Delikt, dass nur ein anderer Mittäter verwirklicht, wird der „Hintermann" oft keinen Beitrag leisten. Das kann zwar anders sein, etwa, wenn im Fall gesagt worden wäre, der B habe das Werkzeug mitgebracht. Oft aber gibt es zu dem konkreten Straftatbestand des Tatausführenden keinen Beitrag. Dann aber genügt es, wenn wie hier *zum Gesamtgeschehen*, also im Fall dem Tötungsgeschehen insgesamt, Wesentliches beigesteuert wird.

Für Mittäter nach Variante 2 gilt für „gemeinschaftlich" daher eine *etwas andere* Definition, die diese Besonderheit hervorheben soll:

Definition „gemeinschaftlich (MV 2)"

Gemeinschaftlichkeit (Mittäterschaft) liegt vor, wenn die Personen mit jeweils wesentlichem Tatbeitrag *am Gesamtgeschehen* arbeitsteilig zusammenwirken.

Weiter zu prüfen ist im Fall sodann der **subjektive Tatbestand:**

Hier ist nun ebenfalls etwas ungewohnt zu prüfen:

Der *Hintermann* braucht zunächst Vorsatz darauf, dass der Tatausführende die Tat begeht.

Zunächst muss *der B also Vorsatz* auf § 303 StGB *durch A* haben. *B* muss also wissen und akzeptieren, dass *A* eine Sachbeschädigung begeht. Dies ist hier zu bejahen: B will ja, dass A die Tür aufbricht, und rechnet damit, dass dies die Tür beschädigt. Es liegt also auch bei B Wissentlichkeit im Blick auf die Sachbeschädigung vor.

Dann muss B noch *Vorsatz auf die Gemeinschaftlichkeit* haben. Auch hier ist dieser Vorsatz nun wieder auf die arbeitsteilige Begehung des *Gesamtgeschehens* zu beziehen. B will die Tötung des O mit A im Zusammenwirken durchführen. Hier besteht mithin Absicht.

Rechtswidrigkeit und Schuld sind im Fall unproblematisch gegeben.

B ist nach §§ 303, 25 II StGB strafbar.

Beachte noch (fallunabhängig):

Die Variante 2 der Mittäterschaft, die die komplette Zurechnung des vollständigen obj. TB bei Tätern erlaubt, die gar kein Merkmal selbst verwirklicht haben, bietet über den bereits besprochenen Fall *hinaus* die Möglichkeit, die Strafbarkeit wegen Mittäterschaft erheblich *auszuweiten*:

Variante-2-Mittäter kann nämlich auch sein, wer *nicht mal* am Tatort ist, aber *wesentlich* mit *vorbereitet* bzw. plant! Das „Minus" bei der Tatausführung kann also durch ein „Plus" in der Planung so ausgeglichen werden, dass der bloße „Vorbereiter" Mittäter wird.[73]

Dazu ein *Beispiel:*

A erklärt dem insoweit unkundigen B im Detail, wie man in die schwer gesicherte Villa beider Erzfeind E gelangt und dort unbemerkt dessen Tee mit einer tödlichen Menge an Gift vermischt. B folgt diesem Plan genau und mischt das Gift unter, an dem der O dann wie vorgesehen stirbt.

73 Vgl. Fischer, StGB, 68. Auflage 2021, § 25 Rn. 32.

B ist hier – ohne dass es auf A oder § 25 II StGB dafür ankäme – nach § 212 StGB strafbar. Er verwirklicht den Tatbestand komplett selbst.

A ist nach §§ 212, *25 II* StGB als *Mittäter nach Variante 2* strafbar: Er verwirklicht zwar kein Tatbestandsmerkmal selbst, leistet aber mit seinem Wissen und seiner detaillierten Planung, nach der der B exakt vorgeht, gleichwohl *im Vorfeld* einen so *wesentlichen Beitrag* und hat dazu noch ein *eigenes Interesse* am Tod des E, dass er als Mittäter und damit als Täter bestraft werden kann.

Auch hier muss dieser Beitrag des nicht selbst die Tat begehenden Mittäters natürlich *wesentlich* sein. Ein bloßes planerisches „Assistieren" würde für § 25 II StGB *nicht* reichen (sondern wäre ggf. Beihilfe, dazu später mehr).

ff. Kombination von Mittätern nach Variante 1 und 2

Mittäterschaftsprüfungen nach Variante 1 und 2 sind zu *kombinieren, wenn mehrere* Tatausführende gemeinschaftlich TB-Merkmale verwirklichen *und* ein Hintermann, der nichts selbst verwirklicht, wesentlich zum Gesamtgeschehen beiträgt.

Dazu obiges *Beispiel erweitert*:

A erklärt den insoweit unkundigen B *und C* im Detail, wie man in die schwer gesicherte Villa beider Erzfeind E gelangt und dort unbemerkt dessen Tee mit einer tödlichen Menge an Gift vermischt. B und C folgen diesem Plan genau und mischen das Gift unter, an dem der O dann wie vorgesehen stirbt.

B und C sind hier nach §§ 212, 25 II StGB als *Mittäter nach Variante 1* strafbar (beide begehen den Tatbestand zumindest z. T. selbst).

A ist nach §§ 212, 25 II StGB als *Mittäter nach Variante 2* strafbar: Ihm wird die Verwirklichung des Tatbestandes durch *die Tatausführenden*, also die beiden Variante-1-Mittäter *B und C*, zugerechnet, da er im Vorfeld einen wesentlichen Tatbeitrag leistet.

Die Kombination besteht also darin, *als Tatausführenden* im Rahmen der MV 2 *Mittäter nach Variante 1* zu haben. Diese werden – wie sonst Alleintäter – als Tatausführende nach Variante 1, also gemeinsam, vorab geprüft. Bei der Prüfung des Hintermanns nach Variante 2 wird dann auf diese Prüfung schlicht *verwiesen*.

b. Mittelbare Täterschaft

Als *dritte Form der Täterschaft* neben Allein- und Mittäterschaft kommt die in Prüfung wie Praxis höchst seltene *mittelbare Täterschaft* vor.

In § 25 I StGB findet sich diese in der Formulierung, dass auch „Täter" ist, wer die Tat „*durch einen anderen*" begeht. Gemeint sind damit vor allem Fallkonstellationen, in denen die eigentlich tatausführende Person für ihr Handeln nicht verantwortlich ist und damit einen sogenannten „*Defekt*" hat (z. B., weil die Tatausführung durch ein Kind erfolgt) und ein „*Hintermann*", der die Tat selbst nicht ausführt, diesen „*Vordermann*" mit „Defekt" wie ein „*Werkzeug*" steuert.[74]

Befiehlt also etwa der Vater seinem achtjährigen Sohn, in den Supermarkt zu gehen und dort zu stehlen, kann der Sohn dafür nicht bestraft werden, da er kraft Gesetzes schuldunfähig ist. Der Vater könnte als Alleintäter ebenfalls nicht bestraft werden, weil er die Tat nicht selber ausführt. Der Vater setzt seinen Sohn hier aber wie ein „Werkzeug" ein und macht sich dabei dessen „Defekt" (also hier: die strafrechtliche Schuldlosigkeit) zunutze. Der Vater „beherrscht" also dieses „Werkzeug" und begeht damit die Tat „durch einen anderen". Als mittelbarer Täter soll und kann er daher wie ein Täter bestraft werden, also so, als habe er im Supermarkt selbst etwas weggenommen.

Ein Prüfungsschema für mittelbare Täterschaft kann dabei wie folgt aussehen:

Objektiver Tatbestand:

- **Eintritt des Erfolgs**
- **Verursachung des Erfolgs durch den „Vordermann"**
- **„Defekt" beim Vordermann (z. B. mangels Vorsatzes oder wegen Schuldlosigkeit)**
- **„Beherrschung" des Vordermanns durch den „Hintermann"**

Subjektiver Tatbestand: Vorsatz

Rechtswidrigkeit

Schuld

Die *Beherrschung* des Vordermanns durch den Hintermann kann dabei in einer Art *Hierarchie* liegen, etwa bei dem Vater und seinem achtjährigen

74 Vgl. Joecks/Jäger, StGB, 12. Auflage 2018, § 25 Rn. 20 ff.

Kind. Sie kann aber auch in einem *Wissensvorsprung* des Hintermanns bestehen. Dies wäre etwa der Fall, wenn der Hintermann dem Vordermann eine Pistole gibt und ihm erklärt, diese sei nur mit Platzpatronen geladen und der Vordermann solle „zum Spaß" auf den O schießen, es sich in Wahrheit aber, was der Vordermann nicht weiß, um eine scharf geladene Waffe handelt.[75]

Die Rechtsprechung hat ausgehend von der Idee der Beherrschung über hierarchische Strukturen eine mittelbare Täterschaft auch für den *Mafiaboss* gegenüber seinen Untergebenen und dem *Herrscher* in diktatorischen Systemen gegenüber Staatsbediensteten angenommen. Auf dieser Art konnten etwa Mitglieder des Politbüros der DDR wegen der Anordnung von Todesschüssen auf „Republikflüchtlinge" durch Grenzsoldaten wegen Totschlags in mittelbarer Täterschaft bestraft werden.[76]

Trotz dieser zuletzt genannten Ausweitung bleibt die Relevanz der mittelbaren Täterschaft für die polizeiliche Praxis ebenso wie für polizeiliche Ausbildung *gering*. Es wird daher für Studierende empfohlen, mit dem Dozenten bzw. der Dozentin zu klären, inwieweit mittelbare Täterschaft überhaupt Prüfungsstoff im jeweiligen Bundesland ist.

c. Anstiftung, § 26 StGB

Wie bereits zuvor erwähnt, ist *nicht jeder*, der mit anderen zusammen Taten begeht, auch immer Mittäter. Es gibt noch *zwei andere Formen* der Beteiligung, um die es im Weiteren gehen soll. Zur Erläuterung dient nachfolgender

Fall:

Der B ist pleite und weiß nicht recht, was er tun soll. Er überlegt hin und her, ob er einfach zum Supermarkt zu gehen und etwas „mitgehen" lassen soll. Der A, mit dem B über seine Probleme und Ideen redet, meint, die Sicherungen in solchen Märkten seien eh nur dürftig, weswegen das mit dem Supermarkt doch eine gute Idee sei. Ob der B, den A für einen „Schisser" hält, sich das wirklich traut oder nicht, ist für A „in beide Richtungen denkbar". Tatsächlich geht B am Folgetag zum REWE-Markt in der Steinfurter Straße, wo er Obst einsteckt und damit ohne zu zahlen von dannen zieht. Darüber, dass gerade dieser Markt es sein soll, hatte er mit A nicht geredet. Strafbarkeit von A und B?

Der B ist hier – als *Alleintäter* – nach *§ 242 StGB wegen Diebstahls* strafbar (auf die Details dieser Deliktsprüfung kommt es hier nicht an; um § 242 StGB

75 Vgl. Joecks/Jäger, StGB, 12. Auflage 2018, § 25 Rn. 20 ff.

76 Vgl. Joecks/Jäger, StGB, 12. Auflage 2018, § 25 Rn. 59 ff.

wird es später im Buch noch ausführlich gehen). Er verwirklicht das Delikt *komplett selbst.*

Wie steht es aber um die *Strafbarkeit des A*?

Zu prüfen sind zunächst §§ 242, *25 II* StGB als *Mittäter* nach Variante 2, da A ja kein Merkmal des obj. TB selbst erfüllt.

Objektiver TB:

Keine Verwirklichung des § 242 StGB durch A ist gegeben, er war nicht mal anwesend, als B das Obst stahl.

Hat A aber einen wesentlichen Tatbeitrag geleistet?

A schlägt zwar die Tat vor, aber zur Tat*ausführung* trägt er *nichts* bei.

A ist daher *kein* Mittäter nach Variante 2 gem. §§ 242, 25 II StGB.

Gleichwohl ist As Ideengebung nicht straflos, für ihn kommt **Anstiftung nach § 26 StGB** in Betracht.

§ 26 StGB hat nach dem *Normtext* die folgenden Tatbestandsmerkmale:

§ 26 StGB

Als Anstifter wird gleich einem Täter bestraft, wer vorsätzlich einen anderen zu dessen vorsätzlich begangener rechtswidriger Tat bestimmt hat.

Es ergeben sich so die folgenden *Elemente* des § 26 StGB:

- Vorsätzliche und rechtswidrige *Tat* des Tatausführenden/*Angestifteten*
- „*bestimmen*" dazu *durch* den Anstifter

Daraus ergibt sich das folgende Prüfungsschema Anstiftung:

(1.) Prüfung des *Tatausführenden/Angestifteten*

(2.) Prüfung des *Anstifters*

Objektiver Tatbestand:

- **Vorsätzliche, rechtswidrige Haupttat/Vortat des Angestifteten**
- **„bestimmen" durch den Anstifter**

Subjektiver Tatbestand:

- **Vorsatz auf Tat des *Tatausführenden* (!)**
- **Vorsatz auf „Bestimmen"**

RW

Schuld

Im Fall – in dem die Tat des Tatausführenden B ja bereits festgestellt wurde – ergäbe dies (weiter) geprüft nun Folgendes:

Strafbarkeit *des A* gem. §§ 242, *26* StGB

Objektiver Tatbestand:

Eine **vorsätzliche, rechtswidrige Haupttat des Tatausführenden** *B* liegt vor (wobei der Verweis nach oben ausreicht).

Nötig wäre als Tathandlung des Anstifters ein „**Bestimmen**": Hat A den B zur Tat *„bestimmt"*?

B hat zwar *schon überlegt*, ob er die Tat begehen soll, war aber noch unsicher. A hat Bs Entschluss letztlich *mit herbeigeführt*. Dies *genügt*.

Beachte: Der Begriff „bestimmen" klingt nach höheren Anforderungen, etwa wie „befehlen". Er ist so aber *nicht* zu verstehen! Es *genügt*, den Tatentschluss des Tatausführenden irgendwie *mit* herbeizuführen.

Die **Definition „Bestimmen"** lautet daher: Hervorrufen des Tatentschlusses.[77]

Ausreichend ist, wie dargelegt, eine *Mit*verursachung.[78]

Aber: *Kein* „Bestimmen" liegt vor bei einem schon *fest* Entschlossenem. Wollte also der Tatausführende die Tat bereits sicher begehen, als der Anstifter dazu bestimmen will, ist dies keine Anstiftung mehr.[79]

Ein „Bestimmen" und damit eine Anstiftung ist hingegen noch möglich bei einer sogenannten *„Auf*stiftung". Gemeint ist das Anstiften eines bereits *zum Grunddelikt* Entschlossenen (und damit dazu nicht mehr Anstiftbaren) *zur Qualifikation oder zum Regelbeispiel.*

Bsp.: B will stehlen. A rät die Mitnahme eines Messers.

Zum Grunddelikt kann A nicht mehr anstiften, da B bereits fest entschlossen ist. B wollte aber keinen Diebstahl nach § 244 StGB begehen. Eine Anstiftung dazu ist also noch möglich. A ist hier mithin nach §§ 242, 244, 26 StGB *strafbar.*

Im Fall wäre sodann mit dem **subjektiven Tatbestand** weiter zu prüfen:

A bräuchte zunächst **Vorsatz auf die Vortat** des B.

A hielt für möglich und hatte damit bedingten Vorsatz darauf, dass B einen Diebstahl aus (*irgend*-) einem Supermarkt begeht.

---

77 Nimtz, Strafrecht für Polizeibeamte, Band 1, 6. Auflage 2018, Rn. 337.

78 Vgl. Nimtz, Strafrecht für Polizeibeamte, Band 1, 6. Auflage 2018, Rn. 341.

79 Vgl. Nimtz, Strafrecht für Polizeibeamte, Band 1, 6. Auflage 2018, Rn. 341.

Bedingter Vorsatz genügt grundsätzlich.[80]

Schadet es dabei aber nun, das A Ort und Zeit der Tatbegehung durch B *nicht exakt* kennt?

Dem ist nicht so: Vorsatz des Anstifters auf die *wesentlichen Grundzüge* der Vortat reicht aus![81] Weiß der Anstifter also, welcher Straftatbestand verwirklicht werden soll (hier: § 242 StGB) und was ungefähr geplant ist (hier: Diebstahl aus einem Geschäft), reicht dies. Nur bei einer ganz anders ausgeführten Tat (Bsp.: Raub statt Diebstahl) fehlt es am Vorsatz des Anstifters auf die Vortat.

Im Fall hat A also Vorsatz auf die Vortat des B.

Der Vorsatz auf die Vortat muss dabei deren *Vollendung mit umfassen*. Bedeutsam ist dies namentlich bei einem *agent provocateur*, also einem Lockspitzel, der z. B. zum Schein bei einem Dealer Drogen bestellt, aber nur, um diesen bei der Übergabe festzunehmen (oder, falls der agent provocateur Privatmann ist, festnehmen zu lassen). Hier fehlt es für die Strafbarkeit des Lockspitzels nach §§ 29 BtMG, 26 StGB am Vorsatz auf die Tat des Tatausführenden, also des zur Tat bestimmten Dealers.[82]

Im Fall erforderlich ist ferner der **Vorsatz auf das „Bestimmen"**. A hält für möglich, dass B zumindest auch wegen As Zuspruch die Tat begeht. Auch insoweit besteht also bedingter Vorsatz.

A handelte auch rechtswidrig und schuldhaft und ist nach §§ 242, 26 StGB strafbar.

d. Beihilfe, § 27 StGB

Neben Mittäterschaft, mittelbarer Täterschaft und Anstiftung gibt es als weitere Form der Beteiligung (nur) noch die *Beihilfe*. Zur Erläuterung dient folgender

Fall 3

Der A trifft in der Stadt auf den B, der A wissen lässt, nunmehr zu beider Erzfeind E zu gehen und dort dessen Wagen zu demolieren. A ist sofort hellauf begeistert und läuft mit zu E. Dort tritt und schlägt der B auf das Auto des E ein, welches dadurch zerbeult wird. A steht daneben und feuert B an. Strafbarkeit von A und B?

Eine Strafbarkeit *des B* besteht als Alleintäter nach § 303 StGB.

80 Vgl. Fischer, StGB, 68. Auflage 2021, § 26 Rn. 7.

81 Vgl. Nimtz, Strafrecht für Polizeibeamte, Band 1, 6. Auflage 2018, Rn. 343.

82 Vgl. Nimtz, Strafrecht für Polizeibeamte, Band 1, 6. Auflage 2018, Rn. 344.

Zumindest anprüfen ließe sich als Nächstes eine Strafbarkeit *des A* nach §§ 303, 25 II StGB (MV 2):

Objektiver Tatbestand:

A hat kein Tatbestandsmerkmal selbst verwirklicht. Fraglich ist, ob er „gemeinschaftlich" gehandelt hat. A hat den B zwar psychisch unterstützt. B hätte die Tat aber auch ohne diese Hilfe begangen. Nur, wenn es auf As „moralische Unterstützung" zwingend angekommen wäre, käme in Betracht, dass diese so wesentlich ist, dass darin eine Mittäterschaft in der Variante 2 liegen könnte. A hat daher keinen *wesentlichen* Tatbeitrag geleistet und *nicht gemeinschaftlich* gehandelt.

Nach §§ 303, *25 II* StGB ist A also *nicht* strafbar.

Besteht eine Strafbarkeit nach §§ 303, *26* StGB (Anstiftung)? Eine Vortat des B liegt vor (s. o.). Ein „Bestimmen" durch A liegt indes nicht vor: B war bereits fest entschlossen. A ist also auch *nicht* nach §§ 303, 26 StGB strafbar.

Für Fälle dieser Art gibt es die sogenannte **Beihilfe**, geregelt in § *27* StGB.

Der Normtext ist mit dem von § 26 StGB *nahezu identisch*:

§ 27 StGB

Als Gehilfe wird bestraft, wer vorsätzlich *einem anderen zu* dessen vorsätzlich begangener rechtswidriger Tat Hilfe geleistet *hat.*

Nahezu identisch ist daher auch das

Prüfungsschema Beihilfe:

(1.) Prüfung des *Tatausführenden*

(2.) Prüfung des *Gehilfen*

Objektiver Tatbestand:

- **Vorsätzliche, rechtswidrige Haupttat/Vortat des Tatausführenden**
- **„Hilfe leisten" durch den Gehilfen**

Subjektiver Tatbestand:

- **Vorsatz auf Tat des *Tatausführenden* (!)**
- **Vorsatz auf „Hilfe leisten"**

RW/Schuld

Anders ist jeweils nur, dass eben nicht „bestimmt“ wird, sondern *nur „Hilfe geleistet“*.

Im Fall – in dem die Tat des Tatausführenden ja schon festgestellt wurde – wäre wie folgt zu prüfen:

§§ 303, 27 StGB durch A:

***Objektiver* TB:**

Eine Vortat des B liegt vor (s. o.).

Erforderlich wäre weiter „**Hilfe leisten**“:

A unterstützt den B *psychisch*, das genügt.

Die **Definition „Hilfe leisten“** lautet insoweit: Jede Förderung der Haupttat.

Jedwede Arten von physischer *und* psychischer Unterstützung reichen mithin, auch bloßes Anfeuern oder bewusstes Bilden einer „Mauer“ zur Verhinderung der Flucht des Opfers.

Nicht ausreichend ist aber die *bloße* Anwesenheit, soweit sie keinerlei unterstützende Wirkung hat. Wer also *nur* dabeisteht, ohne damit psychisch zu bestärken, ist kein Gehilfe.[83]

Im Fall ist wie folgt weiter zu prüfen:

***Subjektiver* TB:**

A müsste *Vorsatz auf die Haupttat* des B gehabt haben. Hier hatte er Absicht.

Beachte: Auch hier genügt, wenn der Gehilfe die *wesentlichen Grundzüge* der Haupttat kennt.

Ferner hatte A *Vorsatz auf sein Hilfeleisten*, und zwar wiederum in Form von Absicht.

A handelte rechtswidrig und schuldhaft.

A ist nach §§ 303, 27 StGB strafbar.

83 Vgl. Fischer, StGB, 68. Auflage 2021, § 27 Rn. 10 f.

Praxisbox:

Diese weite Fassung der Beihilfe hat Auswirkungen auch auf die Anzeigenaufnahme:

Im Rahmen einer Sachverhaltsklärung während eines ersten Zugriffs durch die Schutzpolizei ist also *jeder*, bei dem es irgendwelche *Hinweise* darauf gibt, dass er angefeuert oder sonst *moralisch bestärkt haben könnte, Beschuldigter*. Diese Anhaltspunkte können daraus folgen, dass er sich selbst oder ein Zeuge den Betreffenden entsprechend bezichtigt. Als zureichender tatsächlicher Anhaltspunkt würde aber auch reichen, dass der Betroffene zu einer zusammenstehenden Gruppe gehörte, von der Zeugen sagen, diese habe angefeuert. *Fehlt* es aber an derartigen Hinweisen, etwa weil der Betroffene von der „Unterstützergruppe" drei Meter weg stand und auch sonst niemand ihn der Unterstützung bezichtigt, ist dieser *kein Beschuldigter*, sondern nur – ein nach § 55 StPO zu belehrender, aber dann aussagepflichtiger – *Zeuge*.

In jeder Fallkonstellation sollte also an mögliche Gehilfen, Anstifter oder Mittäter *gedacht* werden. Diese geraten im Rahmen der Einsatzwahrnehmung manchmal in den Hintergrund.

Derartig gelagerte Fallkonstellationen sind im polizeilichen Kontext dabei häufig im Rahmen großer Menschenansammlungen anzutreffen (Kirmes, Schützenfest, Konzert). Neben der rechtlichen (Erst-)Einordnung der Rolle der angetroffenen Personen ist dabei ferner wichtig, die Feststellungen zur Rolle der Personen (und damit zum Sachverhalt insgesamt) nachher *beweissicher zu dokumentieren*. Hier hilft nun etwas, was eigentlich ein Unding ist: Nämlich, dass das Phänomen des Gaffens in der Dokumentation des Geschehens mit der Handykamera seinen bisherigen Höhepunkt erreicht hat. Insofern ist es oft so, dass entsprechendes Bildmaterial – nicht selten in guter Qualität – vorliegt. Das vorhandene *Bildmaterial* sollte daher in jedem Fall zur Beweissicherung der Straftat oder der Beihilfe *sichergestellt (oder beschlagnahmt)* werden, was nach § 94 StPO auch möglich ist.[84] Der *Adressat dieser* Maßnahme muss dabei nicht zwingend Gehilfe der Körperverletzung (o. Ä.) sein. Diese Sicherstellung/Beschlagnahme kann sich auch gegen Zeugen richten.

e. Ergänzungen

aa. Zum Wesen von Variante-2-Mittäterschaft, Anstiftung und Beihilfe

Mittäterschaft nach Variante 2, Anstiftung und *Beihilfe* verlangen jeweils eine vorsätzliche, rechtswidrige *Haupttat* des Tatausführenden. Dabei genügt jeweils ein *Versuch*!

84 Vgl. Blechschmitt, Strafverfolgung im digitalen Zeitalter, MMR 2018, 361, 364 m. w. N.

Fehlt diese Haupttat indes, *entfällt* auch die Strafbarkeit von MV 2, Anstiftern und Gehilfen. MV 2, Anstiftung und Beihilfe sind insofern „**akzessorisch**“, also davon *abhängig*, dass es eine entsprechende Vortat überhaupt gibt.

Beachte aber:

Die *Vortat* des Tatausführenden muss *nicht schuldhaft* sein! Ist der Vortäter – bei Verwirklichung des objektiven und subjektiven TB und der Rechtswidrigkeit – *alleine* wegen fehlender Schuld straflos, *kann* MV 2, Anstiftung und Beihilfe noch in strafbarer Form *begangen werden.*[85]

Dazu ein *Bsp.*: Der fünfzehnjährige A gibt dem dreizehnjährigen B Tipps zum Stehlen aus einem Supermarkt, aus dem der B dann stiehlt. B begeht zwar *objektiv, subjektiv und rechtswidrig* eine Tat nach § 242 StGB, ist aber, da unter vierzehn, schuldunfähig und daher gem. § 14 StGB *straflos.* A, der dem B „Hilfe geleistet“ hat, ist aber *gleichwohl* nach §§ 242, *27* StGB *strafbar.*

Beachte ferner:

Ist die Vortat nur ein Versuch und *tritt der Vortäter wirksam zurück*, lässt dies die Strafbarkeit von MV 2, Anstiftern und Gehilfen zumindest dann *nicht* entfallen, wenn diese mit dem Rücktritt quasi „nichts zu tun haben“.[86]

Auch dazu ein *Bsp.*: B will den O erschießen. A gibt ihm dafür die Tatwaffe. B, der alleine am Tatort ist, schießt auf den O und verletzt diesen, ruft dann aber aus Mitleid einen Krankenwagen, sodass O gerettet wird. B ist hier vom Versuch des Totschlags zurückgetreten. Da A damit aber nichts zu tun hat, *bleibt* A wegen Beihilfe zum versuchten Totschlag *strafbar.*

bb. Zur Terminologie

Der *Oberbegriff* für *alle* Formen der Täterschaft und Teilnahme lautet *Beteiligte.*

Täter und *Teilnehmer* sind also begrifflich zugleich *Beteiligte.*

Unterteilt werden die Beteiligten umgekehrt gesehen mithin in *Täter* und *Teilnehmer.*

Täter können dabei *Allein*täter, *Mit*täter (und *mittelbare* Täter) sein.

Teilnehmer können *Anstifter* und *Gehilfen* sein. Anstifter und Gehilfen sind also begrifflich Beteiligte, aber *keine* „Täter“!

---

85 Vgl. Fischer, StGB, 68. Auflage 2021, § 26 Rn. 2, 27 Rn. 3.

86 Vgl. Creifelds, Rechtswörterbuch, 26. Edition 2021, Rücktritt vom Versuch.

cc. Rangfolge der Beteiligungsarten

Die *Rang-* und damit *Prüfungsreihenfolge* bei Beteiligung lautet:

- Mittäterschaft vor…
- …Anstiftung vor…
- …Beihilfe.

Hintergrund ist, dass Gehilfen milder bestraft werden.

Falls nach dem SV *möglich,* ist also so zu *prüfen*: *erst* Mittäterschaft, dann (falls Mittäterschaft verneint) ggf. Anstiftung, dann (falls Anstiftung geprüft und verneint oder offensichtlich ausgeschlossen) ggf. Beihilfe.

dd. „Mittäterexzess"

Die Zurechnung fremder Tatbeiträge im Rahmen der Mittäterschaft wie auch die Bestrafung für Anstiftung und Beihilfe bestehen jeweils darin, jemanden quasi für die „böse Tat" eines anderen irgendwie „mit zu bestrafen". Neben den jeweiligen spezifischen Voraussetzungen von Mittäterschaft, Anstiftung und Beihilfe ist *eines* dafür *immer* erforderlich: *Vorsatz* auf die Tatbegehung *durch den Tatausführenden.*

Über den Vorsatz haften Beteiligte für das Handeln anderer dann aber eben auch *nur,* wenn sie dieses strafbare Handeln zumindest billigend in Kauf nehmen. „Dreht" einer „frei" und begeht Taten ohne Absprache, liegt *insoweit* ein **Exzess** vor und andere Beteiligte haften dafür *nicht.*

Es gilt also: Jeder haftet, *soweit* sein Wille reicht![87]

Beispiel:

A und B steigen gemeinsam in die Wohnung des O zum Stehlen durch ein gekipptes Fenster und stecken jeweils Diebesgut ein. Als überraschend O erscheint, zieht A für B völlig unerwartet eine scharfe Waffe und erschießt den O. B steht entsetzt daneben.

Die in Frage kommenden Delikte sind:

- §§ 242, (244) StGB, (Wohnungseinbruchs-)Diebstahl
- § 212 StGB, Totschlag

87 Vgl. Fischer, StGB, 68. Auflage 2021, § 25 Rn. 36.

Die Prüfung sähe wie folgt aus:

§§ 242, (244) StGB:

Hier sind A *und* B nach *Variante 1 als Mittäter* zu prüfen und wären – nach *vollständig* durchzuführender Prüfung – auch jeweils strafbar, da sie das Delikt gemeinschaftlich begangen haben *und* begehen *wollten*.

Prüfung des Totschlags § 212 StGB:

Hier wäre *zunächst A* nach § 212 StGB als *Alleintäter* komplett durchzuprüfen und eine Strafbarkeit zu bejahen. Er begeht das Delikt vollständig selbst, sodass es für seine Strafbarkeit so oder so egal wäre, was der B insoweit begeht.

Sodann wäre *der B*, der ja *kein* TB-Merkmal des Totschlags selbst begeht, nach §§ 212, 25 II StGB in *Mittäterschaft nach Variante 2* zu prüfen.

Objektiv wäre neben der Feststellung, dass B kein Merkmal des § 212 StGB selbst verwirklicht, ein *wesentlicher Beitrag zum Gesamtgeschehen* „Einbruch" nötig. Im Blick auf das ganz anders als üblich liegende Gepräge durch den Todesschuss ist schon das fraglich, kann aber wegen Bs Bedeutung für den Diebstahl auch noch *bejaht* werden. *Subjektiv* müsste B dann aber *Vorsatz auf den § 212 StGB durch A* haben. Da dieser *fehlt*, ist B nicht nach §§ 212, 25 II StGB strafbar.

§§ 212, *26* bzw. 212, *27* StGB (Anstiftung und Beihilfe) *durch B* würden wiederum *jedenfalls am Vorsatz* scheitern. In – *ausnahmsweiser* – Abweichung von der Regel, *immer alles* der Reihenfolge nach zu prüfen und nicht gleich auf nicht vorliegende TB-Merkmale zu springen, kann dies hier *in einem Satz festgestellt* werden („Am fehlenden Vorsatz auf die Tat des A scheitert auch eine etwaige Anstiftung und Beihilfe").

7. Fahrlässiges Delikt

a. Einführung und Prüfungsschema

Von großer Bedeutung für Klausur und Praxis sind die Fahrlässigkeitsdelikte. Deren Prüfungsschema enthält vieles, was vom Vorsatzdelikt bekannt ist, aber auch Neues und nennenswerte Abweichungen.

Um die *Tatbestandsmerkmale* des fahrlässigen Delikts zu erarbeiten, nun die beiden wichtigsten (wenn auch nicht einzigen!) Fahrlässigkeits*straftatbestände*:

Fahrlässige Tötung, § 222 StGB

„Wer durch Fahrlässigkeit den Tod eines Menschen verursacht, wird (...) bestraft".

Fahrlässige Körperverletzung, § 229 StGB

„Wer durch Fahrlässigkeit die Körperverletzung eines anderen Menschen verursacht, wird (...) bestraft".

Die *Tatbestandsmerkmale* nach dem *Normtext* sind jedenfalls:

§§ 222, 229 StGB: Wer <u>durch Fahrlässigkeit</u> den <u>Tod/die Körperverletzung</u> eines Menschen <u>verursacht</u>, wird (...) bestraft.

Schon nach dem Normtext wird das Prüfungsschema mithin jedenfalls die folgenden Elemente enthalten: *Handlung, Erfolg, Kausalität, Fahrlässigkeit.*

Wo aber Kausalität ist, da ist auch *objektive Zurechnung* (denn diese diente ja gerade dazu, Fälle aus dem objektiven Tatbestand auf einer Wertungsebene auszuscheiden, die die TB-Merkmale erfüllen und auch kausal sind, aber bei denen der Erfolg dem Täter ausnahmsweise wertend nicht zugerechnet werden soll).

Die Elemente des Prüfungsschemas sind also jedenfalls: Handlung, Erfolg, Kausalität *und* objektive Zurechnung.

Zu verstehen sind all diese *im Prinzip wie beim Vorsatzdelikt.* Nur die *objektive Zurechnung*, die beim Vorsatzdelikt ja ein Randdasein fristete, wird hier – bei im Prinzip gleichem Verständnis wie beim Vorsatzdelikt – erheblich *erweitert* und stellt einen häufigen Prüfungsschwerpunkt dar, dazu später noch (einiges) mehr.

Neu ist bisher nur der Begriff der *Fahrlässigkeit.* Was also bedeutet „Fahrlässigkeit"?

Dazu gibt es eine Definition in § 276 II BGB. Diese **(Legal-)Definition „Fahrlässigkeit"** lautet: Fahrlässig handelt, wer die im Verkehr erforderliche Sorgfalt außer Acht lässt.

Verwendung erhält diese Definition auch im Strafrecht.

Um zum Prüfungsschema zu kommen, bedarf es nun noch einer weiteren Vorüberlegung:

Was ist jeweils der *Strafgrund* bei Vorsatz und Fahrlässigkeit, d. h. anders gefragt: Was wirft man dem Täter vor?

- Beim Vorsatzdelikt ist der Vorwurf die *bewusste* und gewollte TB-Verwirklichung.
- Beim Fahrlässigkeitsdelikt ist der Vorwurf hingegen nur die TB-Verwirklichung *„aus Versehen"*.

Deshalb gibt es beim Fahrlässigkeitsdelikt *keinen subjektiven* Tatbestand! Im subjektiven Tatbestand prüfen Sie ja, ob der Vorwurf der bewussten Tatbestandsverwirklichung, den Sie gegen den Vorsatztäter erheben, zutrifft oder nicht. Bewusste Tatbestandsbegehung werfen Sie dem Täter des Fahrlässigkeitsdelikts aber gar nicht vor. Daher gibt es diesen Prüfungspunkt nicht. Der subjektive Fahrlässigkeitsvorwurf wird auf eine spezifische, später näher erläuterte Art in der Schuld geprüft.

Damit entsteht folgendes Prüfungsschema fahrlässiges Delikt:

Tatbestandsmäßigkeit:

- **Handlung/ggf. Unterlassung**
- **Erfolg**
- **Kausalität**
- **Objektive Fahrlässigkeit: objektive Sorgfaltspflichtverletzung**
- **Objektive Zurechnung, v. a. Vorhersehbarkeit**

Rechtswidrigkeit

Schuld

- **(Schuldfähigkeit)**
- **Subjektive Fahrlässigkeit:**
  - **subjektive Sorgfaltspflichtverletzung**
  - **subjektive Vorhersehbarkeit**
- **(Entschuldigungsgründe)**

An Allgemeinem ist ferner noch Folgendes zu wissen:

Eine Strafbarkeit der Fahrlässigkeit besteht gem. § 15 StGB *nur*, wenn diese *ausdrücklich im jeweiligen Straftatbestand normiert ist.* Während also die vorsätzliche Herbeiführung eines Straftatbestandes immer zu einer Strafbarkeit führt, muss ausdrücklich angeordnet sein, wenn auch die fahrlässige Verwirklichung eines Straftatbestandes strafbar ist. Dies ist bei den meisten Straftatbeständen *nicht* der Fall! Es gibt z. B. keine strafbare fahrlässige Sachbeschädigung oder einen fahrlässigen Diebstahl.

Wichtige Fahrlässigkeitsdelikte sind aber:

- § 222 (fahrlässige Körperverletzung),
- § 229 (fahrlässige Tötung),
- § 306d (fahrlässige Brandstiftung),
- § 315c III (fahrlässige Straßenverkehrsgefährdung),
- § 316 II StGB (fahrlässige Trunkenheit im Verkehr).

Beachte ferner: *versuchte* Fahrlässigkeit gibt es *nicht*. Ist also der Erfolg nicht eingetreten und hatte der Täter keinen Vorsatz, ihn herbeizuführen, kommt eine Strafbarkeit nicht in Betracht.

b. Zu den Tatbestandsvoraussetzungen

Zu Klärung der Voraussetzungen im Einzelnen nun folgender Fall:

Fall 1

Der B ist mit seinem Lkw mit Anhänger auf einer innerstädtischen Straße ohne Radweg unterwegs und fährt schon länger genervt hinter dem Radfahrer R her, den er wegen Gegenverkehrs bisher nicht überholt hat. Er will nun trotz des Gegenverkehrs überholen, wobei er erkennt, keinen größeren Abstand zu dem Radfahrer als einen Meter herstellen zu können. Er glaubt aber, dass werde für ein Überholen reichen. Mit diesem Abstand setzt er dann auch zum Überholen an. Durch einen Windstoß schert der Anhänger indes plötzlich etwa einen Meter aus und touchiert den R, der deswegen schlingert, gegen den Lkw kommt und stürzt, wobei er sich ein Bein bricht. Strafbarkeit des B?

Strafbarkeit nach *§ 223* StGB (warum dies hier zuerst anzuprüfen ist, dazu später mehr)?

***Objektiver* Tatbestand:**

Mit dem Beinbruch liegt eine Gesundheitsschädigung vor.

Ohne Überholen hätte es keine Verletzung gegeben. Auch die Kausalität besteht.

Objektive *Zurechnung*:

Das Überholen mit zu geringem Abstand stellte eine Gefahrschaffung dar.

Der eingetretene Erfolg war zwar nicht das, was immer passiert, wenn mit zu wenig Abstand überholt wird. Völlig überraschend ist es aber auch nicht, dass Wind einen Anhänger beim Überholen weit ausscheren lässt. Es lag mithin kein atypischer Verlauf vor. Eine Gefahrrealisierung ist daher gegeben.

***Subjektiver* Tatbestand:**

In Betracht käme *alleine bedingter* Vorsatz.

B erkennt hier zwar durchaus, den R mit zu geringem Abstand zu überholen und weiß auch, dass dies allgemein Risiken birgt. Er ist aber sicher, ohne Zusammenstoß an dem R vorbei zu kommen. B nimmt den Erfolg also nicht billigend in Kauf, sondern vertraut ernsthaft darauf, dass dieser nicht eintritt.

B handelte nicht bedingt vorsätzlich (sondern nur bewusst fahrlässig).

B ist nicht nach § 223 StGB strafbar.

Zur Erinnerung:

Definition bedingter Vorsatz: Der Täter erkennt die Gefahr des Erfolgseintritt und nimmt diesen billigend in Kauf.

Definition bewusste Fahrlässigkeit: Der Täter erkennt zwar die Gefahr des Erfolgseintritts, vertraut aber ernsthaft darauf, dass der Erfolg nicht eintreten wird.

> **Beachte:**
>
> Auch *un*bewusste Fahrlässigkeit ist möglich!

Eine *unbewusste* Fahrlässigkeit liegt vor, wenn der Täter die Gefahr der Tatbestandsverwirklichung gar nicht erkennt. Ein Beispiel wäre die Verletzung eines Radfahrers beim Rechtsabbiegen, wenn der Autofahrer den Radfahrer nicht einmal wahrgenommen hat.

In der Praxis ist die unbewusste Fahrlässigkeit recht bedeutsam.

Für die Frage *„strafbar: ja oder nein?"* ist sie indes *nicht* relevant. Bewusste wie unbewusste Fahrlässigkeit erfüllen bei Vorliegen der sonstigen Voraussetzungen den Tatbestand.

Für Sie hat diese Unterscheidung gleichwohl in einem Punkt eine gewisse Relevanz, nämlich beim *Klausuraufbau*:

Liegt eine *bewusste* Fahrlässigkeit vor, erkennt also der Täter die Gefahr des Erfolgseintritts, ist *immer zuerst die vorsätzliche* Begehung zu prüfen, weil ein bedingter Vorsatz dann, wenn der Täter das Risiko erkennt, nie völlig aus der Welt ist, sondern – was zum Prüfen ja ausreicht – zumindest denkbar ist. Da das etwaige Vorliegen von bedingtem Vorsatz nur im Schema für das vorsätzliche Delikt mit dem subj. Tatbestand überhaupt einen möglichen Prüfungsort hat, während dieser Prüfungsort, also der subj. Tatbestand, beim Schema für Fahrlässigkeit schlicht nicht existiert, muss mit dem Vorsatzdelikt begonnen werden. Liegt hingegen *nur eine unbewusste* Fahrlässigkeit vor, erkennt der Täter also nicht einmal die Gefahr der Tatbestandsverwirklichung, kommt Vorsatz nicht in Betracht und es kann *sogleich* mit der Prüfung der Fahrlässigkeit begonnen werden.

Zurück zum Fall: Zu prüfen ist nun eine Strafbarkeit nach **§ 229 StGB.**

Erster Punkt ist die **Tatbestandsmäßigkeit** (dies ist sozusagen der *objektive* Tatbestand, weil es hier um das sichtbare Täterverhalten geht):

Mit dem zu dichten Überholen liegt eine **Handlung** vor.

Mit dem Beinbruch bei R gibt es auch einen **Erfolg**.

Zu prüfen ist sodann die **– objektive – Fahrlässigkeit**, also die Außerachtlassung der erforderlichen Sorgfalt:

Hier liegt ein Verstoß gegen § 5 IV StVO in der Auslegung des BGH vor (die Norm selber nennt nur einen „angemessenen Abstand"; dass dieser gerade 1,5 Meter betragen soll, hat sich der BGH „ausgedacht"). Damit ist Fahrlässigkeit objektiv gegeben.

Beim Merkmal „Fahrlässigkeit" ist im Rahmen der Tatbestandsmäßigkeit also zu prüfen, ob der Täter sich *objektiv an die maßgeblichen Sorgfaltsregeln gehalten* hat.

Dafür muss zuerst geklärt werden, *was* die maßgeblichen Sorgfaltsregeln für die jeweilige Situation sind.

Der Sorgfalts-Maßstab findet sich dabei *in der Regel* in irgendeiner *Rechtsvorschrift*, etwa der StVO, der Bauordnung, aber etwa auch in technischen DIN-Normen.

Fehlt eine solche rechtliche Fixierung der Sorgfaltsmaßstäbe (was sehr selten ist), so gelten die für die jeweilige soziale Situation maßgeblichen *ungeschriebenen Regeln.*

Wichtigste *Beispiele* für ungeschriebene Sorgfaltsregeln sind: „ärztliche Kunst", „Jagdregeln".

In der *Klausur* können Sie die jeweilige Norm hinschreiben, wenn Sie sie wissen. Falls nein, reicht aber auch, nach „gesundem Menschenverstand" zu klären, wie der Täter sich hätte verhalten müssen. Man liegt damit in der Regel richtig.

Zurück zum Fall:

Zu prüfen ist nun die **objektive Zurechnung**.

Die hier zuerst zu prüfende **Gefahrschaffung** bekommen Sie nun sozusagen „umsonst": mit Bejahen der (objektiven) „Fahrlässigkeit" ist diese nämlich *immer mit-bejaht*. Denn wer die erforderliche Sorgfalt nicht einhält, der schafft eben zugleich eine rechtlich missbilligte Gefahr. Dies darf so im Urteilsstil festgestellt werden.

Nächster Punkt ist die **Gefahrrealisierung.**

Dieser Prüfungspunkt ist nun *beim Fahrlässigkeitsdelikt zentral*! Es gibt insgesamt *vier Fallgruppen*, in denen sich *nicht* die vom Täter geschaffene Gefahr im Erfolg realisiert hat und daher die objektive Zurechnung und damit die Strafbarkeit zu verneinen ist.

Die *erste* davon ist vom Begriff her neu: Sie heißt *„objektive Vorhersehbarkeit". In der Sache ist sie aber bekannt.* Sie entspricht der Frage, ob *ein atypischer* Verlauf vorliegt, die beim Vorsatzdelikt als einziger Punkt bei der Gefahrrealisierung zu prüfen ist. Nur die Terminologie ist anders.

> Die **Definition objektive Vorhersehbarkeit** lautet: Vorhersehbar ist ein Erfolg dann, wenn nach allgemeiner Lebenserfahrung sein Eintritt eine vielleicht nicht regelmäßige, aber auch nicht ganz ungewöhnliche Folge der Handlung ist.[88]

Im Fall ist dies zu *bejahen*. Das Geschehen ist nicht alltäglich, aber auch nicht völlig exotisch.

B handelte also tatbestandsmäßig.

Die weiteren drei Fallgruppen, in denen die Gefahrrealisierung ein Problem sein kann sowie Prüfungshinweise dazu folgen in den weiteren Fällen zur Fahrlässigkeit.

B handelte – wieder im Fall – auch **rechtswidrig**.

Hier gibt es grundsätzlich *dieselben* Rechtfertigungsgründe wie beim Vorsatzdelikt; ihre praktische Bedeutung ist aber recht *gering*.

Der nächste Punkt im Fall ist die Prüfung der **Schuld.**

Schuldunfähigkeit und **Entschuldigungsgründe** sind hier wie beim Vorsatz-Delikt nur zu prüfen, wenn der Fall Anlass dazu bietet.

---

88 Vgl. BGHSt 49, 166, 174.

Immer zu prüfen ist aber die **subjektive Fahrlässigkeit!** In der Sache geht es dabei um die folgenden zwei Fragen:

- Konnte der Täter die objektive Sorgfalt einhalten? (= **subjektive Sorgfaltspflichtverletzung**)
- Konnte der Täter den Erfolgseintritt vorhersehen? (= **subjektive Vorhersehbarkeit**)

Im Zweifel wird die Antwort auf beide Fragen *„Ja“* sein. Der Bürger kann im Normalfall normgemäß handeln und erkennen, was passiert, falls er dies nicht tut. Verneinen wird man diese beiden Punkte *nur ausnahmsweise*, etwa bei zu schnellem Fahren (was eine OWi darstellt), oder einem so zugewachsenen Tempolimitschild, dass der Täter die Geschwindigkeitsbegrenzung gar nicht hätte erkennen können.

Gleichwohl sind die beiden Punkte *jeweils im Gutachtenstil* zu prüfen, und zwar mit folgenden *Definitionen*:

Definition subjektive Sorgfaltspflichtverletzung:

Subjektiv sorgfaltswidrig handelt, wer aufgrund seiner individuellen Kenntnisse und Fähigkeiten in der Lage gewesen wäre, die objektive Sorgfaltspflicht einzuhalten.

Definition subjektive Vorhersehbarkeit:

Subjektiv vorhersehbar ist der Erfolg, wenn der Täter individuell in der Lage gewesen wäre, die drohende Rechtsgutverletzung zu erkennen.[89]

Im Fall wäre also so weiter zu prüfen:

Es müsste eine subjektive Sorgfaltspflichtverletzung vorliegen. B hätte hier schlicht hinter R bleiben können. B hätte daher ohne Weiteres die erforderliche Sorgfalt einhalten können.

Vorhersehen hätte er – wie jeder mit Führerschein – den Unfallverlauf auch. B handelte also auch subjektiv fahrlässig.

B ist nach § 229 StGB strafbar.

Beachte also:

Beim Fahrlässigkeitsdelikt ist die objektive Zurechnung zumindest hinsichtlich der Gefahrschaffung und hinsichtlich der objektiven Vorhersehbarkeit *immer* zu prüfen. Gleiches gilt für die *subjektive Fahrlässigkeit* im Rahmen der Schuld (auch wenn diese an sich klar vorliegt).

89 Nimtz, Strafrecht für Polizeibeamte, Band 1, 6. Auflage 2018, Rn. 204.

c. Zu den weiteren Fallgruppen bei der objektiven Zurechnung

Wie schon angeklungen, gibt es nun noch *drei weitere Fallgruppen*, in denen die Gefahrrealisierung und damit die objektive Zurechnung fehlen kann und die es *so i. d. R. nur beim fahrlässigen Delikt* gibt. Zu deren Illustration dienen die folgenden Fälle 2 bis 4.

> **Fall 2:**
>
> Wie Fall 1, aber R ist erheblich alkoholisiert und touchiert den Lkw nicht, weil dieser wegen eines Windstoßes ausschert, sondern weil R alkoholbedingt die Spur verlässt und einen Meter nach links ausschert, wobei er wohl sogar noch weiter ausgeschert wäre.

§ 223 StGB liegt im Fall objektiv wieder vor (und zwar auch bezüglich der objektiven Zurechnung, da der Verlauf nicht völlig atypisch war), scheitert aber wieder am Vorsatz.

Zu prüfen ist also *§ 229* StGB.

Tatbestandsmäßigkeit:

Handlung, Erfolg und Kausalität sind wiederum gegeben (für die *Kausalität* gilt dies, obwohl der R vielleicht auch mehr als einen Meter ausgeschert wäre, sodass es u. U. selbst dann zum Unfall hätte kommen können, wenn B den Abstand von 1,5 Metern eingehalten hätte. Denn abzustellen ist auf den Erfolg „in seiner konkreten Gestalt". Die konkrete Gestalt ist hier das Zusammentreffen bei einem Ausscheren von einem Meter und zu diesem wäre es eben ohne Bs zu geringem Abstand nicht gekommen).

Die *objektive Fahrlässigkeit* ist auch hier mit dem zu geringen Abstand gegeben. Daran ändert sich durch den Fehler des R nichts.

Nächster Punkt ist dann die *objektive Zurechnung*:

Eine Gefahr*schaffung* ist durch zu wenig Abstand gegeben; auch das bleibt in der Abwandlung gleich.

Wie steht es um die Gefahr*realisierung*:

Fehler anderer Verkehrsteilnehmer einschließlich schwerer Regelverstöße wie hier erheblicher Alkoholisierung sind zwar nicht die Regel, aber eben im Rahmen des Möglichen. Der Verlauf ist daher auch hier nicht atypisch und die *objektive Vorhersehbarkeit* ist *gegeben*.

Bis hierhin käme man also zu einer Strafbarkeit des B.

Aber: Anders als im Fall 1 ist die *maßgebliche* Unfallursache hier nicht das Verhalten des B, sondern das Verhalten *des R*. Es war *Rs Ausscheren*, das den Unfall letztlich verursacht hat. Somit bestand die konkrete Möglichkeit, dass es *auch dann* zu dem Unfall gekommen wäre, wenn der B sich *pflichtgemäß* verhalten hätte.

B hat mit seinem Fehler nur das *Risiko* eines Unfalls *erhöht* (wobei es eben auch ohne diese Risikoerhöhung zu dem Unfall hätte kommen können, weil R vielleicht sogar noch weiter ausgeschert wäre).

Der BGH ist hier täterfreundlich: Eine solche bloße Gefahr*erhöhung* reicht für eine objektive Zurechnung und damit eine Strafbarkeit *nicht*. Für eine solche muss der Grund des Erfolgs vielmehr sicher die Pflichtwidrigkeit des Täters sein.

Das Wort, mit dem dies ausgedrückt werden soll, heißt *Pflichtwidrigkeitszusammenhang*. Damit sich die vom Täter geschaffene Gefahr im Erfolg realisiert hat, muss also ein solcher Pflichtwidrigkeitszusammenhang bestehen.[90] Natürlich gibt es für diesen auch eine Definition:

Definition Pflichtwidrigkeitszusammenhang:

Der Erfolg muss seinen Grund gerade in der Pflichtverletzung haben.[91]

Der Prüfungs*ort* dieses Pflichtwidrigkeitszusammenhangs ist wie schon gesagt dabei die Gefahrrealisierung (die ihrerseits Teil der objektiven Zurechnung ist). Er ist einer der vier dort möglichen Fallgruppen.

Im Fall wäre die Folge:

Es besteht *kein* Pflichtwidrigkeits*zusammenhang*.

Es gibt also *keine* objektive Zurechnung.

Es besteht damit *keine* Strafbarkeit nach § 229 StGB.

Als *Kontrollüberlegung*, ob der Pflichtwidrigkeitszusammenhang besteht oder fehlt, kann gefragt werden, ob es zum Erfolg (wenn auch in leicht anderer Form) auch gekommen wäre, wenn der Täter sich pflichtgemäß verhalten hätte. Wäre der Erfolg auch bei *pflichtgemäßem Alternativverhalten* des Täters zumindest der Art nach auch eingetreten, hat der Erfolgseintritt seinen Grund letztlich nicht in der Pflichtverletzung des Täters und fehlt somit der Pflichtwidrigkeitszusammenhang (und damit die objektive Zurechnung und letztlich die Strafbarkeit).

90 Vgl. Joecks/Jäger, StGB, 12. Auflage 2018, § 222 Rn. 22.

91 Nimtz, Strafrecht für Polizeibeamte, Band 1, 6. Auflage 2018, Rn. 213.

Zur objektiven Zurechnung gilt beim Fahrlässigkeitsdelikt also *bis hierhin*:

Die Gefahr*realisierung entfällt* bei…

…*fehlender objektiver Vorhersehbarkeit* oder (*alternativ!*)

…*fehlendem Pflichtwidrigkeitszusammenhang.*

Zwei weitere Fallgruppen folgen.

Fall 3:

B fährt auf einer Autobahn 160 km/h, obwohl nur 130 km/h erlaubt waren. Nach zehn Minuten fährt er von der Autobahn runter. Bei der Beachtung der Geschwindigkeitsbegrenzung wäre er eine Minute später von der Autobahn runter gewesen. Nach weiteren zehn Minuten Fahrt stößt der B mit einem Fußgänger zusammen, der für B nicht erkennbar ohne Beachtung des Verkehrs zwischen zwei parkenden Autos auf die Straße tritt. Der Fußgänger F stürzt und verletzt sich tödlich. B fuhr dabei die auf dieser Strecke erlaubten 50 km/h. Wäre B eine Minute später vorbeigekommen, wäre F schon auf der anderen Straßenseite gewesen. Strafbarkeit des B?

Zu prüfen ist *§ 222* StGB (dieser kann hier sofort geprüft werden, da B das Risiko des Anfahrens nicht einmal erkannt hat):

Tatbestandsmäßigkeit:

Mögliche *Handlungen* des B in Form des Anfahrens und der Geschwindigkeitsüberschreitung auf der BAB liegen vor; Gleiches gilt für den *Erfolg* durch den Tod des F.

Beachte: Als *Tathandlung* kommt hier *nicht nur* das Anfahren des F in Betracht, sondern *auch* die zuvor erfolgte Geschwindigkeitsüberschreitung auf der BAB. Warum dies geht, dazu sogleich.

Zu prüfen ist als nächstes die *Kausalität* für *beide* Handlungen des B (Anfahren, Geschwindigkeitsüberschreitung auf der BAB).

Beim Anfahren ist die Kausalität klar. Sie besteht aber *auch* für die Geschwindigkeitsüberschreitung auf der BAB: Hätte B auf der BAB das Tempolimit nicht missachtet, wäre er später am Unfallort gewesen, sodass der F schon über die Straße gewesen wäre und B den F nicht angefahren und getötet hätte (wie schon gesagt: *Beide* Handlungen können *Anknüpfungspunkt* einer Fahrlässigkeitsstraftat sein).

Es kann nämlich *grundsätzlich jede* (pflichtwidrige) Handlung Tathandlung einer fahrlässigen Tötung oder Körperverletzung sein, auch zeitlich „weit entfernte“, wenn sie denn nur kausal sind! Einer so möglichen maßlosen Ausweitung der Strafbarkeit wird auf der Ebene der obj. Zurechnung begegnet; dazu sogleich.

Ein prominentes *Beispiel*: Der Vater des Amokschützen von Winnenden. Dessen Sohn hatte mit legal besessenen Waffen des Vaters ein Schulmassaker verübt. Möglich war dies, weil der Vater die Waffen zu Hause nicht wie vorgeschrieben in einem Stahlschrank weggeschlossen, sondern im ganzen Haus offen herumliegen hatte. Da der Vater auch um psychische Probleme seines Sohnes wusste (wenn auch nicht um dessen Tötungspläne), war er der fahrlässigen Tötung der von seinem Sohn vorsätzlich erschossenen Mitschüler schuldig.[92]

Zurück zum Fall:

Besteht eine objektive *Sorgfaltspflichtverletzung*?

Zu prüfen ist dies zunächst für das *Anfahren*. B fuhr nicht zu schnell, konnte F nicht sehen und bremste auch sofort. Fehlerhaft gehandelt hat im Moment des Anfahrens nur der F. Insoweit *fehlt* es also an einer objektiven Sorgfaltspflichtverletzung.

Wie aber ist es mit der Geschwindigkeits*überschreitung* auf der BAB? Hierin liegt ohne Weiteres ein Verstoß gegen die StVO. Insoweit liegt die Sorgfaltspflichtverletzung mithin vor.

Weitergeprüft werden kann nun *nur noch* eine fahrlässige Tötung durch die Geschwindigkeitsüberschreitung auf der BAB.

Nächster Punkt ist die **objektive Zurechnung**:

Die Gefahr*schaffung* liegt mit der obj. Fahrlässigkeit (immer) vor.

Wie aber steht es um die Gefahr*realisierung*?

Objektiv vorhersehbar wäre das Geschehen wohl.

Die Geschwindigkeitsbegrenzung auf der BAB dient aber *nur* der Sicherheit auf dem entsprechenden Autobahnabschnitt. Sie dient nicht dazu, zu erreichen, dass ein Autofahrer später an irgendeinem entfernten anderen Straßenpunkt ankommt.

Zwischen der verletzten Regel und dem eingetretenen Schaden fehlt daher der sogenannte *Schutzzweckzusammenhang*.

Auch dann soll die Gefahrrealisierung und damit die obj. Zurechnung *fehlen*.[93] Auch hier gibt es eine Definition:

Definition Schutzzweckzusammenhang:

Die verletzte Norm muss gerade den Zweck haben, den eingetretenen Erfolg zu verhindern.[94]

92 Vgl. LG Stuttgart, FD-StrafR 2013, 342577.

93 Vgl. Joecks/Jäger, StGB, 12. Auflage 2018, § 222 Rn. 24.

94 Vgl. Nimtz, Strafrecht für Polizeibeamte, Band 1, 6. Auflage 2018, Rn. 204.

Im Fall gilt also:

Es fehlt der Schutzzweckzusammenhang.

Es fehlt daher die obj. Zurechnung.

Ein § 229 StGB liegt nicht vor.

Fall 4:

Der Dauerkonsument B kommt zum gemeinsamen Heroinkonsum in eine Runde, in der auch der O sitzt. O ist wie B Dauerkonsument. B, der das Heroin mitbringt, teilt dies an alle aus, auch an den O. B ist sich sicher, es so portioniert zu haben, dass alle nur eine „tolle Zeit" haben werden. Tatsächlich war die Dosis indes ziemlich hoch, weswegen der O nach der Einnahme verstirbt. Strafbarkeit des B?

Strafbarkeit des B nach *§ 212* StGB (was hier zu prüfen ist, weil B das Risiko erkennt)?

Objektiver Tatbestand:

Handlung, Erfolg und Kausalität sind gegeben.

Objektive *Zurechnung:*

Eine Gefahrschaffung liegt mit dem nach dem BtMG illegalen Verteilen des Heroins vor.

Es kann dabei immer passieren, dass jemand bei der Vergabe harter Drogen stirbt, auch wenn dies nicht jedes Mal vorkommt. Es liegt mithin auch kein atypischer Verlauf vor. Die Gefahrrealisierung (soweit dies beim Vorsatzdelikt zu prüfen ist) besteht also.

Beachte:

Beim *Vorsatz*delikt diskutiert der BGH (zumindest in der Regel) *nur* die Fallgruppe des „atypischen Verlaufs" als Konstellation, in der die Gefahrrealisierung ggf. fehlt. Die *anderen Fallgruppen* gehören (in der Regel) zum *Fahrlässig*keitsdelikt.[95]

Im Fall wäre sodann der *subjektive* Tatbestand zu prüfen, also der Vorsatz.

B vertraute ernsthaft auf seine Portionierung und damit auf den Nichteintritt des Erfolgs. Er handelte daher *nicht mal bedingt vorsätzlich*, sondern nur bewusst fahrlässig.

B ist *nicht* nach § 212 StGB strafbar.

95 Vgl. Joecks/Jäger, StGB, 12. Auflage 2018, § 222 Rn. 9.

Strafbarkeit des B nach *§ 222* StGB?

Tatbestandsmäßigkeit:

Handlung, Erfolg und Kausalität sind gegeben.

Die Vergabe des Heroins ist ein Verstoß gegen das BtMG und damit eine Außerachtlassung der erforderlichen Sorgfalt und mithin *objektiv fahrlässig*.

Objektive *Zurechnung:*

Eine Gefahr*schaffung* liegt mit der Vergabe vor.

Wie steht es um die Gefahr*realisierung*?

Da der Verlauf nicht atypisch war, liegt die *objektive Vorhersehbarkeit* vor.

B hat hier das Risiko auch nicht nur erhöht, sondern selbst geschaffen. Auch der *Pflichtwidrigkeitszusammenhang* ist daher zu bejahen.

Derartige Folgen zu verhindern, ist gerade der Sinn der Verbotsregeln des BtMG. Es besteht also auch ein *Schutzzweckzusammenhang*.

Aber:

O ging das Risiko selber *bewusst* ein.

Es lag damit eine sogenannte *eigenverantwortliche Selbstgefährdung* des O vor.

Auch dann, wenn das Opfer das Risiko erkennt und sich sehenden Auges in die Gefahr begibt, soll (als *vierte* und letzte Fallgruppe) keine Gefahrrealisierung und damit keine objektive Zurechnung vorliegen.[96]

B ist daher im Fall *nicht* nach § 222 StGB strafbar (strafbar ist er natürlich trotzdem nach dem BtMG wegen der Abgabe des Heroins, was aber kein Studienstoff in den Strafrechtsmodulen ist).

Beachte aber:

Voraussetzung für eine *eigenverantwortliche Selbstgefährdung des Opfers* (und damit eine *Straflosigkeit des Täters* zumindest wegen fahrlässiger Körperverletzung oder Tötung) ist ein *gleiches Risikowissen* von Täter und Opfer! Hat der Täter ein *überlegenes* Risikowissen, ist ihm der Erfolg *auch dann* objektiv zurechenbar, wenn das Opfer das Risiko freiwillig eingegangen ist.

Ein *Beispiel für gleiches* Risikowissen: zwei erfahrene BtM-Konsumenten.

Ein *Beispiel für überlegenes* Risikowissen: Der Täter ist erfahrener Konsument, das Opfer ein „Neuling“.

---

96 Vgl. Joecks/Jäger, StGB, 12. Auflage 2018, § 222 Rn. 12 ff.

Zusammenfassend lässt sich zur objektiven Zurechnung beim Fahrlässigkeitsdelikt also sagen:

Die Gefahr*realisierung* (und damit die objektive Zurechnung) *fehlt* bei folgenden *Fallgruppen:*

(1) Keine objektive Vorhersehbarkeit (= atypischer Verlauf)

(2) Kein Pflichtwidrigkeitszusammenhang

(3) Kein Schutzzweckzusammenhang

(4) Eigenverantwortliche Selbstgefährdung des Opfers

Die objektive Vorhersehbarkeit (1) ist *immer* anzusprechen.

Für die Fallgruppen (2) bis (4) gilt: Ansprechen, wenn im Sachverhalt möglich.

Praxisbox:

Der Umgang der justiziellen *Praxis* mit Fahrlässigkeitsdelikten im Straßenverkehr (und da kommen sie am häufigsten vor) ist *sehr unterschiedlich, abhängig* vom Ausmaß des Erfolgs und dem „Zustand" des Täters.

Bei fahrlässiger *Tötung* (oder bei sehr schweren Verletzungen) wird mit *viel Aufwand* ermittelt, wobei dazu auch immer ein *Unfallrekonstruktionsgutachten* gehört. In solchen Fällen haben Sie als aufnehmender (Schutz-)Polizist also sofort die Staatsanwaltschaft zu kontaktieren und das Gutachten in Absprache mit dem Staatsanwalt in die Wege zu leiten. Kontaktieren können Sie die Staatsanwaltschaft übrigens deutschlandweit bei Eilsachen zu jeder Tages- und Nachtzeit, denn die Staatsanwaltschaften in Deutschland haben i. d. R. einen *24-Stunden-Eildienst*.

Ermittlungs*aufwand* treiben Sie ferner auch immer, wenn der Fahrer *berauscht* war – und dies schon deswegen, weil dann ja immer (auch) *Verkehrsdelikte* in Betracht kommen, nämlich bei berauschter Fahrt ohne Schäden § 316 StGB und bei berauschter Verursachung von Verletzungen oder dem Tod eines anderen neben den §§ 222, 229 StGB auch Taten nach §§ 315b ff. StGB. Hier ist vor allem daran zu denken, eine *Blutprobenentnahme* zu veranlassen (was Sie bei Verdacht auf Rauschfahrt nach § 81a II Satz 2 StPO auch ohne richterliche Gestattung dürfen)!

Ganz anders verfährt die Justiz aber mit Fällen *nur leichter* fahrlässiger Körperverletzung, verursacht durch *schlichte Fahrfehler* ohne Alkoholisierung. Hier stellen die Staatsanwaltschaften das Strafverfahren meist mangels öffentlichen Interesses an der Strafverfolgung ein und geben die Sache an die Bußgeldbehörde ab. Insoweit reicht es hier, wenn Sie die Anzeige aufnehmen und alle Beweise sichern, die sich später nicht mehr sichern lassen (etwa durch Bilder von der Unfallstelle) – und dann das Verfahren an die StA abgeben. Ob weiter ermittelt werden soll, kann dann dort entschieden werden.

8. Erfolgsqualifikation

a. Zum Charakter der erfolgsqualifizierten Delikte

Erfolgsqualifizierte Delikte sind eine eigene Deliktsgruppe, die sich als einer Art *Mischung von Vorsatz- und Fahrlässig*keitsdelikt darstellen. Wozu man sie braucht und wie sie aussehen, soll an folgendem Beispiel dargelegt werden:

Fall:

Der Boxer B will sich an dem O, der ebenfalls Boxer ist und der den B in einem Wettkampf besiegt hat, rächen, und zwar diesmal „ohne Regeln". Er lauert dafür dem O auf und streckt diesen mit einem Karatetritt gegen den Oberkörper zu Boden. Mehr hatte B nicht vor, sodass er danach von O ablässt. B erwartete schon, dass der O zu Boden gehen würde. Da der O aber kampferfahren und von kräftiger Statur ist, ging der B von irgendwelchen gefährlichen Folgen nicht aus. Tatsächlich aber fiel der O mit dem Kopf auf einen Stein, wodurch eine Hirnverletzung entstand, an der der O verstirbt. Strafbarkeit des B (§§ 211, 224 StGB sind nicht zu prüfen)?

Zu denken wäre hier zunächst an die Prüfung eines *Totschlags nach § 212 StGB.*

Objektiver Tatbestand:

Handlung, Erfolg und Kausalität liegen vor.

Vollkommen ungewöhnlich ist es ferner nicht, dass jemand sich bei einem Sturz so schwer am Kopf verletzt, dass er stirbt. Auch wenn dies gleichwohl gewiss nicht die Regel ist, so ist es eben auch nicht atypisch. Auch die objektive Zurechnung liegt daher vor.

Subjektiver Tatbestand:

B müsste (jedenfalls bedingten) Vorsatz auf den Tod des O gehabt haben. B hat indes nicht einmal mit schweren Verletzungen gerechnet, geschweige denn mit dem Tod des kampferfahrenen O. Es liegt mithin kein Vorsatz vor, nicht einmal bedingter Vorsatz.

B ist somit nicht nach § 212 StGB strafbar.

Der *objektiv* ohne Weiteres *gegebene* Totschlag scheitert hier also daran, dass der B auf den Todeserfolg *keinen Vorsatz* hatte.

Aber: Ohne jeden Vorsatz für eine Straftat zum Nachteil des O handelt der B nicht. Er hat durchaus Vorsatz, den O zu schädigen, aber „nur" an dessen

Gesundheit. *Vorsatz* hat B also „nur“, aber immerhin für eine *Körperverletzung.*

Soweit es den *Tod* angeht, *fehlt* der Vorsatz wie gesagt hingegen. Aber: Die Todes*gefahr* hätte B erkennen können. Den Tod verursacht er also *fahrlässig.*

B handelte *teils vorsätzlich* (Körperverletzung), *teils fahrlässig* (Tod).

Man könnte ihn nun einfach wegen Körperverletzung und fahrlässiger Tötung aburteilen. Beide Delikte haben aber nicht nur keinen sehr hohen Strafrahmen. Es würde bei dieser Vorgehensweise auch letztlich unberücksichtigt bleiben, dass B die fahrlässige Tötung – anders beim „Normalfall“ fahrlässiger Tötungen – eben nicht komplett aus Versehen herbeigeführt hat, sondern als Folge einer vorsätzlich begangenen und dabei erkennbar lebensgefährlichen Körperverletzung. Der *Unrechtsgehalt* ist damit *höher.* Dies soll sich nach dem Willen des Gesetzgebers eben auch im Strafrahmen niederschlagen.

Für derartige Fälle gibt es daher eine spezielle Deliktskategorie: die sogenannte **„Erfolgsqualifikation“.**

Erfolgsqualifizierte Delikte bestehen also aus einem *vorsätzlichen Grunddelikt* und (mindestens) *fahrlässig herbeigeführte Folge* (die Folge kann auch vorsätzlich herbeigeführt sein. Da sie aber meist der Tod des Opfers ist, liegt dann Tötungsvorsatz vor und damit §§ 212, 211 StGB, der der Erfolgsqualifikation als schwereres Delikt vorgeht).

Ein sehr bedeutsames Beispiel für eine solche Erfolgsqualifikation ist § 227 StGB, der lautet:

§ 227 StGB

Verursacht der Täter durch die Körperverletzung (§§ 223 bis 226a StGB) den Tod der verletzten Person, so ist die Strafe (…).

Die Norm enthält – als jeweils selbstständiger Tatbestand –:

Ein „Grunddelikt“, nämlich §§ 223 ff. StGB, und eben eine „schwere Folge“, nämlich Tod der verletzten Person.

Für das *Grunddelikt* erforderlich ist subjektiv *Vorsatz.* Für die *„schwere Folge“* genügt *Fahrlässigkeit* (dies steht in § 18 I StGB, der aber nicht zitiert werden muss).

Im *Strafrahmen* liegt diese „halb vorsätzlich“ herbeigeführte Tötung daher unter dem Totschlag (Strafrahmen fünf bis 15 Jahre), aber mit einem Strafrahmen von drei bis 15 Jahren oberhalb – und zwar deutlich oberhalb – der fahrlässigen Tötung, die nur Geldstrafe oder Freiheitsstrafe bis fünf Jahren androht.

b. Zum Prüfungsschema und den Tatbestandsvoraussetzungen

Das *Prüfungsschema* ist nun – wenn auch leicht variiert – eine *Mischung aus „alten Bekannten“*: Es ist eine Kombi aus dem wie sonst auch zu prüfenden Grunddelikt als Vorsatzdelikt und der schweren Folge als Fahrlässigkeitsdelikt, wenn auch gegenüber § 222 StGB etwas abgeändert. Es sieht dann wie folgt aus:

Prüfungsschema erfolgsqualifiziertes Delikt:

Grunddelikt:

- **Objektiver Tatbestand (mit allen TB-Merkmalen)**
- **Subjektiver Tatbestand (bzgl. des Grunddelikts)**
- **Rechtswidrigkeit (bzgl. des Grunddelikts)**
- **Schuld (bzgl. des Grunddelikts)**

Erfolgsqualifikation:

- **Eintritt der schweren Folge**
- **Tatbestandsspezifischer Gefahrenzusammenhang zwischen schwerer Folge und Grunddelikt**
- **Objektive Fahrlässigkeit bezüglich der schweren Folge:**
  - **Objektive Sorgfaltspflichtverletzung (mit Grunddelikt gegeben)**
  - **Objektive Zurechnung, v. a. objektive Vorhersehbarkeit der schweren Folge**
- **Subjektive Fahrlässigkeit:**
  - **Subjektive Sorgfaltspflichtverletzung**
  - **Subjektive Vorhersehbarkeit**

Zurück zum Fall, in dem wie folgt zu prüfen wäre:

Strafbarkeit des B nach *§ 227* StGB?

Grunddelikt (§ 223 StGB):

***Objektiver* Tatbestand:**

Eine Tathandlung und ein Erfolg der *Körperverletzung* sind mit dem Tritt und der Hirnverletzung gegeben.

Ohne den Tritt wäre es zu der Hirnverletzung nicht gekommen, dieser ist daher auch kausal (die objektive Zurechnung ist im Blick auf die verursachte Verletzung unproblematisch).

***Subjektiver* Tatbestand:**

B bräuchte Vorsatz *bezüglich* des *Grund*deliktes. B wollte den O hier gerade verletzen. B handelte insoweit also mit Absicht.

RW und Schuld bzgl. des Grunddeliktes liegen ebenfalls vor.

> **Beachte:**
>
> Die Prüfung des Grunddelikts erfolgt *ohne jede Besonderheit.* Dass es eine fahrlässig herbeigeführte schwere Folge gibt, taucht hier an keiner Stelle auf! Es kommt *erst* bei der *Erfolgsqualifikation.* Es gibt also *beim Grunddelikt* keinerlei Abweichungen zur normalen Prüfung.

Vorgriff (Näheres dazu auf der Seite bei den Körperverletzungsdelikten, §§ 223, 224, 226 StGB):

Das „Grunddelikt" der Erfolgsqualifikation kann dabei *auch eine Qualifikation* sein. Schlägt der Täter etwa mit einem Knüppel auf das Opfer ein, wodurch dieses stirbt, aber ohne eine Tötung für möglich zu halten, wäre das Grunddelikt eine gefährliche Körperverletzung nach §§ 223, 224 I Nr. 2 StGB. Auch hier gäbe es für die Prüfung *keine Besonderheiten*: man würde den § 224 StGB so wie sonst auch in den obj. und subjektiven TB des Grunddelikts des § 223 StGB „einbauen" (tatsächlich wird auch zumindest objektiv bei einem § 227 StGB die Qualifikation des § 224 I *Nr. 5* StGB stets erfüllt sein [abstrakt lebensgefährliche Behandlung]. Subjektiv ist dies aber nicht gesagt: es ist durchaus möglich, dass der Täter nicht einmal die abstrakte Eignung seiner Handlung zur Lebensgefahr erkennt. Dies hängt eben von den Umständen des jeweiligen Falles ab).

Im Fall wäre dann weiter die Erfolgsqualifikation zu prüfen – als *Teil des § 227 StGB*, aber der Sache nach wie eine *einfach angehängte und nur etwas variierte* Prüfung einer *fahrlässigen Tötung.*

Im Fall sieht die weitere Prüfung nun wie folgt aus:

Erfolgsqualifikation:

Der **Eintritt der schweren Folge** liegt vor: O ist verstorben.

> **Beachte:**
>
> Dies darf hier – wie bei § 212 StGB – *im Urteilsstil festgestellt* werden!

Das nächste Tatbestandsmerkmal ist dann der **tatbestandsspezifische Gefahrenzusammenhang**.

Der tatbestandsspezifische Gefahrenzusammenhang ist das *einzige* TB-Merkmal der Erfolgsqualifikation, dass es *nur bei dieser* gibt und das daher *für Sie neu* ist. Der Sache nach ist es so etwas *Ähnliches* wie die *objektive Zurechnung*, nur etwas „*strenger*" (also mit höheren Anforderungen).

> Die **Definition „tatbestandsspezifischer Gefahrenzusammenhang"** lautet: Es muss sich gerade die dem Grundtatbestand anhaftende spezifische Gefahr in der schweren Folge niederschlagen.[97]

Was damit *gemeint* ist, zeigt am ehesten der Vergleich mit der objektiven Zurechnung: Für die objektive Zurechnung reicht es bezüglich der objektiven Vorhersehbarkeit, wenn der Kausalverlauf nicht völlig atypisch ist. Nur was *gar nicht* zu erwarten war, ist danach nicht objektiv zurechenbar. *Hier* (beim tatbestandsspezifischen Gefahrzusammenhang) geht es darum, dass im Zweifel *nur* erfasst sein soll, was zwar nicht immer passiert, aber doch *durchaus gerade auch zu erwarten* ist. Die Frage, um die es geht, lautet also: Haftet der Tathandlung des Grunddeliktes die Gefahr der schweren Folge *gerade an*?

Der Zweck dieser gegenüber der „normalen" objektiven Zurechnung etwas erhöhten Anforderung ist in den meist hohen Strafrahmen der Erfolgsqualifikationen begründet.[98] Man will daher die Fälle, in denen aus diesen hohen Strafrahmen verurteilt werden soll, auf die wirklich gravierenderen eingrenzen. Die präzise inhaltliche Fassung des Merkmals ist indes schwierig. Daher gilt als *Faustformel*:

Einem *körperlichen Angriff* wird die Gefahr eines tödlichen Ausgangs *im Zweifel immer* anhaften. *Nur* bei *Bagatellangriffen* gegen die körperliche Unversehrtheit (leichte Backpfeife pp.) und – wenn diese als Tathandlung des Grunddelikts ausreichen, wie etwa bei Raub mit Todesfolge nach § 251 StGB – bei bloßen *Drohungen*, kann dies fraglich sein. Ist die Tathandlung also eine nicht nur ganz unerhebliche körperliche Attacke, ist der tatbestandsspezifische Gefahrenzusammenhang in der Regel zu bejahen!

Im Fall liegt eine heftige körperliche Attacke vor. Diese birgt auch eine Todesgefahr. Der tatbestandsspezifische Gefahrenzusammenhang liegt mithin vor.

Beachte für die weitere Prüfung: *Von hier an* besteht die Prüfung *nur noch* aus Elementen, die vom Fahrlässigkeitsdelikt *bekannt* – und *genauso zu verstehen* – sind.

Nächstes Merkmal im Fall ist also die **objektive Fahrlässigkeit bezüglich der schweren Folge**:

Erforderlich ist also zunächst eine **objektive Sorgfaltspflichtverletzung**. Diese ist mit dem Grunddelikt gegeben.

---

97 BGHSt 48, 34.

98 Vgl. Nimtz, Strafrecht für Polizeibeamte, Band 1, 6. Auflage 2018, Rn. 224.

Die objektive Sorgfaltspflichtverletzung (als erster Teil der „Fahrlässigkeit bezüglich der schweren Folge“) ist *mit dem Grunddelikt immer* gegeben, da es immer (auch) „sorgfaltswidrig“ ist, vorsätzlich, rechtswidrig und schuldhaft eine Straftat zu begehen – was der Täter mit dem Grunddelikt ja tut. Dies darf daher *in einem Satz im Urteilsstil* festgestellt werden.

Weiter zu prüfen ist im Fall sodann, ob die schwere Folge **objektiv zurechenbar** war.

Dieses Merkmal (als zweiter Teil der „Fahrlässigkeit bezüglich der schweren Folge“) ist wiederum *exakt so* zu verstehen wie beim Fahrlässigkeitsdelikt. Es bedarf also einer Gefahr*schaffung* (die mit dem Grunddelikt gegeben ist!) und einer Gefahr*realisierung*, die entfällt, wenn die objektive Vorhersehbarkeit, der Pflichtwidrigkeitszusammenhang oder der Schutzzweckzusammenhang fehlen oder eine eigenverantwortliche Selbstgefährdung vorliegt. Einzugehen ist auf die letzten drei Fallgruppen auch hier nur, wenn der Fall dazu Anlass bietet. Nur die objektive Vorhersehbarkeit sollte kurz angesprochen werden. Nicht vorliegen tut die objektive Vorhersehbarkeit aber auch hier *nur bei einem völlig atypischen* Verlauf, der im Zweifel nicht gegeben sein wird, wenn man schon den tatbestandsspezifischen Gefahrenzusammenhang bejaht hat.

Im Fall liegt ein völlig atypischer Verlauf nicht vor (s. o.). Das Merkmal ist also zu bejahen.

Letzter Punkt ist im Fall sodann die **subjektive Fahrlässigkeit**, und zwar *zunächst* die **subjektive Sorgfaltspflichtverletzung** und *dann* die **subjektive Vorhersehbarkeit**.

Auch die **subjektive Sorgfaltspflichtverletzung** und die **subjektive Vorhersehbarkeit** der schweren Folge sind nun *exakt so* zu verstehen und zu definieren wie beim Fahrlässigkeitsdelikt.

Im Fall hätte der B den Angriff problemlos unterlassen können und ebenso problemlos erkennen können, dass einem derart heftigen Tritt, der gerade dazu diente, den O zu Boden zu bringen, auch die Gefahr innewohnt, dass der O trotz Kampferfahrung eine tödliche Verletzung erleidet. B handelte also auch subjektiv fahrlässig.

B ist nach § 227 StGB strafbar.

Beachte:

Hat man die Erfolgsqualifikation in der Klausur *entdeckt*, ist deren Prüfung mithin oft gar nicht mehr so schwierig. Aber: man muss sie als solche entdecken. In der Klausur ist es also vor allem erst einmal zentral, Erfolgsqualifikationen *als solche zu erkennen*! Das Gute: Ob eine Norm Erfolgsqualifikation ist, ist an der *Formulierung im Gesetzestext erkennbar. Erkennungszeichen* für „Erfolgsqualifikationen" sind dabei folgende Formulierungen:

- In der Gesetzes*überschrift*: „mit Todesfolge"
- Im *Normtext*:
  - „verursacht der Täter durch…" bzw.
  - „wer durch (…) verursacht"
  - sowie gelegentlich „hat (das vorsätzlich verwirklichte Grunddelikt/die Tathandlung) zur Folge"

Die *wichtigsten* Erfolgsqualifikationen sind: §§ 226, 227, 238 III, 239 IV, 251, 306b I StGB.

Eine *besonders bedeutende* Erfolgsqualifikation in Praxis und Klausur ist – neben der Körperverletzung mit Todesfolge nach § 227 StGB – der Raub mit Todesfolge. Dazu mehr bei der Behandlung des Raubes, §§ 249, 251 StGB.

Beachte schließlich noch:

Die „schwere Folge" ist i. d. R. der Tod des Opfers, muss dies aber *nicht* sein! Bei *§ 226 I StGB* ist die „schwere Folge" eine der verursachten *schweren Gesundheitsschäden.* Näheres dazu bei § 226 StGB.

9. Unterlassungsdelikte

a. Echte Unterlassungsdelikte

aa. Allgemeines zum „echten Unterlassungsdelikt" (und zu § 323c StGB)

Straftatbestände können nicht nur durch aktives Handeln begangen werden, sondern unter gewissen Voraussetzungen auch *durch Unterlassen*. Es kann also Konstellationen geben, in denen der Täter *fürs Nichtstun bestraft* wird. Wann dies möglich ist, soll in diesem Kapitel Thema sein.

Beim Unterlassungsdelikt gibt es – terminologisch etwas unglücklich – *zwei* Arten, nämlich „*echte*" und „*unechte*" Unterlassungsdelikte. Was inhaltlich damit gemeint ist, wird im Laufe der Befassung deutlich; nur so viel schon jetzt: *auch „unechte"* Unterlassungsdelikte sind Unterlassungsdelikte, nur anders „konstruierte". Zunächst soll es aber um die *echten* Unterlassungsdelikte gehen.

Bedeutsamstes echtes Unterlassungsdelikt ist der auch allgemein bekannte Straftatbestand der *unterlassenen Hilfeleistung, § 323c* StGB. Dessen Normtext enthält die folgenden *Tatbestandsmerkmale:*

§ 323c StGB

Wer bei Unglücksfällen oder gemeiner Gefahr oder Not nicht Hilfe leistet, obwohl dies erforderlich und ihm den Umständen nach zuzumuten war, insbesondere ohne erhebliche eigene Gefahr und ohne Verletzung anderer wichtiger Pflichten möglich ist, wird (…) bestraft.

Daraus lässt sich nun – wie bei jedem anderen bisher behandelten Straftatbestand auch – ein *Prüfungsschema* basteln, dass wie folgt aussieht:

Prüfungsschema § 323c StGB:

Objektiver Tatbestand:

- **Unglücksfall pp.**
- **Nichtleisten von Hilfe**
- **Erforderlichkeit der Hilfe**
- **Möglichkeit der Hilfeleistung**
- **Zumutbarkeit der Hilfeleistung**

Subjektiver Tatbestand: Vorsatz

Rechtswidrigkeit

Schuld

Anknüpfungspunkt der Strafbarkeit ist dabei – bereits nach dem *Normtext* – das „Nicht-Helfen". „*Tathandlung*" ist also ein *Unterlassen*. Das ist auch schon die *einzige Besonderheit*. Ansonsten „funktioniert" diese Norm *wie alle* Straftatbestände, die Sie schon kennen!

Dass ein Unterlassen strafbar sein soll, folgt bei § 323c StGB dabei also *direkt aus dem Normtext* des Straftatbestands. Die Tathandlung ist mithin *explizit als Unterlassen beschrieben*. Straftatbestände, bei denen dies der Fall ist, heißen *echte* Unterlassungsdelikte.

Von diesen gibt es nicht Unmengen, aber doch ein paar.

Wichtige echte Unterlassungsdelikte sind dabei § 323c StGB, § 123 I Variante 2 StGB („Nicht-Entfernen trotz Aufforderung des Berechtigten"), § 142 II und § 138 StGB.

Echte Unterlassungsdelikte sind also „ganz normale" Straftatbestände, deren TB-Merkmale sich alle im jeweiligen Normtext finden, und deren *einzige Besonderheit* ist, dass *im jeweiligen Normtext* die „*Tathandlung*" ein (genau bezeichnetes) *Unterlassen* ist. Weitere Besonderheiten gibt es *nicht*.

Täter eines echten Unterlassungsdelikts kann grundsätzlich *jeder* sein, der in der konkreten Situation das „Unterlassen" erfüllt – also z. B. nach § 323c StGB eben jeder, der gerade vorbeikommt und (bei einem Unglücksfall trotz Möglichkeit pp.) nicht hilft.

bb. Näheres zu § 323c StGB

Zum **§ 323c StGB** als *wichtigstem echten* Unterlassungsdelikt sollen nach dieser generellen Erläuterung, was ein echtes Unterlassungsdelikt ist, nun noch die **wesentlichen Tatbestandsmerkmale** erläutert werden:

Erforderlich ist zunächst ein Unglücksfall oder eine gemeine Gefahr. Ein **Unglücksfall** meint dabei ein plötzliches Ereignis mit Gefahr für (einen oder mehrere) Menschen oder Sachen. Eine **gemeine Gefahr oder Not** ist eine Gefahr für eine Vielzahl von Menschen.[99]

Die **Möglichkeit der Handlung** meint die *physisch-reale Durchführbarkeit* einer Rettung.

Beispiele für eine *fehlende* Möglichkeit der „Rettung" wären etwa:

- Zu § 323c StGB: Ein Nichtschwimmer kann keinen Ertrinkenden retten.
- Zu § 123 I Variante 2 StGB: Ein Nicht-Entfernen bei verschlossener Tür.

99 Vgl. Joecks/Jäger, StGB, 12. Auflage 2018, § 323c Rn. 6 ff.

Ob die Vornahme der Rettungshandlung für den Täter selber riskant wäre (etwa wegen starker Strömung, die auch für geübte Schwimmer Gefahren birgt), spielt *hier noch keine* Rolle, dies gehört zur Zumutbarkeit.[100]

Erforderlich ist die (unterlassene) Hilfe, wenn das Opfer sich nicht (gleich effektiv) selbst helfen kann und auch keine Dritten Hilfe bereits organisiert haben bzw. gleich gut wie der Täter organisieren können.[101]

Die **Zumutbarkeit** ist daher also die *wertende* Feststellung einer Handlungspflicht – wobei der Maßstab das *eigene Risiko* des Retters darstellt. Ist dieses *Risiko minimal oder gar nicht vorhanden*, ist eine mögliche Rettung mithin zumutbar. Besteht hingegen ein *nennenswertes eigenes Risiko* für den Retter, wenn er eine physisch-real mögliche Rettungshandlung vornimmt, ist dies dem Täter *nicht* zumutbar.

Ein Beispiel zu *fehlender* Zumutbarkeit: Die Rettung eines Ertrinkenden bei starker Strömung mag einem geübten Schwimmer *möglich* sein. *Zumutbar* ist sie aber auch dem geübten Schwimmer *nicht*, weil sie auch für diesen zu riskant ist.[102]

§ 323c StGB hat einen *extrem niedrigen* Strafrahmen (Höchststrafe ein Jahr). In Praxis und Klausur führt dies dazu, dass er *zurücktritt*, wenn auch ein Delikt mit höherem Strafrahmen verwirklicht ist – wozu ein unechtes Unterlassungsdelikt zählen würde.

Dies hat zur Folge, dass in Klausuren § 323c StGB eher unwichtig ist – denn meist geht es in Klausuren, wenn „Unterlassen“ geprüft wird, um unechte Unterlassungsdelikte. Das *Auswendiglernen von Definitionen* für § 323c StGB ist daher *nur* angezeigt, wenn es Ihr Dozent verlangt. Ansonsten ist die Norm für so viel Lernaufwand nicht relevant genug.

b. Unechte Unterlassungsdelikte

aa. Einführung I: Tun und Unterlassen

In der Praxis, vor allem aber in der Klausur viel *bedeutsamer* als die echten Unterlassungsdelikte (bei denen wie gesehen die Tathandlung im Normtext als Unterlassen beschrieben ist) sind daher die sogenannten *unechten* Unterlassungsdelikte. Auch sie sind *Unterlassungs*delikte, bei denen die

100 Vgl. Nimtz, Strafrecht für Polizeibeamte, Band 1, 6. Auflage 2018, Rn. 230.

101 Vgl. Joecks/Jäger, StGB, 12. Auflage 2018, § 323c Rn. 17 f.

102 Vgl. Nimtz, Strafrecht für Polizeibeamte, Band 1, 6. Auflage 2018, Rn. 231.

Tathandlung in einem Nichtstun besteht, werden aber *ganz anders konstruiert* und *bestraft*. Um sie soll es im Weiteren gehen, und zwar in folgendem

Fall:

Der B geht mit seiner Ehefrau E, mit der er sich am Vorabend heftig gestritten hat, an einem See spazieren. An einer etwas steilen Stelle rutscht die E, die nicht schwimmen kann, ab und fällt ins Wasser. Sie treibt vom Ufer weg und droht, unterzugehen. B, der nur mäßig schwimmen kann, sieht einen Rettungsring an einem Zaun. Wegen des Streites wirft er diesen aber nicht nur nicht ins Wasser, sondern zerstört ihn sogar noch, um die Rettung durch Dritte zu verhindern. E ertrinkt. Dritte kommen nicht vorbei. Strafbarkeit des B?

Im Fall wäre zunächst ein vollendeter Totschlag nach *§ 212* StGB zu prüfen. Wann dies nötig ist, wenn es (auch) um Unterlassen geht, dazu später mehr.

Strafbarkeit des B nach *§ 212 StGB:*

***Objektiver* Tatbestand:**

Der Erfolg eingetreten, E ist verstorben.

Gibt es aber überhaupt eine Tat*handlung* des B?

Beachte:

Alle Straftatbestände (außer den *echten* Unterlassungsdelikten) beschreiben irgendein *aktives Tun als Tathandlung* (töten, an der Gesundheit schädigen, wegnehmen, zerstören etc.). Ihrem *Wortlaut nach* können alle Straftatbestände (außer den echten Unterlassungsdelikten) also *nicht durch Nichtstun*, sondern *nur* durch ein *aktives Handeln* verwirklicht werden!

Gibt es im Fall nun eine Tathandlung? Dafür ist zu betrachten, was der B hier eigentlich genau „macht“:

B ist *nicht gesprungen*, hat den Ring *nicht geworfen* und hat diesen sogar noch *zerstört.*

Hier gibt es drei Aspekte bezüglich Bs Verhalten, an die ein Strafvorwurf angeknüpft werden könnte. Diese *unterscheiden* sich nun in einem Punkt grundlegend:

Nichtspringen und Nichtwerfen des Rettungsrings ist jeweils ein *Unterlassen*. Der Vorwurf gegen B wäre hier, nichts bzw. nicht das Nötige getan zu haben.

Das Zerstören des Rettungsrings ist ein *aktives Tun.*

B „begeht“ also sowohl eine Handlung, als auch ein Unterlassen. Fraglich ist, wie damit umzugehen ist.

Für eine („normale") Strafbarkeit nach § 212 StGB bräuchte man ein aktives Handeln als Tathandlung. Doch es ist fraglich, ob ein Anknüpfen an Bs Handlung hier den Unrechtsgehalt des Vorwurfs gegen B richtig treffen würde.

Handelt ein Täter also *und* unterlässt *zugleich*, andere – erwartbare – Handlungen vorzunehmen, richtet sich die Frage, was zum Anknüpfungspunkt einer Strafbarkeit gemacht wird, nach dem *Schwerpunkt der Vorwerfbarkeit:*[103]

Liegt dieser bei der vorgenommenen *Handlung*, wird auf diese (und nicht die Unterlassungen) abgestellt – und die vorgenommene Handlung *ganz normal als Tathandlung* genommen.

Liegt der Schwerpunkt der Vorwerfbarkeit aber beim *Unterlassen*, wird auf dieses abgestellt – und muss die Prüfung des jeweiligen Straftatbestands *mangels Tathandlung abgebrochen* und dessen Vorliegen verneint werden (wonach der Täter dann stattdessen strafbar sein könnte, dazu sogleich).

Im Fall liegt der Schwerpunkt der Vorwerfbarkeit ganz klar bei den Unterlassungen. Denn nicht die Zerstörung des Rings ist vorliegend die eigentliche Tat, sondern das Nichtspringen bzw. Nichtwerfen des Rings. E ist hier *wegen dieser Unterlassungen* gestorben.

Da der Schwerpunkt der Vorwerfbarkeit mithin beim Unterlassen und nicht bei dem aktiven Tun liegt, *fehlt* es für § 212 StGB an einer *Tathandlung*.

§ 212 StGB *scheitert* daher bereits am objektiven Tatbestand.

Beachte:

Wäre ein hilfsbereiter Dritter vorbeigekommen, der den Ring geworfen hätte, dies aber nicht mehr konnte, weil B den Ring zerstört hat, läge die Sache anders. Dann wäre dieses (aktive) Zerstören der Schwerpunkt der Vorwerfbarkeit – und eine Tathandlung für § 212 StGB läge vor.

Klar keine Tathandlung gäbe es hingegen, wenn B den Ring gar nicht zerstört, sondern nur schlicht nicht geworfen hätte. Auf eine Prüfung des Schwerpunkts der Vorwerfbarkeit käme es dann gar nicht an. § 212 StGB würde ohne Weiteres am Fehlen der Tathandlung scheitern – weswegen er angeprüft werden könnte, aber nicht müsste.

Im Fall bedeutet dies nun also, dass § 212 StGB *durch aktives* Tun nicht verwirklicht ist.

103 Vgl. Joecks/Jäger, StGB, 12. Auflage 2018, § 13 Rn. 15.

bb. Einführung II: Wesen und Konstruktion der unechten Unterlassungsdelikte

Wie geht es nun weiter? Zwar wäre an § 323c StGB zu denken, aber dessen Strafrahmen ist mit einer Höchststrafe von einem Jahr kläglich niedrig – vor allem verglichen mit § 212 (oder gar § 211) StGB. Dem Unrechtsgehalt von Bs Handlung würde dies kaum gerecht.

Neben § 323c StGB gibt es hier daher noch eine Option: Eine Strafbarkeit des B nach §§ 212, *13* StGB wegen Totschlags *durch Unterlassen.*

Der *Schlüssel* dazu ist der genannte *§ 13* StGB.

Mit diesem lassen sich sogenannte *„unechte" Unterlassungsdelikte* konstruieren – und zwar nicht nur zusammen mit § 212 StGB, sondern grundsätzlich *mit jedem beliebigen* Straftatbestand!

Die *Konstruktion* besteht dabei darin, die *Merkmale des konkreten Straftatbestands* zu nehmen (mit Ausnahme nur der Tathandlung) und um die *Voraussetzungen des § 13* StGB zu *ergänzen.* Man erhält so den jeweiligen *Straftatbestand „durch Unterlassen*".

Das geht wie gesagt im Prinzip bei *jedem Delikt.* Es gibt also Totschlag durch Unterlassen, §§ 212, 13 StGB, Mord durch Unterlassen, §§ 211, 13 StGB, Körperverletzung durch Unterlassen, §§ 223, 13 StGB, Sachbeschädigung durch Unterlassen, §§ 303, 13 StGB, Tierquälerei durch Unterlassen, § 17 Tierschutzgesetz, § 13 StGB und so fort.

Es gilt also:

Mit Ausnahme der echten Unterlassungsdelikte sind alle Straftatbestände *Begehungsdelikte* – was heißt, dass sie grundsätzlich *nur durch eine aktive Handlung* verwirklicht werden können, nicht durch Nichtstun. *Ergänzt* um die *Voraussetzungen des § 13* StGB kann man aber aus nahezu *jedem* Begehungsdelikt ein Delikt machen, dass auch durch Unterlassen, also Nichtstun, verwirklicht werden kann. Diese Delikte „(…) durch Unterlassen" sind die *unechten Unterlassungsdelikte.*

Die *ergänzenden Voraussetzungen*, die nötig sind, um aus einem Begehungsdelikt ein unechtes Unterlassungsdelikt zu machen, sind also in § 13 StGB zu finden. Der *Normtext* (bei dem Sie über den eingeklammerten Teil hinweglesen dürfen, er hat kaum Bedeutung) enthält dabei folgende *TB-Merkmale*:

§ 13 StGB

Wer es unterlässt, einen Erfolg abzuwenden, der zum Tatbestand eines Strafgesetzes gehört, ist nach diesem Gesetz nur dann strafbar, wenn er rechtlich dafür einzustehen hat, dass der Erfolg nicht eintritt, (…)

Die dem Normtext entnehmbaren *Elemente des Prüfungsschemas* unechter Unterlassungsdelikte sind also: *Erfolg* (des konkreten Straftatbestands), *Nichtabwendung* durch Unterlassen, *rechtliches Einstehen* für die Erfolgsabwendung.

Zu ergänzen ist dies noch um das, was ungeschrieben auch beim Begehungsdelikt hinzukommt, nämlich *Kausalität und objektive Zurechnung.* So entsteht folgendes

Prüfungsschema unechtes Unterlassungsdelikt:

Objektiver Tatbestand:

- **Erfolg (des konkreten Straftatbestands)**
- **Durch Unterlassen:**
  - **Nichtvornahme der gebotenen Handlung**
  - **Möglichkeit der Vornahme**
- **Hypothetische Kausalität**
- **objektive Zurechnung**
- **Garantenstellung**

Subjektiver Tatbestand bzgl. aller Merkmale, insbesondere auch der Garantenstellung

Rechtswidrigkeit

Schuld, insbesondere Zumutbarkeit

„Garantenstellung“ ist dabei der Begriff für die Gesetzesformulierung „rechtlich dafür einzustehen hat, dass der Erfolg nicht eintritt“. Wer also dafür einzustehen hat, hat eine Garantenstellung.

Diese Garantenstellung ist dabei *entscheidendes Prüfungsmerkmal* und zugleich der *maßgebliche Strafgrund* der unechten Unterlassungsdelikte:

Echte Unterlassungsdelikte kann (wie bereits behandelt) *jeder* verwirklichen; *un*echte hingegen *nur*, wer den Erfolg abzuwenden hat. Das ist keine Pflicht, die jeden trifft, der gerade da ist!

Wer also einen Ertrinkenden nicht rettet, ohne Garant zu sein, ist nur nach § 323c StGB strafbar. Nur wer dem Ertrinkenden gegenüber eine Garantenstellung hat (wann das der Fall ist, dazu später mehr), begeht bei Nichtrettung einen Totschlag durch Unterlassen.

Der *Grund* dieser Differenzierung ist die *Rechtsfolge*:

Echte Unterlassungsdelikte haben einen *sehr geringen* Strafrahmen, § 323c StGB wie schon erwähnt nur bis maximal ein Jahr. *Unechte* Unterlassungsdelikte hingegen führen grundsätzlich zu einer Bestrafung *wie beim aktiv Handelnden*. Ein Mord durch Unterlassen führt grundsätzlich also zu lebenslänglich, ein Totschlag durch Unterlassen zu fünf bis 15 Jahren. Zwar kann das Gericht die Strafe nach §§ 13 II, 49 I StGB mildern; aber selbst gemildert bleibt die Strafe viel höher als bei § 323c StGB. Diese tätergleiche Strafe soll nach dem gesetzgeberischen Willen eben nicht jeden treffen, der nichts tut, sondern *nur den*, der eine *besondere Pflicht* hatte, einzugreifen.

cc. Zu den Merkmalen der unechten Unterlassungsdelikte

Um nun die Merkmale des unechten Unterlassungsdelikts inhaltlich zu füllen, zurück zum Fall, der weiter durchgeprüft werden soll:

Der *Obersatz* lautet nun: „Der B könnte sich eines Totschlags durch Unterlassen gem. §§ 212, 13 StGB strafbar machen, indem er seine Frau ertrinken ließ."

***Objektiver* Tatbestand:**

Der Erfolg ist eingetreten, s. o.

Dies müsste **„durch Unterlassen"** geschehen sein:

Dieses Merkmal wird, wie schon im Schema ersichtlich, auf *zwei Punkte* aufgespalten: **Nichtvornahme der gebotenen Handlung** *und* **Möglichkeit der Vornahme**.

Zu prüfen ist im Fall also zuerst die Nichtvornahme der gebotenen Handlung.

Im Fall wäre sicher das Werfen des Rettungsrings geboten gewesen; da B schwimmen konnte, ggf. auch ein Reinspringen.

Die Definition lautet:

Definition Gebotene Handlung:

Gebotene Handlung ist die Rettungshandlung, die die Abwendung des tatbestandsmäßigen Erfolges erwarten lässt.[104]

104 Nimtz, Strafrecht für Polizeibeamte, Band 1, 6. Auflage 2018, Rn. 233.

Gemeint ist, dass der Täter tun muss, was *sicher* hilft. Er erfüllt seine Pflicht also *nicht schon* damit, überhaupt irgendetwas zu tun, sondern *erst dann*, wenn er etwas tut, was auch wirklich Rettung verspricht. Könnte B also einen Rettungsring oder ein herumliegendes dünnes, kurzes Brett werfen, würde der Wurf nur des letzteren nicht die Vornahme der gebotenen Handlung sein.

Die Nichtvornahme hätte weiter *trotz* **Möglichkeit der Vornahme** erfolgen müssen. Gemeint ist auch hier wie bei § 323c StGB die *physisch-reale* Möglichkeit.[105]

Im Fall bestand diese ohne Weiteres für das Werfen des Rings. Beim eigenen Reinspringen ist dies im Blick auf Bs durchschnittliche Schwimmkünste fraglich und es kann beides, also Möglichkeit wie Unmöglichkeit der Rettungshandlung, vertreten werden.

Beachte:

Die Unzumutbarkeit wird (anders als bei § 323c StGB) beim unechten Unterlassungsdelikt erst in der *Schuld* geprüft![106]

Nächstes Merkmal ist die **hypothetische Kausalität**:

Die normale Kausalitätsdefinition kann hier nicht ohne Weiteres verwendet werden. Denn eine Handlung, die hinweggedacht werden kann, gibt es ja gerade nicht. Gerade weil der Vorwurf aber ist, eine bestimmte Handlung eben nicht vorgenommen zu haben, lässt sich die Kausalitätsdefinition sozusagen „*umdrehen*".

Im Fall etwa ergäbe sich:

Hätte B im Fall gehandelt und den Ring geworfen, wäre E gerettet worden.

Als *hypothetische* Kausalität, also als Annahme dazu, was geschehen wäre, wenn die gebotene und unterlassene Handlung vorgenommen worden wäre, liegt eine Kausalität des Unterlassens mithin vor. So wird es denn auch verstanden:

Definition hypothetische Kausalität:

Kausal ist das Unterlassen, wenn die erwartete Handlung nicht hinzugedacht werden kann, ohne dass der Erfolg entfiele.[107]

105 Vgl. Fischer, StGB, 68. Auflage 2021, § 13 Rn. 77 f.

106 Vgl. Fischer, StGB, 68. Auflage 2021, § 13 Rn. 81.

107 Vgl. BGHSt 48, 77, 93.

Ein (klassisches) Beispiel *fehlender* hypothetischer Kausalität wäre, wenn der Täter keine medizinische Hilfe holt, das Opfer aber auch mit medizinischer Hilfe verstorben wäre (hier käme dann nur noch ein versuchter Totschlag durch Unterlassen in Betracht, den es auch gibt, der aber kein Lehr- und Prüfungsstoff ist).

Der nächste Punkt im Fall ist die **objektive Zurechnung**.

Diese ist grds. wie beim Begehungsdelikt zu verstehen und zu prüfen, also aufgeteilt nach Gefahrschaffung und Gefahrrealisierung.

Es gibt *nur eine Besonderheit* bei der Gefahr*schaffung*:

Ein (erstes) Risiko ist in Unterlassungsfällen ja immer schon ohne das Zutun des Täters entstanden – sonst müsste dieser ja keine Rettungshandlung vornehmen. Im Fall wäre Es Abrutschen in den See dieses – nicht von B geschaffene – Risiko. Insoweit liegt eine Gefahrschaffung durch den Täter nicht vor, weswegen auf dieses erste Risiko bei der objektiven Zurechnung nicht abgestellt werden kann. Maßgeblich ist daher das weitere, durch den Täter hinzugefügte Risiko *durch das Nichtretten. Dieses Risiko* muss der Täter also rechtlich missbilligt schaffen, und (auch) dieses Risiko muss sich im Erfolg realisieren. Nicht der Fall ist letzteres dann aber wie beim Begehungsdelikt auch, also insbesondere bei atypischem Verlauf.

Im Fall hat sich auch das zusätzliche Risiko realisiert, dass B nichts tat, um die E zu retten. Bs Unterlassen ist also *auch objektiv zurechenbar*.

Der nächste Prüfungspunkt ist nun der Entscheidende – und immer (auch) ein *Schwerpunkt* der Prüfung unechter Unterlassungsdelikte:

Besteht eine **Garantenstellung** des B?

Wie gesagt: die Garantenstellung ist Kern der unechten Unterlassungsdelikte! Täter kann *nicht jeder* sein, sondern *nur*, wer *Garant* ist.

Unechte Unterlassungsdelikte sind daher sogenannte *Sonderdelikte* – also Delikte, bei denen *nur* Täter sein kann, wer eine besondere Rechtsstellung oder Rechtspflicht hat. Es gibt neben den unechten Unterlassungsdelikten noch andere Gruppen von Delikten, die Sonderdelikte sind, etwa alle Amtsträgerdelikte (Körperverletzung im Amt, Falschbeurkundung im Amt pp.). Wer die vom Sonderdelikt geforderte besondere Rechtsstellung nicht hat, kann zwar zu diesem anstiften oder dazu Hilfe leisten (Anstiftung, Beihilfe). Täter sein kann jemand ohne die Sonderstellung aber nicht.

Was könnte nun ein möglicher Grund für eine Garantenstellung im Fall sein? Warum könnte B eine besondere Pflicht haben, die E zu retten? Natürlich: Wegen seiner *Ehe mit E*.

Wirklich geregelt ist die Frage, wann jemand Garant im Sinne des § 13 StGB ist, im Gesetz allerdings nicht. Es findet sich nur der folgende Hinweis, der zugleich die Definition für Garant ist:

Definition Garant:

Garant ist, wer rechtlich dafür einzustehen hat, dass der Erfolg nicht eintritt.

Wann aber hat man nun rechtlich dafür einzustehen, dass der Erfolg nicht eintritt? Dies steht nicht nur nicht im Gesetz, es lässt sich aus diesem auch nicht ableiten. Festgelegt hat dies vielmehr die Rechtsprechung und die Rechtswissenschaft über *Fallgruppen* und eine gewisse Systematik – die man eben nicht herleiten kann, sondern einfach lernen muss.

Es gibt *zwei große Gruppen* von Garanten: *Beschützer*garant und *Überwachungs*garant.[108]

Beschützergarant:

Beschützergarant ist, wer für den Schutz eines bestimmten Rechtsguts vor Gefahren von außen verantwortlich ist.

Bsp.: Eltern, die ihr Kleinkind vor einem beißenden Hund retten (müssen).

Überwachungsgarant:

Überwachungsgarant ist, wer die Pflicht hat, dafür zu sorgen, dass eine Gefahrenquelle niemanden schädigt.

Bsp.: Der Halter des Hundes, der gerade das Kleinkind beißen will.

Rechtsprechung und Schrifttum haben sowohl zum Beschützer-, als auch zum Überwachungsgaranten *Untergruppen* gebildet, bei denen die jeweilige Garantenstellung zu bejahen (oder zu verneinen) ist.

Beschützergaranten sind danach[109]:

- Eltern und Kinder wechselseitig (grds. auch nach Erreichen der Volljährigkeit der Kinder)
- Eheleute/Lebenspartner, solange sie nicht getrennt leben (erst bei einer vollzogenen Trennung, also einer Aufgabe des gemeinsamen Wohnsitzes mit dem Ziel einer Scheidung, entfällt die Garantenstellung)
- Eheähnliche Lebensgemeinschaft

108 Vgl. Joecks/Jäger, StGB, 12. Auflage 2018, § 13 Rn. 29.

109 Vgl. Joecks/Jäger, StGB, 12. Auflage 2018, § 13 Rn. 31 ff.; Nimtz, Strafrecht für Polizeibeamte, Band 1, 6. Auflage 2018, Rn. 238 ff.

- Personen, die Schutzaufgaben übernommen haben (z. B. Babysitter, Erzieher, Lehrer, Bademeister, Bergführer, Personenschützer, Arzte gegenüber ihren Patienten, aber auch: Polizeibeamte)

Praxisbox:

Eine Garantenstellung für den Schutz von Individualrechtsgütern Dritter ist jedenfalls während der Dienstausübung *Teil der Dienstpflichten* eines Polizeibeamten.[110] Die Garantenpflicht entfaltet sich bei der polizeilichen Einsatzwahrnehmung dabei vielfältig, v. a. aber in Einsatzlagen mit *Kindern* und in Einsatzlagen mit *Personen*, die sich in einem die freie *Willensbildung ausschließenden Zustand* befinden. Dies ist entsprechend bei starker Alkoholisierung, Betäubungsmittelkonsum und psychischer Ausnahmesituation der Fall.

Keine Beschützergaranten sind hingegen:[111]

- sonstige Verwandte einschließlich Geschwister (für letztere ist dies indes umstritten)
- Freunde
- Zech- oder Drogengemeinschaften
- Personen mit Sonderwissen (z. B. Ärzte gegenüber Dritten)

Überwachungsgaranten sind:[112]

- Personen mit Herrschaft über eine Gefahrenquelle (z. B. Hundehalter, Wohnungsinhaber [z. B. bei instabilem Balkongitter], Bediener einer gefahrträchtigen Maschine)
- Personen mit Verantwortung für das Verhalten Dritter (z. B. Eltern für minderjährige Kinder, Lehrer)

Überwachungsgarant ist ferner, wer durch *rechtlich missbilligtes Vorverhalten* eine Gefahr schafft. Diese Sondergruppe heißt Garantenstellung aus „*Ingerenz*".[113]

Klassisches Beispiel: Ein Autofahrer, der verschuldet einen Unfall verursacht, bei dem jemand verletzt wird und Hilfe braucht, ist Garant dafür, dass die von ihm durch den Unfall geschaffene Gefahr nicht zu weiteren Schäden führt – was konkret heißt: dass der ohnehin schon Verletzte nicht verstirbt, sondern gerettet wird. Lässt der Unfallfahrer das Opfer jetzt ein-

110 Vgl. Fischer, StGB, 68. Auflage 2021, § 13 Rn. 30.

111 Vgl. Joecks/Jäger, StGB, 12. Auflage 2018, § 13 Rn. 31 ff.; Nimtz, Strafrecht für Polizeibeamte, Band 1, 6. Auflage 2018, Rn. 238 ff.

112 Vgl. Nimtz, Strafrecht für Polizeibeamte, Band 1, 6. Auflage 2018, Rn. 238.

113 Vgl. Nimtz, Strafrecht für Polizeibeamte, Band 1, 6. Auflage 2018, Rn. 242 f.

fach liegen und stirbt dieses, begeht der Unfallfahrer (der bis dahin nur Delikte mit Strafrahmen von Geldstrafe bis zu fünf Jahren verwirklicht hat) einen Mord durch Unterlassen nach §§ 211, 13 StGB (Mord, da er tötet bzw. das Opfer sterben lässt, um eine andere Straftat, nämlich die Taten im Zusammenhang mit der Unfallverursachung, zu verdecken).

Beachte noch:

Man kann *gleichzeitig* Beschützer- und Überwachungsgarant sein! Eltern eines Kleinkindes etwa müssen dieses vor der Welt, aber auch die Welt vor dem Kind beschützen.

Zurück zum Fall:

B ist *Beschützergarant* aufgrund der Ehe mit E. Der heftige Streit am Vortag ist dabei irrelevant, da er keine Trennung im beschriebenen Sinne darstellt. Erst mit dieser endet die Garantenpflicht.

Subjektiver TB: Vorsatz

Auf das Töten durch Nichtstun hat B im Fall Absicht.

Fraglich kann indes sein, wie der **Vorsatz auf die Garantenpflicht** zu verstehen ist: Muss der Täter wissen, eine Garantenpflicht zu haben? Der BGH sagt dazu recht klar „Nein!". Es *genügt* vielmehr Kenntnis der die Garantenstellung begründenden *Umstände*. Würde man Kenntnis der Garantenpflicht verlangen, könnte jeder Täter sagen, von so etwas wie einer Garantenpflicht noch nie gehört zu haben. Das will der BGH auf die beschriebene Art vermeiden.[114]

Im Fall hat B natürlich Kenntnis von der Ehe mit E. Das genügt.

Die **Rechtswidrigkeit** wird *wie immer* geprüft – also im Fall mit einem Satz, da unproblematisch.

Bei der **Schuld** ist nun aber noch auf die **Zumutbarkeit** einzugehen – die so zu verstehen ist wie bei § 323c StGB. Fraglich ist also, ob die Rettung für den Täter selber riskant gewesen wäre (dann entfällt die Schuld und damit eine Strafbarkeit, da die unterlassene Handlung nicht zumutbar war) oder ob der Täter ohne Risiko hätte retten können (womit diese zumutbar und der Täter strafbar wäre).

Ein Reinspringen wäre im Fall wohl unzumutbar gewesen. Aber der Wurf des Ringes hätte für B gar kein Risiko bedeutet – und wäre mithin ohne Weiteres zumutbar gewesen.

B ist daher nach §§ 212, 13 StGB strafbar.

---

114 Vgl. BGHSt 16, 155.

Dem Gesetzeswortlaut in § 13 StGB zu entnehmen ist noch, dass das Unterlassen einem Tun „**entsprechen**" muss. Dies wird teils als letztes weiteres Tatbestandsmerkmal im objektiven Tatbestand geprüft, im Zweifel aber stets bejaht. Praktische Bedeutung hat diese Entsprechungsklausel de facto insoweit keine, weswegen sie schlicht weggelassen werden kann.

10. Irrtumslehre

a. Einführung

Für die Bestrafung spielt neben der Verwirklichung des objektiven Tatbestandes die Frage, was der Täter sich bei Verwirklichung der objektiven Tatbestandsmerkmale *gedacht* hat, eine entscheidende Rolle. Ob er wegen eines Vorsatzdelikts bestraft werden kann oder lediglich Fahrlässigkeit in Betracht kommt, die keineswegs bei sämtlichen Delikten überhaupt mit Strafe bedroht ist und falls doch stets milder bestraft wird, ist in Klausur wie Praxis – wie schon behandelt – eine *entscheidende* Frage.

Es kann in Praxis und Klausur dabei nun vorkommen, dass der Täter sich über irgendetwas im Zusammenhang mit dem Tatgeschehen *irrt*. Er kann dabei die tatsächlichen Umstände verkennen und etwa einen Menschen im Unterholz für ein Tier halten; er kann aber auch in rechtlicher Hinsicht irren, indem er etwa eine verbotene Tat für erlaubt hält.

Die Frage, wie mit solchen Irrtümern des Täters umzugehen ist, ist ein *eigenes Themenfeld*, da hier nach den jeweiligen Irrtümern *differenziert* wird. Es läuft unter der Überschrift „*Irrtumslehre*" und soll in diesem Abschnitt behandelt werden.

b. Tatbestandsirrtum

Fall 1:

Der B geht mit dem A auf Treibjagd. Nachdem sie sich getrennt haben, vernimmt B in einem Gebüsch ein Rascheln. Er meint, dies sei ein (niemandem gehörendes) Wildtier und schießt. Tatsächlich war dies der A, den B tödlich trifft.

Zu prüfen ist eine Strafbarkeit des B nach *§ 212 StGB*.

Der B hat kausal einen Menschen getötet. Der *objektive* Tatbestand ist daher ohne Weiteres erfüllt.

B erkannte jedoch gar nicht, dass das Objekt im Unterholz ein anderer Mensch war. Er hatte daher keinen Vorsatz auf „anderer Mensch", sondern nur auf „töten". Der *subjektive* TB ist deshalb recht eindeutig *nicht* erfüllt.

B ist *nicht* nach § 212 StGB strafbar.

In Betracht kommt nur eine Strafbarkeit wegen *fahrlässiger* Tötung nach § 222 StGB.

B *irrt* in diesem noch recht einfach zu lösenden Fall *in tatsächlicher Hinsicht*, weil er einen Umstand des tatsächlichen Geschehens verkennt.

Ein solcher Irrtum heißt **Tatbestandsirrtum** und ist in § 16 StGB geregelt, auch wenn sich seine Behandlung eigentlich auch so ohne Weiteres ergäbe: Es liegt im Falle eines Tatbestandsirrtums *keine Vorsatztat* vor. Falls strafbar, kann wegen *fahrlässiger* Begehung geahndet werden (so z. B. bei Tötung oder Körperverletzung); andernfalls ist der Täter *straflos* (so bei einer fahrlässigen Beschädigung einer Sache, da es die „fahrlässige Sachbeschädigung" als Straftatbestand schlicht *nicht* gibt).

Beachte:

Auf die *Vermeidbarkeit* des Irrtums kommt es dabei *nicht* an! Auch wenn der B leicht hätte erkennen können, dass das Objekt im Unterholz ein Mensch war, handelt er ohne Vorsatz, wenn er es gleichwohl nicht erkannt hat.

Praxisbox:

Natürlich lädt dies Täter in der Praxis dazu ein, einfach einen Tatbestandsirrtum *zu behaupten*. Hier gilt das, was immer gilt, wenn es darum geht, eine Einlassung des Verdächtigen *zu bewerten*: Sie müssen diese nicht formal widerlegen. Sie „sammeln" vielmehr alle Indizien zu den objektiven Umständen der Tat und schließen aus diesen auch auf die Tätervorstellung zurück. Näheres dazu findet sich in der Praxisbox zum Vorsatz.

c. Verbotsirrtum

Fall 2:

B, ein eingefleischter Karnevalist, läuft am Rosenmontag durch Köln. Am Straßenrand sieht er den zwar ein bisschen zerbeulten, aber eindeutig noch genutzten Briefkasten des O. B beschließt, diesen aus Spaß kaputt zu treten. Er ist felsenfest überzeugt, dass man so etwas an Karneval dürfe. Strafbarkeit des B?

Zu prüfen wäre *§ 303* StGB:

B demoliert den Briefkasten des O. Der objektive TB, das Zerstören einer Sache, ist daher erfüllt.

B *weiß* um die Fremdheit der Sache und darum, sie zu beschädigen. Ein Tatbestandsirrtum nach § 16 StGB liegt mithin *nicht* vor. Auch der *subjektive* TB ist hier nun also *erfüllt*.

B handelte auch rechtswidrig.

Eine Besonderheit ergibt sich jetzt aber bei der *Schuld*: B befindet sich hier zwar *nicht* in einem Tatbestandsirrtum, weil er die tatsächlichen Umstände des Geschehens erkennt. Allerdings hält er sein *richtig erkanntes* Verhalten *irrigerweise für straflos*, da er glaubte, die Zerstörung sei an Karneval *erlaubt*.

Ein solcher Irrtum heißt **Verbotsirrtum** und ist in § 17 StGB geregelt.

Danach führt der Verbotsirrtum dann, und auch *nur* dann zum *Wegfall der Schuld* (weswegen er auch innerhalb der Schuld zu prüfen ist), wenn der Irrtum *unvermeidbar* war.

In der Praxis liegt eine solche Unvermeidbarkeit eines Verbotsirrtums in der Regel *nur* in *zwei* Konstellationen vor: wenn der Beschuldigte sich bei einem *Rechtsanwalt* über die Rechtslage informiert hat und von diesem *falsch beraten* wurde oder wenn er sich bei der *zuständigen Behörde* über die Rechtslage informiert hat und von dieser *falsch beraten* wurde.[115] In *allen anderen* Fällen gilt zumindest in der Regel, dass ein Bürger sich mit der einschlägigen Rechtslage vertraut machen kann und daher ein Irrtum über die Strafbarkeit eines Verhaltens *immer vermeidbar* ist.

In der *Klausur* wäre also unter der Schuld zu prüfen, ob ein solcher Irrtum vorliegt und falls ja, ob er unvermeidbar war; im Zweifel wäre dann aber die Unvermeidbarkeit zu verneinen (und damit die Strafbarkeit zu bejahen).

Formulieren ließe sich dies im Fall wie folgt:

„Fraglich ist, ob der B schuldhaft gehandelt hat. Hier könnte der B sich in einem Verbotsirrtum befunden haben. B hat richtig erkannt, eine fremde Sache zu zerstören. Er glaubte aber, dies zumindest an Karneval zu dürfen. B hat also die Rechtslage falsch bewertet und unterlag insoweit bezüglich der rechtlichen Situation einem Irrtum. Er handelte daher im Verbotsirrtum. Beim Verbotsirrtum entfällt gem. § 17 StGB die Schuld indes nur, wenn der Irrtum unvermeidbar ist. Der B hätte sich hier über die Rechtslage informieren können, indem er einen Anwalt oder bei einer Behörde nachfragt. Das hat er nicht getan. Bs Irrtum war daher vermeidbar. B handelte mithin trotz Verbotsirrtum schuldhaft."

d. Irrtum über das Tatobjekt

Neben diesen Grundunterscheidungen von zwei Irrtumsarten, die sich aus dem Gesetz ergeben, gibt es *zwei weitere* Fallgruppen des Irrtums, die lediglich in der Rechtsprechung entwickelt wurden und im Weiteren vorgestellt werden sollen. Begonnen werden soll dazu mit

115 Vgl. Heuchemer, BeckOK, StGB, 49. Edition 1.2.2021, § 17 Rn. 35 ff.

Fall 3:

B will im Schutze der Dämmerung eine wertvolle originale barocke Gartenskulptur seines Erzfeinds E zerstören. Im Garten, in dem es viele Skulpturen gibt, schleicht er zu einer Skulptur, die er für die wertvolle Arbeit aus dem Barock hält, und schlägt diese kaputt. Tatsächlich aber war die von B zerstörte Skulptur nicht die aus dem Barock, sondern bloß ein Imitat aus dem späten 20. Jahrhundert. Strafbarkeit des B (§ 123 StGB ist nicht zu prüfen)?

Zu prüfen ist *§ 303 StGB*:

B zerstört eine fremde Sache. Der *objektive* Tatbestand ist hier ohne Weiteres erfüllt.

Fraglich ist, wie der *subjektive* Tatbestand zu bewerten ist. Der B wollte zwar als Handlungsziel nicht das Imitat, sondern die Barockskulptur zerstören. Im *Moment der Schläge* bezog sich sein Vorsatz aber darauf, die *anvisierte bzw. „konkretisierte"* Skulptur zu zerstören, auf die er in diesem Moment einschlug – und das war *in diesem Moment* das Imitat. Da *dieser* Moment entscheidet, weil es auf den Vorsatz *im Moment der Tathandlung* ankommt, lag insoweit *Vorsatz auf Zerstörung des Imitats* – sogar in Form von Absicht – vor.

Da Rechtswidrigkeit und Schuld ebenfalls vorliegen, ist B nach § 303 StGB wegen *vollendeter* Sachbeschädigung strafbar.

In Fall 3 liegt bei B ein sogenannter **„Irrtum über das Tatobjekt"** (lateinisch: error in persona vel obiecto) vor, da er Barockskulptur und Imitat verwechselt.

Dieser Irrtum über das Tatobjekt ist indes *unbeachtlich* (d. h., er ändert an einer Strafbarkeit gar nichts), *wenn* das *anvisierte bzw. „konkretisierte"* Ziel *getroffen* wird und mit dem Gewollten rechtlich *gleichwertig* ist.[116]

So liegt es hier, da B das „anvisierte" Imitat trifft und Barockskulptur und Imitat beide eine „fremde Sache" sind (auf den geringeren Wert des Imitats kommt es dabei nicht an).

Fall 4:

B will den Hund des Nachbarn N erschießen. Als er in einer Hecke auf dem Nachbargrundstück Geraschel hört, glaubt er, dies sei der Hund und drückt ab. Tatsächlich war es der Nachbar N, den B so erschießt. Der Hund war gar nicht da. Strafbarkeit des B?

---

116 Vgl. Joecks/Jäger, StGB, 12. Auflage 2018, § 15 Rn. 38 ff.

Hier ist zunächst eine *Vorüberlegung* anzustellen:

B hat *objektiv* § 212 StGB verwirklicht, *wollte subjektiv* aber § 303 StGB begehen. Das gewollte Tatobjekt (Hund) und das Konkretisierte (O als Mensch) sind hier *nicht gleichwertig.*

Die *Falllösung* sieht nun wie folgt aus:

Zunächst zu prüfen ist *§ 212 StGB* zum Nachteil des O:

B hat einen anderen Menschen getötet. Der *objektive* Tatbestand ist hier daher erfüllt. B wollte aber keinen Menschen töten. B hatte daher *keinen Vorsatz* auf die Tötung eines anderen Menschen Es fehlt mithin am subjektiven Tatbestand. Eine Strafbarkeit wegen vollendeten Totschlags zum Nachteil des O kommt daher *nicht* in Betracht.

Verwirklicht wäre auch hier indes wiederum eine *fahrlässige Tötung* des O gem. *§ 222* StGB.

Weiter zu prüfen wäre dann eine Sachbeschädigung am Hund, *§ 303* StGB:

B hat indes schlicht keine Sache beschädigt, sondern einen Menschen getötet. Hinsichtlich einer Sachbeschädigung an dem Hund *fehlt* es daher bereits am objektiven Tatbestand. Insoweit liegt mithin *keine* Strafbarkeit vor.

In Betracht käme aber noch eine versuchte Sachbeschädigung am Hund gem. §§ *303, 22, 23* StGB: Der Erfolg ist nicht eingetreten, weil eine Sache nicht beschädigt oder zerstört wurde. Der Versuch ist strafbar, § 303 III StGB. Der B hatte Absicht auf die Zerstörung und hat nach seiner Vorstellung von der Tat, wenn auch objektiv untauglich, mit dem Schuss dazu bereits unmittelbar angesetzt. Straffrei zurückgetreten ist er hier wegen eines Fehlschlags nicht. Eine *versuchte Sachbeschädigung am Hund* ist daher zu *bejahen.*

Der *„Irrtum über das Tatobjekt"* ist also *beachtlich* (d. h. er ändert etwas an Bs Strafbarkeit), wenn *konkretisiertes* und eigentlich gewolltes Objekt rechtlich *ungleichwertig* sind!

e. Fehlgehen der Tat

Fall 5:

B will seinen Nachbarn N erschießen. Er sieht N im Garten, erkennt ihn, zielt auf N und drückt ab. Genau in diesem Moment bückt der N sich – für den B überraschend – indes, wodurch der hinter N stehende O tödlich getroffen wird. N rennt weg. Strafbarkeit des B?

Bei dieser Fallkonstellation gibt es einen wesentlichen Unterschied zu den Fällen 3 und 4. Der *Unterschied* zum „Irrtum über das Tatobjekt" ist folgender:

B trifft hier *nicht* das *im Moment der Schussabgabe* anvisierte bzw. *konkretisierte* Ziel.

Dieser „Irrtum", der streng genommen keiner ist, sondern schlicht ein Fehler, heißt **„Fehlgehen der Tat"**. Seine rechtliche Behandlung ist sehr umstritten. Die Rechtsprechung ist hier eher täterfreundlich und löst solche Fälle wie folgt: Das „Fehlgehen der Tat" ist danach stets *beachtlich!*[117]

Im Fall führt dies zu folgender Lösung:

B *wollte* N töten, hat es aber nicht. Insoweit ist er eines *versuchten* Totschlags nach §§ 212, *22, 23* StGB an N strafbar. B hat O getötet, hatte aber keinen *auf O konkretisierten* Vorsatz. Insoweit liegt nur eine fahrlässige Tötung des O vor. In der Summe ist B also nach §§ 212, 22, 23 StGB in Tateinheit mit § 222 StGB strafbar.

Die Prüfungsreihenfolge im Fall wäre also:

Zu beginnen wäre mit *§ 212 StGB zum Nachteil des O*: Der obj. Tatbestand läge vor, der subjektive indes nicht, da der Vorsatz des B *nicht auf O konkretisiert* war.

Sodann wäre eine fahrlässige Tötung gem. *§ 222 StGB zum Nachteil des O* zu prüfen und zu bejahen.

Schließlich wäre noch ein versuchter Totschlag *zum Nachteil des N nach §§ 212, 22, 23* StGB zu prüfen. N lebt noch, B wollte ihn aber töten und hat mit dem Schuss auch schon unmittelbar angesetzt. Er handelte dabei auch rechtswidrig und schuldhaft und ist nicht zurückgetreten, sodass er (auch) nach §§ 212, 22, 23 StGB strafbar ist.

Formulieren ließe sich der *subjektive Tatbestand der ersten Prüfung (§ 212 StGB z. N. des O)* wie folgt:

„Fraglich ist, ob der B bei der Tötung des O vorsätzlich gehandelt hat. Vorsatz ist Wissen und Akzeptieren der Tatbestandsverwirklichung. Hier käme Absicht in Betracht. Absicht liegt vor, wenn es dem Täter auf die Verwirklichung des Tatbestandes gerade ankommt. Im maßgeblichen Moment der Tatbegehung war es das Ziel des B, den N zu töten. Bs Vorsatz hatte sich mithin auf den N konkretisiert. Diesen zu töten war dabei auch seine Absicht. Den getroffenen O wollte er indes nicht töten und hielt dies auch nicht einmal für möglich. Einen Tötungsvorsatz für den O hatte der B im Moment der Schussabgabe folglich nicht. Der O wurde nur getroffen, weil

---

117 Vgl. Joecks/Jäger, StGB, 12. Auflage 2018, § 15 Rn. 46 ff.

Bs Tat fehlging und er nicht das Tatobjekt getroffen hat, auf das sein Vorsatz konkretisiert war. B handelte demnach ohne Vorsatz darauf, den O zu töten.

B ist daher nicht wegen vorsätzlicher Tötung des O strafbar.“

Praxisbox:

In der polizeilichen Praxis kommt ein Fehlgehen der Tat gar nicht so selten vor; die richtige Behandlung rückt allerdings zugunsten des scheinbar (!) vollendeten Delikts häufig unbeabsichtigt in den Hintergrund. Sollte also der Beschuldigte nach entsprechender Belehrung angeben, dass er vorgehabt hat, den A mit der Bierflasche „abzuwerfen“, aufgrund einer Ausweichbewegung des A aber den B getroffen hat, ist grundsätzlich *Strafanzeige wegen zweier Straftaten* (versuchte gefährliche Körperverletzung zum Nachteil des A, fahrlässige Körperverletzung zum Nachteil des B) zu fertigen. In jedem Fall ist aber die Aussage des Beschuldigten genau zu *dokumentieren*, um festzuhalten, dass seine subjektiven Absichten „andere gewesen sind“ – denn das spielt für die rechtliche Bewertung eben eine zentrale Rolle.

Dritter Teil: Die einzelnen Straftatbestände

1. Delikte gegen die körperliche Unversehrtheit (zugleich: „Grunddelikt und Qualifikation“ sowie „Antragsdelikte“)

a. Grundlagen: Grunddelikt und Qualifikation

Einer der häufigsten Straftatbestände in Praxis und Klausur ist die Körperverletzung, § 223 StGB. Der Normtext lautet (wie ja schon bekannt):

§ 223 StGB

(1) Wer eine andere Person körperlich misshandelt *oder an* der Gesundheit schädigt, *wird (mit Freiheitsstrafe bis zu fünf Jahren oder mit Geldstrafe) bestraft.*

Das Prüfungsschema des § 223 StGB lautet dabei wie folgt:

Objektiver Tatbestand:
- **(Tatobjekt:) Anderer Mensch**
- **(Tathandlungen:)**
  - **Körperlich misshandeln oder**
  - **An der Gesundheit schädigen**
- **Kausalität**
- **Objektive Zurechnung**

Subjektiver Tatbestand: Vorsatz

Rechtswidrigkeit

Schuld

Bevor dieses durch Definitionen und Erläuterungen mit Leben gefüllt werden soll, soll indes die *Systematik der Körperverletzungsdelikte* beleuchtet werden – um ihrer selbst willen, aber auch, weil es diese Gesetzessystematik an *zahlreichen anderen Stellen* des Strafrechts ebenfalls gibt.

Zu betrachten ist dafür zunächst *§ 224* StGB, der die „gefährliche Körperverletzung“ regelt:

Der Normtext des § 224 StGB lautet in Auszügen:

§ 224 StGB

(1) Wer die Körperverletzung

1. durch Beibringung von Gift oder anderen gesundheitsschädlichen Stoffen,

(...)

begeht, wird mit Freiheitsstrafe von sechs Monaten bis zu zehn Jahren (...) bestraft.

Auch hier soll es (noch) nicht darum gehen, wie die Tatbestandsmerkmale zu verstehen sind. Es soll zunächst nur ein Blick auf das *Verhältnis von § 223 und 224 StGB* geworfen werden:

- § 224 StGB *baut auf* § 223 StGB auf. Dies ergibt sich aus der Formulierung „wer *die Körperverletzung* (...) begeht“. Eine „Körperverletzung“, also ein § 223 StGB, muss also vorliegen, *damit* § 224 StGB vorliegen kann.
- Über § 223 StGB hinaus zählt § 224 StGB dann eine *Liste besonders gefährlicher* Begehungs*formen* auf (Gift, Waffe pp.).
- § 224 StGB droht ferner eine *deutlich höhere Strafe* an: sechs Monate bis 10 Jahre Freiheitsstrafe gegen Geldstrafe bis maximal fünf Jahre Freiheitsstrafe bei § 223 StGB.

§ 224 StGB ist also auf doppelte Art eine *Verschärfung* von § 223 StGB:

- Hinsichtlich der *Tatbestandsvoraussetzungen*, da er besonders gefährliche Begehungsweisen der Körperverletzung gesondert unter Strafe stellt;
- Hinsichtlich der *Strafe*, die schlicht höher ist.

Solche Verschärfungen heißen **„Qualifikation“**. Die verschärfte Norm heißt **„Grunddelikt“**.

§ 223 StGB ist also das Grunddelikt, § 224 StGB ist die Qualifikation.

> **Beachte:**
>
> *Qualifikationen* gibt es bei einer *Vielzahl von Straftatbeständen*, z. B. §§ 244, 250 StGB, 29a BtMG. Es ist eine bei vielen Straftatbeständen genutzte Gesetzestechnik, um gravierendere Begehungsformen (oder auch besonders gravierende Folgen) des jeweiligen Grunddelikts höher bestrafen zu können. Qualifikationen werden Sie mithin *durch Ihr ganzes Studium und Berufsleben* begleiten.

Es gibt daneben noch eine *zweite Gesetzestechnik*, um Grundtatbestände zu verschärfen, nämlich das sogenannte *Regelbeispiel*. Dazu wird es bei der Besprechung der Verschärfungen des Diebstahls Näheres geben.

Zu beachten ist, dass Qualifikationen zwar auf dem Grunddelikt aufbauen, aber gleichwohl *selbstständige* Tatbestände sind.

Insoweit ist ihre *Prüfung auf zwei Arten* möglich:

- *Zusammen mit* dem Grunddelikt (was hier empfohlen wird) oder
- *nach* dem Grunddelikt

Zur Prüfung *zusammen mit* dem Grunddelikt:

Die Tatbestandsmerkmale *der Qualifikation* kommen *im objektiven Tatbestand* einfach zu denen des Grunddelikts *hinzu*. Folge davon ist, dass sich dann *auch der Vorsatz* auf die (im Fall vorliegenden) Merkmale der Qualifikation beziehen muss – denn diese Merkmale sind dann ja Teil des objektiven Tatbestands, und der Vorsatz muss eben für *alle* Merkmale des obj. Tatbestands vorliegen, damit danach eine Strafbarkeit besteht.

Als *Beispiel* für eine solche *gemeinsame Prüfung* folgt nun das

Schema für §§ 223, 224 StGB:

Objektiver Tatbestand:

- **Tatbestandsmerkmale des Grunddelikts:**
  - **Anderer Mensch**
  - **Körperlich misshandeln oder an der Gesundheit schädigen**
  - **Kausalität**
  - **Objektive Zurechnung**
- **Tatbestandsmerkmale der Qualifikation:**
  - **Gift oder Waffe oder hinterlistig oder mit anderen gemeinschaftlich oder eine das Leben gefährdende Behandlung**

Subjektiver Tatbestand:

- **Vorsatz bzgl. aller Merkmale des objektiven Tatbestands (also Grunddelikt und Qualifikation)**

Rechtswidrigkeit

Schuld

Zur Prüfung *nach* dem Grunddelikt:

Möglich ist auch die Prüfung nach dem Grunddelikt. Das Schema für § 223 StGB und § 224 StGB sähe dann so aus:

§ 223 StGB

Objektiver Tatbestand (des Grunddelikts):

- **Anderer Mensch/körperlich misshandeln oder Gesundheitsschädigung/ Kausalität/objektive Zurechnung**

Subjektiver Tatbestand: Vorsatz (bzgl. des Grunddelikts)

Rechtswidrigkeit

Schuld

§ 224 StGB

Objektiver Tatbestand (der Qualifikation):

- **Gift oder Waffe oder hinterlistig oder mit anderen gemeinschaftlich oder eine das Leben gefährdende Behandlung**

Subjektiver Tatbestand: Vorsatz (bzgl. der Qualifikation)

Rechtswidrigkeit

Schuld

Man prüft also *bei dieser* Aufbauvariante zunächst das *Grunddelikt komplett* durch, *ohne* die Qualifikation auch nur zu erwähnen. Dann wird die Qualifikation geprüft. Hierfür prüft man im objektiven Tatbestand (nur noch), ob Merkmale des § 224 StGB vorliegen, im subjektiven Tatbestand (nur noch), ob auch auf diese Vorsatz bestand, und kann dann für Rechtswidrigkeit und Schuld auf die Prüfung beim Grunddelikt verweisen.

Ohne näheres Eingehen auf die Tatbestandsmerkmale (was später folgt) soll die – zu empfehlende – *gemeinsame Prüfung* an einem *Beispiel demonstriert* werden:

Fall:

B will seinem Erzfeind O einen Denkzettel verpassen. Dazu geht er zu O und schießt diesem mit einer Pistole in die Wade. O erleidet, wie von B beabsichtigt, keine lebensgefährliche, wohl aber eine sehr schmerzhafte und blutende Schusswunde.

Der *Obersatz* lautet: „B könnte sich einer gefährlichen Körperverletzung gem. §§ 223, 224 StGB strafbar gemacht haben, indem er dem O in die Wade schoss.“

***Objektiver* Tatbestand:**

Zu prüfen ist zunächst das *Grunddelikt* des § 223 I StGB:

O ist ein anderer. Ein Schuss in die Wade ist eine unangemessene Art der Behandlung, die O erheblich leiden lässt. Eine körperliche Misshandlung liegt daher vor. Die blutende Verletzung ist ferner ein krankhafter Zustand. Auch eine Gesundheitsschädigung liegt also vor. Ohne den Schuss wäre es zu der Verletzung nicht gekommen. Auch die Kausalität ist daher gegeben. Das Grunddelikt ist also objektiv verwirklicht.

Zu prüfen sind sodann – im Fall die *in Betracht kommende*, also einschlägige – *Qualifikation*:

In Betracht kommt hier die Verwendung einer *Waffe nach § 224 I Nr. 2* StGB. Eine scharfe Pistole ist eine Waffe nach dem Waffengesetz und dient zur Abwehr von bzw. zum Angriff gegen Menschen. B verwendet daher eine Waffe. Insoweit ist auch die Qualifikation objektiv verwirklicht.

***Subjektiver* Tatbestand:**

B braucht zunächst *Vorsatz auf das Grunddelikt*. B wollte den O verletzen und hatte daher Absicht. Sodann braucht B *Vorsatz auf die Qualifikation*, also die Verwendung einer Waffe. B wollte die Körperverletzung gerade mit der Pistole begehen und hatte daher auch insoweit Absicht. B hatte also Absicht bzgl. Grundtatbestand *und* Qualifikation.

Beachte schon jetzt: Die Vorsatz*formen* hinsichtlich Grunddelikt und Qualifikation bzw. hinsichtlich verschiedener Varianten der Qualifikation *können gleich* sein, müssen es aber *nicht*! Im *letzteren* Fall müsste für diejenigen Qualifikationsmerkmale, die hier „ausscheren", *jeweils einzeln* festgestellt werden, welche Vorsatzform vorliegt.

Rechtswidrigkeit und Schuld sind im Fall eindeutig gegeben.

B ist nach §§ 223, 224 StGB strafbar.

Beachte ferner schon jetzt:

Die verschiedenen Tatbestandsvarianten des § 224 I StGB sind – wie bei allen anderen Qualifikationen auch – *zwar alternativ* zu verstehen. Die Qualifikation ist also schon verwirklicht, wenn *nur eine erfüllt* ist. *Anders* als beim Grunddelikt, bei dem bei alternativen Tatbestandsmerkmalen ausreicht, nur eines zu prüfen und zu bejahen, werden bei Qualifikationen jedoch *alle* Merkmale, die im Fall in Betracht kommen *könnten*, auch *geprüft*. Der Täter kann also die Körperverletzung z. B. mittels Waffe (§ 224 I Nr. 2 StGB) und zugleich einer das Leben gefährdenden Behandlung (Nr. 5) begehen. *Nur*, was nach dem Sachverhalt völlig ausscheidet, muss – wie stets – nicht angesprochen werden.

Der Sinn dahinter ist, dass es bei der Festsetzung der individuellen Strafe einen Unterschied macht, ob „nur" eine oder gleich mehrere der schwereren Begehungsformen der Qualifikation erfüllt sind.

Praxisbox:

Nicht nur als klausurschreibender Studierender, sondern auch als aufnehmender oder ermittelnder Beamter nehmen Sie also „alles mit, was drin ist"! Zu *jedem* Qualifikationsmerkmal, dass in Betracht kommt, sind mithin Ermittlungen zu führen.

Beachte noch für die *Klausur*:

Kommen Qualifikationsmerkmale in Betracht, erweisen sich aber im Rahmen der – durchgeführten – Prüfung dann doch als nicht einschlägig, ist *weiter zu prüfen* mit dem, was *noch übrig* ist. Dies gilt *generell*, wenn einem Qualifikationsmerkmale im Laufe der Prüfung „verloren gehen“. Man fängt also *keine* neue Prüfung an, sondern prüft das Grunddelikt und die – noch zu prüfenden bzw. vorliegenden – weiteren Qualifikationen *einfach weiter*.

b. Die Tatbestandsmerkmale des § 223 StGB

Nach der Systematik der Körperverletzungsdelikte sollen nun die jeweiligen **Tatbestandsmerkmale** erläutert werden:

Erste mögliche Tathandlung des **§ 223 StGB** ist **„körperlich misshandeln“**.

> Die **Definition „körperlich misshandeln“** lautet: Jede üble, unangemessene Behandlung, die das körperliche Wohlbefinden oder die körperliche Unversehrtheit nicht nur unerheblich beeinträchtigt.[118]

Es bestehen *niedrige* Anforderungen. Neben zwar üblen und unangemessenen, aber komplett folgenlosen Handlungen wie einem Anpusten sind nur *rein* psychische Folgen kein körperliches Misshandeln. Der Grund für Letzteres liegt dabei darin, dass der BGH hier Beweisproblemen im Blick auf die Kausalität vorbeugen will.

Als körperliche Misshandlung anzusehen sind aber durch Angst verursachte *erheblichere* körperliche Symptome wie etwa Schlafstörungen. Nicht ausreichend als körperliche Symptome sind aber auch hier ganz marginale Folgen, etwa ein „kleiner Schock“ durch einen Stoß.[119]

Angesichts der niedrigen Anforderungen gilt *im Zweifel*, das Merkmal zu *bejahen*. Dies gilt in der Klausur erst recht, wenn im Sachverhalt Hinweise

118 Vgl. Nimtz, Strafrecht für Polizeibeamte, Band 1, 6. Auflage 2018, Rn. 399.

119 Vgl. Joecks/Jäger, StGB, 12. Auflage 2018, § 223 Rn. 4 ff.; Fischer, StGB, 68. Auflage 2021, § 223 Rn. 6.

auf weitere Prüfungsprobleme bei der Körperverletzung vorhanden sind, zu denen man bei einer Verneinung schon des Grunddelikts nicht mehr käme.

Zweite Tathandlung (und zugleich auch ein Taterfolg) ist die „**Gesundheitsschädigung**“.

> Deren **Definition „Gesundheitsschädigung“** lautet: Hervorrufen oder Steigern eines pathologischen Zustandes.[120]

Gemeint ist *jede* Verschlechterung der Gesundheit mit Krankheitswert.

Auch hier sind – wiederum nur aus Beweisgründen – indes *nur* körperliche oder sich körperlich auswirkende Schädigungen gemeint.[121]

Der *Unterschied* zwischen den *beiden Varianten der Körperverletzung* liegt darin, dass die körperliche Misshandlung eher auf das *Täterverhalten* zielt, während die Gesundheitsschädigung eher die *Folgen beim Opfer* betrifft. Meist wird indes *beides gleichzeitig* vorliegen. Nur eine Gesundheitsschädigung läge aber vor, wenn der Täter einen krankhaften Zustand herbeiführt, ohne dabei körperlich zu misshandeln, etwa beim In-Verkehr-Bringen krankheitsauslösender Nahrungsmittel.[122]

c. (Mini-)Exkurs: Antragsdelikte

Bei § 223 StGB gibt es jenseits der Tatbestandsmerkmale noch eine *Besonderheit*, die *auch bei anderen* Delikten gelegentlich anzutreffen ist: Es ist ein **Antragsdelikt**.

Normalerweise ermitteln die Strafverfolgungsbehörden in Deutschland *unabhängig* davon, ob der durch die Tat Verletzte dies überhaupt will, sobald ein Anfangsverdacht für eine Straftat besteht. Bei manchen Delikten ist dies aber *anders*, nämlich bei den *Antragsdelikten*. Hier gilt:

Liegt ein sogenanntes **absolutes Antragsdelikt** vor, kann *überhaupt nur* verfolgt werden, wenn der Verletzte rechtzeitig (!) Strafantrag stellt, also erklärt, dass er die Verfolgung will. Die *Frist* zur Stellung beträgt nach § 77b StGB *drei Monate ab* Kenntniserlangung von Tat und Täter. Liegt ein **relatives Antragsdelikt** vor, bedarf es grundsätzlich auch des Strafantrags des Verletzten binnen drei Monate; die Staatsanwaltschaft kann aber auch das „*besondere öffentliche Interesse*“ an der Verfolgung bejahen und dann auch ohne Strafantrag des Verletzten verfolgen.

---

120 Vgl. Joecks/Jäger, StGB, 12. Auflage 2018, § 223 Rn. 9.
121 Vgl. Fischer, StGB, 68. Auflage 2021, § 223 Rn. 12.
122 Vgl. Fischer, StGB, 68. Auflage 2021, § 223 Rn. 9.

Damit ein Delikt relatives oder absolutes Antragsdelikt ist, muss dies *im Gesetz ausdrücklich* stehen. § 223 StGB etwa ist *relatives Antragsdelikt*, was sich aus § 230 StGB ergibt. Findet sich eine Regelung dazu im Gesetz *nicht*, liegt *kein* Antragsdelikt vor und kann ohne Antrag des Verletzten und ohne Bejahung des besonderen öffentlichen Interesses verfolgt werden. Man spricht dann von einem **Offizialdelikt**. Die *allermeisten* Straftatbestände sind solche Offizialdelikte.

Oft vorkommende Delikte, bei denen es sich zu merken lohnt, dass sie Antragsdelikte sind, sind jedenfalls: §§ 223, 303 StGB (relative); §§ 123, 185 ff StGB (absolute).

Praxisbox:

Bei Antragsdelikten ist daran zu denken, den erforderlichen Antrag *rechtzeitig einzuholen*! Erscheint der Geschädigte auf der Wache und erstattet Anzeige, ist dies meist kein Problem: Die verwendeten Formulare enthalten die Frage nach dem Antrag ohnehin, und außerdem ist dieser bereits erhoben, wenn das *Begehren auf strafrechtliche Verfolgung klar erkennbar* wird, was bei einer Anzeigenerstattung meist gegeben sein wird.[123] *Vergessen* werden kann der Strafantrag aber dann, wenn am Anfang des Verfahrens keine Anzeige steht, sondern nur eine – unübersichtliche – Lage, in deren Verlauf auch der Verdacht auf Straftaten aufkam. Wenn man danach zurück auf der Wache ist und seinen Bericht tippt, ist also *unbedingt mit zu bedenken*, ob sich der Anfangsverdacht (auch) auf Antragsdelikte richtet und ggf. beim Verletzten zu erfragen, ob dieser Strafantrag stellen will.

d. Die Tatbestandsmerkmale des § 224 StGB

Im Weiteren sollen nun die Tatbestandsmerkmale des § 224 StGB erläutert werden.

Nr. 1: Gift oder andere gesundheitsschädliche Stoffe

Definition „Gift/gesundheitsschädliche Stoffe“:

Jeder Stoff, der lediglich durch chemische oder chemisch-physikalische Wirkung die Gesundheit erheblich zu schädigen vermag.[124]

123 Vgl. Fischer, StGB, 68. Auflage 2021, § 77 Rn. 24.

124 Vgl. Nimtz, Strafrecht für Polizeibeamte, Band 1, 6. Auflage 2018, Rn. 411.

Gemeint ist alles, was (bio-)chemisch *jedenfalls auch im Inneren* des Körpers wirkt – auch wenn es auf die Haut aufgebracht wird und dann diese durchdringt!

Beispiele wären etwa: Arsen, Bakterien/Viren, geschlucktes zerhacktes Glas, aufgesprühte ätzende Flüssigkeit.

Die Art der Wirkung im Inneren kann dabei physikalisch sein (Reibung durch zerhacktes Glas) oder chemisch, was *bio*chemisch mit einschließt, also etwa bei Gift oder Bakterien.[125]

Nr. 2: Waffen und gefährliche Werkzeuge

Definition „Waffe":

Gegenstände, die nach ihrem bestimmungsgemäßen Gebrauch für Angriffs- oder Verteidigungszwecke gegen Menschen gedacht sind.[126]

Gemeint ist alles, was für Angriff und Verteidigung *hergestellt* wurde.

Beispiele wären etwa: Schusswaffen, Butterflymesser.

Nicht erfasst wären aber z. B. Axt und Küchenmesser, da diese für andere Zwecke hergestellt wurden.

Bei *Pfefferspray* kann man streiten: Die frei verkäuflichen sind mit „zur Tierabwehr" gekennzeichnet, insofern kann man „Waffe" verneinen. Da aber keiner sie zur Tierabwehr kauft und dies auch allen klar ist, kann man auch auf den wahren Zweck, nämlich die Abwehr von Menschen, abstellen und „Waffe" bejahen.

Streiten kann man auch bei *Jagdwaffen*. Zum Einsatz gegen Menschen sind diese an sich nicht gedacht. Man kann Waffe also verneinen. Andererseits sind alle Schusswaffen gegen Tier wie Mensch gleichwohl verwendbar und werden auch so verwendet. Von daher wäre „Waffe" beim Jagdgewehr auch bejahbar.[127]

Beachte dabei:

Was nicht Waffe ist, ist oft gefährliches Werkzeug. Auch wenn die Rechtsprechung zwischen den beiden Varianten in der Regel sauber differenziert und Sie dies in Klausur und Strafanzeige auch tun sollten, ist die genaue Einordnung für die Frage danach, ob § 224 StGB überhaupt vorliegt, oft nicht „kriegsentscheidend".

---

125 Vgl. Joecks/Jäger, StGB, 12. Auflage 2018, § 224 Rn. 13 ff.

126 Vgl. BGHSt 4, 125, 127.

127 Vgl. Eschelbach, BeckOK, StGB, 49. Edition 1.2.2021, § 224 Rn. 26.

Die **Definition „gefährliches Werkzeug"** lautet: Ein Gegenstand, der nach der Art seiner Beschaffenheit sowie der Verwendung im Einzelfall erhebliche Verletzungen herbeizuführen vermag.[128]

Gemeint ist jeder *beliebige, konkret eingesetzt gefährliche* Gegenstand.

Anders als bei Waffen ergibt sich hier die Gefährlichkeit also *erst aus dem konkreten Einsatz* und der genauen Art der Verwendung. *Beispiele* für „gefährliche Werkzeuge" wären etwa ein Kugelschreiber bei Stich ins Auge oder ein massiver Tritt mit Stahlkappenschuhen.

Keine gefährlichen Werkzeuge wären hingegen ein Kugelschreiber, der in den Oberschenkel gestochen wird oder ein Tritt mit Sandalen.

Werkzeuge sein können auch Tiere, wenn sie entsprechend eingesetzt werden.[129] *Beispiel*: Hundeliebhaber B hetzt seinen Hund auf den L.

Keine „Werkzeuge" sind aber generell, also egal wie verwendet, solche Mittel, die sich sprachlich unter den Begriff „Werkzeug" schlicht nicht mehr fassen lassen. Diese sind: *Körperteile* (Handkantenschlag) und *unbewegliche* Gegenstände (Mauer), oft wird hier indes die – weit verstandene – Nr. 5 vorliegen (dazu sogleich).[130]

Nr. 3: Hinterlistiger Überfall

Definition „Hinterlistiger Überfall":

Unvorhergesehener Angriff, bei dem der Täter unter planmäßiger Verdeckung seines Verletzungsvorsatzes vorgeht.[131]

Gemeint ist ein *bewusstes Verbergen* der Verletzungsabsicht. Der hinterlistige Überfall hat also einen gewissen *Täuschungscharakter*.

Erfasst wäre daher ein Locken in einen Hinterhalt, ein Auflauern, ein Anschleichen oder auch ein bewusstes Vorspiegeln einer freundlichen Gesinnung. Erfasst ist auch das heimliche Vergiften von Speisen oder Getränken, etwa mit k.o.-Tropfen.

Das *bloße Ausnutzen* eines Überraschungsmoments soll indes für sich alleine *nicht* ausreichen. Der schlichte Angriff von hinten ist daher als solcher kein Fall der Nr. 3.[132]

---

128 Vgl. Eschelbach, BeckOK, StGB, 49. Edition 1.2.2021, § 224 Rn. 28.

129 Vgl. Eschelbach, BeckOK, StGB, 49. Edition 1.2.2021, § 224 Rn. 30 m. w. N.

130 Vgl. Eschelbach, BeckOK, StGB, 49. Edition 1.2.2021, § 224 Rn. 30, 31.

131 Vgl. Eschelbach, BeckOK, StGB, 49. Edition 1.2.2021, § 224 Rn. 35.

132 Vgl. Eschelbach, BeckOK, StGB, 49. Edition 1.2.2021, § 224 Rn. 35.

Die Anforderungen an Nr. 3 sind *recht hoch*. Entsprechend liegt diese Variante – gerade auch verglichen mit den sehr häufigen Varianten 2, 4 und 5 des § 224 StGB – in der Praxis *eher selten* vor.

Nr. 4: Mit einem anderen Beteiligten gemeinschaftlich

Definition „gemeinschaftlich":

Aktive Mitwirkung von mindestens zwei Personen an der Körperverletzung.[133]

Aktiv mitwirken tut jeder, der sich an der Körperverletzung *direkt beteiligt*, also z. B. bei mehreren Schlägern.

Eine aktive Mitwirkung ist aber *auch schon* das *Hilfe leisten, wenn* es sich als *aktive Handlung* darstellt *oder* zumindest als *Demonstration von jederzeitiger Bereitschaft* zum *aktiven* Mitmachen. Die Anwesenheit eines Gehilfen, der Tatmittel anreicht oder der eine „Mauer" bildet, um wenn nötig physisch eine Flucht zu verhindern, genügt also.[134]

Im Gesetz ergibt sich dies aus der Verwendung des Wortes „Beteiligten", was *alle Formen* der Täterschaft und Teilnahme einbezieht. Trotz des insoweit etwas irreführenden weiteren Begriffs der „Gemeinschaftlichkeit" bedarf es also *nicht zwingend* einer Mittäterschaft.

Nicht ausreichend für Nr. 4 ist aber eine *rein psychische* Beihilfe, die erkennbar über mehr auch nicht hinausgehen soll, also etwa ein reines Anfeuern. Ebenfalls nicht ausreichend für Nr. 4 ist eine bloße Mitwirkung im Vorfeld ohne Anwesenheit am Tatort. Grund dafür ist, dass § 224 I Nr. 4 StGB dann – aber eben auch nur dann – einschlägig sein soll, wenn das Opfer sich mehreren aktiv Angreifenden gegenüber sieht, weil darin eine besondere Beschränkung der Verteidigungsmöglichkeit und eine Steigerung der Gefährlichkeit des Angriffs liegt.[135]

Nr. 5: Das Leben gefährdende Behandlung

Definition „Das Leben gefährdende Behandlung":

Jede Handlung, die allgemein zur Lebensgefahr geeignet ist.

Gemeint ist hier die *allgemeine* Eignung zur Lebensgefahr, eine *konkrete* Lebensgefahr bei dem jeweiligen Opfer ist *nicht* verlangt![136]

---

133 Vgl. Nimtz, Strafrecht für Polizeibeamte, Band 1, 6. Auflage 2018, Rn. 411.

134 Vgl. Fischer, StGB, 68. Auflage 2021, § 224 Rn. 23 f.

135 Vgl. Fischer, StGB, 68. Auflage 2021, § 224 Rn. 23 f.

136 Vgl. Fischer, StGB, 68. Auflage 2021, § 224 Rn. 27 m. w. N.

Juristisch gesprochen heißt dies: Eine *abstrakte* Gefahr (= allgemeine Gefahr) genügt. Eine *konkrete* Gefahr (= im Fall tatsächlich eingetretene Gefahr) ist nicht erforderlich.

Zu *bejahen* ist eine solche abstrakte Gefahr (unabhängig davon, welche Folgen tatsächlich eingetreten sind) etwa bei einem wuchtigen Schlag gegen den Kopf oder massivem Würgen.[137] *Nicht* ausreichen würde hingegen ein leichter Faustschlag gegen den Kopf.

Beachte:

Mit dem Genügenlassen einer abstrakten Gefahr *weitet* der BGH die Anwendung von § 224 StGB *massiv aus.* Auch wenn bei dem Opfer gar nichts Lebensgefährliches passiert ist, kann Nr. 5 schon verwirklicht sein. Der Schlag des Kopfes des Opfers gegen eine Mauer, der nicht unter Nr. 2 fällt, weil Mauern sprachlich nicht unter „Werkzeug" fassbar sind, fällt daher unter Nr. 5, *selbst wenn* im konkreten Fall eine Lebensgefahr für das Opfer gar nicht bestand.

Beachte ferner:

Die Unterscheidung zwischen *abstrakter* und *konkreter* Gefahr ist *auch an anderen Stellen* des StGB zu finden. Bei den Straßenverkehrsdelikten etwa genügt für § 316 StGB eine abstrakte Gefahr (für die Verkehrssicherheit); § 315c StGB verlangt hingegen eine konkrete Gefahr (also einen Unfall oder Beinahe-Unfall).

e. Körperverletzung im Amt, § 340 StGB

Ebenfalls eine *Qualifikation des § 223* StGB ist die *Körperverletzung im Amt nach § 340* StGB. Die Qualifikations*tatbestände*, die nach dem Grunddelikt *als Ergänzung im objektiven Tatbestand* zu prüfen sind, sind dabei nach dem Normtext die folgenden:

§ 340 StGB

(1) Ein Amtsträger, **der** während der Ausübung **seines Dienstes oder** in Beziehung auf seinen Dienst **eine Körperverletzung** begeht **oder** begehen lässt, **wird mit Freiheitsstrafe von drei Monaten bis zu fünf Jahren bestraft.**

Die Ergänzung zum Prüfungsschema der Körperverletzung durch § 340 StGB lautet daher:

137 Vgl. Fischer, StGB, 68. Auflage 2021, § 224 Rn. 30 ff.

Amtsträger

Begehung der Körperverletzung *oder*

Begehen lassen

In Ausübung des Dienstes *oder*

Mit Dienstbezug

Wer „**Amtsträger**" ist, ist in § 11 I Nr. 2 StGB legal (also: durch das Gesetz) definiert. Maßgeblich ist danach die *Wahrnehmung von Aufgaben der öffentlichen Verwaltung*, und dies unabhängig von der dienstrechtlichen Stellung.[138]

Begehung der Körperverletzung ist eine Ausführung als Allein- oder Mittäter. **Begehen lassen** meint die Veranlassung oder Unterstützung der Begehung durch einen Dritten, wobei dieser nicht selbst Amtsträger sein muss.[139]

Während der Dienstausübung begangen ist die Körperverletzung, wenn der Täter sie *in Ausübung* des Dienstes verübt und *nicht nur bei deren Gelegenheit*. Es muss also ein innerer Bezug zum Dienst bestehen, etwa beim vorschriftswidrigen Einschlagen auf einen Beschuldigten im Rahmen einer Festnahme. *Rein privat* motivierte Taten reichen *nicht*, auch wenn sie während des Dienstes begangen werden (etwa, wenn Streifenpolizist P während der Streife seinen Erzfeind sieht und diesem allein aus persönlicher Antipathie einen Schlag versetzt). **Dienstlich veranlasst** ist eine Körperverletzung, wenn sie zwar außerhalb der Dienstzeiten erfolgt, aber *durch den Dienst motiviert* (also etwa, wenn Polizeibeamter P in der Freizeit einen polizeilich Gesuchten erkennt und festnimmt).[140]

f. Schwere Körperverletzung gem. § 226 StGB

aa. Einführung

Die Körperverletzung gem. § 223 StGB weist neben § 224 StGB noch eine andere, die Körperverletzung „schwerer" machende Norm auf. Diese ist *§ 226 StGB*. § 226 StGB weist in Absatz 1 und Absatz 2 dabei unterschiedliche Arten der Erschwerung auf, wobei der Strafrahmen nach Absatz 2 (mindestens drei Jahre) höher angesiedelt ist als Absatz 1 (ein bis zehn Jahre). Entsprechend soll hier zunächst Absatz 2 erörtert werden und dann auch auf Absatz 1 eingegangen werden.

---

138 Vgl. Eschelbach, BeckOK, StGB, 49. Edition 1.2.2021, § 340 Rn. 7.

139 Vgl. Eschelbach, BeckOK, StGB, 49. Edition 1.2.2021, § 340 Rn. 10, 12.

140 Vgl. Eschelbach, BeckOK, StGB, 49. Edition 1.2.2021, § 340 Rn. 15, 17.

bb. § 226 II StGB

Der zum Verständnis des § 226 II StGB relevante Normtext lautet wie folgt:

§ 226 StGB

(2) Verursacht der Täter eine der in Absatz 1 bezeichneten Folgen absichtlich oder wissentlich, so ist die Strafe Freiheitsstrafe nicht unter drei Jahren.

Die „schweren Folgen“ von Absatz 1 sind, dass das Opfer:

(1) (...)

1. *das Sehvermögen auf einem Auge oder beiden Augen, das Gehör, das Sprechvermögen oder die Fortpflanzungsfähigkeit verliert,*
2. *ein wichtiges Glied des Körpers verliert oder dauernd nicht mehr gebrauchen kann oder*
3. *in erheblicher Weise dauernd entstellt wird oder in Siechtum, Lähmung oder geistige Krankheit oder Behinderung verfällt.*

Als *Verschärfung* des Grunddelikts, die nicht bloß „in der Regel“ greift, also kein Regelbeispiel ist, handelt es sich um eine *(weitere) Qualifikation.*

Die *Art* der Verschärfung besteht hier darin, dass die Körperverletzung zu einer besonders schweren *Folge* geführt hat. Die *Strafe* ist dabei nicht nur höher als bei §§ 223, sondern *auch* höher als bei § 224 StGB. Subjektiv genügt hier, also bei § 226 *II* StGB, indes *nicht jede* Vorsatzform! Der Täter muss hinsichtlich der schweren Folge mit *Absicht oder Wissentlichkeit* gehandelt haben. Bedingter Vorsatz genügt für Absatz 2 nicht.

Die *Gemeinsamkeit* von § 226 II StGB und § 224 StGB besteht mithin darin, dass beide das Grunddelikt des § 223 StGB verschärfen. Die *Unterschiede* zwischen §§ 224 und 226 II StGB sind dabei:

- § 226 StGB knüpft an die *Schwere* der *Folge an.*
- § 224 StGB knüpft an die *Gefährlichkeit* der *Handlung an.*
- § 226 II StGB ist *nur* absichtlich/wissentlich begehbar.
- § 224 StGB kann mit *jeder* Vorsatzform verwirklicht werden.

§ 226 II StGB kann *mit* § 224 StGB gemeinsam vorliegen[141] und wird dies meist auch. Ein Beispiel: Verlust des Gehörs durch wuchtige Schläge gegen den Kopf.

141 Vgl. Nimtz, Strafrecht für Polizeibeamte, Band 1, 6. Auflage 2018, Rn. 438.

Denkbar ist aber auch, dass *nur* die §§ 223, 226 StGB erfüllt sind. Ein Beispiel: Der Täter drückt die Wange des Opfers für wenige Sekunden auf eine heiße Herdplatte, sodass das Opfer dauerhaft entstellende Verbrennungen erleidet.

Die Prüfung kann nach den §§ 223, 224 StGB erfolgen. Empfohlen ist aber, § 226 II StGB *mit* §§ 223, 224 StGB zu prüfen.

Die *gemeinsame* Prüfung der §§ 223, 224, 226 II StGB sieht dann so aus:

Objektiver Tatbestand:

- **Tatbestandsmerkmale des Grunddelikts: anderer Mensch/körperlich misshandeln oder Gesundheitsschädigung/Kausalität/obj. Zurechnung**
- **Tatbestandsmerkmale des § 224 StGB (soweit im Fall einschlägig)**
- **Tatbestandsmerkmale des § 226 StGB (soweit im Fall einschlägig)**

Subjektiver Tatbestand:

- **Vorsatz bezüglich des Grunddelikts und der Merkmale des § 224 StGB**
- **Absicht oder Wissentlichkeit bezüglich der Merkmale des § 226 StGB**

Rechtswidrigkeit

Schuld

Die einzige Besonderheit verglichen mit der üblichen Qualifikationsprüfung besteht hier darin, dass eben im objektiven Tatbestand (und falls dort bejaht im subjektiven Tatbestand) *zwei* Qualifikationen zu dem Grunddelikt dazukommen.

cc. Die Merkmale des § 226 StGB

Nr. 1:

Verlust des Sehvermögens auf einem oder beiden Augen: Erfasst ist die völlige Erblindung, wobei es bereits nach dem Normtext genügt, wenn diese einseitig erfolgt. Der BGH sieht diese Variante indes auch schon durch eine *Minderung auf 10 % Sehkraft* verwirklicht.[142] **Verlust des Gehörs** liegt ebenfalls schon bei erheblicher Minderung vor, aber nur, wenn sie beidseitig ist.[143] **Verlust des Sprechvermögens** ist ebenfalls bereits bei erheblicher Minderung des Sprechvermögens gegeben; bloßes Stottern als Tatfolge ge-

142 Vgl. Nimtz, Strafrecht für Polizeibeamte, Band 1, 6. Auflage 2018, Rn. 439.

143 Vgl. Eschelbach, BeckOK, StGB, 49. Edition 1.2.2021, § 226 Rn. 8 f.

nügt indes noch nicht.[144] **Verlust der Fortpflanzungsfähigkeit** verlangt den dauernden Verlust der Zeugungs- bzw. Gebärfähigkeit.[145]

Nr. 2:

Verlust oder dauerndes Nicht-mehr-gebrauchen-können eines wichtigen Glieds des Körpers setzt zunächst voraus, dass das geschädigte Körperteil ein „wichtiges Glied des Körpers“ ist.

> Die **Definition „wichtiges Glied des Körpers“** lautet: Ein in sich abgeschlossenes Körperteil mit Eigenaufgaben im Gesamtorganismus und wesentlicher Bedeutung für den Menschen.[146]

Maßgeblich ist nach (umstrittener!) Rechtsprechung des BGH die *objektive* Wichtigkeit, also die für den *Durchschnittsmenschen*. Wenn also ein Pianist seinen kleinen Finger verliert, wäre dies kein Fall des § 226 StGB, auch wenn der kleine Finger für den Pianisten beruflich wesentlich ist, denn für den Durchschnittsmenschen ist er dies (anders etwa als der Daumen) nicht.[147]

Nr. 3:

Erhebliche dauernde Entstellung ist eine Verunstaltung der Gesamterscheinung[148] (z. B.: großflächige Verbrennungsschäden; erhebliche Fehlstellung der Nase). Verlangt ist auch hier, dass diese erheblich ist (kleine Narbe reicht nicht).[149] **Verfall in Siechtum** ist ein den Gesamtorganismus erheblich beeinträchtigender, anhaltender Krankheitszustand (z. B.: andauernde, schwere Schmerzen; Arbeitsunfähigkeit).[150] **Verfall in Lähmung** meint eine für den ganzen Körper wesentliche starke Beschränkung der Bewegungsfähigkeit einzelner oder mehrerer Körperteile.[151] **Verfall in geistige Krankheit oder Behinderung** meint geistige Krankheiten im Sinne üblicher klinischer Diagnostik, soweit sie *schwer* sind[152] (z. B.: massive Sucht, Psychosen).

---

144 Vgl. Eschelbach, BeckOK, StGB, 49. Edition 1.2.2021, § 226 Rn. 10.
145 Vgl. Eschelbach, BeckOK, StGB, 49. Edition 1.2.2021, § 226 Rn. 11 f.
146 Nimtz, Strafrecht für Polizeibeamte, Band 1, 6. Auflage 2018, Rn. 436.
147 Vgl. Nimtz, Strafrecht für Polizeibeamte, Band 1, 6. Auflage 2018, Rn. 439.
148 Vgl. Nimtz, Strafrecht für Polizeibeamte, Band 1, 6. Auflage 2018, Rn. 439.
149 Vgl. Eschelbach, BeckOK, StGB, 49. Edition 1.2.2021, § 226 Rn. 22.
150 Vgl. Eschelbach, BeckOK, StGB, 49. Edition 1.2.2021, § 226 Rn. 25.
151 Vgl. Eschelbach, BeckOK, StGB, 49. Edition 1.2.2021, § 226 Rn. 25.
152 Vgl. Hardtung, Münchener Kommentar zum StGB, 4. Auflage 2021, § 226 Rn. 40.

dd. § 226 I StGB

Blickt man – über die für beide Absätze relevante – Aufzählung der schweren Folgen hinaus auf den weiteren Wortlaut des § 226 I StGB, so lautet dieser:

§ 226 I StGB

Hat die Körperverletzung zur Folge, *dass die verletzte Person*

1. das Sehvermögen …verliert,

(…),

so ist die Strafe Freiheitsstrafe von (…).

Die Formulierung „hat… zur Folge“ macht deutlich: Absatz 1 ist eine **Erfolgsqualifikation**.[153] Erforderlich ist also ein vorsätzliches *Grunddelikt*, wobei dies § 223 StGB allein oder §§ 223, 224 StGB sein können, und dazu die *mindestens fahrlässige Herbeiführung* der im Gesetz genannten und schon erläuterten *schweren Folgen.*

Beachte aber: Da Absatz 1 (wie alle Erfolgsqualifikationen) *nur „mindestens“* Fahrlässigkeit verlangt, Absatz 2 aber Wissentlichkeit oder Absicht, ist § 226 I StGB *auch erfüllt*, wenn der Täter bezüglich der schweren Folge mit *Eventualvorsatz* handelt![154]

g. Misshandlung Schutzbefohlener, § 225 StGB

§ 225 StGB spielt vor allem im Kontext von *häuslicher Gewalt* und *Gewalt in der Pflege* eine Rolle. Die Tatbestandsmerkmale nach dem Normtext sind die folgenden:

§ 225 I StGB

Wer eine Person unter achtzehn Jahren *oder eine wegen Gebrechlichkeit oder Krankheit* wehrlose Person, *die*

1. seiner Fürsorge *oder Obhut untersteht,*

2. seinem Hausstand *angehört,*

3. von dem Fürsorgepflichtigen *seiner Gewalt* überlassen *worden oder*

4. ihm im Rahmen eines Dienst- oder Arbeitsverhältnisses untergeordnet *ist*

quält *oder* roh misshandelt*, oder wer durch* böswillige Vernachlässigung *seiner Pflicht, für sie zu sorgen, sie an seiner* Gesundheit schädigt*, wird (…) bestraft.*

153 Vgl. Fischer, StGB, 68. Auflage 2021, Rn. 2.

154 Vgl. Fischer, StGB, 68. Auflage 2021, Rn. 14.

Eine *Systematisierung* der Merkmale ergibt Folgendes:

- Es gibt zwei Gruppen von *geschützten Personen*: Minderjährige sowie wegen Alter/Krankheit Wehrlose.
- Daneben gibt es vier Gründe der *besonderen Pflicht des Täters*, nämlich die in Nummer 1 bis 4 genannten.
- Es gibt drei alternative *Tathandlungen*: Quälen, roh misshandeln und Gesundheitsschädigung durch böswillige Vernachlässigung

Dies ergibt folgendes Prüfungsschema § 225 I StGB:

Objektiver Tatbestand:

- **geschützter Personenkreis:**
  - **Minderjährige**
  - **wegen Alter/Krankheit Wehrlose**
- **Sorgepflichten des Täters:**
  - **Untersteht Fürsorge/Obhut**
  - **Gehört zum Hausstand**
  - **Wurde zur Fürsorge überlassen**
  - **Untergeordnet im Rahmen eines Dienst-/Arbeitsverhältnisses**
- **Tathandlungen:**
  - **Quälen**
  - **Roh misshandeln**
  - **Gesundheitsschädigung durch böswillige Vernachlässigung**

Subjektiver Tatbestand: Vorsatz

Rechtswidrigkeit

Schuld

Zu den **Tatbestandsmerkmalen** soll Folgendes ergänzend erläutert werden.

Geschützter Personenkreis:

§ 225 StGB schützt wie schon gesagt *zwei Gruppen*: Kinder und Jugendliche einerseits sowie schwer Kranke, Behinderte und gebrechliche alte Menschen andererseits.

Mögliche Täter:

Korrespondierend zum geschützten Personenkreis ergeben sich dann auch die wichtigsten *Tätergruppen*, nämlich die für die geschützten Personen

Verantwortlichen. Diese sind bei Kindern und Jugendlichen Eltern und Erzieher, bei Kranken und Alten Kranken- und Altenpfleger.

Zu den **Tathandlungen** gilt Folgendes:

Erste mögliche Handlung ist das **Quälen** mit nachfolgender

Definition „Quälen":

Verursachung länger andauernder oder sich wiederholender erheblicher Schmerzen oder Leiden.[155]

Beachte dabei: Quälen erfasst auch *rein seelische* Leiden![156]

Bsp.: Schwere Angst bei Einsperren im Dunkeln.

Die zweite Tathandlung ist das **„roh Misshandeln"**, mit nachfolgender

Definition „roh misshandeln":

Zufügung erheblichen Leidens aus einer gefühllosen, gegen die Leiden des Opfers gleichgültigen Gesinnung heraus erfolgt.

Die Unterschiede zum Quälen sind einerseits, dass einmalige Zufügung reicht, andererseits aber dieses Merkmal nur bei „roher" Gesinnung vorliegt und auch nur bei körperlicher Beeinträchtigung, nicht bei rein seelischer.[157]

Bsp.: Schütteln eines Kleinkindes.

Die dritte Variante, die **„Gesundheitsschädigung durch böswillige Vernachlässigung"**, ist ein *echtes Unterlassungs*delikt.

Vor allem erfasst sind dabei Eltern, die ihre Kinder massiv vernachlässigen. Erforderlich ist aber, dass die Vernachlässigung „böswillig" erfolgt, was wie folgt zu verstehen ist:

Definition „böswillig":

Auflehnen gegen die Fürsorgepflicht aus schlechter Gesinnung oder verwerflichen Beweggründen wie Hass, Geiz, Eigennutz, Sadismus.

Nicht „böswillig" ist dabei insbesondere Überforderung.[158]

---

155 Vgl. Eschelbach, BeckOK, StGB, 49. Edition 1.2.2021, § 225 Rn. 16.

156 Vgl. Eschelbach, BeckOK, StGB, 49. Edition 1.2.2021, § 225 Rn. 17.

157 Vgl. Eschelbach, BeckOK, StGB, 49. Edition 1.2.2021, § 225 Rn. 19 f.

158 Vgl. Eschelbach, BeckOK, StGB, 49. Edition 1.2.2021, § 225 Rn. 21 ff.

Praxisbox:

In der Ermittlungspraxis hat dies zur Folge, dass in Fällen, in denen § 225 StGB in Betracht kommt, unbedingt die *Motivlage des Täters zu ermitteln* ist. Denn sowohl die Variante des „Quälens", als auch die des „roh Misshandeln" enthalten jeweils bestimmte subjektive Komponenten, ohne die sie auch bei gravierendem Fehlverhalten der Täter gegenüber dem Opfer nicht erfüllt sind!

In Absatz 3 enthält die Norm **Qualifikationen**, bei denen erforderlich ist, dass der Täter eine *konkrete* Gefahr des Todes oder einer schweren Schädigung verursacht.[159]

Zumeist werden bei Bejahung von § 225 StGB *auch §§ 223, 224* StGB erfüllt sein. Die Normen stehen dann in Tateinheit, also bleiben nebeneinander bestehen.[160]

h. Verletzung der Fürsorgepflicht, § 171 StGB

Ein weiterer spezieller Straftatbestand im Kontext von häuslicher Gewalt ist die **Verletzung der Fürsorgepflicht nach § 171 StGB**. Nach dem Normtext macht sich strafbar,

„wer seine Fürsorge- oder Erziehungspflicht *gegenüber einer Person unter sechzehn Jahren* gröblich verletzt *und* dadurch *den Schutzbefohlenen* in die Gefahr bringt, *in seiner körperlichen oder psychischen* Entwicklung erheblich geschädigt zu werden, *einen kriminellen Lebenswandel zu führen oder der Prostitution nachzugehen."*

Das Prüfungsschema für § 171 StGB lautet:

Objektiver Tatbestand:

- **Tatopfer: Person unter sechzehn Jahren**
- **Bestehen einer Fürsorge- oder Erziehungspflicht des Täters**
- **Tathandlung: gröbliche Verletzung der Täterpflicht**
- **Eintritt einer Gefahr für die Entwicklung pp.**

Subjektiver Tatbestand: Vorsatz

Rechtswidrigkeit

Schuld

159 Vgl. Eschelbach, BeckOK, StGB, 49. Edition 1.2.2021, § 225 Rn. 34 ff.

160 Vgl. Eschelbach, BeckOK, StGB, 49. Edition 1.2.2021, § 225 Rn. 38.

Die *Hürden* sind hier indes *sehr hoch*: Die Verletzung muss **gröblich** sein, also schwerwiegend, wiederholt und nicht bloß aus Überforderung; Tatfolge muss die **konkrete Gefahr einer erheblichen Entwicklungsschädigung** pp. sein.[161] Ein solcher Nachweis gelingt selten, was § 171 StGB in der Praxis zu einer *selten* abgeurteilten Norm macht.

i. Beteiligung an einer Schlägerei, § 231 StGB (zugleich: Objektive Bedingung der Strafbarkeit)

Eine Sonderstellung bei den Delikten gegen die körperliche Unversehrtheit hat § 231 StGB. Dieser wird sehr viel *seltener* angewandt, als die Gesetzesbezeichnung „Beteiligung an einer Schlägerei" vermuten lässt. Warum dem so ist, wird im Laufe der ansonsten auf Grundstrukturen beschränkten Befassung deutlich. Dem *Normtext* sind die folgenden Tatbestandsmerkmale zu entnehmen:

§ 231 StGB

(1) Wer sich an einer Schlägerei *oder an einem* von mehreren verübtem Angriff beteiligt, *wird schon wegen dieser Beteiligung mit Freiheitsstrafe bis zu drei Jahren oder mit Geldstrafe bestraft,* wenn durch die Schlägerei oder den Angriff *der* Tod *eines Menschen oder eine* schwere Körperverletzung *(§ 226 StGB)* verursacht *worden ist.*

Blickt man auf die Merkmale genauer, so ist die *Tathandlung* die *Beteiligung* an einer Schlägerei oder an einem von mehreren verübtem Angriff. Daneben verlangt das Gesetz *nur*, aber eben *auch*, dass *durch* die Schlägerei oder durch den Angriff eine andere Person *gestorben* ist oder eine *schwere Gesundheitsbeschädigung* erlitten hat. Die schon den Gesetzeswortlaut anzusehende *Besonderheit* liegt hier darin, dass diese Folge *nicht (!)* das Ergebnis der *Täterhandlung,* also der je konkreten Art der Beteiligung an der Schlägerei durch den konkreten Täter sein muss, sondern vielmehr *Folge* der Schlägerei bzw. des Angriffs *als solchem.* In der Sache ergibt dies also, dass jemand *schon für seine Beteiligung* nach §231 StGB bestraft werden kann, aber eben *nur*, wenn das *Ergebnis der Schlägerei* bzw. des Angriffs, an der er sich beteiligt hat, eben die genannten Folgen sind – dann aber *unabhängig* davon, inwieweit die Täterhandlung zu diesen Folgen überhaupt beigetragen hat und *unabhängig* davon, inwieweit der konkrete Beschuldigte diese Folgen wollte, für möglich hielt oder auch nur vorhersehen konnte. Die Folgen der Schlägerei bzw. des Angriffs wie im Gesetz beschrie-

161 Vgl. Heuchemer, BeckOK, StGB, 49. Edition 1.2.2021, § 171 Rn. 6, 10 ff.

ben müssen also *vorliegen*, damit nach § 231 StGB bestraft werden kann. Durch die Täter verursacht oder von ihnen zumindest billigend in Kauf genommen sein müssen sie aber *nicht*. Da die genannten Folgen also *nur objektiv* als Ergebnis der Schlägerei *gegeben* sein müssen, *nicht* aber vom Vorsatz des Beschuldigten umfasst, werden sie *nicht* im objektiven Tatbestand geprüft (denn dann müsste sich der Vorsatz darauf beziehen). Sie stellen vielmehr eine sogenannte **objektive Bedingung der Strafbarkeit** dar und werden als **eigener Prüfungspunkt zwischen dem subjektiven Tatbestand und der Rechtswidrigkeit** geprüft![162]

Solche objektiven Bedingungen der Strafbarkeit, also Umstände, die nur objektiv gegeben sein müssen, damit ein bestimmtes Delikt verwirklicht sein kann, finden sich im Strafgesetzgesetzbuch gelegentlich *auch an anderen* Stellen. Weiteren solchen Bedingungen werden Sie im Verlauf Ihres Studiums jedenfalls noch zweimal begegnen, nämlich bei der „üblen Nachrede" nach § 186 StGB sowie bei den Widerstandsdelikten nach §§ 113, 114 StGB. Auf obige Art sortiert, ergibt sich nun folgendes

Prüfungsschema für die „Beteiligung an einer Schlägerei", § 230 StGB:

Objektiver Tatbestand

- **Schlägerei oder**
- **Angriff mehrerer**
- **Tathandlung: Beteiligung**

Subjektiver Tatbestand: Vorsatz

Objektive Bedingung der Strafbarkeit: Tod oder schwere Gesundheitsschädigung

Rechtswidrigkeit

Schuld

Zu den einzelnen Begriffen sei noch Folgendes erläutert:

Schlägerei meint einen Streit mit gegenseitigen Körperverletzungen mit mindestens drei aktiv beteiligten Personen, bei der von beiden Seiten Tätlichkeiten ausgehen.[163]

162 Vgl. Eschelbach, BeckOK, StGB, 49. Edition 1.2.2021, § 231 Rn. 18.
163 Vgl. Eschelbach, BeckOK, StGB, 49. Edition 1.2.2021, § 231 Rn. 5 f.

Angriff mehrerer meint einen körperlichen Angriff durch mindestens zwei Personen auf einen Dritten. Hier sind einseitig geführte Attacken mehrerer erfasst.[164]

Beteiligung meint die aktive physische oder psychische Mitwirkung am Tatort.[165]

Schlägereien und Angriffe dieser Art wird es nun recht oft geben. Aber nur, wenn dabei jemand ums Leben kommt oder die Folgen des § 226 StGB verwirklicht werden, ist auch die objektive Bedingung der Strafbarkeit erfüllt. Darum ist die Norm in der Praxis sehr selten: Denn Schlägereien, wo am Ende jemand tot auf dem Boden liegt, sind zum Glück *recht selten*.

164 Vgl. Eschelbach, BeckOK, StGB, 49. Edition 1.2.2021, § 231 Rn. 9.

165 Vgl. Eschelbach, BeckOK, StGB, 49. Edition 1.2.2021, § 231 Rn. 10.

2. Diebstahlsdelikte

a. Diebstahl, § 242 StGB

aa. Einleitung

Diebstahl ist *mit das wichtigste* Delikt Ihres Studiums: in der Praxis, weil es der am häufigsten verwirklichte Straftatbestand ist; in der Klausur, weil Klausuren ohne Diebstahl im entsprechenden Modul zwar theoretisch möglich sind, aber kaum je gesichtet wurden.

Der Diebstahl kommt dabei mit einem recht geringen Bestand an Definitionen aus. Ihn richtig zu verstehen ist aber nicht so einfach. Mehr als bloßes Lernen ist hier also *vor allem verlangt, zu wissen*, was genau mit den jeweiligen Tatbestandsmerkmalen *gemeint ist* und was nicht. Darauf liegt daher in der Darstellung der Schwerpunkt.

bb. Das Prüfungsschema des Diebstahls

Schon am *Gesetzestext* erkennt man eine *Besonderheit*. Maßgebliche Tatbestandsmerkmale sind nach dem *Normtext*:

§ 242 StGB

(1) Wer eine fremde bewegliche Sache einem anderen in der Absicht wegnimmt, die Sache sich oder einem Dritten rechtswidrig zuzueignen, wird mit Freiheitsstrafe bis zu fünf Jahren oder mit Geldstrafe bestraft.

Zum *objektiven* Tatbestand gehören dabei die Merkmale „fremde, bewegliche Sache“ und „Wegnahme“.

Wohin aber gehört die „*Absicht rechtswidriger Zueignung*“? Das Wort „*Absicht*“ macht es deutlich: Sie ist Teil des *subjektiven* Tatbestands – und zwar *neben* dem Vorsatz.

Alleine daraus folgt bereits: Stattgefunden haben muss die Zueignung *nicht*, der Täter muss sie *nur beabsichtigen*, also anstreben (Näheres dazu folgt)![166]

Beachte also: Bei § 242 StGB enthält der Straftatbestand *nicht nur objektive* Merkmale. Er enthält ein *zusätzliches subjektives* Merkmal. Dieses ersetzt den Vorsatz *nicht*, sondern *steht neben* dem Vorsatz.

166 Vgl. Schönke/Schröder/Bosch, StGB, 30. Aufl. 2019, § 242 Rn. 46.

Daraus ergibt sich folgendes – vorläufiges – Prüfungsschema „Diebstahl“ (das im Laufe der Befassung mit § 242 StGB noch *erweitert* werden wird):

Objektiver Tatbestand:

- **Tatobjekt:**
  - **Sache**
  - **beweglich**
  - **fremd**
- **Tathandlung:**
  - **Wegnahme**

Subjektiver Tatbestand:

- **Vorsatz (bezüglich aller Merkmale des objektiven Tatbestands)**
- **Absicht rechtswidriger Zueignung**

Rechtswidrigkeit

Schuld

Der subjektive Tatbestand enthält also *zwei* Elemente:

- den *Vorsatz* – wie stets *bezogen* auf alle Elemente des objektiven Tatbestands – sowie
- die *Absicht rechtswidriger Zueignung.*

Die Absicht rechtswidriger Zueignung ist wie bereits gesagt dabei *ohne* Entsprechung im objektiven TB. Der Täter muss die Zueignung *nur wollen.*

cc. Zu den Merkmalen des objektiven Tatbestands I: Das Tatobjekt

Zum Verständnis der Norm dient im weiteren folgender

Fall:

Der B sieht, wie sein Kommilitone O in der Bibliothek seine Sachen, darunter ein Laptop, zusammenpackt, aufsteht und geht, dabei aber einen USB-Stick auf dem Tisch übersieht und liegen lässt. B, der für eine Hausarbeit denselben Fall wie O bearbeiten muss, sieht darin seine Chance: er nimmt zutreffend an, auf dem Stick seien Os Ausarbeitungen, die ihm sehr viel Arbeit ersparen könnten. Er nimmt den Stick daher an sich, steckt ihn in die Tasche und verlässt dann ebenfalls die Bibliothek. Zu Hause will er die Daten überspielen und den Stick dann wegwerfen. O fällt später auf, dass und wo er den Stick verloren hat.

Strafbarkeit des B?

Zu prüfen ist – natürlich – *§ 242 StGB*:

***Objektiver* Tatbestand:**

Zu beginnen ist zunächst mit dem **Tatobjekt**:

Der Stick müsste eine **fremde, bewegliche Sache** sein.

Das Tatobjekt beim Diebstahl muss also diese *drei Merkmale* erfüllen: es muss eine *Sache* sein, es muss *beweglich* sein, und es muss für den Täter *fremd* sein.

Sachen sind dabei (Definition „Sache") „körperliche Gegenstände"[167].

Im Fall käme als Tatobjekt im Blick auf den Stick nun zweierlei in Betracht: dieser selbst, aber auch die auf ihm gespeicherten Daten, um die es B ja letztlich auch geht.

Der *USB-Stick selbst*, also das Speichermedium, auf dem die Daten liegen, ist wie bei Speichermedien stets körperlich und damit eine Sache.

Aber was ist mit den *Daten*? Diese sind *als solche nicht* körperlich und damit schon kein taugliches Tatobjekt für § 242 StGB, sodass ihr „Diebstahl" keiner ist (es gibt aber Spezialvorschriften für den „Datenklau").

Unerheblich für die Sacheigenschaft ist der *Aggregatzustand*, Gase und Flüssigkeiten sind also ebenfalls Sachen im Sinne des § 242 StGB. Wer also etwa Erdgas ableitet, kann an diesem, wenn die weiteren Voraussetzungen des §242 StGB vorliegen, einen Diebstahl begehen.

Der Stick im Fall müsste ferner für den Täter, also den B, **fremd** sein.

> Die **Definition „fremd"** lautet: Fremd ist eine Sache, die dem Täter nicht oder nicht alleine gehört.[168]

Es geht bei diesem Merkmal also um die *eigentumsrechtliche* Zuordnung. Es geht darum, wer Eigentümer der Sache ist.

Im Fall ist dies recht eindeutig: Der Stick gehört O.

Beachte dabei: Das *Vergessen* des Sticks ändert am *Eigentum* des O nichts, der Stick *gehört* immer noch dem O!

167 Vgl. Legaldefinition der „Sache" in § 90 BGB.

168 Vgl. Schönke/Schröder/Bosch, StGB, 30. Aufl. 2019, § 242 Rn. 12.

Praxisbox:

An der Fremdheit der Sache würde ein Diebstahl scheitern, wenn etwa ein im Rahmen einer Verkehrsüberwachung und Überprüfung beschlagnahmtes Fahrzeug durch den Eigentümer dem Gewahrsam der Polizei wieder entzogen wird. Denn die polizeiliche Beschlagnahme ändert am Eigentum nichts. Hier käme dann aber ein Verwahrungsbruch gemäß § 133 StGB in Betracht.

Das Tatbestandsmerkmal „fremd" wird *meist klar* vorliegen. Im Regelfall steht fest, wem eine Sache nach den Regeln des Zivilrechts als Eigentum gehört.

Es gibt aber *zwei Sonderkonstellationen*, die man kennen muss, in denen die Zuordnung einer besonderen Klärung bedarf. Diese sind:

Miteigentum: Gemeint ist, dass eine Sache *mehreren zusammen* gehört (Bsp.: A und B kaufen gemeinsam ein dann beiden gehörendes Auto). Nimmt der Täter eine solche Sache weg, ist sie für ihn „fremd", weil sie ihm nicht *alleine* gehört – und damit taugliches Tatobjekt eines Diebstahls (nimmt A im Beispiel also das Auto weg, kann dies ein Diebstahl sein, obwohl das Auto *auch* A gehört).[169]

Herrenlose Sachen: Herrenlos sind Sachen, die in *niemandes Eigentum* stehen. Diese sind *kein* taugliches Tatobjekt eines Diebstahls. Sie wegzunehmen, ist daher nicht nach § 242 StGB strafbar. Herrenlose Sachen sind v. a. *Wildtiere* und Sachen, an denen das Eigentum aufgegeben wurde („*Dereliktion*").[170]

Weggeworfene Sachen bilden in dem Zusammenhang mit dem Diebstahl eine besondere Konstellation: Diese *können* herrenlos sein, wenn der bisherige Eigentümer mit dem Wegwerfen sein Eigentum aufgibt *und* es auch nicht auf einen anderen überträgt. Liegt allerdings in dem Wegwerfen die Übertragung des Eigentums auf einen anderen, wird die Sache mit der Entsorgung *nicht* herrenlos – und bleibt damit ein taugliches Tatobjekt für einen Diebstahl.

Ein *Beispiel* für Letzteres kann Sperrmüll sein: Ist geregelt, dass das Eigentum an diesem mit dem Bereitstellen zum Abholen auf die Kommune übergeht, wären so entsorgte Sachen nicht herrenlos, da sie der Gemeinde gehören. Ihre Wegnahme könnte dann ein Diebstahl sein. Selbst das bloße Werfen in den Müll kann für sich dann noch keine Dereliktion sein, wenn dem Täter damit gerade nicht egal ist, was mit der Sache passiert, sondern er mit dem Wegwerfen deren Vernichtung anstrebt (z. B. bei Entsorgung einer alten EC-Karte).[171]

169 Vgl. BGH, NJW 1992, 250.

170 Vgl. Schönke/Schröder/Bosch, StGB, 30. Aufl. 2019, § 242 Rn. 16 ff.

171 Vgl. OLG Hamm, JuS 2011, 755.

Praxisbox:

In jüngerer Zeit vielfach diskutiert wurde in dem Zusammenhang der Eigentumsaufgabe (Dereliktion) auch das sogenannte „*Containern*". Dieses Phänomen begegnet der Polizei daher immer häufiger im täglichen Dienst. Dabei handelt es sich um das Herausnehmen weggeworfener, aber nach Ansicht der Täter noch brauchbarer Lebensmittel (bspw. Von einem Supermarkt), um diese in der Folge zu verspeisen. Gelegentlich werden die Täter auf frischer Tat ertappt und die Polizei entsprechend verständigt.

Es ist dabei *fallabhängig*, ob es sich bei dem Phänomen des „Containerns" um einen *Diebstahl* handelt. Zur Beurteilung ist insbesondere zu beachten, ob es sich bei dem Abfallbehälter um einen öffentlich zugänglichen Abfallbehälter handelt oder dieser in einem Sicherheitsbereich des Supermarktes abgestellt ist und theoretisch nur Mitarbeiter Zugriff auf diesen haben.

Sofern die Ware in einem *öffentlichen* Abfallbehälter entsorgt wird, kann von einer Aufgabe des Eigentums ausgegangen werden. Ein Diebstahl läge somit *nicht* vor. Allerdings können auch hier Stadtverordnungen eine Strafbarkeit bejahen.

Wird die Ware hingegen *auf dem Betriebsgelände des Supermarktes* in einem Abfallbehälter entsorgt (diese sind i. d. R. mit einem zusätzlichen Schloss gesichert), kann davon ausgegangen werden, dass die weggeworfene Ware noch im Eigentum des Supermarktes steht und lediglich auf die Eigentumsübergabe an den Abfallentsorger vorbereitet bzw. für diese deponiert wird. Ein Diebstahl ist dann zu *bejahen*.[172]

Im Fall wäre weiter zu prüfen mit dem Merkmal **„beweglich"**.

Dieses Merkmal bereitet die wenigsten Probleme.

Die **Definition für „beweglich"** lautet: Beweglich ist alles, was fortbewegt werden kann.[173]

Fortbewegt werden kann in diesem Sinne alles, was immer schon beweglich war, etwa Geld oder Schmuck, aber auch, was erst durch den Täter beweglich gemacht wurde, also z. B. eine vom Sockel abgeschlagene Skulptur.[174]

Im Fall ist dies – wie eigentlich stets – eindeutig zu bejahen.

Denn wenn eine Sache sich gar nicht bewegen lässt, auch nicht, wenn man versucht, sie bewegbar zu machen, wird sich die Frage nach einem (vollendeten) Diebstahl nicht stellen.

172 Vgl. BayObLG, NStZ-RR 2020, 104; BVerfG, NJW 2020, 2953.

173 Vgl. Schönke/Schröder/Bosch, StGB, 30. Aufl. 2019, § 242 Rn. 11.

174 Vgl. Schönke/Schröder/Bosch, StGB, 30. Aufl. 2019, § 242 Rn. 11.

dd. Zu den Merkmalen des objektiven Tatbestands II: Die Tathandlung „Wegnahme"

Die eigentliche Schwierigkeit des objektiven Tatbestands liegt bei der **Tathandlung „Wegnahme"**.

Die beiden hier nötigen Definitionen sind:

Definition „Wegnahme":

Bruch fremden und Begründung neuen Gewahrsams.[175]

Definition „Gewahrsam":

Die nach der Verkehrsauffassung bestehende, von einem Herrschaftswillen getragene tatsächliche Sachherrschaft.[176]

Blickt man auf die Definition von Wegnahme, so muss ein fremder *Gewahrsam gebrochen* werden. Dafür muss zunächst geklärt werden, *wer eigentlich Gewahrsam hatte, bevor* der Dieb die Sache nahm. Dies verlangt, zu verstehen, *was* **Gewahrsam** *überhaupt ist*. Darum geht es also zuerst, danach wird erörtert, wann dieser gebrochen und neuer Gewahrsam begründet ist.

Zentral zum Verstehen des Begriffs *Gewahrsam* (und damit des § 242 StGB) ist zunächst, diesen vom Begriff des Eigentums *abzugrenzen*.

Der <u>*Unterschied*</u> zwischen Eigentum und Gewahrsam ist der folgende:

Eigentum meint ein *Recht* eines Menschen an einer Sache. Eigentum betrifft also die rechtliche Zuordnung einer Sache. Gewahrsam hingegen meint *nur* einen *faktischen (Herrschafts-)Zustand*, also nicht mehr als die faktische Herrschaft über eine Sache.[177]

Dies ist in der Definition gemeint mit der Formulierung „*tatsächliche Sachherrschaft*" (was die „Verkehrsauffassung" in der Definition soll, dazu *später* mehr).

Eigentum und Gewahrsam sind also *rechtlich* etwas *komplett Verschiedenes*!

Eigentum und Gewahrsam *können* dabei zusammenfallen, *müssen* es aber *nicht*.

Ein *Zusammenfallen* liegt etwa vor, wenn Eigentümer E seine Geldbörse in seiner Tasche hat. Hier gehört die Geldbörse E (= Eigentum) und E „be-

175 Schönke/Schröder/Bosch, StGB, 30. Aufl. 2019, § 242 Rn. 22.

176 Vgl. Joecks/Jäger, StGB, 12. Auflage 2018, § 242 Rn. 12.

177 Vgl. Wittig, BeckOK, StGB, 49. Edition 1.2.2021, § 242 Rn. 13.

herrscht“ sie auch faktisch, indem er faktisch entscheiden kann, was mit ihr passiert (= Gewahrsam).

Ein *Auseinanderfallen* von Eigentum und Gewahrsam hingegen läge vor, wenn Dieb D die Geldbörse des E in der Tasche hat: *Eigentümer* ist auch hier nach wie vor E, denn die Geldbörse gehört ja weiter dem E (= Eigentum). *Faktische Sachherrschaft (= Gewahrsam)* über die Geldbörse hat indes nun nur der D, denn faktisch kann nur dieser entscheiden, was mit der Geldbörse passiert.

Was dieses Beispiel ferner besonders deutlich zeigt, ist, dass es beim Gewahrsam eben *nur* um eine faktische Beherrschung geht und *nicht* darum, ob diese berechtigt ist oder nicht. Denn natürlich ist es widerrechtlich, dass D nun faktisch alleine bestimmen kann, was mit Es Geldbörse passiert. Gewahrsam hat D aber eben trotzdem, denn dieser beschreibt einfach *nur einen realen Zustand.*

Sätze wie „Die Geldbörse gehört E, darum hat er auch Gewahrsam“ sind also *immer falsch* – und führen zu *erheblichem Punktabzug*! Wem die Sache *gehört*, betrifft im Schema des § 242 StGB *alleine* das Tatbestandsmerkmal *„fremd“* beim Tatobjekt „fremde, bewegliche Sache“. Beim Gewahrsam geht es *nur* darum, wer zum maßgeblichen Zeitpunkt *faktisch* die Sache beherrschte.

Beachte noch *ergänzend*:

Auseinanderfallen können Eigentum und Gewahrsam natürlich *auch gewollt.* Beispiel: Einwurf eines Briefes in den Briefkasten. Der Briefschreiber bleibt Eigentümer. Faktisch beherrschen kann den Brief aber jetzt nur noch die Post.

Eine dem Gewahrsam *vom Grundsatz her vergleichbare* Form der Zuordnung ist im Zivilrecht das Wort *„Besitz“* (auch wenn es in manchen Konstellationen hier nicht relevante Abweichungen gibt). Auch dieses beschreibt nur eine faktische Sachherrschaft – und meint damit eben etwas ganz anderes als Eigentum.[178]

Gewahrsam können *auch mehrere gleichzeitig* haben (Beispiel: Gegenstände im Haushalt von Eheleuten). Man spricht dann von *Mitgewahrsam.* Ein Diebstahl ist hier möglich, wenn einer der Gewahrsamsinhaber den Mitgewahrsam der anderen bricht.[179]

178 Vgl. Wittig, BeckOK, StGB, 49. Edition 1.2.2021, § 242 Rn. 12.

179 Vgl. Wittig, BeckOK, StGB, 49. Edition 1.2.2021, § 242 Rn. 20.

Mit dem *Tod endet* der Gewahrsam. Der Erbe erlangt Gewahrsam erst, wenn er sich der Erbsachen tatsächlich bemächtigt.[180]

Im Fall hatte O zweifelsfrei Gewahrsam an dem Stick, solange er noch selber in der Bibliothek war und seine Sachen nutzte.

Das *Problem im Fall* ist aber: Liegt ein *Wegfall des Gewahrsams* vor mit dem *Vergessen* (falls ja, hätte O schon keinen Gewahrsam mehr gehabt, als B den Stick einsteckte mit der Folge, dass B Os Gewahrsam auch nicht gebrochen und den Stick damit zumindest *dem O* nicht „weggenommen" hätte)?

Blickt man nur auf die „tatsächliche Sachherrschaft", müsste man strenggenommen sagen, dass Os Gewahrsam mit dem Vergessen endet. *Aber*: Bevor B zugriff, hätte O die faktische Herrschaft weiter ausüben *können*, da er wusste, wo der Stick war.

Für solche Fallkonstellationen wird der Begriff Gewahrsam nun über die **„Verkehrsauffassung"** *erweitert*:

Gewahrsam soll nach der „Verkehrsauffassung" auch bestehen an *zwar nicht* faktisch be*herrschten*, aber noch beherrsch*baren* Sachen.[181] *Beispiele* wären: Hausrat während einer Urlaubsreise; vergessene, aber noch auffindbare Sachen.

An diesen besteht nach der „Verkehrsauffassung" sogenannter *gelockerter Gewahrsam*. Dieser ist eben *auch* Gewahrsam, Sachen, an denen gelockerter Gewahrsam besteht, können also *weggenommen werden*.

Auch *kein gelockerter* und damit *gar kein Gewahrsam mehr* besteht aber bei *Wegfall* (auch) der *Beherrschbarkeit*. Wichtigstes Beispiel hierfür sind endgültig verlorene Sachen. In solchen Fällen ist ein *Diebstahl* daher *nicht mehr* möglich, da kein Gewahrsam mehr gebrochen werden kann. Möglich ist *nur* eine (später noch behandelte) *Unterschlagung*. Darum sind Fund-Unterschlagungen eben auch keine Fund-Diebstähle.[182]

Allerdings gibt es davon eine *Ausnahme*: Wenn der ursprüngliche Gewahrsamsinhaber diesen *in* der abgeschlossenen *Herrschaftssphäre eines Dritten* verliert, z. B. einem Gasthaus oder eben einer Bibliothek, wäre zu prüfen, ob der Inhaber dieser Herrschaftssphäre *neuen* Gewahrsam erlangt. Würde man dies bejahen, wäre eine Wegnahme durch den Dieb als Bruch des (nunmehrigen) Gewahrsams des neuen Gewahrsamsinhabers der Herrschaftssphäre wieder möglich.[183]

180 Vgl. Wittig, BeckOK, StGB, 49. Edition 1.2.2021, § 242 Rn. 12.

181 Vgl. RGSt 50, 183 (185).

182 Vgl. Wittig, BeckOK, StGB, 49. Edition 1.2.2021, § 242 Rn. 15, 17.

183 Vgl. Wittig, BeckOK, StGB, 49. Edition 1.2.2021, § 242 Rn. 17.

Im Fall erinnert der O sich daran, wo er den Stick verloren hat. Damit bestand (vor dem In-Aktion-Treten des B) für den O noch eine faktische Herrschaftsmöglichkeit und damit *gelockerter Gewahrsam. Ursprünglicher* Gewahrsamsinhaber ist also *der O* (darauf, ob dann, wenn O nicht mehr gewusst hätte, wo die Sache war, „die Bibliothek“ Gewahrsamsinhaber geworden wäre und der B diesen Gewahrsam gebrochen hätte, kommt es im Fall also nicht an).

Nach der Feststellung, wer ursprünglich Gewahrsam hatte, ist der **Bruch** des und die **Begründung neuen** Gewahrsams zu prüfen.

Ist indes einmal verstanden, was mit Gewahrsam gemeint ist, nämlich die *tatsächliche Sachherrschaft*, werden Bruch und Neubegründung durch den Täter fast selbsterklärend. *Maßgeblich* ist auch hier die *tatsächliche Herrschaft*:

- Ein **Bruch** liegt vor, wenn das Opfer die tatsächliche Herrschaft – *gegen oder ohne* seinen Willen – *verliert.*[184]
- Die **Begründung neuen** Gewahrsams liegt vor, wenn der Täter die tatsächliche Herrschaft *erlangt.*[185]

Meist geschieht dies durch dieselbe Handlung.

Im Fall geschieht *beides* mit *Einstecken* des Sticks. Nur noch B hat von da an die Sachherrschaft.

Ein *Auseinanderfallen* von Bruch und Neubegründung ist jedoch denkbar, wie folgendes Beispiel zeigt: B will aus einem Baumarkt eine Kettensäge stehlen. Der Baumarkt hat einen umzäunten Außenbereich, an dessen Außenseite dichter Bewuchs steht. B trägt die Kettensäge nun in den Außenbereich und wirft sie heimlich über den Zaun ins Gebüsch, wo sie nicht mehr sichtbar ist. Dann verlässt B den Markt, wartet, bis es Nacht wird, und holt dann von außen die Säge aus dem Gebüsch. Der frühere Gewahrsamsinhaber, hier der Filialleiter, verliert den Gewahrsam schon mit dem „Verschwinden“ der Kettensäge im Gebüsch, weil er nun nicht mehr weiß, wo die Sache ist. B erlangt eine eigene Sachherrschaft aber erst mit dem nächtlichen Abholen.

Fallen Bruch und Neubegründung zusammen, so ergibt sich für die Frage, ab welchem *Zeitpunkt* der Täter eigentlich den alten Gewahrsam gebrochen und neuen begründet hat, noch Folgendes:

Bei *kleinen* Gegenständen, die der Täter in die Tasche steckt, ist bereits *damit* der alte Gewahrsam gebrochen und neuer begründet. Denn die Ta-

184 Vgl. Wittig, BeckOK, StGB, 49. Edition 1.2.2021, § 242 Rn. 21.

185 Vgl. Wittig, BeckOK, StGB, 49. Edition 1.2.2021, § 242 Rn. 25.

sche stellt eine „*Gewahrsamsexklave*“ des Täters dar, in die das Opfer nicht ohne Weiteres einfach hineingreifen darf. Bei *größeren* Sachen, die der Täter nicht schon vor Ort „verschwinden“ lassen kann, ist der Gewahrsam hingegen erst gebrochen und neubegründet, wenn der Täter mit dem Diebesgut die Sphäre des Opfers, also z. B. dessen Haus, *verlassen* hat.

Für den *Ladendiebstahl* folgt daraus:

- Erfolgt ein *Einstecken des Diebesguts in eigene Jacken/Taschen* des Täters bereits im Laden, liegt *bereits darin* eine vollendete Wegnahme. Denn der Inhaber kann und darf dem Täter wie schon gesagt nicht einfach in die Tasche greifen und die Sache wieder herausholen.
- Legt der Täter das Diebesgut indes im Laden nur in den Einkaufswagen oder trägt es in den Händen, ist eine Wegnahme *erst mit Verlassen* des Ladens begangen. Denn bis dahin könnte und dürfte der Inhaber sich die Sache noch einfach so greifen.[186]

Praxisbox:

Die dargestellte Rechtslage kann *in der Praxis zu erheblichen Beweisproblemen* führen. Denn wenn jemand Sachen nur deswegen im Laden in seinen Rucksack steckt, um sie zu transportieren und an der Kasse wieder auszupacken und zu bezahlen, liegt darin kein Diebstahl, da dieser Kunde schon den Gewahrsam mit dem Einstecken in seinen Rucksack gar nicht brechen wollte (und sich die Sachen erst recht nicht rechtswidrig zueignen wollte; dazu später beim subj. Tatbestand mehr). Was also ist zu tun, wenn ein noch im Laden gestellter Täter behauptet, er habe doch vorgehabt, die Sachen an der Kasse wieder auszupacken?

Hier kommt es darauf an, schon bei der Anzeigenaufnahme die *genauen Begleitumstände* der möglichen Tat so genau wie möglich zu ermitteln und zu dokumentieren! Hatte der Beschuldigte etwa genug Mittel dabei, die Ware überhaupt zu bezahlen? Hat er sich beim Einstecken absichernd umgeschaut? Hat er sich zuvor auffällig verhalten, indem er etwa nach Videokameras Ausschau gehalten hat? Gibt es erkennbare Motive für einen Diebstahl, etwa Hinweise auf eine Drogenabhängigkeit und damit Beschaffungskriminalität? Je mehr Indizien sich finden lassen, seien es be- oder entlastende, desto einfacher wird für den Staatsanwalt später die Entscheidung und ggf. die Beweisführung.

Oft kommt es in der polizeilichen Praxis ferner vor, dass gestohlene Sachen *nicht im Eigentum des Anzeigenden* standen. Für diese Konstellation ist dezidiert zu erfragen, wer Eigentümer der gestohlenen Sachen ist, da dies dazu führen kann, dass es weitere Geschädigte gibt, von denen ebenfalls ein Strafantrag einzuholen ist.

186 Vgl. Wittig, BeckOK, StGB, 49. Edition 1.2.2021, § 242 Rn. 26.1.

Hingewiesen werden soll im Blick auf die Wegnahme noch auf Folgendes:

Wie bereits oben genannt, ist der *Bruch* des Gewahrsams dessen Aufhebung *gegen oder ohne den Willen* des bisherigen Gewahrsamsinhabers. *Übergibt* dieser also die Sache von sich aus dem Täter, liegt jedenfalls *kein* Diebstahl vor.

Nicht gehindert wird eine Wegnahme hingegen dadurch, dass sie *beobachtet* wird. Denn der Diebstahl ist *kein heimliches* Delikt. Schaut also der Ladendetektiv zu, wie der Täter Parfüm in seine Jackentasche steckt, liegt trotz dieser Beobachtung eine Wegnahme vor.[187]

ee. Zusammenfassung: Prüfung „Wegnahme"

In der *Klausur* sollte die **Tathandlung Wegnahme** wie folgt *aufgebaut* werden:

- Zuerst erfolgt der Einleitungssatz: „B müsste die Sache weggenommen haben."
- Dann folgen die Definitionen von „*Wegnahme*" und „*Gewahrsam*" (die hier direkt hintereinander gebracht werden können).
- Sodann folgt die Subsumtion unter „Gewahrsam". Verlangt ist hier die Feststellung des *ursprünglichen* Gewahrsamsinhabers, also desjenigen, der Gewahrsam *hatte, bevor* der Dieb zuschlug.
- Als Nächstes zu prüfen ist dann noch der *Bruch* des Gewahrsams sowie die
- *Begründung* neuen Gewahrsams.

ff. Subjektiver Tatbestand I: Vorsatz

Ebenso wie der objektive, so zeichnet sich auch der subjektive Tatbestand des § 242 StGB nicht durch viel Lernstoff, sondern dadurch aus, dass dieser v. a. *richtig verstanden* werden muss! Zur Erarbeitung soll der obige Fall fortgeführt werden.

Zu prüfen ist zunächst der *Vorsatz*. Besonderheiten gibt es hier *keine*. Es reicht *jede Vorsatzform* aus, also auch bedingter Vorsatz und der Vorsatz muss sich (wie stets) auf *alle* Tatbestandselemente des obj. Tatbestands, also „fremde, bewegliche Sache" und „Wegnahme", beziehen.[188]

Im Fall weiß B genau darum, dass der Stick O gehört und will dessen Gewahrsam gerade brechen und eine eigene Sachherrschaft begründen. Es liegt insoweit *Absicht* vor.

187 Vgl. Fischer, StGB, 68. Auflage 2021, § 242 Rn. 21.

188 Vgl. Fischer, StGB, 68. Auflage 2021, § 242 Rn. 31.

Dies wird meist so sein. Denkbar wäre aber z. B. bedingter Vorsatz, wenn der Täter eine liegengelassene Sache einsteckt, von der er nicht sicher weiß, aber für möglich hält, dass der ursprüngliche Gewahrsamsinhaber noch weiß, wo sie ist. Hier bestünde im Blick auf den Gewahrsam des ursprünglichen Gewahrsamsinhabers und damit den Bruch dieses Gewahrsams, also die Wegnahme, bedingter Vorsatz. Auch das würde reichen.

Beachte: Ein Vorsatz*wechsel während* der Tat ist unerheblich, solange es ein einheitliches Diebstahlsgeschehen bleibt![189]

Beispiel: B will Rasierklingen stehlen, entwendet dann aber, weil die Rasierklingen gesichert sind, im Laden Parfüm.

Hier liegt nach dem BGH *nicht* ein versuchter (und fehlgeschlagener) Diebstahl an Rasierklingen und ein vollendeter am Parfüm vor, sondern *nur ein* vollendeter Diebstahl am Parfüm.

Zu prüfen wäre hier also *ein* Diebstahl am Parfüm. Nach Feststellung des Vorsatzes auf Wegnahme des Parfüms könnte dann *ergänzend formuliert* werden:

„Dass B zunächst Rasierklingen entwenden wollte, dies aber wegen deren Sicherung aufgab und dann im Laden beschloss, das Parfüm wegzunehmen, ist unerheblich. Denn bei einem Vorsatzwechsel hinsichtlich des Tatobjekts im Rahmen eines einheitlichen Diebstahlsgeschehen liegt nur ein vollendeter Diebstahl an dem vor, was der Täter letztlich mitnimmt."

gg. Subjektiver Tatbestand II: Absicht rechtswidriger Zueignung

Eine Besonderheit des Diebstahls ist wie bereits dargelegt die *neben* dem Vorsatz erforderliche **Absicht auf rechtswidrige Zueignung**. Diese ist wie folgt zu prüfen:

Prüfung Zueignungsabsicht:

- Einleitungssatz: „Der B hätte in Zueignungsabsicht handeln müssen."
- Vorsatz hinsichtlich einer dauernden Enteignung
- Absicht hinsichtlich einer zumindest vorübergehenden Aneignung
- Rechtswidrigkeit der Zueignung
- Vorsatz bezüglich der Rechtswidrigkeit[190]

189 Vgl. Fischer, StGB, 68. Auflage 2021, § 242 Rn. 30.

190 Vgl. Joecks/Jäger, StGB, 12. Auflage 2018, §242 Rn. 8.

Beachte: Die vier Prüfungspunkte sind *nicht* alternativ, es müssen *alle vier erfüllt* sein, damit ein Diebstahl vorliegt! Ist auch nur einer nicht erfüllt, scheitert eine Strafbarkeit wegen Diebstahls am subjektiven Tatbestand.

Die einzelnen Aspekte sind wie folgt zu verstehen:

Vorsatz bzgl. dauernder Enteignung:

> Die **Definition für den „Vorsatz auf dauernde Enteignung"** lautet: Der Täter muss wollen, sicher vorhersehen oder für möglich halten, dass der ursprüngliche Gewahrsamsinhaber die Sache *nie wiedersieht.*

Bei Rückgabe*absicht* im *Moment der Wegnahme* fehlt es daran. In diesen Fällen liegt *kein* Vorsatz auf dauernde Enteignung vor – und damit *kein* § 242 StGB.[191]

Merke also: Borgen ohne zu fragen ist grundsätzlich *keine* Straftat (eine *Ausnahme* besteht nur für Fahrräder und Pkw. Auch bei diesen ist Borgen ohne zu fragen zwar *kein Diebstahl*, es gibt aber einen eigenen Straftatbestand, der die unerlaubte Nutzung erfasst, nämlich *§ 248b* StGB)!

Beachte: Vorsatz auf dauernde Enteignung liegt vor, wenn der Täter die Sache einfach nach Nutzung *stehen lässt* und dabei für möglich hält (und damit bedingten Vorsatz darauf hat), dass der ursprüngliche Gewahrsamsinhaber sie nicht zurückerlangt. Dies wäre etwa beim *unabgeschlossenen Abstellen* von Pkw oder Fahrrad deutlich entfernt vom Wohnort des ursprünglichen Gewahrsamsinhabers der Fall. In solchen Fällen ist bei Vorliegen auch der weiteren Voraussetzungen ein Diebstahl regelmäßig zu *bejahen*.[192]

Im Fall geht B sicher davon aus, dass O den Stick nicht wiedersieht, denn B will den Stick entsorgen.

Absicht zumindest vorübergehender Aneignung:

> Gemeint ist (als **Definition für die „Absicht auf zumindest vorübergehende Aneignung"**): *Absicht* des Täters auf *zumindest vorübergehende* Nutzung.

Es reicht hier *nicht* jede Form des Vorsatzes! Erforderlich ist vielmehr ein zielgerichtetes Wollen. Aber es *reicht*, wenn die geplante Nutzung *nur vorübergehend* ist (diese Aneignungsabsicht liegt natürlich auch vor, wenn die geplante Nutzung dauerhaft sein soll).[193]

---

191 Vgl. Nimtz, Strafrecht für Polizeibeamte, Band 2, 5. Auflage 2018, Rn. 16.

192 Vgl. Fischer, StGB, 68. Auflage 2021, § 242 Rn. 41.

193 Vgl. Fischer, StGB, 68. Auflage 2021, § 242 Rn. 41.

Im Fall ist dies zu *bejahen*: B wollte Daten von dem Stick ziehen. Dies ist bereits ein vorübergehendes Nutzen.

Keine Absicht auf Aneignung läge (nur) vor, bei von Beginn an geplanter ausschließlicher Entsorgung (z. B. um O zu ärgern oder zu schaden).[194]

Beachte: dauernde Enteignung und vorübergehende Aneignung müssen *nicht stattgefunden* haben! Steckt der Täter etwa im Laden ein Produkt in seine Tasche, um es ohne zu zahlen mitzunehmen und dann zu Hause zu nutzen, ist dies auch dann ein *vollendeter* Diebstahl, wenn der Ladendetektiv dies *gesehen* hat und dem Täter die Sache nach der Kasse *wieder abnimmt*. Denn eine Wegnahme (und damit der objektive TB) und der Vorsatz auf dauernde Enteignung sowie die Absicht auf zumindest vorübergehende Aneignung lagen vor. Das es zu letzterer nie kam, ist *unerheblich*.[195]

Beachte ferner: Aus dem Gesetzestext, nach welchem der Täter die Sache „in der Absicht (wegnehmen muss), sie sich *oder einem Dritten* zuzueignen", folgt, dass dieses Merkmal *auch* gegeben ist, wenn der Täter stiehlt, damit *ein anderer* die Sache nutzen kann.

Beachte ferner noch: Eine zeitweilige Nutzung ist *auch der Verkauf*. Stehlen zum Zwecke des Weiterverkaufs ist also auch Diebstahl nach § 242 StGB.

Praxisbox:

Rechtlich schwierig ist die Frage nach der Zueignungsabsicht beim *Entwenden von Pfandflaschen* – zumeist aus dem Grund, sie nachher wieder gegen entsprechenden Pfandwert einzutauschen –, weshalb diese Konstellation bei der polizeilichen Aufgabenwahrnehmung genauerer Betrachtungsweise bedarf. Denn diesbezüglich hat die Rechtsprechung höchstrichterlich entschieden, dass zwischen Individualflaschen und Einheitsflaschen *unterschieden* werden muss:

Individualflaschen beziehen sich auf den Hersteller bzw. Abfüller der Flaschen und gelangen nach Verbrauch des Inhalts wieder an seinen entsprechenden Eigentümer (Abfüller/Herstellerfirma) zurück. Wenn der Täter solche Individualflaschen entwendet, um sie gegen Pfand zurückzugeben, soll es an dem Vorsatz auf dauernde Enteignung *fehlen*. Denn die Flasche selber will der Täter – *gerade unter Anerkennung* fremden Eigentums – wieder zurückgeben. Das Pfandgeld, auf dass es ihm alleine ankommt, stellt keinen im Pfandgut verkörperten Wert dar, sondern lediglich ein Anreiz dafür, das Leergut zurückzubringen. In solchen Fällen liegt also *kein Diebstahl* vor.

Bei *Einheitsflaschen* hingegen, die *nicht* an eine *bestimmte* Firma zurückgehen, sondern im übergreifenden System wiedergenutzt werden, gehen in jeglichem

194 Bay NJW 92, 2040.

195 Vgl. Fischer, StGB, 68. Auflage 2021, § 242 Rn. 53.

Stadium die Eigentumsrechte auf den derzeitigen Erwerber über. Wer solche Flaschen wegnimmt und sodann zur Erlangung des Pfandes an einem Automaten oder einer Rückgabestelle abliefert, geht davon aus, dass der letzte Gewahrsamsinhaber, dem er sie weggenommen hat, die Flaschen nicht wiedererlangt, weswegen der für die Zueignungsabsicht nötige Enteignungsvorsatz besteht.[196]

Bei *Anzeigenaufnahme* ist daher *genau zu klären* und zu dokumentieren, um welche Art von Flaschen es sich eigentlich handelt. Notfalls sind dazu auch Ermittlungen zu führen, falls sich diese Frage nicht ohne Weiteres klären lässt. Denn wenn erst später nicht mehr behebbare Zweifel an der Art der entwendeten Flaschen aufkommen, die sich auch nicht mehr durch Nachermittlungen beheben lassen, muss tätergünstig von Individualflaschen ausgegangen werden – und kann wegen Diebstahls nicht mehr verurteilt werden!

Rechtswidrigkeit der Zueignung:

Gemeint ist hier etwas *ganz anderes* als beim Prüfungspunkt „Rechtswidrigkeit" im üblichen Deliktsaufbau! Es geht hier *nicht* um strafrechtliche Rechtfertigungsgründe wie Notwehr pp., sondern darum, ob der Täter einen *zivilrechtlichen Anspruch* auf die Sache hat. So auch die Definition:

Definition „rechtswidrig":

Die Zueignung ist rechtswidrig, wenn der Täter keinen zivilrechtlichen Rechtsanspruch auf die Sache hat.[197]

Im Regelfall besteht offensichtlich kein zivilrechtlicher Anspruch und kann in einem Satz festgestellt werden.

So auch im Fall: B hatte keinen zivilrechtlichen Anspruch auf den Stick.

Ein Bsp. für *fehlende* Rechtswidrigkeit der Zueignung wäre etwa:

O verkauft B sein Smartphone, gibt es B aber trotz Zahlung nicht. B wird so trotz Zahlung auch nicht Eigentümer, da dies erst mit Übergabe der Sache geschehen würde, die O – zivilrechtlich rechtswidrig – verweigert. B nimmt O daher das Smartphone weg.

Zwar nimmt B hier eine fremde Sache weg. Ein Diebstahl scheitert aber daran, dass die beabsichtigte Aneignung nicht rechtswidrig wäre, da B einen zivilrechtlichen Anspruch auf das Gerät hat. Daher liegt *kein* § 242 StGB vor, weil die Zueignung eben rechtmäßig war.

196 Vgl. Fischer, StGB, 68. Auflage 2021, § 242 Rn. 35b.
197 Vgl. Nimtz, Strafrecht für Polizeibeamte, Band 2, 5. Auflage 2018, Rn. 17.

Praxisbox:

Im Rahmen der Einsatzbewältigung kommt es nicht selten vor, dass von einem aufgebrachten Bürger über den Notruf ein Einsatz mit dem Einsatzanlass „Diebstahl" übermittelt wird, dessen Sachverhalt sich wie folgt darstellt:

Mieter Müller hat ein Mietverhältnis mit Vermieter Vogt abgeschlossen. Müller bewohnt eine kleine Wohnung des Vogt. Nun kommt es zum Bruch der beiden Parteien. Müller zahlt seine Miete nicht mehr und muss nun eigentlich ausziehen. Mieter Müller und Vermieter Vogt treffen sich zum Streitgespräch in der Wohnung des Müller. Vogt konfrontiert Müller mit den ausstehenden Mietzahlungen. Müller sieht das alles nicht ein und gedenkt auch nicht mehr die Miete zu bezahlen. In Folge dessen schnappt Vogt sich das Mountainbike und die Comicsammlung des Müller und verlässt die Wohnung mit den Worten „Bis du nicht bezahlt hast, bleiben die Sachen bei mir". Müller hat ein Semester Jura studiert und „weiß" genau, dass es sich um einen „Diebstahl" handelt. Er verständigt die Polizei.

Der objektive Tatbestand des § 242 StGB ist hier erfüllt, da der Vogt den Gewahrsam des Müller an dessen Sachen gebrochen und neuen begründet hat. Insoweit handelte der Vogt auch vorsätzlich. Allerdings steht dem Diebstahl gleich zweierlei entgegen:

Zum einen fehlt es dann, wenn der Täter eine Sache nur als Pfand oder Druckmittel wegnimmt, an der Absicht, sich die Sache rechtswidrig zuzueignen – und dies unabhängig davon, ob der Täter auf die Inpfandnahme einen Anspruch hat oder nicht. Denn in diesen Fällen will der Täter die Sache nicht seinem Vermögen einverleiben, sodass es jedenfalls an der Absicht auf rechtswidrige Zueignung fehlt. Allerdings läge in der Verwendung als Druckmittel dann, wenn der Täter zur Inpfandnahme kein Recht hat, eine Erpressung gem. § 253 StGB.[198]

Im gebildeten Fall besteht aber sogar ein Recht zur Inpfandnahme, und zwar aus § 562 I BGB. Dieser regelt das Pfandrecht des Vermieters. Die aus dem Mietverhältnis begründeten Forderungen können somit durch das Pfandrecht gesichert werden. Dieses Pfandrecht betrifft alle Gegenstände, die dem Mieter gehören und die der Mieter während der Mietzeit in die Mieträume eingebracht hat (ausgenommen sind nur nach der Zivilprozessordnung [ZPO] nicht pfändbare Gegenstände). Der Vermieter darf diese Sachen somit bis zur Begleichung der Mietforderung zurückbehalten. Damit scheitert nicht nur ein Diebstahl, sondern anders als bei unberechtigter Nutzung als Druckmittel auch eine etwaige Erpressung.

Geschieht es also, dass dem Vermieter von der Polizei gesagt wird „Gegenstände des Mieters herausgeben oder wir schreiben eine Strafanzeige!", überschreitet der Beamte nicht nur regelmäßig seine eingriffsrechtliche Kompetenz, sondern erfüllt zumindest objektiv sogar den Straftatbestand der Nötigung und der (Beihilfe) zur Pfandkehr gem. § 289 StGB.

198 Vgl. BGH, NStZ-RR 1998, 325.

Die Lösung in diesem Zusammenhang ist simpel. Es muss genügen, die Parteien *auf den ordentlichen Rechtsweg* bei einem Zivilgericht *zu verweisen*. Ggf. kommt insoweit allein ein Austausch der Personalien als eingriffsrechtliche Maßnahme in Betracht.

Vorsatz bezüglich der Rechtswidrigkeit (der Zueignung):

Gemeint ist (als **Definition des „Vorsatzes bezüglich der Rechtswidrigkeit der Zueignung“**): Der Täter muss wissen oder zumindest für möglich halten, keinen zivilrechtlichen Anspruch zu haben.

Hier reicht also wieder bedingter Vorsatz

Meist ist auch dies unproblematisch.

Im Fall: B wusste sicher, zur Nutzung von Os Stick und anschließender Entsorgung nicht berechtigt zu sein. B wusste daher sicher um den fehlenden Anspruch.

hh. Rechtswidrigkeit und Schuld

Rechtswidrigkeit und Schuld als letzte Punkte *nach* dem subjektiven Tatbestand sind so zu verstehen wie immer. Rechtfertigungsgründe wie Notwehr pp. dürften bei einem Diebstahl zwar nur selten vorliegen, wären aber dann wie sonst auch zu prüfen.

Im Fall: B handelte auch rechtswidrig und schuldhaft und ist nach § 242 StGB strafbar.

ii. Komplettes Prüfungsschema für § 242 StGB

Zum Abschluss lässt sich nun das komplette Prüfungsschema für § 242 StGB „zusammensetzen“, das wie folgt aussieht:

Objektiver Tatbestand:

- **Tatobjekt:**
  - **Sache**
  - **beweglich**
  - **fremd**

- **Tathandlung:**
  - **Wegnahme:**
    - **Feststellung des ursprünglichen Gewahrsamsinhabers**
    - **Bruch des Gewahrsams**
    - **Begründung neuen Gewahrsams**

Subjektiver Tatbestand:

- **Vorsatz (bezüglich aller Merkmale des objektiven Tatbestands)**
- **Absicht rechtswidriger Zueignung:**
  - **Vorsatz hinsichtlich einer dauernden Enteignung**
  - **Absicht hinsichtlich einer zumindest vorübergehenden Aneignung**
  - **Rechtswidrigkeit der Zueignung**
  - **Vorsatz bezüglich der Rechtswidrigkeit**

Rechtswidrigkeit

Schuld

jj. Ausnahmen: Diebstahl trotz Rückgabeabsicht

Mangels Vorsatzes auf eine dauernde Enteignung liegt kein strafbarer Diebstahl vor, wenn der Täter *zum Zeitpunkt der Wegnahme* vorhat, die Sache an den Gewahrsamsinhaber zurückzugeben. Borgen ohne zu fragen ist eben kein Diebstahl.

Von dieser Regel bestehen indes in (jedenfalls) *zwei Fällen Ausnahmen*: Vorsatz auf dauernde Enteignung und damit Zueignungsabsicht im Moment der Wegnahme liegt trotz Rückgabewillens *ausnahmsweise vor* bei:

- Vorsatz auf *extrem* lange Nutzung sowie bei
- Vorsatz auf *wertmindernden* Gebrauch vor Rückgabe.

Plant der Täter im Moment der Wegnahme also, die Sache zurückzugeben, aber nur nach einer ziemlich langen „Dauerleihe", oder will er die Sache alsbald zurückgeben, nimmt jedoch zumindest billigend in Kauf, dass sie durch seine zwischenzeitliche Nutzung substanziell an Wert verliert, so liegt *trotz* der Rückgabeabsicht beim Vorliegen auch aller übrigen Voraussetzungen des objektiven und subjektiven Tatbestandes ein Diebstahl gemäß § 242 StGB vor.[199]

---

199 Vgl. Wittig, BeckOK, StGB, 49. Edition 1.2.2021, § 242 Rn. 33, 35.

Zur Illustration für diese beiden *alternativen* Varianten der Ausnahme dienen die folgenden Beispiele:

Bsp. 1: Wegnahme eines Rasenmähers mit Vorsatz auf Nutzung für den *ganzen Sommer*.

Bsp. 2: Wegnahme eines neuen Buches aus einer Buchhandlung mit Vorsatz auf Lesen und Rückgabe *mit Gebrauchsspuren,* wobei klar ist, dass es damit als neu nicht mehr verkauft werden kann.

Die gemeinsame Idee hinter diesen beiden Ausnahmen ist, dass der Gewahrsamsinhaber in beiden Fällen (wenn auch aus unterschiedlichen Gründen) *faktisch den wirtschaftlichen Wert der Sache verliert.* Im ersten Beispiel ist dies jedenfalls dann so, wenn der Gewahrsamsinhaber die Sache selber braucht und wegen der Wegnahme neu anschaffen muss. Im zweiten Fall liegt der Verlust des wirtschaftlichen Wertes darin, dass zwar das Buch zurück ist, der Verkauf als neu, um den es dem Buchhändler alleine geht, aber nicht mehr möglich ist.

Diese Ausnahmen bereiten an den Rändern erhebliche *Abgrenzungsprobleme* – zumal es feste zeitliche oder Wertverlustgrenzen nicht gibt, sondern man nach Einzelfall entscheidet.

Was aber gilt, ist: Es sind nur *Ausnahmen*, machen Sie also *nicht* über diese Fälle aus jedem Fall mit Rückgabeabsicht dann doch irgendwie einen Diebstahl!

kk. Prüfung des versuchten Diebstahls

Ein Diebstahl kann – natürlich – genauso wie jedes andere Delikt auch scheitern. Der Täter kann etwa nach der geplanten Beute greifen, jedoch vom Ladendetektiv gestoppt werden, bevor er die Beute einstecken kann. Hier ist dann ein *versuchter* Diebstahl möglich, § 242 I und II, 22, 23 StGB.

Dieser wird im Prinzip nach dem Schema für die versuchte Tat geprüft, und zwar grundsätzlich so wie jedes andere Delikt auch.

Eine *Besonderheit* ergibt sich nur insofern, als der Diebstahl ja im subjektiven Tatbestand neben dem Vorsatz noch die Absicht rechtswidriger Zueignung hat. Wird nun versuchter Diebstahl geprüft, stellt sich die Frage, *wo* diese Absicht zu prüfen ist. Die Antwort darauf lautet: Im *Tatentschluss*. Denn der Tatentschluss als subjektive Seite im Versuch entspricht ja dem subjektiven Tatbestand beim vollendeten Delikt. *Alles*, was beim vollendeten Delikt im *subjektiven* Tatbestand zu prüfen ist, kommt also beim Versuch in den *Tatentschluss*!

Beachte ferner:

Während normalerweise beim Versuch dann, wenn die Tat offensichtlich nicht vollendet ist, sogleich der Versuch geprüft werden kann, ohne dass vorher Vollendung geprüft werden muss, sollte beim versuchten Diebstahl *immer erst* der vollendete Diebstahl geprüft werden und bei dessen Verneinung dann erst der versuchte Diebstahl.

Der *Grund* ist folgender:

Der Diebstahl ist ja dann nicht vollendet, wenn entweder kein taugliches Tatobjekt vorlag (Bsp.: Täter stiehlt eine Sache, die er für fremd hält, aber in Wahrheit ihm gehört) oder wenn es an einer vollendeten Wegnahme fehlt (weil etwa der Ladendetektiv das Einstecken der schon ergriffenen Beute verhindert). Hier die Nichtvollendung festzustellen ist viel anspruchsvoller als bei einem versuchten Totschlag, bei dem das Opfer schlicht noch lebt. Also sollte hier eben *erst die vollendete Tat geprüft* werden und bei deren Verneinung dann erst der Versuch. Beim Punkt „Nichtvollendung" im Rahmen der Vorprüfung kann dann natürlich nach oben *verwiesen* werden.

b. Besonders schwerer Fall des Diebstahls gem. § 243 StGB (zugleich: Regelbeispiele)

aa. Bedeutung, Charakter und Prüfungsort „besonders schwerer Fälle"

Bereits kennengelernt wurde (bei der Systematik der Körperverletzungsdelikte) die *Qualifikation*. Sie stellt eine *Verschärfung* des Grunddelikts dar, welche als *Teil des objektiven Tatbestands* zu prüfen ist.

Es gibt im deutschen Strafrecht eine *weitere, ebenso oft* wie die Qualifikation genutzte Art, wie der Gesetzgeber Grunddelikte *verschärfen* kann. Diese heißt **„Regelbeispiel"** oder (synonym) **„besonders schwerer Fall"**.

Diese findet sich für den Diebstahl in § 243 StGB. Dieser lautet:

§ 243 StGB

(1) In besonders schweren Fällen wird der Diebstahl mit Freiheitsstrafe von drei Monaten bis zu zehn Jahren bestraft. Ein besonders schwerer Fall liegt in der Regel vor, wenn der Täter

1. zur Ausführung der Tat in ein Gebäude (…) einbricht, (…)
2. (…)

Die *Parallelen* zur Qualifikation sind dabei:

§ 243 StGB ist eine *Verschärfung* des Grunddelikts, und zwar hinsichtlich der Art der Begehung des Diebstahls sowie hinsichtlich der Rechtsfolge, also der Strafe.

Der schon im Gesetzestext erkennbare *Unterschied* zur Qualifikation ist indes, dass die Aufzählung der erschwerenden Arten der Begehung, die eine höhere Strafe nach sich ziehen, *nur beispielhaft* („in der Regel") ist und *nicht abschließend*. Es gilt daher:

Die *Qualifikation* ist ein eigener Tatbestand. Die Tatbestandsmerkmale sind dabei *abschließend* aufgezählt. Liegt jedenfalls eines der Merkmale der Qualifikation vor, ist die *zwingende* und für das Gericht bindende Rechtsfolge, dass auch wegen der Qualifikation mit dem dortigen höheren Strafrahmen verurteilt werden *muss*. Liegt hingegen *keines* der Merkmale der Qualifikation vor, dann *darf* das Gericht wegen dieser und damit nach dem höheren Strafrahmen *nicht* verurteilen, sondern *muss* es bei dem Grunddelikt belassen. Zu prüfen ist die Qualifikation im *objektiven Tatbestand*; der Vorsatz muss sich dann auch auf diese beziehen.

Regelbeispiele (besonders schwere Fälle) hingegen funktionieren *anders*:

Sie sind lediglich Straf*zumessungserwägungen* und *keine* eigenen Tatbestände. Die Aufzählung der Verschärfungen ist *nur beispielhaft*. Das Gericht *kann* also auch dann einen besonders schweren Fall – mit dem höheren Strafrahmen – wählen, wenn kein Regelbeispiel vorliegt, aber die Tat gleichwohl schwer wiegt. Umgekehrt *kann* es auch trotz Vorliegen eines Regelbeispiels nur nach dem Grunddelikt verurteilen, wenn die konkrete Tat nicht schwer (genug) wiegt.

Da Regelbeispiele nur Strafzumessungserwägungen sind, werden sie – und das ist *für Sie entscheidend* – *nicht* im objektiven Tatbestand geprüft, sondern *nach der Schuld*. Nach der Feststellung, dass der Täter rechtswidrig und schuldhaft handelte, würden Sie die Prüfung der Regelbeispiele also mit dem Satz „B könnte Regelbeispiele erfüllt haben" (oder: „Es könnte ein besonders schwerer Fall vorliegen") beginnen. Zu prüfen sind dann – nun wie bei der Qualifikation – *alle* Merkmale des Regelbeispiels, die im Fall *in Betracht kommen könnten*.

Das Prüfungsschema für §§ 242, 243 StGB sieht mithin wie folgt aus:

Objektiver Tatbestand:
- **Tatobjekt: fremde bewegliche Sache**
- **Tathandlung: Wegnahme**
  - **Ursprünglicher Gewahrsamsinhaber**
  - **Bruch des Gewahrsams**
  - **Neubegründung**

Subjektiver Tatbestand:
- **Vorsatz**
- **Absicht rechtswidriger Zueignung**
  - **Vorsatz auf dauernde Enteignung**
  - **Absicht auf zumindest vorübergehende Aneignung**
  - **Rechtswidrigkeit der Zueignung**
  - **Vorsatz auf Rechtswidrigkeit**

Rechtswidrigkeit

Schuld

Regelbeispiel:

Kein Ausschluss nach § 243 II StGB

Objektives Element: § 243 I Nr. 1 bis 7 StGB

Subjektives Element: Vorsatz bzgl. der Regelbeispiele

Regelbeispiele *erkennt* man im Gesetz an den Formulierungen „besonders schwerer Fall“ und/oder „in der Regel“. Wenn Verschärfungen so beginnen bzw. dies enthalten, sind sie mithin als Regelbeispiele nach der Schuld zu prüfen.

bb. Zu den Prüfungspunkten des § 243 StGB I: Standort, Einleitung der Prüfung und mögliche Unanwendbarkeit des § 243 StGB nach § 243 II StGB

Zur weiteren Erläuterung der Prüfung des § 243 StGB und der dort aufgezählten Fälle dient folgender

Fall:

Nach der Insolvenz seiner Firma beschließt der B, sein Geld nun durch Diebstähle zu „verdienen". Dazu begibt er sich des Nachts zu einem Tankstellenverkaufsraum, an dessen Rückseite er ein gekipptes Fenster sieht. Er öffnet dies von außen, klettert in das Gebäude und sucht nach wertvollen Gegenständen. Dabei erblickt er die Registrierkasse, die er aufbricht und aus der er 500 Euro entnimmt. Sodann verlässt er das Objekt.

Zu prüfen ist eine Strafbarkeit nach §§ 242, 243 StGB.

Ihr *Obersatz* würde hier lauten: „Der B könnte sich eines Diebstahls im besonders schweren Fall gem. §§ 242, 243 StGB strafbar gemacht haben, indem er aus dem Verkaufsraum 500 Euro entwendete."

Objektiver **Tatbestand:**

(Sie prüfen hier nun *nur das Grunddelikt*,wie sonst auch. Auf die Regelbeispiele ist *erst nach der Schuld überhaupt* einzugehen.)

Das Geld ist eine für B fremde, bewegliche Sache.

Es müsste als Tathandlung eine *Wegnahme* vorliegen: Ein Gewahrsam des ursprünglichen Gewahrsamsinhabers bestand in Form von gelockertem Gewahrsam. Mit dem Einstecken erfolgt dessen Bruch und Neubegründung.

Subjektiver **Tatbestand:**

B wollte das Geld mitnehmen und handelte daher mit Absicht.

Er müsste in Absicht rechtswidriger Zueignung gehandelt haben. Bs Plan war, das Geld nie zurückgeben, sondern selber auszugeben, worauf er, was er auch wusste, keinen zivilrechtlichen Anspruch hatte.

Rechtswidrigkeit und Schuld liegen vor.

Zu prüfen sind nun **Regelbeispiele nach § 243** StGB:

Zu klären ist dabei zunächst, ob ein Ausschluss nach § 243 II StGB vorliegen könnte.

Bei der Prüfung von § 243 StGB muss gem. **§ 243 II StGB** immer zuerst geklärt werden, ob die Anwendung von § 243 StGB – und damit die Annahme eines besonders schweren Falles – deswegen **ausgeschlossen** ist, weil die Tat sich auf eine *geringwertige Sache als Beute* bezieht. Ein Diebstahl geringwertiger Sachen ist also *auch dann kein* besonders schwerer Fall, wenn eine der Varianten des § 243 I Nr. 1–6 StGB vorläge (nur beim Diebstahl von Waffen nach § 243 Nr. 7 StGB kommt es darauf nicht an).

Für die Annahme von Geringwertigkeit arbeitet der BGH mit einer festen Wertgrenze. Geringwertig sind dabei Sachen mit einem Verkaufs-/Marktwert bis *25 Euro.*

Stiehlt der Täter im Rahmen einer *einheitlichen* Diebstahlshandlung (!) *mehrere* Sachen, ist deren Wert zu *addieren*. Das gilt aber *nur* dann, wenn es dieselbe Tat ist. Begeht der Täter mit einer zeitlichen oder räumlichen *Zäsur* mehrere Diebstähle nacheinander, kann der Wert dieser Beuten *nicht* addiert werden. Bei einem Ladendiebstahl, bei dem der Täter erst Beute für 10 und dann für 20 Euro einsteckt und so mit der Gesamtbeute den Läden verlässt, läge also *keine* geringwertige Tat vor, da zu addieren wäre. Geht der Täter hingegen in Laden eins und entwendet Ware für zehn Euro und sodann in Laden zwei und entwendet dort Ware für 20 Euro, kann *nicht* addiert werden. Es lägen *zwei Taten nach nur § 242* StGB vor.[200]

Nie geringwertig sind Gegenstände mit wert*un*abhängiger *Funktion*, z. B. Personalausweise.[201] Gegenstände, bei denen nicht der materielle Wert zählt, sondern die emotionale Bedeutung (also das *Affektionsinteresse*) sind zumindest dann, wenn dieses Affektionsinteresse nachvollziehbar und billigenswert ist, ebenfalls *nie* geringwertig (Bsp.: Tagebuch eines verstorbenen Verwandten, bei dem es auf den Erinnerungswert ankommt).

Der BGH schränkt den Ausschluss von § 243 StGB bei geringwertigen Sachen indes auch dann, wenn die Beute nicht mehr als 25 Euro wert ist, in einem bedeutsamen Punkt ein: *nur*, wenn der Täter die Geringwertigkeit auch *erkennt*, ist § 243 StGB ausgeschlossen. *Hält* der Täter eine objektiv geringwertige Sache für *wertvoll* (Bsp.: der Täter hält eine Woolworth-Uhr für eine Rolex), kann § 243 StGB *angewendet* werden.[202]

Im Fall liegt bei 500 Euro Diebesgut *keine* Geringwertigkeit vor, § 243 StGB ist *anwendbar*.

cc. Zu den Prüfungspunkten des § 243 I StGB: Die im Fall vorkommenden Varianten des § 243 I StGB

Zu prüfen sind nun die Regelbeispiele des § 243 I StGB, die im Fall in Betracht kommen *könnten*:

§ 243 I Nr. 1 StGB:

Im Fall: Der Tankstellenverkaufsraum ist ein Geschäftsraum.

Damit ist er aber auch ein *„umschlossener Raum“* – und **„umschlossener Raum“** ist auch der *Oberbegriff*. Sie müssen daher auch nur diesen definieren und unter diesen subsumieren.

---

200 Vgl. Wittig, BeckOK, StGB, 49. Edition 1.2.2021, § 243 Rn. 27.

201 Vgl. Wittig, BeckOK, StGB, 49. Edition 1.2.2021, § 243 Rn. 28.

202 Vgl. Wittig, BeckOK, StGB, 49. Edition 1.2.2021, § 243 Rn. 29.

Definition „umschlossener Raum" lautet: Ein Raumgebilde, das dazu bestimmt ist, von Menschen betreten zu werden und das mit Vorrichtungen zur Abwehr des Eindringens Unbefugter umgeben ist.[203]

§ 243 I Nr. 1 StGB *umfasst* dabei:

- *Gebäude* jedweder Art (mit einer *Ausnahme: Wohnungen* da diese zwar darunter subsumierbar wären, der Wohnungseinbruchsdiebstahl aber als eine Qualifikation des Diebstahls in § 244 StGB noch höher bestraft wird; Näheres dazu später) sowie
- *umzäunte Gelände*, soweit der Zaun zumindest auch ein Eindringen verhindern und nicht nur als Deko dienen soll sowie
- den *Pkw-Innenraum.*[204]

Nicht erfasst wäre der Pkw-Kofferraum, da dieser nicht dazu da ist, von Menschen betreten zu werden.

Mit der Feststellung, dass ein Tatobjekt im Sinne von „umschlossener Raum" vorliegt, ist § 243 I Nr. 1 StGB indes *noch nicht* bejaht. Der Täter muss auch auf eine **im Gesetz beschriebene Art hineingekommen** sein. Das Hineinspazieren in einen „umschlossenen Raum" durch eine geöffnete Tür erfüllt das Regelbeispiel des § 243 I Nr. 1 StGB daher *nicht*!

Im Fall: Es könnte ein **Einsteigen** durch B vorliegen.

B ist durch eine mühsame, so nicht gedachte Art des Reinkommens in den Verkaufsraum gelangt. Diese Fälle meint „Einsteigen".

Die **Definition „Einsteigen"** lautet: Einsteigen ist jedes nur unter Schwierigkeiten mögliche Eindringen durch eine zum ordnungsgemäßen Eintritt nicht bestimmte Öffnung.[205]

Das Regelbeispiel des § 243 I Nr. 1 StGB ist im Fall mithin erfüllt.

§ 243 I Nr. 2 StGB:

Im Fall könnte die Registrierkasse ein „**verschlossenes Behältnis**" sein, das das Diebstahlsobjekt gegen Wegnahme besonders sichert.

Erforderlich sind also diese *drei* Elemente: es muss ein „*Behältnis*" vorliegen. Dieses muss *verschlossen* sein und es muss dazu dienen, seinen Inhalt *gegen Wegnahme zu sichern.*

---

203 Nimtz, Strafrecht für Polizeibeamte, Band 2, 5. Auflage 2018, Rn. 26.

204 Vgl. Wittig, BeckOK, StGB, 49. Edition 1.2.2021, § 243 Rn. 6.1 m. w. N.

205 Vgl. Wittig, BeckOK, StGB, 49. Edition 1.2.2021, § 243 Rn. 10.

Die **Definition „Behältnis"** lautet dabei: Ein zur Aufnahme von Sachen dienendes und sie umschließendes Raumgebilde, das nicht dazu bestimmt ist, von Menschen betreten zu werden.[206]

Im Fall ist die Registrierkasse danach ein Behältnis.

Sie ist ferner verschlossen, und sie dient auch zum Schutz vor Diebstahl.

§ 243 I Nr. 2 StGB ist damit erfüllt.

Nicht erfüllt wäre Nr. 2 etwa bei einem Sparschwein mit Gummiöffnung, da dies zwar ein verschlossenes Behältnis wäre, aber keines, das gegen Wegnahme schützen soll.

§ 243 I Nr. 3 StGB:

B könnte **gewerbsmäßig** gehandelt haben. B wollte so, also durch Diebstähle, fortan sein Geld „verdienen". Sein Ziel war also neues, dauerhaftes Einkommen. Diese *Motivlage* ist mit Gewerbsmäßigkeit gemeint.

Die **Definition „gewerbsmäßig"** lautet: Absicht, sich durch Diebstähle eine nicht nur vorübergehende Einnahmequelle von einigem Gewicht zu erschließen.[207]

Beachte dabei: Diebstahl muss *nicht* einzige Einnahmequelle sein.

Beachte ferner: Bei *Absicht* auf Schaffung einer dauernden Einnahmequelle durch Diebstähle ist schon die *erste* so begangene Tat gewerbsmäßig![208]

Praxisbox:

Liegt eine Tat nach § 243 StGB und nicht bloß nach § 242 StGB vor, ist – wenn die übrigen Voraussetzungen erfüllt sind – eine *Untersuchungshaft wegen Wiederholungsgefahr* möglich, § 112a I Nr. 2 StPO. In der Praxis kommt dabei – auch wenn natürlich alle anderen Varianten des § 243 StGB ausreichen – der Annahme von *Gewerbsmäßigkeit* besondere Bedeutung zu. Zum einen liegt dies daran, dass diese eben schon vorliegt, wenn der Täter bei einem „gewöhnlichen" Diebstahl mit entsprechender Absicht handelt. Zum anderen ist die Gewerbsmäßigkeit in der Praxis deshalb besonders relevant, weil sie namentlich als *Beschaffungskriminalität* von Drogensüchtigen oft begegnet. Denken Sie in solchen Fällen also immer an U-Haft! Das ist natürlich kein Automatismus, und BtM-Abhängigkeit alleine reicht als Nachweis für Gewerbsmäßigkeit nicht[209], aber *erwogen* werden sollte die Möglichkeit der Inhaftierung bei Verdacht auf §§ 242, 243 StGB stets.

Im Fall liegt § 243 I Nr. 3 StGB vor.

---

206 BGHSt 1, 163.

207 Vgl. Wittig, BeckOK, StGB, 49. Edition 1.2.2021, § 243 Rn. 20.

208 Vgl. Wittig, BeckOK, StGB, 49. Edition 1.2.2021, § 243 Rn. 20.

209 Vgl. Wittig, BeckOK, StGB, 49. Edition 1.2.2021, § 243 Rn. 20.1.

dd. Zu den Prüfungspunkten des § 243 I StGB: Subjektive Seite des Regelbeispiels

Im Fall ist weiter zu prüfen, ob der B **Vorsatz auf die Regelbeispiele** hatte:

B wollte hier gerade in den Verkaufsraum einbrechen und hatte daher auf die Regelbeispiele Absicht.

Beachte: *Ausreichen* würde *jede* Vorsatzform, also auch bedingter Vorsatz (nur für das Merkmal der „Gewerbsmäßigkeit" ist ein zielgerichtetes Wollen nötig, was sich aber schon aus der subjektiven Komponente des Merkmals selbst ergibt).[210]

B ist nach §§ 242, 243 StGB strafbar

ee. Zu den anderen Varianten des § 243 StGB

Ergänzend zu **Nr. 1: Die weiteren Arten des Hineingelangens**

Einbrechen:

Die **Definition „Einbrechen"** lautet: Gewaltsame Aufhebung der Umschließung.[211]

Beachte:

Für ein „*Einbrechen*" ist es ausreichend, wenn der Täter nach der Aufhebung der Umschließung *nur* in den Raum *hineingreift*. Für ein Ein*steigen* würde dies *nicht* reichen! Erforderlich für ein Ein*steigen* ist vielmehr ein *Betreten*, wobei ausreicht, wenn der Täter in dem Raum einen „sicheren Stand" hat (also z. B. mit einem Bein in dem Raum steht).[212]

Falscher Schlüssel und nicht zum Öffnen bestimmtes Werkzeug:

Die **Definition „falscher Schlüssel"** lautet: Ein Schlüssel, der vom Berechtigten nicht oder nicht mehr zum Öffnen bestimmt ist.[213]

---

210 Vgl. Fischer, StGB, 68. Auflage 2021, § 243 Rn. 27.

211 Nimtz, Strafrecht für Polizeibeamte, Band 2, 5. Auflage 2018, Rn. 26.

212 Vgl. Wittig, BeckOK, StGB, 49. Edition 1.2.2021, § 243 Rn. 10.

213 Vgl. Nimtz, Strafrecht für Polizeibeamte, Band 2, 5. Auflage 2018, Rn. 26.

Diese Variante umfasst *zwei Fallgruppen*:

- *Nicht* (= vom Berechtigten nie) zum Öffnen bestimmte Schlüssel. Bsp.: heimlich angefertigter Nachschlüssel
- Nicht *mehr* (= vom Berechtigten früher, aber jetzt nicht mehr) zum Öffnen bestimmte Schlüssel. Bsp.: vom Mieter nicht zurückgegebener Schlüssel

Mit **„nicht zur ordnungsgemäßen Öffnung bestimmtem Werkzeug“** gemeint sind (nur) Werkzeuge, die auf den Schließmechanismus einwirken, z. B. ein Dietrich. Wird die Tür mit Werkzeug gewaltsam aufgehebelt, liegt ein Einbrechen vor.[214]

Nr. 2: andere Schutzvorrichtung (gegen Wegnahme)

Gemeint sind Schlösser, Sicherungskabel o. Ä.[215]

Nr. 4 bis 7:

Diese Varianten sind in Klausur und Praxis *selten*. Für die Klausur sind sie *dem Normtext nach zu kennen*. Subsumiert werden kann bei Vorliegen oder In-Betracht-Kommen dann aber *ohne Definitionen nach dem Wortlaut*.

ff. §§ 242, 243, 22, 23 StGB

§ 243 StGB ist *auch anwendbar*, wenn das *Grunddelikt* nur *versucht* wurde. Ein *Beispiel* wäre ein Einbruch in ein Bürohaus durch Einschlagen eines Fensters (§ 243 I Nr. 1 StGB), um dort zu stehlen, der aber letztlich daran scheitert, dass im Objekt nichts Stehlenswertes gefunden wird. Hier wäre *zunächst* der *versuchte Diebstahl* – mit dem dazu gehörenden *Schema*, also „Vorprüfung/Tatentschluss/unmittelbares Ansetzen/Rechtswidrigkeit/Schuld“ – zu prüfen und dann (wie bei Regelbeispielen stets) *nach* der Schuld § 243 StGB – und zwar nach *dessen Schema*, also „Kein Ausschluss/objektive Seite des Regelbeispiels/subjektive Seite des Regelbeispiels“.

c. Diebstahl mit Waffen; Bandendiebstahl, Wohnungseinbruchsdiebstahl, § 244 StGB

aa. Einführung

Zu § 242 StGB gibt es Regelbeispiele (§ 243 StGB) *und* Qualifikationen (§ 244 StGB).

---

214 Vgl. Wittig, BeckOK, StGB, 49. Edition 1.2.2021, § 243 Rn. 12.

215 Vgl. Fischer, StGB, 68. Auflage 2021, § 243 Rn. 15.

Dies wirft die Frage auf: Wie ist das *Verhältnis* von § 243 StGB zu der Qualifikation nach § 244 StGB? Die Antwort findet sich im *Strafrahmen*: § 243 StGB erhöht die Mindeststrafe des § 242 StGB von Geldstrafe auf drei Monate Freiheitsstrafe. § 244 I StGB erhöht die Mindeststrafe des § 242 StGB indes von Geldstrafe auf sechs Monate, § 244 IV StGB gar auf ein Jahr.

Es gilt daher: Wird die Qualifikation nach § *244* StGB *bejaht*, muss § *243* StGB *nicht* mehr geprüft werden![216]

Zu den *einzelnen Merkmalen* des § 244 StGB gilt Folgendes:

bb. § 244 I Nr. 1a StGB

Hierunter fällt, dass der Täter eine *Waffe* oder ein *gefährliches Werkzeug (nur) bei sich führt*. Eine Verwendungsabsicht muss der Täter *nicht* haben, das *bloße Mitführen* genügt hier.

Soweit es um das Mitführen einer *Waffe* geht, ist der Begriff so zu verstehen *wie bei § 224 StGB*. Es ist die dortige Definition zu verwenden.

Soweit der Täter ein „gefährliches Werkzeug" bei sich führt, kann dies hingegen *nicht* wie § 224 StGB verstanden werden. Der Grund dafür ist folgender:

Nach der Definition für § 224 StGB ist ein gefährliches Werkzeug ein Gegenstand, der nach seiner Beschaffenheit und *nach seiner Verwendung* im Einzelfall erhebliche Verletzungen verursachen kann. Gefährlich ist danach, was *gefährlich verwendet* wird. Bei § 244 I Nr. 1a StGB ist aber ein Verwenden *gar nicht verlangt*. Es reicht das *Mitführen*. Auf eine gefährliche Verwendung kann mithin *nicht* abgestellt werden!

Maßgeblich sein kann alleine eine *objektive* Gefährlichkeit des Gegenstands.

> Die **Definition „gefährliches Werkzeug"** in § 244 I Nr. 1a StGB lautet daher: Gegenstände, die ihrer Art nach ein erhebliches Verletzungspotenzial aufweisen (und damit waffenähnlich sind).[217]

Die Subsumtion bereitet oft *Schwierigkeiten*, da eine objektive Gefährlichkeit schwer festzustellen ist. Erfasst wäre aber z. B. eine Axt oder ein scharfes Küchenmesser, nicht erfasst wären Kugelschreiber oder leichte Schuhe.

Subjektiv ist ausreichend, wenn der Täter um das Mitführen weiß. Mehr ist nicht erforderlich. Das gilt auch für *Berufswaffenträger*: Wer als Polizeibe-

216 Vgl. Joecks/Jäger, StGB, 12. Auflage 2018, § 243 Rn. 62.

217 Vgl. Wittig, BeckOK, StGB, 49. Edition 1.2.2021, § 244 Rn. 8.

amter im Dienst mit Dienstwaffe einen Apfel stiehlt, macht sich daher nach § 244 StGB strafbar![218]

cc. § 244 I Nr. 1b StGB

Hier führt der Täter ein Werkzeug oder Mittel mit sich, *um* etwaigen Widerstand gegen die Wegnahme zu verhindern oder zu brechen.

Für eine Bejahung der Qualifikation ist also eine Verwendungs*absicht erforderlich.*

Dafür ist *jedes* Mittel tatbestandsmäßig, das Widerstand brechen kann, also *auch objektiv ungefährliche* Mittel, mit denen man aber *bluffen* kann. Erfasst sind also insbesondere auch *Scheinwaffen.*[219]

Beachte: Das *Mitführen* in Verwendungs*absicht* reicht hier. Kommt es tatsächlich zur Verwendung, wird i. d. R. ein Raub vorliegen, der später noch Thema ist.

dd. § 244 I Nr. 2 StGB: Bandendiebstahl

Erforderlich ist, dass der Täter zu einer Bande gehört *und* mindestens zwei Bandenmitglieder an der konkreten Tat *mitwirken.*

Definition „Bande“:

Gruppe von mindestens drei Personen, die sich zur fortgesetzten Begehung von Diebstählen verbunden hat.[220]

Der Täter muss also *Bandenmitglied* sein. *Weiter* erforderlich ist, dass mindestens zwei Täter *am Tatort* sind *oder* an der Tat im Vorfeld mitwirken.[221]

ee. § 244 I Nr. 3 und IV StGB: Wohnungseinbruchsdiebstahl (WED)

Erforderlich ist auch hier (wie bei § 243 I Nr. 1 StGB) *zweierlei*: Es muss eine *Wohnung* (§ 244 I Nr. 3 StGB) bzw. *Privatwohnung* (§ 244 IV StGB) vorliegen *und* der Täter muss auf einer der in Absatz 1 Nr. 3 genannten Arten in diese *gelangen.* Das Hineinspazieren in eine Wohnung oder Privatwohnung durch eine offene Tür erfüllt die Qualifikation daher *nicht.*

---

218 Vgl. Wittig, BeckOK, StGB, 49. Edition 1.2.2021, § 244 Rn. 10.1, 11.

219 Vgl. Wittig, BeckOK, StGB, 49. Edition 1.2.2021, § 244 Rn. 12.2.

220 Vgl. Nimtz, Strafrecht für Polizeibeamte, Band 2, 5. Auflage 2018, Rn. 36.

221 Vgl. BGHSt 41, 321.

Beachte: Seit 2017 gibt es die Qualifikation des § 244 I Nr. 3 StGB („Wohnung") mit einer Mindeststrafe von sechs Monaten und die des § 244 IV StGB („Privatwohnung") mit einer Mindeststrafe von einem Jahr. Gewisse Unklarheiten bereitet seitdem die *Abgrenzung* zwischen „Wohnung" und „Privatwohnung".

Die **Definition „Wohnung"** lautet: Abgeschlossene, überdachte Räume, die Menschen zumindest vorübergehend als Unterkunft dienen.

Mit „*dauerhaft genutzte Privatwohnung*" ist im Prinzip ein Wohnhaus bzw. eine Wohnung im *engeren, umgangssprachlichen* Sinne gemeint.

Als **Definition für „dauerhaft genutzte Privatwohnung"** kann gelten: Wohnungen oder Häuser, die eine dauernde häusliche Privatsphäre bilden.[222]

Zu *verstehen* und zu *prüfen* ist das Ganze also wie folgt:

Eine *Wohnung* nach *Absatz 1 Nr. 3* liegt vor bei allen Räumen, die unter die Definition „Wohnung" fallen, *aber keine* dauerhaft genutzte Privatwohnung darstellen. Gemeint sind etwa Wohnwagen[223], Hotelzimmer[224] oder Wochenendhäuser[225]. Hier wäre die Definition zu nennen und dann unter diese zu subsumieren.

Eine *Privatwohnung* nach *Absatz 4* hingegen liegt vor, wenn eine Wohnung vorliegt, die wie definiert eine häusliche Privatsphäre bildet.

Die Arten des Hineinkommens sind bei § 244 I Nr. 3 *und* § 244 IV StGB wie bei *§ 243 I Nr. 1* StGB zu verstehen. Es sind also auch die dortigen Definitionen zu verwenden.

Praxisbox:

Im letzten Jahrzehnt nahm längere Zeit die Zahl der Wohnungseinbrüche stark zu. Der Gesetzgeber wollte daher etwas tun, um hier gegenzusteuern. Parallel zur bereits genannten Hochstufung des Einbruchs in eine dauerhaft genutzte Privatwohnung zum Verbrechen erfolgte auch die Aufnahme von § 244 IV StGB in den Katalog derjenigen Delikte, bei denen *Standort- und Funkzellenabfragen* möglich sind, § 100g II S. 2 Nr. 1g StPO. Zusammen mit dem höheren Strafrahmen von mindestens einem Jahr ergibt dies nun *erheblich verbesserte Ermittlungsmöglichkeiten*. Denn einerseits kann man über die Überprüfung aller eingeloggten Handys versuchen, den Kreis der (ja meist völlig unbekannten) Tatver-

222 Vgl. Joecks/Jäger, StGB, 12. Auflage 2018, § 244 Rn. 44.

223 Vgl. Joecks/Jäger, StGB, 12. Auflage 2018, § 244 Rn. 41.

224 Vgl. BGH, StV 2001, 624.

225 Vgl. BGH, NStZ-RR 2018, 14.

dächtigen einzugrenzen. Gerade weil beim WED in der Regel keine Beziehung zwischen Täter und Opfer besteht, ist dies ein sehr wichtiger Einstieg in die Ermittlungen. Andererseits ermöglicht der hohe Strafrahmen nun leicht eine U-Haft, sobald dringender Tatverdacht gegen einen Beschuldigten besteht, weil wegen der Strafdrohung Fluchtgefahr nun noch näher liegt.

d. Schwerer Bandendiebstahl, § 244a StGB

Einen weiteren Qualifikationstatbestand enthält § 244a StGB, der mit einem Jahr Mindeststrafe ein Verbrechen darstellt. In der Sache „kombiniert" dieser Tatbestand bestimmte Elemente aus § 243 und § 244 StGB, die, wenn sie zusammen vorliegen, dann den § 244a StGB ergeben. Kombiniert werden die Merkmale des § 243 StGB oder die Begehung mit Waffen jeweils mit der bandenmäßigen Begehung. Wer also als Bandenmitglied gewerbsmäßig stiehlt oder als Bandenmitglied mit Waffe stiehlt, begeht § 244a StGB.

Beachte dabei: Die Merkmale des § 243 StGB sind hier Tatbestandsmerkmale und müssen daher im objektiven Tatbestand geprüft werden![226]

e. Unterschlagung, § 246 StGB

Ein weiteres Delikt, bei dem es irgendwie um „Zueignung" fremder Sachen geht, ist die **Unterschlagung gem. § 246 StGB.** Wozu diese im Gesetz steht und wie ihr Verhältnis zu § 242 StGB ist, verdeutlicht folgender

Fall:

Der B bittet seinen Nachbarn N, ihm für einen Tag dessen Sitzrasenmäher auszuleihen. N lehnt jedoch ab. B holt den Rasenmäher gleichwohl aus Ns Schuppen und bringt ihn auf seine Koppel, um diese zu mähen. Beim Holen des Rasenmähers will er diesen abends wieder zurückgeben. Das Mähen mit dem Gerät läuft aber so gut, dass B am Abend beschließt, den Rasenmäher zu behalten. Statt in den Schuppen des N stellt er ihn daher in seinen eigenen, für den N weder zugänglichen, noch einsehbaren Schuppen, um ihn fortan weiter für sich zu nutzen. Als N den Mäher zu suchen beginnt, gibt B sich unwissend. Strafbarkeit des B (§ 123 StGB ist nicht zu prüfen)?

Im Fall gibt es *zwei mögliche Tathandlungen*: Das morgendliche Holen des Rasenmähers aus dem Schuppen des N sowie am Abend das Parken im

226 Vgl. Wittig, BeckOK, StGB, 49. Edition 1.2.2021, § 244a Rn. 2.

eigenen Schuppen des B und das Verbergen vor N (als Beginn der Nutzung wie eine eigene Sache).

Zu beginnen ist mit einer Strafbarkeit durch das *Holen*, und zwar (aus später dargelegten Gründen) einer Strafbarkeit nach *§ 242 StGB*:

Der objektive Tatbestand ist mit dem Bruch von Ns Gewahrsam erfüllt (was in der Klausur Punkt für Punkt zu prüfen wäre).

Im Moment der Wegnahme fehlt aber der Vorsatz auf dauernde Enteignung, da B in *diesem* Moment das Fahrzeug noch zurückgeben will. Der subjektive Tatbestand ist deshalb *im Moment* der *Wegnahme* nicht erfüllt.

Beachte hierzu:

Es gilt *stets*, dass der *subjektive* Tatbestand *im Zeitpunkt der Verwirklichung des objektiven Tatbestands vorliegen* muss, damit der Täter wegen Vorsatztat bestraft werden kann! Das gilt für den Vorsatz ebenso wie für alles, was nach dem konkreten Tatbestand zum subjektiven Tatbestand noch hinzu kommt (wie etwa die Zueignungsabsicht bei § 242 StGB). *Fehlt* die subjektive Seite *im Moment der Verwirklichung* des *objektiven* Tatbestands, entfällt die Strafbarkeit nach der so begangenen Norm *auch dann*, wenn der Täter im Nachhinein die Verwirklichung des objektiven Tatbestands billigt. Zerstört der B also *aus Versehen* die wertvolle Ming-Vase seines Erzfeinds E, ist dies *mangels Vorsatzes keine* Sachbeschädigung, *auch wenn* B hinterher ziemlich gut findet, dass Es Vase kaputt ist.

Als nächstes wäre im Fall zu prüfen, ob *in dem Abstellen im eigenen Schuppen* (mit dem anschließenden Verbergen vor N und dem Weiternutzen) eine Straftat verwirklicht ist.

Auch hier ist *zunächst § 242* StGB anzuprüfen:

Ein Tatobjekt liegt vor. Aber es *scheitert* nun an der *Wegnahme*: Im Moment des Parkens hat der B bereits die tatsächliche Sachherrschaft und der N hat sie bereits nicht mehr. *In diesem Moment* bricht der B also keinen fremden Gewahrsam mehr, sondern *hat* bereits Gewahrsam. Ob er diesen haben darf, ist *irrelevant*, denn der Gewahrsam meint ja nur ein faktisches Herrschaftsverhältnis an der Sache. § 242 StGB ist also wiederum zu *verneinen*.

Gleichwohl ist die Prüfung im Fall damit noch nicht zu Ende.

Scheitert in Fällen, in denen der Täter eine Sache nämlich – ganz unjuristisch gesprochen – verbotenerweise „zu seiner macht“, § 242 StGB, so kommt ein weiter gerade dafür geschaffener Tatbestand in Betracht:

§ 246 StGB, Unterschlagung – mit folgendem *Normtext*, dem die folgenden Tatbestandsmerkmale zu entnehmen sind:

§ 246 StGB

Wer eine fremde bewegliche Sache *sich oder einem Dritten rechtswidrig* zueignet, *wird (…) bestraft (…)*

Es gibt also an Tatbestandsmerkmalen nur: „fremde, bewegliche Sache" und „Zueignung".

Der entscheidende *Unterschied* zu § 242 StGB ist:

Die Zueignung ist hier schon nach dem Normtext die *Tathandlung*. Bei § 246 StGB ist die Zueignung daher Teil des *obj. Tatbestands*, die Zueignung muss hier mithin *tatsächlich stattgefunden* haben. Dafür *fehlt* eine „Wegnahme" komplett.

Explizit genannte subjektive Tatbestandsmerkmale enthält § 246 StGB anders als § 242 StGB ferner auch nicht. Erforderlich ist daher *subjektiv nur* der (normale) Vorsatz.

Es entsteht folgendes Prüfungsschema § 246 StGB:

Objektiver TB:

- **Tatobjekt: fremde, bewegliche Sachen**
- **Tathandlung: Zueignung**

Subjektiver TB: Vorsatz

RW

Schuld

Im Fall wäre also nun **§ 246 StGB** wie folgt zu prüfen:

***Objektiver* Tatbestand:**

Ein geeignetes **Tatobjekt** liegt vor – wobei die Merkmale so zu verstehen sind und so behandelt werden dürfen *wie bei § 242* StGB.

Tathandlung im Fall ist das abendliche Abstellen (und nachfolgende Nutzen) des Rasenmähers durch B für sich. Dies ist der „klassische" Fall einer *tatsächlich vollzogenen* **Zueignung**.

Die Definition muss dabei etwas *anders* lauten als bei § 242 StGB. Denn dort muss die Zueignung ja nicht stattgefunden haben, sondern nur beabsichtig sein. In § 246 StGB lautet die

Definition „Zueignung":

Jede Handlung, durch die der Wille, mit der Sache wie ein Eigentümer zu verfahren, erkennbar wird.

Bsp.: Nutzen, Verkaufen, ins Regal stellen.

Zu beachten ist dabei, dass die so zugeeignete Sache *nicht „weggenommen"* worden sein muss. Es ist also *nicht* nötig, dass der Täter vor der eigenen Nutzung irgendjemandes Gewahrsam gebrochen hat!

Darin liegt auch der *Normzweck* des § 246 StGB: Ziel ist die strafrechtliche Erfassung von *„wegnahmelosen" Zueignungen.*

Hierfür gibt es namentlich *zwei Gruppen*:

- Der Täter kann sich etwas zueignen, woran im Moment der Zueignung *niemand (mehr) Gewahrsam hat.* Dies wäre etwa bei verlorenen Sachen der Fall. Wer also eine im Gebüsch liegende, verlorene Geldbörse einsteckt, begeht keinen Diebstahl, sondern eine *Fundunterschlagung.*
- Der Täter kann sich aber auch etwas zueignen, woran er im Moment der Zueignung *schon Gewahrsam hat*, etwa Dinge, die er zunächst ohne Zueignungsabsicht selbst genommen hat oder solche, die im gegeben werden, etwa zur Miete oder Leihe.

Beachte aber:

Die *bloße (zivilrechtswidrige) Nichtrückgabe* geliehener oder gemieteter Sachen reicht als Zueignung noch *nicht* aus! Wer also nach Ende der Mietzeit eine Mietsache schlicht nicht herausgibt, begeht *dadurch alleine noch keine* Unterschlagung. Es müssen vielmehr *weitere äußere Umstände* hinzukommen, die den Willen, von nun an wie ein Eigentümer mit der Sache zu verfahren, erkennen lassen. In Betracht kommen etwa erhebliche Wertminderungen durch die (weitere) Nutzung, aber auch das Verstecken der Sache vor dem Eigentümer oder das Ableugnen des Besitzes.[227]

Praxisbox:

Strafanzeigen wegen „Unterschlagung", bei denen schon der Anzeigende mehr als die bloße Nichtrückgabe einer Sache *gar nicht vorträgt*, sind in der Praxis recht häufig. Wenn ein Bürger eine solche Anzeige erstattet und Sie diese aufnehmen, dann haken Sie sofort nach! *Fragen Sie* also in solchen Fällen, ob neben der Nichtrückgabe noch Weiteres passiert ist (wie etwa ein Bestreiten des Besitzes).

227 Vgl. OLG Brandenburg, NStZ 2010, 220.

Keine Zueignung im Sinne des § 246 StGB liegt ferner vor bei einer nur zeitweiligen Nutzung mit Rückgabewillen. Da die Norm wie auch der Diebstahl nur vor dem endgültigen Verlust der Sache schützen soll und nicht vor einer bloßen zeitweiligen unberechtigten Nutzung, wird § 246 StGB hier – analog zu § 242 StGB bei Rückgabewillen – daher verneint, nur eben schon im objektiven Tatbestand.

Im Fall stellt der Entschluss, den Rasenmäher nunmehr doch zu behalten und das nachfolgende *Abstellen im für N nicht einsehbaren eigenen* Schuppen – *ohne* Rückgabewillen – zusammen mit dem späteren *Ableugnen* des Besitzes eine *Zueignung* dar. Der *objektive Tatbestand* ist damit erfüllt.

In diesem Moment hatte der B auch *Vorsatz auf eine Zueignung*, und zwar nun sogar Absicht. Der *subjektive TB* der Unterschlagung, für den es als Zeitpunkt jetzt ja auf den Moment der beginnenden Nutzung wie ein Eigentümer ankommt, ist im Fall daher ebenfalls zu bejahen.

B handelte auch rechtswidrig und schuldhaft und ist *strafbar nach § 246 StGB.*

Beachte noch:

Eine Tat wird *nur dann* nach § 246 StGB bestraft, wenn sie *nicht* als Diebstahl (oder sonst ein Vermögensdelikt) bestraft werden kann. Dies steht explizit in § 246 I StGB und wird als *„formelle Subsidiarität"* bezeichnet. Es ist also in einschlägigen Fällen *erst* § 242 StGB zu prüfen und auf § 246 StGB überhaupt *nur* einzugehen, wenn Diebstahl verneint wird. Beachte also in einem Satz: *§ 242 StGB geht § 246 StGB vor*!

In **§ 246 II** StGB findet sich ferner noch eine **Qualifikation** zu § 246 I StGB, die vorliegt, wenn die unterschlagene Sache dem Täter **„anvertraut"** war. *Anvertraut* ist eine Sache, die der Täter mit der Verpflichtung bekommen hat, sie zu einem bestimmten Zweck zu verwenden, aufzubewahren oder auch schlicht irgendwann wieder zurückzugeben.[228] In diesem Fall ist die Höchststrafe erhöht (von drei auf fünf Jahre); die Mindeststrafe bleibt aber bei Geldstrafe.

f. §§ 247, 248a StGB

Hinzuweisen ist noch darauf, dass nach § 247 und § 248a StGB in bestimmten Fällen auch Diebstahl und Unterschlagung *Antragsdelikte* sein können. Im Einzelnen gilt:

228 Vgl. Wittig, BeckOK, StGB, 49. Edition 1.2.2021, § 246 Rn. 11.

Nach **§ 247 StGB** bedarf es eines Strafantrags, wenn der Täter Angehöriger des Opfers ist oder mit diesem in häuslicher Gemeinschaft lebt. Wer **Angehöriger** ist, ergibt sich dabei aus § 11 I Nr. 1 StGB; **häusliche Gemeinschaft** besteht bei einem *freien* und *ernstlichen* Willen zum Zusammenleben für eine gewisse Zeit.[229]

§ 247 StGB macht den Diebstahl zum *absoluten Antragsdelikt.* Darüber hinaus greift er *auch*, wenn Regelbeispiele und Qualifikationen erfüllt sind, also für die §§ 243, 244, 244a StGB.[230]

Nach **§ 248a StGB** bedarf es eines Strafantrags ferner bei einer *geringwertigen* Tatbeute. Die Grenze liegt hier bei 25 Euro. Der Täter muss um die Geringwertigkeit dabei nicht wissen; es zählt allein der objektive Wert des Diebesguts![231]

§ 248a StGB gilt *nur*, wenn es um das *Grunddelikt des § 242 StGB* (oder um § 246 StGB) geht. Liegen Qualifikationen nach § 244 StGB vor, greift § 248a StGB *nicht.*[232] Des Weiteren macht er aus § 242 StGB nur ein *relatives Antragsdelikt*; die StA kann also auch das besondere öffentliche Interesse an der Verfolgung bejahen, wenn ein Antrag fehlt.

229 Vgl. Wittig, BeckOK, StGB, 49. Edition 1.2.2021, § 247 Rn. 3.
230 Vgl. Wittig, BeckOK, StGB, 49. Edition 1.2.2021, § 247 vor Rn. 1.
231 Vgl. Wittig, BeckOK, StGB, 49. Edition 1.2.2021, § 248a Rn. 3, 4.
232 Vgl. Wittig, BeckOK, StGB, 49. Edition 1.2.2021, § 248a Rn. 3.

3. Delikte gegen das Leben

a. Systematik der Tötungsdelikte

Es gibt im StGB *drei* Straftatbestände, die die vorsätzliche Tötung eines Menschen unter Strafe stellen: *§§ 211, 212 und 216 StGB* (die übrigen Tatbestände, die die Tötung sanktionieren, umfassen nur Fälle, in denen der Täter fahrlässig gehandelt und den Tod fahrlässig herbeigeführt hat oder Fälle der Erfolgsqualifikation, also solche, in denen zwar ein Grunddelikt vorsätzlich verwirklicht, der Tod aber nur fahrlässig verursacht wurde).

Zu klären (und z. T. umstritten) ist daher zuerst, wie die §§ 212, 211 und 216 StGB *zueinanderstehen*. Dies soll in *zwei Schritten* erfolgen:

Zuerst soll es um das *Verhältnis von § 212 StGB zu § 211 StGB* gehen.

Der Wortlaut des § 212 StGB lautet:

§ 212 StGB

(1) Wer einen Menschen tötet, ohne Mörder zu sein, wird als Totschläger mit Freiheitsstrafe nicht unter fünf Jahren bestraft.

Der des § 211 StGB lautet (in Auszügen):

§ 211 StGB

(1) Der Mörder wird mit lebenslanger Freiheitsstrafe bestraft.

(2) Mörder ist, wer

aus Mordlust, zur Befriedigung des Geschlechtstriebs, aus Habgier oder sonst aus niedrigen Beweggründen pp.

einen Menschen tötet.

§ 211 StGB *erschwert* bereits dem Wortlaut entnehmbar § 212 StGB, und dies auf zwei Arten:

- Er beschreibt *strafschärfende Arten* der Tatbegehung (dazu später noch – sehr viel – mehr).
- Er droht eine *höhere Strafe* an (lebenslang statt „nur" fünf bis fünfzehn Jahre)

§ 211 StGB ist daher inhaltlich so zu § 212 StGB gefasst wie eine Qualifikation zum Grunddelikt. Denn die Qualifikation zeichnet sich eben genau dadurch aus, ein Grunddelikt mit verschärfenden Begehungsformen und höherer Strafe zu erschweren (etwa bei Begehung einer Körperverletzung mit einer Waffe).

§ 211 StGB ist daher eine **Qualifikation** zu § 212 StGB.

Beachte: Dies ist *sehr umstritten*. So wir hier sieht es das sogenannte *Schrifttum* (also Rechtswissenschaftler an Hochschulen, die in Büchern und Aufsätzen zu Rechtsfragen Stellung beziehen). Da der Normtext mit Begriffen wie „Totschläger" und „Mörder" verschiedene Worte verwendet und sogar den „Totschläger" noch danach bestimmt, dass dieser tötet, ohne „Mörder" zu sein, geht der *BGH* hingegen davon aus, dass § 212 StGB und § 211 StGB unterschiedliche, sich sogar gegenseitig ausschließende Tatbestände seien.[233] Bedeutung hat dies aber nur für Rechtsfragen, mit denen Sie als Polizeibeamter nicht befasst werden, namentlich für die Strafbarkeit von Teilnehmern. Ansonsten führt die Ansicht des BGH nur zu Aufbauproblemen. Es hat sich in der Ausbildung daher eingebürgert, hier – *ausnahmsweise* – *nicht* dem BGH zu folgen, sondern dem *Schrifttum*.

Wie nun ist das *Verhältnis von § 216 StGB zu § 212* StGB?

Auch dazu soll der Wortlaut der Norm betrachtet werden, hier also des § 216 StGB:

§ 216 StGB

(1) Ist jemand durch das ausdrückliche und ernstliche Verlangen des Getöteten zur Tötung bestimmt worden, so ist auf Freiheitsstrafe von sechs Monaten bis zu fünf Jahren zu erkennen.

§ 216 StGB *mildert* schon dem Wortlaut nach den Totschlag:

- Er beschreibt eine *entlastende Art* der Tatbegehung, nämlich eine Art „Einwilligung" des Opfers.
- Er droht eine deutlich *niedrigere* Strafe an (sechs Monate bis fünf Jahre).

§ 216 StGB ist also eine Art „Minusqualifikation" bzw. eine „Qualifikation nach unten": So wie Qualifikationen Grundtatbestände bezüglich Tatbegehung und Strafe erschweren, mildert § 216 StGB den Grundtatbestand.

Eine solche „Minusqualifikation" heißt **Privilegierung**[234] (zum Prüfungsort später mehr bei der genauen Behandlung von § 216 StGB).

Die *Systematik* ist also ein **Grundtatbestand (§ 212 StGB)** mit einer **Qualifikation (§ 211 StGB)** und einer **Privilegierung (§ 216 StGB)**.

233 Vgl. Eschelbach, BeckOK, StGB, 49. Edition 1.2.2021, § 211 vor Rn. 1.

234 Vgl. Eschelbach, BeckOK, StGB, 49. Edition 1.2.2021, § 216 vor Rn. 1.

b. Totschlag, § 212 StGB

Der Totschlag ist ein in seiner Struktur einfaches Delikt, weswegen mit dieser Norm als „Einstiegstatbestand“ zur Besprechung anderer Probleme wie etwa Vorsatz oder Rechtfertigungsgründe auch schon gearbeitet wurde. Ein *paar kurze Erläuterungen* um seiner selbst willen sollen zu § 212 StGB aber hier gleichwohl erfolgen.

Das Prüfungsschema für Totschlag sieht wie folgt aus:

Objektiver Tatbestand:
- **Tatopfer: anderer Mensch**
- **Tathandlung/-erfolg: Töten**
- **Kausalität**
- **Objektive Zurechnung**

Subjektiver Tatbestand: Vorsatz

Rechtswidrigkeit

Schuld

Zu den einzelnen **Tatbestandsmerkmalen**:

Tatobjekt ist ein **anderer Mensch.**

Mensch im Sinne dieser Norm ist das Opfer vom Beginn der Geburt bis zum Hirntod. Auf den körperlichen oder geistigen Gesundheitszustand kommt es dabei *nicht* an. Auch wer schwerst erkrankt oder geistig behindert ist, genießt den *vollen* strafrechtlichen Schutz seines Lebens wie ein Gesunder ohne jeden Abstrich.[235] Da ein **anderer** Mensch getötet werden muss, ist der *Suizid straflos* (was eigentlich nur Bedeutung für die *Beihilfe zum Suizid* hat, die als solche dann mangels vorsätzlicher, rechtswidriger Haupttat ebenfalls straflos ist).[236]

Als **Tathandlung** kommt prinzipiell jede Handlung in Betracht, wenn sie nur kausal den Tod verursacht. Meist werden die Tathandlungen direkte Einwirkungen auf die körperliche Unversehrtheit des Opfers enthalten, also Schüsse oder Schläge. Auch das Erschrecken eines schwer Herzkranken kann als Tathandlung ausreichen.[237]

235 Vgl. Eschelbach, BeckOK, StGB, 49. Edition 1.2.2021, § 212 Rn. 3, 3.1, 3.3.

236 Vgl. Eschelbach, BeckOK, StGB, 49. Edition 1.2.2021, § 212 Rn. 3, 4.

237 Vgl. Eschelbach, BeckOK, StGB, 49. Edition 1.2.2021, § 212 Rn. 6 f.

Subjektiv verlangt ist **Vorsatz**, *bedingter Vorsatz* reicht. Einzelheiten dazu werden im Rahmen der Fallbesprechungen zum Mord noch näher ausgeführt.

c. Mord, § 211 StGB

aa. Aufbau und Prüfungsschema des § 211 StGB

Rechtlich sehr viel anspruchsvoller als der Totschlag ist der Tatbestand des Mordes. Um diesen soll es daher im Weiteren gehen.

Wiederum am nun weiter untersuchten Gesetzeswortlaut soll der *Aufbau* und das *Prüfungsschema* des § 211 StGB entwickelt werden:

(2) Mörder ist, wer

aus Mordlust, …

heimtückisch oder…

um eine andere Straftat zu ermöglichen oder…

einen Menschen tötet.

Das Gesetz selber unterscheidet (in manchen Printausgaben sogar in drei getrennten Absätzen) *drei Gruppen* von erschwerenden Begehungsweisen. Diese Begehungsweisen sind dabei der Sache nach schlicht *Qualifikations-Tatbestandsmerkmale* wie „Waffe“ in § 224 oder § 244 StGB. Aus historischen Gründen haben die Qualifikations-Tatbestandsmerkmale des Mordes aber einen eigenen Namen. Es sind sogenannte *Mordmerkmale.*

Diese Mordmerkmale sind in § 211 StGB *abschließend* aufgezählt. Sie sind (vollständig):

- Gruppe 1: Mordlust, Befriedigung des Geschlechtstriebs, Habgier, niedere Beweggründe
- Gruppe 2: Heimtücke, grausam, gemeingefährliches Mittel
- Gruppe 3: Ermöglichungsabsicht, Verdeckungsabsicht

Versucht man, *Unterschiede bzw. Gemeinsamkeiten* zwischen den Mordmerkmalen der drei Gruppen zu finden, ergibt sich Folgendes:

- Gruppen 1 und 3 sind *subjektive* Merkmale. Sie betreffen nur das Mord*motiv.*
- Gruppe 2 hingegen enthält *objektive* Merkmale. Sie betreffen die *Art* der *Begehung.*

Damit weist § 211 StGB (neben der Terminologie) auch eine *inhaltliche Besonderheit* gegenüber anderen Qualifikationstatbeständen auf: Normalerweise enthalten Qualifikationstatbestände nur ergänzende objektive Qualifikations-Tatbestandsmerkmale, etwa „Waffe“ oder „lebensgefährdende Behandlung“. § 211 StGB weist aber *objektive* (Gruppe 2) *wie auch (nur) subjektive* (Gruppe 1 und 3) *Qualifikations-Tatbestandsmerkmale* auf. Ein Totschlag kann also *alleine durch das Tötungsmotiv* zum Mord werden.

Für den *Aufbau* hat dies zur Folge, dass nur die Merkmale der 2. Gruppe im *objektiven* Tatbestand zu prüfen sind. Diejenigen der 1. und 3. Gruppe gehören in den *subjektiven* Tatbestand. Leicht merken kann man sich dies mit Schlagwort „*S-O-S*“, also subjektiv (1. Gruppe) – objektiv (2. Gruppe) – subjektiv (3. Gruppe).

Dies ergibt folgendes Prüfungsschema § 211 StGB:

Objektiver Tatbestand:

- **Tötung eines Menschen/Kausalität/obj. Zurechnung**
- **Ggf. Mordmerkmale der 2. Gruppe: heimtückisch, grausam oder gemeingefährliches Mittel**

Subjektiver Tatbestand:

- **Vorsatz**
- **Ggf. Mordmerkmale der 1. und 3. Gruppe: Mordlust, Befriedigung des Geschlechtstriebes, Habgier, niedere Beweggründe, Ermöglichung, Verdeckung**

Rechtswidrigkeit

Schuld

bb. Zur Rechtsfolge bei Mord

Auch wenn Sie als Polizeibeamte keine Rechtsfolge, also Strafe, festsetzen, sollte die *grundsätzliche Systematik der Rechtsfolge bei Mord* bekannt sein – als Allgemeinbildung für Sie als Angehörige der Strafverfolgungsbehörden wie auch für etwaige Zusatzfragen in der Klausur.

Die *Systematik der Rechtsfolgen* bei Mord sei daher kurz erläutert:

Das *Minimum* bei § 211 StGB ist *lebenslange Freiheitsstrafe. Anders* als sonst gibt es dabei auch *keinen Strafrahmen* („von... bis“), innerhalb dessen das Gericht festsetzt, sondern nur diese fixe Rechtsfolge.

Lebenslang heißt dabei, dass eine Entlassung *frühestens(!)* nach 15 Jahren möglich ist, § 57a StGB.

Die Betonung liegt dabei auf „frühestens". Anders als oft angenommen, ist die Freilassung nach 15 Jahren *kein Automatismus*. Im Gegenteil: Die Durchschnittszeit im Vollzug liegt bei Mördern nach wie vor mit 19 Jahren deutlich über der Mindestverbüßungszeit von 15 Jahren.[238]

Die Voraussetzung für eine Freilassung nach (mindestens) 15 Jahren ist dabei, dass der Täter *nicht mehr gefährlich* ist. Gemeint ist damit, dass von dem Täter im Rahmen einer Prognose erwartet werden kann, keine erheblichen Straftaten mehr zu begehen (wozu man in der Praxis Gutachten einholt). Ist der Täter nach wie vor gefährlich, bleibt er in Haft – und zwar *zeitlich unbegrenzt so lange*, wie die Gefährlichkeit fortbesteht (was alle zwei Jahre erneut geprüft wird[239]). Auch wenn in der Praxis irgendwann bei nahezu allen Mördern eine Freilassung erfolgt, wenn auch vielleicht erst nach deutlich mehr als 15 Jahren, kann es Fälle geben, in denen der Täter *dauerhaft* bei allen Prüfungen als gefährlich angesehen wird und daher dauerhaft in Haft bleibt (einen solchen Fall gab es etwa 2021 in Baden-Württemberg. Dort wurde ein 84 Jahre alter verurteilter Mörder schlussendlich auf Bewährung entlassen – aber nach 58 Jahren im Gefängnis. So lange hatte man ihn eben immer wieder für noch gefährlich befunden[240]).

Wie gesagt eröffnet § 211 StGB keinen Spielraum bei der Rechtsfolge. *Nach unten abweichen* kann das Gericht von „lebenslang" dann, wenn § 211 StGB bejaht wird, daher *nicht*.

Die Rechtsprechung hat davon *nur – und gegen* den Gesetzeswortlaut – in einer Fallgruppe eine *Ausnahme* geschaffen. Darauf soll unten bei der Besprechung des Mordmerkmals „Heimtücke" eingegangen werden, zu dem der BGH diese Ausnahme erfunden hat.

Es gibt aber eine mögliche *Abweichung nach oben*:

In besonders gravierenden Fällen kann *neben* „lebenslang" die *„besondere Schwere der Schuld"* festgestellt werden, § 57a I Nr. 2 StGB. Daran wäre etwa zu denken, wenn der Täter mehrere Menschen tötet und/oder viele Mordmerkmale gleichzeitig verwirklicht hat.[241] Diese Feststellung erfolgt durch das (Tat-)Gericht *bei der Verurteilung* wegen Mordes.

---

238 Vgl. Groß/Kett-Straub, Münchener Kommentar zum StGB, 4. Auflage 2020, § 57a Rn. 4 m. w. N.

239 Vgl. Groß/Kett-Straub, Münchener Kommentar zum StGB, 4. Auflage 2020, § 57a Rn. 31.

240 Vgl. Oberlandesgericht Karlsruhe/„Doppelmörder kommt nach fast sechzig Jahren hinter Gittern frei", WELT, 23.3.21.

241 Vgl. Groß/Kett-Straub, Münchener Kommentar zum StGB, 4. Auflage 2020, § 57a Rn. 18.

Für die *Rechtsfolge* bedeutet „besondere Schwere der Schuld" dann, dass vom (Vollstreckungs-)Gericht *nach 15 Jahren* eine individuell, also in jedem Einzelfall bemessene *zusätzliche Zeit* festgelegt wird, nach der eine Entlassung *frühestens* geprüft werden darf. Eine gesetzlich geregelte Höchstgrenze gibt es dabei nicht. Im Regelfall ist so die Entlassung in Fällen, in denen die „besondere Schwere der Schuld" festgestellt wurde, meist *frühestens nach ca. 20–25 Jahren* möglich.[242] Auch hier gilt für die danach zu prüfende Entlassung aber, dass der Täter nicht mehr gefährlich sein darf. Sonst bleibt er wie beschrieben in Haft.

Daneben möglich ist nach § 66 I Nr. 1 StGB auch, die sogenannte *Sicherungsverwahrung* anzuordnen. Deren Bedeutung ist aber neben § 211 StGB *gering*. Das hat folgenden Grund: Wenn die *Sicherungsverwahrung* angeordnet wird, heißt dies, dass der Täter auch nach Verbüßung seiner kompletten Strafe solange inhaftiert bleibt, bis er nicht mehr gefährlich ist. Dies hat dann erhebliche Bedeutung, wenn nur eine zeitige Freiheitsstrafe verhängt wurde. Wer etwa wegen Vergewaltigung zu acht Jahren verurteilt wurde, ist grundsätzlich nach acht Jahren auch dann zu entlassen, wenn er noch gefährlich ist. Ist hingegen neben den acht Jahren noch die Sicherungsverwahrung angeordnet, verbleibt der Täter auch nach Vollverbüßung so lange hinter Gittern, wie seine Gefährlichkeit fortbesteht. Bei „lebenslang" nun gilt Letzteres aber ohnehin, auch ohne Sicherungsverwahrung. Man bräuchte sie also neben „lebenslang" nicht. Dass die Gerichte dies trotzdem anordnen, hat nur revisionsrechtliche Gründe, die auszuführen hier zu weit führen würde.

Es reicht, sich zu merken, dass *Mörder so oder so erst wieder freikommen, wenn sie nicht mehr gefährlich sind.*

Beachte:

Die Höhe (und Starre) der Strafdrohung hat indirekt auch Bedeutung für die *Auslegung* des § 211 StGB: Sie führt nach Ansicht des BGH zu einer *restriktiven Auslegung* des § 211 StGB. Es soll also im Zweifel eher sparsam von den Mordmerkmalen Gebrauch gemacht werden.[243]

cc. Mordmerkmale I: Heimtücke und „niedere Beweggründe"

Die *Mordmerkmale* sollen nun anhand von vier Fällen erläutert werden.

242 Vgl. Groß/Kett-Straub, Münchener Kommentar zum StGB, 4. Auflage 2020, § 57a Rn. 21 m. w. N.

243 Vgl. Eschelbach, BeckOK, StGB, 49. Edition 1.2.2021, § 211 vor Rn. 1.

In Fall 1 geht es um **Heimtücke** und **niedere Beweggründe**.

Der Sachverhalt zu **Fall 1** lautet (nach einem Originalfall auf der „Kieler Woche"): Auf einem Volksfest wird der B von dem O zunächst beleidigt und dann einmal ins Gesicht geschlagen, woraufhin der B zurückschlägt. Die beiden schreien sich dann noch an, bis ein Passant dazwischengeht und die beiden trennt, sodass sich die Szene beruhigt. O dreht sich nun um und entfernt sich. Als O schon ein paar Meter weg ist, zieht der B aus Wut ein Messer, setzt O nach und sticht diesem in den oberen Rücken. Er verletzt dabei, was er mit einkalkulierte, die Lunge des O so schwer, dass dieser verstirbt. Strafbarkeit des B durch den Stich?

Zu prüfen ist im Fall eine Strafbarkeit nach *§ 211 StGB* (im *Obersatz* kann § 212 StGB mitzitiert werden, was dieser als Grundtatbestand eigentlich auch müsste. Es hat sich aber als ebenso zulässig eingebürgert, nur § 211 StGB zu nennen. Zu prüfen ist das Grunddelikt dann natürlich gleichwohl – ohne „Töten eines Menschen" kein Mord):

***Objektiver* Tatbestand:**

Das „Töten eines Menschen", also Handlung und Erfolg, liegen mit dem tödlichen Stich in die Lunge unproblematisch vor.

Ohne den Stich wäre der O auch nicht gestorben, sodass auch die Kausalität gegeben ist.

Wie bei Qualifikationen sonst auch, wird bei Mord *zunächst das Grunddelikt* geprüft. Mit § 212 StGB ist dies freilich meist schnell gemacht, da § 212 StGB ja kaum Besonderheiten oder Schwierigkeiten aufweist.

Zu prüfen sind im Fall sodann die in Betracht kommenden Mordmerkmale der *2. Gruppe*:

Der Stich in den Rücken könnte **Heimtücke** sein.

Definition „heimtückisch":

Ausnutzen der auf Arglosigkeit beruhenden Wehrlosigkeit in feindlicher Willensrichtung.

Definition „arglos":

Arglos ist, wer sich keines Angriffes versieht.[244]

Hier gibt es *zwei Definitionen* – die für Heimtücke, und eine, die einen Begriff aus der Heimtücke-Definition („arglos") näher bestimmt. In der Klau-

244 Vgl. BGHSt 2, 251; BGHSt 18, 88.

sur empfiehlt sich, nach dem Obersatz („Der B könnte heimtückisch/in Heimtücke getötet haben“) beide Definitionen nacheinander zu bringen und dann gemeinsam unter beide zu subsumieren.

Im Fall ist nun die Besonderheit, dass dem Mord ein heftiger, auch körperlich geführter *Streit vorausging.* Fraglich ist, ob dies eine Arglosigkeit des O (und damit Heimtücke) ausschließt.

Bestand also eine Arglosigkeit des O?

O erwartete beim Weggehen keinen Angriff (*mehr*), denn der Streit war nicht nur vorbei und die Szenerie durch Dritte beruhigt. O hatte dem B auch bereits den Rücken zugedreht und war etwas weggegangen, was er bei weiter erwarteten Angriffen kaum getan hätte. O war mithin arglos. *Trotz des Streits* ist *Arglosigkeit* hier also zu *bejahen.*

B nutzte Os so bestehende *jetzige* Wehrlosigkeit durch den Stich in den Rücken auch aus.

B handelte mithin heimtückisch.

Es gilt also:

Bei Streit vor dem tödlichen Angriff entfällt Heimtücke *nur*, wenn das Opfer deswegen noch mit *irgend*einem (nicht zwingend lebensbedrohendem) Angriff rechnet![245]

Die Definition von Heimtücke enthält nun *noch einen Aspekt.* Die Tötung muss *„in feindlicher Willensrichtung“* erfolgen.

Dieses Erfordernis wirkt zunächst etwas befremdlich: wenn der Getötete nicht gerade getötet werden will (was ein Fall für § 216 StGB wäre), wird die Tötung im Zweifel immer „feindlich“ sein. Tatsächlich dient dieses zusätzliche Erfordernis dem BGH auch nur zu einem *einzigen* Zweck: Er will so *„Mitleid-Tötungen“* von § 211 StGB ausnehmen und nur als Totschlag behandeln. Gemeint sind Fälle, in denen etwa ein Vater in schwerer Lebenskrise nicht nur sich selbst, sondern auch seine Kinder töten will, um diesen „ein Leben voller Leid“ zu ersparen (sog. „Mitnahme-Suizid“). Überlebt der Vater und sterben die Kinder, wäre dies nach BGH auch dann, wenn die übrigen Elemente der Heimtücke vorliegen sollten, kein Heimtückemord, weil der Täter sozusagen „in fürsorgender Absicht“ und damit „nicht in feindlicher Willensrichtung“ getötet habe. Allerdings soll dies *nur* gelten, wenn das tötungsmotivierende Mitleid aus einer objektiv nachvollziehbaren Wertung heraus erfolgt, also irgendwie noch „begreiflich“ er-

245 Vgl. Eschelbach, BeckOK, StGB, 49. Edition, 1.2.2021, § 211 Rn. 49.

scheint.[246] Die Fälle, bei denen so Heimtücke nach dem BGH entfällt, sind im Ergebnis recht selten.

Im Fall können Sie – wie stets, wenn es nicht gerade um Mitnahme-Suizide geht – das Erfordernis der feindlichen Willensrichtung *ohne Weiteres* bejahen.

Beachte zum Merkmal Heimtücke noch:

Das Merkmal der Heimtücke kann im Einzelfall zu Ergebnissen führen, die als recht „hart" erscheinen. Das gilt vor allem dann, wenn ein dem Opfer körperlich unterlegener und vom Opfer terrorisierter (Tötungs-)Täter zu einem listigen Vorgehen greifen muss, wenn er gegen das (Tötungs-)Opfer eine Chance haben will. Für solche Fälle eröffnet der BGH die Möglichkeit (wenn der Täter nicht nach § 32 StGB gerechtfertigt ist, was natürlich vorrangig zu klären wäre), von der an sich starren Rechtsfolge „lebenslang" nach unten abzuweichen. In entsprechender Anwendung von § 49 I Nr. 1 StGB könnte hier eine zeitige Freiheitsstrafe von drei bis 15 Jahren in Betracht kommen. Diese sogenannte *Rechtsfolgenlösung* ist sehr umstritten, weil das Gesetz sie bei Mord eigentlich nicht vorsieht. Der BGH wendet sie auch nur selten an. Aber als „Ausweg" für Fälle, in denen als einziges Mordmerkmal „Heimtücke" vorliegt, ist sie nach dem BGH eben möglich.[247]

Problematisch sein kann bei dem Merkmal *„Heimtücke" ferner*, inwieweit die Tötung von Schlafenden oder Bewusstlosen darunterfällt und wie das Locken in einen Hinterhalt zu werten ist. Diese Problematik wird unten im Rahmen des vierten Falles zu § 211 StGB erörtert.

Im Fall folgt der subjektive Tatbestand:

Erforderlich ist zunächst – wie stets – **Vorsatz** *auf alle Merkmale* des objektiven Tatbestands – also auch der Mordmerkmale der 2. Gruppe, soweit sie verwirklicht sind.

Im Prinzip ist Vorsatz bei § 211 StGB so zu verstehen *wie sonst auch*. Auch reichen *alle* Vorsatzformen, also auch bedingter.

Es gibt aber *zwei Besonderheiten*, auf die hinzuweisen ist.

Zu einen vertritt der BGH zur Annahme von Tötungsvorsatz die sogenannte *„Hemmschwellentheorie"*. Danach ist die Hemmschwelle, einen anderen zu töten, sehr viel höher als etwa diejenige, eine Körperverletzung zu begehen. Tötungsvorsatz soll daher mit einer gewissen *Zurückhaltung* angenommen werden. Vor allem soll nicht aus jeder lebensgefährlichen Körper-

246 Vgl. Joecks/Jäger, StGB, 12. Auflage 2018, § 21 Rn. 39.

247 Vgl. Eschelbach, BeckOK, StGB, 49. Edition, 1.2.2021, § 211 Rn. 28.

verletzung gleich ein Totschlag oder Mord gemacht werden.[248] Für Letzteres spricht dabei auch die Gesetzessystematik: Indem der Gesetzgeber in § 224 I Nr. 5 StGB die Körperverletzung mittels lebensgefährdender Behandlung als Qualifikation der Körperverletzung unter Strafe gestellt hat, macht er implizit deutlich, dass eben nicht jede lebensgefährdende Körperverletzung immer schon auch ein (ggf. versuchter) Totschlag oder Mord ist, sondern ein Täter auch bei lebensgefährdender Körperverletzung grundsätzlich ohne Tötungsvorsatz handeln kann.

Zum anderen (und tendenziell gegenläufig) ist freilich eine *besonders gefährliche Begehungsweise* durchaus ein *gewichtiges Indiz für* Tötungsvorsatz.[249]

Bsp.: Bei einem Schuss in die Brust mit einem Schrotgewehr wird der Täter kaum ernsthaft darauf vertrauen, dass das Opfer sicher überlebt. Sollte der Täter dies hinterher gleichwohl behaupten, ist das Gericht im Rahmen der Beweiswürdigung – freilich unter Würdigung aller tatrelevanten Umstände – frei, dies angesichts der Art der Tatausführung schlicht nicht zu glauben.

Im Fall können Sie je nachdem, wie Sie das Verb „einkalkulieren“ deuten, bedingten Vorsatz wie auch Wissentlichkeit oder sogar Absicht vertreten. *Dass* B *Vorsatz* hat, ist aber jedenfalls eindeutig.

Als *subjektives Mordmerkmal* käme im Fall alleine der „**niedere Beweggrund**“ in Betracht.

„Niedere Beweggründe“ unterscheiden sich von den anderen Mordmerkmalen dadurch, bewusst schwammig formuliert zu sein und damit als *Auffangtatbestand* zu dienen.

Bedenken Sie dabei: Die Liste der Mordmerkmale ist *abschließend*. Was darunter nicht fällt, ist kein Mord, sondern nur Totschlag. Um nun zu verhindern, dass wertungsmäßig besonders verwerfliche Tötungen, die aber keines der anderen Mordmerkmale erfüllen, als Mord nicht erfasst werden können, hat der Gesetzgeber dieses *Auffangtatbestandsmerkmal* geschaffen.

So sehr dies noch einleuchtet, so wenig ändert es etwas daran, dass der Begriff niedere Beweggründe *kaum subsumtionsfähig* ist. Man erkennt dies an der wenig hilfreichen Definition:

Definition „niedere Beweggründe“:

Ein Motiv, das verachtenswert ist und auf niederster Stufe steht.[250]

248 Vgl. BGH, StV 1994, 654.

249 Vgl. Eschelbach, BeckOK, StGB, 49. Edition 1.2.2021, § 211 Rn. 12.

250 Vgl. Joecks/Jäger, StGB, 12. Auflage 2018, § 211 Rn. 20.

In der Praxis arbeitet sich hier auch am besten nicht allein mit dieser wenig hilfreichen Definition, sondern mit *zwei Fallgruppen* – die natürlich *nicht abschließend* sind, aber doch meist zielführend. Gemeint mit niederen Beweggründen sind daher *v. a.*:

- *Ethisch* besonders verwerfliche Motive
  - Beispiel: Weltanschaulicher Hass[251]
- *Krasses* Missverhältnis zwischen Anlass und Handlung[252]
  - Beispiel: Tötung wegen Beleidigung

Im Fall käme (nur) ein *krasses* Missverhältnis in Betracht. Ein Missverhältnis steht dabei außer Frage. Die Tötung wegen irgendeines situativen Streits ist gewiss nicht angemessen. Problematisch ist aber, ob das Missverhältnis *krass* ist. Der Tötung ging ja nicht nur eine einfache Beleidigung voraus. Vielmehr war B von O zuvor angegriffen und sogar geschlagen worden. Ein krasses Missverhältnis wäre hier daher *eher zu verneinen* (eine andere Ansicht natürlich vertretbar).

Beachte aber allgemein zu den niederen Beweggründen noch Folgendes:

„Niedere Beweggründe" sind *maßvoll* zu verwenden! Es soll *nicht* aus jedem Totschlag über dieses Merkmal ein Mord gemacht werden, sie sind eben „reserviert" für krasse Fälle.

Zu den *niederen Beweggründen* sollen im Laufe der Befassung mit § 211 StGB *noch weitere Aspekte* folgen, nämlich die Frage danach, auf welche Werteordnung eigentlich abzustellen ist, um die Motive ethisch zu bewerten, wie mit Tötung als Kollateralschaden umzugehen ist und wie die niederen Beweggründe zu den anderen Mordmerkmalen stehen. Ausführungen dazu finden sich in den weiteren Fällen 2, 3 und 4 zu § 211 StGB.

Beachte ferner noch zu den *Mordmerkmalen insgesamt*:

Die Mordmerkmale sind *alternativ*. Bereits das Vorliegen eines Mordmerkmals macht aus dem Totschlag einen Mord und reicht so für „lebenslang".

Aber: *Alle* in Betracht kommenden Mordmerkmale (und auch nur diese) sind anzuprüfen! Im Prinzip ist es hier also so wie bei allen anderen Qualifikationen auch.

Im Fall wäre noch kurz auf die *Rechtswidrigkeit* einzugehen.

Es käme Notwehr in Betracht, § 32 StGB; allerdings war der Angriff des O beendet und damit nicht mehr gegenwärtig. Gleiches würde (obwohl dort

251 Vgl. Eschelbach, BeckOK, StGB, 49. Edition 1.2.2021, § 211 Rn. 29.
252 Vgl. Eschelbach, BeckOK, StGB, 49. Edition 1.2.2021, § 211 Rn. 29.

weiter zu verstehen) auch für die Gegenwärtigkeit einer Gefahr im Sinne des § 34 StGB gelten.

Im Rahmen der Schuld scheitert daran auch der denkbare § 33 StGB, Notwehrexzess: Es gab schon keine Notwehrlage mehr. Im Übrigen erfolgte die Handlung des B auch nicht aus Furcht, sondern aus Rachsucht.

B ist im Fall mithin *nach § 211 StGB* strafbar.

dd. Mordmerkmale II: Grausam/zur Verdeckung einer anderen Straftat/niederer Beweggrund

Fall 2:

Der aus Albanien stammende B, der dort in traditionellen Clan-Strukturen aufwuchs, nach denen den Tod verdient, wer die Familienehre beschmutzt, und der in diesen Strukturen auch in Deutschland lebt, begibt sich zu seiner Schwester, der O, die einen nach Ansicht des Clans „falschen" Partner hat. Alle vorherigen Versuche des B, die O zu einer Trennung zu bewegen, scheiterten, auch das Androhen von „Prügel". Nachdem die O sich einmal mehr in einem hitzigen Streitgespräch weigert, ihren Freund zu verlassen, sticht der B die O mit einem gezielten Stich ins Herz nieder, um die „Schande" zu beenden. In dem Moment erscheint die weitere Schwester des B, die S, die ob dieser Eskalation entsetzt ist und schreit, sie werde die Polizei rufen. B hat nun einerseits Angst vor einer Bestrafung, andererseits ist er voller Wut auf die S, die ihm so „in den Rücken fällt". Mit dem Ziel, sie erst leiden zu lassen und dann für immer zum Schweigen zu bringen, sticht er daher zwanzigmal auf die S ein, was für diese, wie B weiß und will, zunächst massive Schmerzen verursacht, bevor sie verstirbt. Für Letzteres hätte auch bei S ein gezielter Stich gereicht. Strafbarkeit des B?

Zu prüfen ist zunächst *§ 211* StGB *zum Nachteil der O* (zum Aufbau bei mehreren Tötungen später in Fall 3 mehr):

Der *objektive* Tatbestand ist hinsichtlich des *Grunddelikts* problemlos verwirklicht.

Objektive Mordmerkmale sind *keine* ersichtlich. Insoweit ist in objektiver Hinsicht nur das Grunddelikt verwirklicht.

Beachte:

Da Mord Mordmerkmale im objektiven wie auch im subjektiven Tatbestand hat und es reicht, wenn (irgend-)ein Mordmerkmal erfüllt ist, ist es *gar nicht so ungewöhnlich*, dass im Fall *nur subjektive* Mordmerkmale überhaupt infrage kommen und zu prüfen sind. Lassen Sie sich also nicht verunsichern, wenn es objektiv außer dem Grunddelikt im Fall nichts zu prüfen gibt!

Zurück zum Fall:

Zu prüfen ist als nächstes der *subjektive* Tatbestand:

B wollte die O gezielt töten. *Vorsatz* (auf das Grunddelikt) liegt in Form von Absicht vor.

Wie steht es nun mit *Mordmerkmalen der 1. und 3.* Gruppe:

Im Blick auf Bs Motivation kommen „**niedere Beweggründe**" in Betracht.

Geht man nach *hier geltender* Werteordnung, wären diese in Form des krassen Missverhältnisses zwischen Anlass und Tötung zu bejahen: die Tötung nur deswegen, weil dem B der Freund der Schwester nicht passt, ist ein *krasses Missverhältnis.*

Freilich gilt dies nicht, wenn man *Bs* Werteordnung zugrunde legt. Nach dieser hat die O einen gravierenden Fehler begangen, der ohne Weiteres so schwer wiegt, dass dies die Tötung der O rechtfertigt oder gar verlangt.

Fraglich ist daher, *auf welche Werteordnung* abzustellen ist: die hier allgemein geltende oder die des Täters?

Der BGH tat sich mit dieser Frage lange Zeit schwer und stellte teils durchaus auch auf die des Täters ab. Das Argument war, dass die niederen Beweggründe ein subjektives Merkmal seien, bei dem eben die Tätervorstellung (mit-)entscheide. Mittlerweile gilt in der Judikatur des BGH aber zumindest grundsätzlich: Abzustellen ist auf *hiesige* Werteordnung. „Niedere Beweggründe" sind in „*Ehrenmordfällen*" daher regelmäßig nun zu *bejahen.*[253]

B handelte im Fall auch rechtswidrig und schuldhaft.

B ist nach § 211 StGB *zum Nachteil der O* strafbar.

Zu prüfen ist sodann ein Mord gem. § 211 StGB *zum Nachteil der S*:

Der *objektive* Tatbestand des Grunddelikts liegt vor.

Fraglich sind *Mordmerkmale der 2.* Gruppe.

In Betracht käme hier das Merkmal „**Grausam**".

B tut im Fall mehr, als zur Tötung „nötig": er sticht viel öfter als nötig zu; und er fügt weit mehr Schmerzen zu, als zur Tötung unvermeidbar wären. Ein solches „*Übertöten*" ist gemeint, wenn das Gesetz von „grausamer" Tötung spricht.

> Die **Definition „grausam"** lautet insoweit: Zufügung von Schmerzen oder körperlichen oder seelischen Qualen in gefühlloser Gesinnung, die über das für die Tötung Notwendige hinausgehen.

253 Vgl. Eschelbach, BeckOK, StGB, 49. Edition 1.2.2021, § 211 Rn. 33.3.

Klassisches *Bsp.* wäre hier ein Zu-Tode-Foltern. Aber *auch psychische* Qualen vor der eigentlichen Tötung fallen unter dieses Merkmal, also etwa, wenn der Täter das Opfer zwingt, sein eigenes Grab auszuheben. Allerdings muss der Täter dann schon zum Zeitpunkt dieser seelischen Quälerei Tötungsvorsatz haben.[254]

Beachte:

Hat der Täter *mehrere* Optionen zur Tötung und wählt er bewusst die für das Opfer *qualvollere*, kann „grausam" *meist bejaht* werden. Quält der Täter das Opfer hingegen nicht mehr, als bei der gewählten und in der konkreten Situation für den Täter auch alternativlosen Tötungsart unvermeidlich, kann *auch dies grausam sein*, aber *nur*, wenn es eine mit besonders massiven Leiden verbundene Tötungsart ist (z. B. bei lebendigem Leibe verbrennen).[255]

Beachte ferner:

Obwohl „grausam" eines der objektiven Mordmerkmale ist, hat es schon nach der Definition auch eine *subjektive Komponente*, nämlich das Handeln aus *gefühlloser Gesinnung*. Bei objektiv grausamem Vorgehen wird dies freilich meist der Fall sein. Fehlen kann die gefühllose Gesinnung aber etwa, wenn der Täter spontan und in durch das Opfer mitverursachter hochgradiger Erregung zu einer objektiv grausamen Tötung schreitet.[256]

Im Fall handelt B also zum Nachteil der S auch grausam.

Sodann ist weiter zu prüfen mit dem *subjektiven* Tatbestand:

*Vorsatz*form ist auch hier Absicht.

Zu prüfen sind dann wiederum Mordmerkmale der 1. und 3. Gruppe:

In Betracht kommt *„**Verdeckungsabsicht**":*

B will eine Verfolgung wegen des Mordes an O verhindern und tötet die S deswegen, weil sie Zeugin des Mordes an O geworden war. Dies ist der klassische Fall der Verdeckungsabsicht.

Die **Definition „Verdeckungsabsicht"** lautet insofern: Töten, um die Aufklärung einer bereits begangenen Tat zu verhindern oder zu erschweren.

Im Fall tötet der B dabei, um eine eigene Tat zu verdecken.

254 Vgl. Eschelbach, BeckOK, StGB, 49. Edition 1.2.2021, § 211 Rn. 61.
255 Vgl. Eschelbach, BeckOK, StGB, 49. Edition 1.2.2021, § 211 Rn. 60.1.
256 Vgl. Eschelbach, BeckOK, StGB, 49. Edition 1.2.2021, § 211 Rn. 65.

Zwingend ist dies aber nicht erforderlich: Die Verdeckung einer begangenen *Tat eines Dritten* reicht![257]

Beachte ferner:

Auch *nach Bekanntwerden* der Vortat *kann* der Täter noch in Verdeckungsabsicht töten! Dies ist vor allem dann möglich, wenn er zwar weiß, dass er schon verdächtigt wird, die genauen Tatumstände aber noch nicht in einem die Strafverfolgung sicherstellenden Umfang aufgeklärt sind. Glaubt der Täter in einer solchen Situation, mit der Tötung eine günstige Beweisposition aufrechterhalten oder seine Lage verbessern zu können, *reicht dies* für die Annahme von Verdeckungsabsicht aus. *Nur* wenn Tat und Täterschaft schon *vollständig* entdeckt und aufgeklärt sind, scheidet dieses Mordmerkmal bei Tötung eines Zeugen aus.[258]

Da es bei der Verdeckungsabsicht auf das *Handlungsziel des Täters* ankommt, ist dieses Mordmerkmal ferner *auch dann erfüllt*, wenn der Täter zu Unrecht glaubt, es gebe eine verfolgbare Straftat und er tötet, um deren „Entdeckung" zu verhindern.[259] Tötet der T also in Notwehr den O und danach den Zeugen Z, damit dieser der Polizei von der Tötung des O nicht berichtet, wäre die Tötung des Z ein Mord in Verdeckungsabsicht, wenn der T (zu Unrecht) annimmt, er könne wegen der Tötung des O trotz Notwehr verfolgt werden.

Zurück zum Fall:

Rechtswidrigkeit und Schuld sind im Fall problemlos gegeben.

B ist also auch nach *§ 211 StGB zum Nachteil der S* strafbar.

Beachte noch:

Parallel zur Entdeckungsabsicht steht als weiteres Merkmal in der dritten Gruppe noch die **Ermöglichungsabsicht**, also das Töten, um eine andere (*zukünftige*) Tat leichter durchführen zu können. Klassisches Beispiel wäre die Erschießung eines Wachmanns vor der Bank, um danach ungehindert einen Banküberfall vornehmen zu können.

---

257 Vgl. Eschelbach, BeckOK, StGB, 49. Edition 1.2.2021, § 211 Rn. 85.

258 Vgl. BGH, NStZ 2018, 93 f.

259 Vgl. BGHSt 11, 226, 227.

ee. Mordmerkmale III: gemeingefährliches Mittel/Habgier

Fall 3:

Der spielsüchtige B hat Spielschulden von über 100.000 Euro bei dem als besonders brutal bekannten O, der illegale Spiele betreibt. B, der pleite ist, fürchtet nun, dem O eingestehen zu müssen, die Schulden nicht bezahlen zu können. Daher kommt er auf die Idee, den O zu „beseitigen", bevor dieser seinerseits überhaupt auf die Idee kommt, nach den Schulden zu fragen. Um das Ganze wie einen Unfall aussehen zu lassen, begibt er sich zu dem in einem Haus an einem Steilhang lebenden O und zerstört an den Wagen des O die Bremsvorrichtung. Er will, dass der O, dessen Fahrt in die Stadt stets mit dem steilen Weg bergab beginnt, dort nicht mehr bremsen kann und mit dem Fahrzeug so tödlich verunfallt. Unten am Ende der bergab führenden Straße ist, wie B auch weiß, ein beliebter Biergarten, der bei gutem Wetter stark besucht ist. Bei Regen hat er geschlossen. B hat im Wetterbericht gesehen, dass an dem Tag, an dem er die Bremsen an Os Auto zerstören will, eine Regenwahrscheinlichkeit von 50 % besteht. Er wollte sich eigentlich noch erkundigen, ob der Biergarten dann offen hat. Nachdem er aber gehört hat, wie der O einen anderen Spielschuldner massiv bedroht hat, sieht er dazu keine Zeit mehr, da sein „Problem" sofort gelöst werden müsse. O besteigt am Folgetag bei nur leichter Bewölkung und keinem Regen den Wagen, fährt bergab, kann nicht mehr bremsen und rast ungebremst in den gut besuchten Biergarten. Dabei sterben neben O noch zwei Besucher des Biergartens. Strafbarkeit des B?

Auch hier tötet der B, wie in Fall 2, mehrere Menschen. Fraglich ist daher zunächst auch hier, ob *gemeinsam oder getrennt* geprüft werden soll. Hier sollte nun anders als in Fall 2 eine gemeinsame Prüfung erfolgen.

Beachte als Grund hierfür und zugleich als Regel:

- Bei Tötung *mehrerer* durch *eine* Handlung: Die Prüfung sollte *zusammen* erfolgen.
- Bei Tötung *mehrerer* durch *mehrere* Handlungen: Es sollte eine *getrennte* Prüfung erfolgen.

Das Letztere ist dabei *zwingend*, da es sich um verschiedene Tathandlungen handelt. Von ersterem kann durchaus *abgewichen* werden (und muss es sogar, falls dem Täter bezüglich mancher Getöteter der Vorsatz fehlt). Gleichwohl ist es zumindest dann, wenn der Täter für alle Getöteten Vorsatz hatte (und sei es auch mit verschiedenen Vorsatzformen) praktikabler, zusammen zu prüfen.

Im Fall ist also wie folgt zu prüfen:

§ 211 StGB <u>*zum Nachteil der Biergarten-Besucher und O*</u>

***Objektiver* Tatbestand:**

Das Grunddelikt des § 212 StGB ist problemlos erfüllt.

Mordmerkmale der *2.* Gruppe:

In Betracht kommt „**Gemeingefährliches Mittel**“.

Blickt man hier auf die Wirkungen des verwendeten Autos als „Tatwaffe“, so fällt *zweierlei* dabei auf: Die Wirkung ist durch B *nicht kontrollierbar,* da er nicht in der Hand hat, zu bestimmen, welche Personen auf der Straße oder im Biergarten sind und somit gefährdet werden. B gefährdet mit diesem „Tatmittel“ auch eine *unbestimmte Zahl* von Personen, nämlich eben alle zufällig anwesenden Passanten und Verkehrsteilnehmer.

Diese beiden Aspekte sind kennzeichnend für gemeingefährliche Mittel – und ergeben so auch die Definition.

Definition „gemeingefährliches Mittel“:

Schwer beherrschbare Mittel, durch die eine Vielzahl von Personen gefährdet wird.

Klassisches Bsp. ist eine *Bombe* in einer Fußgängerzone.[260]

Allerdings läge auch bei einer Bombe *kein* gemeingefährliches Mittel vor, wenn der Täter etwa eine Bombe mit Zeitzünder an einem Schiff anbringt, auf dem, wie er sicher weiß, drei bestimmte Personen sind, und die er so zündet, dass nur dieses Schiff betroffen ist und untergeht. Hier wäre die Wirkung beherrschbar und präzise auf einen bestimmten Personenkreis begrenzt (in Betracht kämen aber natürlich andere Mordmerkmale, v. a. Heimtücke).

Beachte ferner:

Das Merkmal ist bereits erfüllt, wenn eine Vielzahl von Personen *gefährdet* wird. Das tatsächlich mehrere sterben oder sonst zu Schaden kommen, ist *nicht erforderlich.*[261] Hätten sich die Biergarten-Besucher im Fall also in letzter Sekunde retten können und wäre nur der O verstorben, läge gleichwohl ein gemeingefährliches Mittel vor.

Als *weiteres objektives* Mordmerkmal verwirklicht wäre *im Fall* – wie schon angedeutet – ohne Weiteres *Heimtücke*, da weder O noch die Biergarten-Besucher mit einem Angriff auch nur rechneten und daher auch keine Abwehrmaßnahmen trafen.

260 Vgl. Nimtz, Strafrecht für Polizeibeamte, Band 1, 6. Auflage 2018, Rn. 492.

261 Vgl. Nimtz, Strafrecht für Polizeibeamte, Band 1, 6. Auflage 2018, Rn. 492.

***Subjektiver* Tatbestand:**

B bräuchte *Vorsatz*. Hier ist nun zu *differenzieren*:

Den O will der B gerade töten. Bzgl. O liegt daher Absicht vor.

Schwieriger ist die Frage hinsichtlich der *Biergarten-Besucher*. Der Sachverhalt gibt hier viel vor, womit auch gearbeitet werden sollte. Da B die Gefahr, dass bei gutem Wetter Gäste im Biergarten sind, durchaus kennt und zumindest für möglich hält, dass das Wetter gut sein könnte, liegt im Ergebnis *bedingter Vorsatz* bzgl. der Besucher vor.

B handelte also *insgesamt vorsätzlich*.

Beachte noch mal *zum Aufbau*:

Im Rahmen der gemeinsamen Prüfung ist es hier unproblematisch, dass die Vorsatzformen sich bzgl. der Opfer unterscheiden, da *im Ergebnis Vorsatz für alle* zu bejahen ist.

Läge hinsichtlich der Biergarten-Besucher nur Fahrlässigkeit vor (etwa, wenn B überzeugt ist, dass es regnen wird und daher keiner draußen sitzt), hätte man *zwei Möglichkeiten* bzgl. des *Aufbaus*: Man könnte zunächst zusammen prüfen und hier feststellen, dass der Vorsatz nur bzgl. O vorliegt. Dann würde man bzgl. O mit Rechtswidrigkeit und Schuld den § 211 StGB einfach zu Ende prüfen, um sodann § 222 StGB an den Besuchern zu prüfen. Alternativ könnte auch zunächst nur der Mord an O und dann separat ein Mord an den Biergarten-Besuchern geprüft werden. Letzteren müsste man dabei aber auch am Vorsatz scheitern lassen, woraufhin man § 222 StGB zum Nachteil der Besucher prüfen und bejahen würde (*nicht* möglich wäre indes, erst einen Mord nur an O und dann sogleich eine fahrlässige Tötung der Besucher zu prüfen, da dann nirgendwo diskutiert werden könnte, ob nicht auch bzgl. der Biergarten-Besucher Vorsatz vorliegt).

Als weiteres Mordmerkmal in Betracht kommt im Fall **Habgier**.

B will hier seine Schulden faktisch loswerden. Das genügt tatsächlich schon!

> **Definition „Habgier“:**
>
> Töten zur wirtschaftlichen Besserstellung.[262]

Ausreichend ist *jedwede erstrebte faktische* Besserstellung.[263]

---

262 Vgl. Eschelbach, BeckOK, StGB, 49. Edition 1.2.2021, § 211 Rn. 20.

263 Vgl. Eschelbach, BeckOK, StGB, 49. Edition 1.2.2021, § 211 Rn. 21.

Diese liegt natürlich vor, wenn der Täter etwas erlangen will, z. B. ein Erbe. Sie liegt aber auch vor, wenn er etwas (zu Unrecht) behalten oder sich (nur) de facto von einer Verbindlichkeit befreien will – denn auch das ist eben eine wirtschaftliche Besserstellung.[264]

Ob sich die Rechtslage zum Vorteil des Täters ändert, ist dabei irrelevant. Hintergrund dafür ist, dass sich die Rechtslage namentlich im Blick auf bestehende Verbindlichkeiten durch die Tötung des Gläubigers nie ändert, weil die Forderung eben auf die Erben übergeht und damit schlicht in gleicher Höhe weiter existiert. Geht der Täter aber davon aus, die Erben werden die Forderung anders als der Ermordete nicht eintreiben, genügt dies eben bereits.

Umstritten ist indes, ob Habgier auch dann vorliegt, wenn nur eine *Beute von sehr geringem Wert* erstrebt wird.[265] Sollte man hier Heimtücke verneinen, lägen indes niedere Beweggründe in Form eines krassen Missverhältnisses nahe.

Im Fall ist Habgier daher gegeben.

Beachte *noch zur Habgier*:

In überkommenen Definitionen wird z. T. noch verlangt, Habgier verlange ein „übertriebenes" und „über das erträgliche Maß hinausgehende" Gewinnstreben „um jeden Preis". Dies klingt danach, als seien nur besonders exzessive Tötungen zur wirtschaftlichen Besserstellung erfasst. Tatsächlich grenzt die Rechtsprechung im Ergebnis Habgier so aber nicht ein, sondern verwendet das Merkmal wie oben dargestellt.[266] Von daher sind diese Definitionen zu eng und es empfiehlt sich, mit der obigen *weiten Definition* zu arbeiten.

Im Fall wäre dann weiter zu prüfen mit der *Rechtswidrigkeit.*

Hier wäre an *Rechtfertigungsgründe* bzgl. O durchaus, wenn auch nur kurz, zu denken, da O Schulden ganz offenbar gewaltsam einzutreiben droht.

Eine Notwehr nach § *32* StGB würde indes schon bei der Notwehrlage scheitern, da kein gegenwärtiger Angriff durch O in dem Moment vorlag, in dem B ihn tötet. Bei § *34* StGB könnte man eine Gefahr noch bejahen, es fehlt aber an einer erlaubten Notstandshandlung, da obrigkeitliche Hilfe einholbar und die Tötung damit nicht erforderlich war (ebenfalls nicht gegeben wäre ein wesentliches Überwiegen).

---

264 Vgl. Eschelbach, BeckOK, StGB, 49. Edition 1.2.2021, § 211 Rn. 24 f.

265 Vgl. Eschelbach, BeckOK, StGB, 49. Edition 1.2.2021, § 211 Rn. 22.

266 Vgl. Eschelbach, BeckOK, StGB, 49. Edition 1.2.2021, § 211 Rn. 22.

B handelte somit rechtswidrig.

Er handelte *auch schuldhaft*, da ein etwaiger Notwehrexzess nach § 33 StGB an der fehlenden Notwehrlage scheitern würde.

B ist nach *§ 211* StGB zum Nachteil von O und den Biergarten-Besuchern strafbar.

ff. Mordmerkmale IV: zur Befriedigung des Geschlechtstriebs/Mordlust/Heimtücke/(„Motivbündel")

Fall 4:

Der B, der an einer Störung der sexuellen Präferenz und an einer „antisozialen Persönlichkeitsstörung" leidet, hat tagelang Tötungsspiele auf dem Rechner gespielt, will nun aber mehr. Er begibt sich des Nachts ins Haus der ihm unbekannten schlafenden O1, die er töten will, um „zu wissen, wie das ist". Er sticht dieser im Schlaf ins Herz, wodurch die O1 verstirbt, ohne das Bewusstsein erlangt zu haben. B stellt nach der Tötung fest, auf einmal den massiven Drang zu verspüren, sich an der Leiche zu vergehen. Er tut allerdings nichts weiter, sondern verlässt den Tatort. Jedoch entwickelt sich in der Folgezeit dieses Gefühl zu einem neuen Plan: B nimmt über eine Dating-Seite Kontakt zur O2 auf und verabredet mit dieser ein Treffen für „Kennenlernen und vielleicht mehr" in Bs Wohnung. Nachdem O2 erschienen ist, die Wohnung ohne jeden Verdacht betreten hat und sich bereits im Wohnzimmer befindet, wo B etwas Small Talk betreibt, schließt der B sodann – wie von Beginn an geplant und durch die O2 unbemerkt – die Wohnungstür ab. Sodann holt er ein Messer und nähert sich der O2, die erst jetzt erkennt, in welcher Gefahr sie sich befindet. O2 rennt zwar noch zur Wohnungstür, kann diese aber nicht öffnen und wird daher an der Tür von dem B erstochen. Danach vergeht der B sich, wie ebenfalls von Beginn an geplant, an der Leiche der O2. Strafbarkeit des B (§168 StGB, Störung der Totenruhe, ist nicht zu prüfen)?

Zu prüfen ist zunächst ein Mord nach § 211 StGB *z. N. O1*

Beachte: Hier *muss* die Tötung von O1 und O2 wieder *getrennt* geprüft werden, da diese durch zwei getrennte Tathandlungen erfolgen!

***Objektiver* Tatbestand:**

Das Grunddelikt liegt vor.

Mordmerkmale der *2. Gruppe*:

Es kommt (nur) **Heimtücke** in Betracht.

Ohne Zweifel versieht sich O1 hier im Moment der Tötung keines Angriffs, allerdings liegt dies daran, dass sie in diesem Moment *schläft*.

In solchen Fällen soll Arglosigkeit und damit (bei Vorliegen der weiteren Voraussetzungen) Heimtücke vorliegen, wenn das Opfer im Moment des Schlafengehens arglos war. Das Opfer *„nimmt (dann seine) Arglosigkeit mit in den Schlaf*", wie der BGH formuliert.[267]

So liegt es auch hier im Fall und da B dies ausnutzt, liegt Heimtücke vor.

Beachte (unabhängig vom Fall) noch *zur Heimtücke*:

Bei unfreiwillig entstandener *Bewusstlosigkeit* besteht Arglosigkeit (anders als bei Schlaf) i. d. R. nicht.[268]

Da ihnen die Fähigkeit zur Arglosigkeit fehlt, sind *Säuglinge und sehr kleine Kinder* in der Regel nicht arglos. Sobald aber ein „natürlicher Abwehrinstinkt" da ist, den der Täter überwindet (indem er etwa bitteres Gift in süßen Brei rührt), kann Arglosigkeit bejaht werden. Gleiches gilt bei Ausnutzung der Arglosigkeit schutzbereiter Dritter, z. B. der Eltern.[269]

Die Ausnutzung einer Wehrlosigkeit, die *nicht auf Arglosigkeit beruht*, genügt für die Bejahung von Heimtücke indes *nicht*. Die Wehrlosigkeit muss gerade *aufgrund von Arglosigkeit* gegeben sein.[270]

Zurück zum Fall:

Zu prüfen ist als Nächstes der *subjektive* Tatbestand:

Vorsatz ist in Form von Absicht ohne Weiteres gegeben.

Weiter zu prüfen ist dann mit den Mordmerkmalen der *1. und 3.* Gruppe, soweit sie einschlägig sein können:

In Betracht kommt zunächst **„Mordlust"**.

Die Tötung der O1 war für B *Selbstzweck*. Das ist gemeint mit Mordlust.

> Die **Definition „Mordlust"** lautet: Tötung um der Tötung willen.

Dieses Merkmal verlangt dabei, dass diese Tötung als Selbstzweck das *einzige Motiv* ist. Das Mordmerkmal ist daher in der Praxis eher selten bejaht.[271]

Fraglich ist, ob B im Fall auch „**zur Befriedigung des Geschlechtstriebs**" tötete.

267 Vgl. Joecks/Jäger, StGB, 12. Auflage 2018, § 211 Rn. 45.

268 Vgl. Joecks/Jäger, StGB, 12. Auflage 2018, § 211 Rn. 45.

269 Vgl. Eschelbach, BeckOK, StGB, 49. Edition 1.2.2021, § 211 Rn. 48, 48.4.

270 Vgl. Eschelbach, BeckOK, StGB, 49. Edition 1.2.2021, § 211 Rn. 50.

271 Vgl. Joecks/Jäger, StGB, 12. Auflage 2018, § 211 Rn. 12.

Bzgl. O1 ist dies indes zu *verneinen*: Das Motiv muss *im Tatzeitpunkt* da sein. Im Tatzeitpunkt der Tötung der O1 ging es dem B nicht um sexuelle Handlungen oder sexuelle Befriedigung. Diese Idee ist ihm *erst hinterher* gekommen, was zur Bejahung des Mordmerkmals *nicht* ausreicht.

B handelte rechtswidrig.

Zu bejahen ist auch die *Schuld*: Weder die Störung der sexuellen Präferenz, noch die Persönlichkeitsstörung lassen die Schuld entfallen. Diese entfällt gem. § 20 StGB nämlich nur bei *kompletter Aufhebung* der Einsichtsfähigkeit, was bei diesen Störungen im Regelfall zu verneinen ist[272] (eine verminderte Schuldfähigkeit nach § 21 StGB käme im Fall indes in Betracht und wäre in der Praxis gutachterlich zu klären).

B ist mithin nach *§ 211 StGB zum Nachteil der O1* strafbar.

Weiter zu prüfen ist mit Mord, *§ 211 StGB, z. N. O2*:

***Objektiver* Tatbestand:**

Das Grunddelikt ist gegeben.

Mordmerkmal der 2. Gruppe:

Auch hier käme **Heimtücke** in Betracht. *Im Moment der Tötungshandlung* durch den B war die O2 jedoch *nicht mehr* arglos. Zu diesem Zeitpunkt hatte sie erkannt, was der B vorhatte und versuchte zu flüchten. Arglos war sie indes, als der B sie in seine Wohnung und damit „*in die Falle*" lockte. Diese Arglosigkeit hat ihre Verteidigungschancen auch erheblich eingeschränkt, was der B gerade ausgenutzt hatte. Die Tötung erfolgt daher *auch hier* in Heimtücke.

Beachte also hinsichtlich des *Zeitpunktes*, zu dem die Arglosigkeit vorliegen muss: *Normalerweise* muss diese im Moment der Tötung bestehen. Wer im Moment der Tötung sich eines Angriffs versieht (etwa, weil ein Streit vorausgegangen war), ist nicht arglos, womit Heimtücke ausscheidet. Etwas anderes soll aber ausnahmsweise gelten, wenn der Täter das Opfer *in eine Falle lockt*. Hier soll es reichen, wenn das Opfer *arglos in die Falle geht*. Wenn es dann – zu spät – erkennt, was der Täter vorhat (und mithin im Moment der Tötung nicht mehr arglos ist), ist Heimtücke gleichwohl zu bejahen. Lädt der Täter das Opfer also unter Vorspiegelung einer freundlichen Absicht zu sich nach Hause ein, verschließt alle Türen und bedroht es dann

272 Vgl. BGH, NStZ-RR 2008, 70; vgl. Eschelbach, BeckOK, StGB, 49. Edition 1.2.2021, § 20 Rn. 61 f.

vor der Tötung mit einer Waffe, liegt eine heimtückische Tötung vor, auch wenn das Opfer im Moment der Tötung nicht mehr arglos ist.[273]

Im Fall ist mit dem *subjektiven Tatbestand* weiter zu prüfen:

Vorsatzform ist wiederum Absicht.

Handelte B „**zur Befriedigung des Geschlechtstriebs**"?

B tötet hier, um sich an der Leiche zu vergehen – also aus einer sexuellen Motivation heraus. Jetzt liegt dieses Merkmal vor.

> Die **Definition der Tötung „zur Befriedigung des Geschlechtstriebs"** lautet: Tötung zur sexuellen Befriedigung im Töten oder an der Leiche.[274]

Ein Töten zur Befriedung des Geschlechtstriebs liegt in *drei Fallgruppen* vor:

- Sexuelle Befriedigung durch das Töten (wie im Fall)
- Tötung für sexuelle Handlungen an der Leiche
- Vergewaltigung mit Inkaufnahme des Opfertods[275]

Namentlich mit der letzten Gruppe erweitert der BGH die Anwendbarkeit dieses Merkmals nicht unerheblich.

Fraglich ist im Fall weiter, ob auch „**niedere Beweggründe**" zu bejahen sind.

Der Sache nach wäre dies durchaus der Fall: Bs Motiv ist ethisch besonders verwerflich, und es besteht ein krasses Missverhältnis zwischen Anlass und Tötungshandlung.

Allerdings sind „niedere Beweggründe" ein *Auffangtatbestand.*[276] Notwendig ist ein Rückgriff auf sie daher *nur*, wenn der „niedere" Beweggrund nicht schon durch andere Mordmerkmale erfasst ist. Was sich unter ein anderes Mordmerkmal subsumieren lässt, muss also nicht mehr unter niedere Beweggründe subsumiert werden. Nur solche Motive, die von keinem anderen (subjektiven) Mordmerkmal erfasst werden, können dann „niedere Beweggründe" sein.

Im Fall wäre dieses Merkmal daher zu *verneinen.*

Rechtswidrigkeit und Schuld liegen vor.

B ist eines weiteren Mordes gem. *§ 211 StGB z. N. der O2* schuldig.

---

273 Vgl. Eschelbach, BeckOK, StGB, 49. Edition 1.2.2021, § 211 Rn. 44.
274 Vgl. Nimtz, Strafrecht für Polizeibeamte, Band 1, 6. Auflage 2018, Rn. 486.
275 Vgl. Eschelbach, BeckOK, StGB, 49. Edition 1.2.2021, § 211 Rn. 17 und 19.
276 Vgl. Eschelbach, BeckOK, StGB, 49. Edition 1.2.2021, § 211 Rn. 29.

Beachte ferner (unabhängig vom Beispielsfall) noch zum subjektiven Tatbestand:

Es kommt (in der Prüfung und der Praxis) durchaus vor, dass Täter bei der Tötung *nicht nur ein Motiv* verfolgen. Der Täter kann z. B. bei der Tötung seines ausländischen Gläubigers sowohl wegen der erstrebten Befreiung von seiner Schuld (= Habgier), als auch aus Ausländerfeindlichkeit (= niederer Beweggrund) handeln. In solchen Fällen eines **„Motivbündels"** gelten alle Motive als verwirklicht, die bewusstseinsdominant und damit zumindest maßgeblich *mit*bestimmend für die Tötungshandlung sind. Nur wenn ein Motiv klar das Handeln dominiert und die anderen nur am Rande mitschwingen, ist nur das dominierende maßgeblich. Geht es im Beispiel also sowohl um die Befreiung von der Schuld, als auch die Ausländerfeindlichkeit, ist Habgier und ein niederer Beweggrund verwirklicht. Ginge es vor allem um eines der beiden und wäre das andere für den Täter nur von ganz untergeordneter Bedeutung, läge nur das dominierende Mordmerkmal vor.[277]

d. Tötung auf Verlangen, § 216 StGB

aa. Zur Sperrwirkung der Privilegierung

§ 216 StGB ist, wie bereits bei der Systematik der Tötungsdelikte dargelegt, eine *Privilegierung* des § 212 StGB.

Fraglich ist das *Verhältnis zu §§ 212, 211 StGB*: Wie ist zu verurteilen, wenn der B seinen Erbonkel tötet, weil er unbedingt erben will *und* weil der Erbonkel sterben möchte und den B um die Tötung bittet?

Hier gilt grundsätzlich: Die Privilegierung *sperrt* die Qualifikation![278] Auch wenn Mordmerkmale verwirklicht sind, wird der Täter nur wegen Tötung auf Verlangen verurteilt, wenn der Getötete um die Tötung (wirksam) gebeten hat. Im *Bsp.* (B tötet auf Verlangen und zwecks Erbe Erbonkel E) liegt trotz Habgier mithin nur § 216 StGB vor – mit wesentlich niedrigerem Strafrahmen.

Allerdings gilt dies *nur*, wenn das Tötungsverlangen des Getöteten *für den Täter handlungsleitend* für die Tötung war. Hätte der Täter aus Habgier ohnehin getötet und/oder ging es ihm vorrangig um seine Habgier, läge § 216 StGB trotz Tötungsverlangen nicht vor.[279] Dazu bei der Erläuterung der Tatbestandsmerkmale gleich mehr.

---

277 Vgl. Schneider, Münchener Kommentar zum StGB, 4. Auflage 2021, § 211 Rn. 83.

278 Vgl. Eschelbach, BeckOK, StGB, 49. Edition 1.2.2021, § 216 Rn. 1.

279 Vgl. Eschelbach, BeckOK, StGB, 49. Edition 1.2.2021, § 216 Rn. 12.

Daher gilt für den *Klausuraufbau*:

Falls im Sachverhalt eine Tötung auf Verlangen möglich ist (was eher exotisch wäre), müsste § 216 StGB *zuerst* geprüft werden!

Dieser Vorrang des § 216 StGB vor § 211 StGB hat dem zuständigen Landgericht im berühmten Fall des *Kannibalen von Rothenburg* erhebliche Probleme bereitet. Dort wollte der Getötete vom Täter getötet und aufgegessen werden – ein Tötungsverlangen lag also vor. Wäre damit § 216 StGB insgesamt zu bejahen gewesen, hätte der Täter nicht mehr wegen Mordes (oder Totschlags, der ebenfalls gesperrt wäre), verurteilt werden können, auch wenn Mordmerkmale zu bejahen waren. Wie das LG das Problem gelöst hat, unten mehr.

bb. Zum Prüfungsschema und zu den Tatbestandsmerkmalen

Zum **Prüfungsschema** und zu den **Tatbestandsmerkmalen** des § 216 StGB sei Folgendes erläutert:

Dem *Normtext* des § 216 StGB sind folgende relevanten Passagen zu entnehmen:

§ 216 StGB

(1) Ist jemand durch das ausdrückliche und ernstliche Verlangen des Getöteten zur Tötung bestimmt worden, so ist auf Freiheitsstrafe von sechs Monaten bis zu fünf Jahren zu erkennen.

So entsteht folgendes

Prüfungsschema für § 216 StGB:

Objektiver Tatbestand:
- **Tötung eines Menschen/Kausalität**
- **Verlangen des Getöteten**
- **Ausdrücklich**
- **Ernstlich**
- **„zur Tötung bestimmt"**

Subj. Tatbestand: Vorsatz

Rechtswidrigkeit

Schuld

Die **Tatbestandsmerkmale** sind dabei wie folgt zu verstehen:

Zu „**ausdrücklich**“:

Erforderlich ist eine *eindeutige, jeden Zweifel ausschließende* Äußerung. Im Zweifel wird diese mündlich oder schriftlich erfolgen. Gesten können aber reichen, wenn sie klar und dem später Getöteten etwa wegen einer Krankheit Sprechen und Schreiben nicht mehr möglich sind.[280]

Zu „**ernstlich**“:

Der Tötungswunsch muss *frei von Willensmängeln* sein. Das heißt vor allem, dass der Getötete im Stande sein muss, die Tragweite seiner Entscheidung zu erkennen. Dies ist namentlich bei schwer psychisch Erkrankten in der Regel eher nicht der Fall, ebenso bei Berauschten oder Bedrohten[281] (das war für das LG im Fall des „*Kannibalen von Rothenburg*“ die Rettung: Die Kammer ging – durchaus überzeugend – davon aus, der Getötete sei für jedermann erkennbar psychisch so schwer gestört gewesen, dass eine Ernstlichkeit seines Tötungswunsches nicht gegeben war. Damit war § 216 StGB raus und der Weg zu § 212 StGB und § 211 StGB eröffnet. Wegen Letzterem wurde der Täter schließlich auch verurteilt).[282]

Zu „**Bestimmen**“ des Täters:

Erforderlich ist wie schon genannt, dass das Begehren des Opfers für den Täter *handlungsleitend* war. Nebenmotive des Täters schaden dann nicht.

Entfallen tut ein Bestimmen des Täters durch das Opfer indes wie bereits oben gesagt bei bereits zur Tötung fest Entschlossenen bzw. dann, wenn andere Motive als das Verlangen des Getöteten bei der Tat dominieren.[283] Hier ist es also der Prüfungs*ort*, um in solchen Fällen den § 216 StGB scheitern zu lassen (und dann eben §§ 212, 211 StGB zu prüfen).

Zum **subjektiven Tatbestand**:

Zwar ist § 216 StGB meist ein zielgerichtetes Delikt, gleichwohl *genügt* Eventualvorsatz. Verlangt ist dabei – wie stets – Kenntnis aller Umstände des objektiven Tatbestands, also *insbesondere* aller das Tötungsverlangen betreffender Umstände.[284]

---

280 Vgl. Eschelbach, BeckOK, StGB, 49. Edition 1.2.2021, § 216 Rn. 10.

281 Vgl. Eschelbach, BeckOK, StGB, 49. Edition 1.2.2021, § 216 Rn. 11.

282 Vgl. Eschelbach, BeckOK, StGB, 49. Edition 1.2.2021, § 216 Rn. 11 m. w. N.

283 Vgl. Eschelbach, BeckOK, StGB, 49. Edition 1.2.2021, § 216 Rn. 12.

284 Vgl. Eschelbach, BeckOK, StGB, 49. Edition 1.2.2021, § 216 Rn. 13.

Beachte noch:

Mit Urteil vom 26.2.2020 hat das Bundesverfassungsgericht entschieden, dass zur allgemeinen Handlungsfreiheit des GG auch das *Recht auf einen selbstbestimmten Tod* gehört.[285] Seitdem wird unter Rechtswissenschaftlern lebhaft diskutiert, ob dies Auswirkungen auf § 216 StGB hat. *Entschieden* ist dazu aber (noch) *nichts*, sodass die Norm bis auf Weiteres so wie oben dargestellt weiter gilt. Änderungen in der Zukunft erscheinen aber durchaus möglich.

285 Vgl. BVerfG, NJW 2020, 905.

4. Delikte gegen die Freiheit

a. Freiheitsberaubung, § 239 StGB

Den Fallzahlen nach praktisch durchaus bedeutsam und seiner Struktur nach leicht erschließbar ist der Straftatbestand der Freiheitsberaubung, § 239 StGB.

Dem Normtext sind dabei die folgenden *Tatbestandsmerkmale* zu entnehmen:

§ 239 StGB

Wer einen Menschen einsperrt oder auf andere Weise der Freiheit beraubt, wird (...) bestraft.

Dies ergibt folgendes Prüfungsschema für § 239 StGB:

Objektiver Tatbestand:

- **Einsperren oder**
- **sonst der Freiheit berauben**

Subjektiver Tatbestand: Vorsatz

Rechtswidrigkeit

Schuld

Zu den **Tatbestandsmerkmalen** sei Folgendes erläutert:

Konkret bezeichnet als eine mögliche Tathandlung ist das „**Einsperren**".

Die **Definition für „Einsperren"** lautet dabei: Verhindern des Verlassens eines Raumes durch äußere Vorrichtungen gegen den Willen des Opfers.[286]

Gemeint ist z. B. ein Einschließen, ein Verbauen von Türen pp.

Einsperren ist *auch möglich bei Schlafenden oder Bewusstlosen*, da deren „potenzielle Bewegungsfreiheit" beeinträchtigt wird, was ausreichen soll.[287]

Erforderliche Mindest-*Dauer* ist „Ein Vater-Unser" (was etwa 30 Sekunden umfassen dürfte).[288]

Ein *Aus*sperren reicht *nicht*.

286 Vgl. Valerius, BeckOK, StGB, 49. Edition 1.2.2021, § 239 Rn. 9.
287 Vgl. Valerius, BeckOK, StGB, 49. Edition 1.2.2021, § 239 Rn. 6.
288 Vgl. RGSt 7, 259.

Die *zweite Tathandlung*, nämlich das „**auf sonstige Weise der Freiheit berauben**", ist ein *Auffangtatbestand*.

> Die **Definition** lautet daher auch denkbar weit: Jede Handlung, die dem Opfer anders als durch Einsperren die Möglichkeit der Fortbewegung nimmt.[289]

Beispiele wären etwa Fesseln oder Einkreisen, aber auch schnelles Fahren, was den Beifahrer am Aussteigen hindert.

Mögliche Tatmittel für beide Tathandlungen kann auch eine *Täuschung* sein. Wer also wahrheitswidrig behauptet, an der Tür gebe es eine Sprengfalle, „sperrt ein", wenn das Opfer dies glaubt und daher in dem Raum verbleibt.[290]

Subjektiv erforderlich ist Vorsatz; es reicht bedingter Vorsatz.[291]

Zu § 239 StGB gibt es ferner noch eine *Qualifikation* und *Erfolgsqualifikationen.*

§ 239 III Nr. 1 enthält dabei als **Qualifikation** die Freiheitsberaubung von mehr als einer Woche.

§ 239 III Nr. 2 enthält – als **Erfolgsqualifikation** – das Erleiden einer schweren Gesundheitsschädigung seitens des Opfers. Dafür genügt, dass das Opfer in eine ernste langwierige Krankheit gerät oder seine Arbeitsfähigkeit erheblich beeinträchtigt wird. § 239 IV enthält – als weitere **Erfolgsqualifikation** – den Tod des Opfers. Für die Erfolgsqualifikationen *genügt es*, wenn die schwere Folge eintritt, weil das Opfer auf riskante Art zu fliehen versucht und sich dabei schwer schädigt oder stirbt.[292]

b. Nötigung, § 240 StGB

aa. Einführung und Prüfungsschema

Ein wegen seiner Anwendungsbreite in der Praxis recht bedeutsamer Straftatbestand ist derjenige der Nötigung, *§ 240* StGB.

Dem Normtext ist an *Tatbestandsmerkmalen* Folgendes zu entnehmen:

289 Vgl. Valerius, BeckOK, StGB, 49. Edition 1.2.2021, § 239 Rn. 10.

290 Vgl. Joecks/Jäger, StGB, 12. Auflage 2018, § 239 Rn. 17.

291 Vgl. Valerius, BeckOK, StGB, 49. Edition 1.2.2021, § 239 Rn. 15.

292 Vgl. Valerius, BeckOK, StGB, 49. Edition 1.2.2021, § 239 Rn. 19 ff.

§ 240 StGB

Absatz 1: Wer einen Menschen rechtswidrig *mit* Gewalt *oder durch* Drohung *mit einem empfindlichen Übel zu einer* Handlung, Duldung oder Unterlassung nötigt, *wird (...) bestraft.*

Absatz 2: Rechtswidrig *ist die Tat, wenn die Anwendung der Gewalt oder die Androhung des Übels zu dem angestrebten Zweck als* verwerflich *anzusehen ist.*

Systematisiert man dies, so ergibt sich Folgendes:

- *Tathandlungen* sind Gewalt oder Drohung mit einem „empfindlichen Übel".
- *Abgenötigtes Verhalten beim Opfer* ist (jedwede!) Handlung, Duldung oder Unterlassung.

Das alles gehört zum *objektiven Tatbestand.*

Die Norm weist nun jedoch eine *Besonderheit* auf. Das geschilderte Verhalten soll nämlich nur dann eine strafbare Nötigung sein, wenn es rechtswidrig erfolgt. Das ist nach der Definition in Absatz 2 nur dann der Fall, wenn sich das Handeln als *verwerflich* darstellt.

Erforderlich für eine strafbare Nötigung ist also im objektiven Tatbestand Nötigungshandlung und Nötigungserfolg, im subjektiven wie stets Vorsatz und *in der Rechtswidrigkeit* die Feststellung der *Verwerflichkeit.*

Der *Sinn der Verwerflichkeitsprüfung* besteht darin, dass der objektive Tatbestand extrem weit gefasst ist und durchaus auch sozial gewolltes Verhalten erfassen kann. Erklärt etwa ein Strafrechtsdozent seinen Studierenden, dass diese durch die Klausur fallen werden, wenn sie nicht brav Schemata und Definitionen lernen, so wäre dies die Androhung eines empfindlichen Übels mit dem Ziel, die Studierenden zu einer Handlung bewegen. Der objektive Tatbestand der Nötigung wäre damit erfüllt, und auch der Vorsatz läge – sogar in Form von Absicht – vor. Das Verhalten wäre aber sozial gewollt und daher nicht verwerflich. Diese Weite des objektiven Tatbestandes ist also der Grund dafür, dass bei der Nötigung der Tatbestand die Rechtswidrigkeit eben *nicht ohne Weiteres indiziert*, sondern *positiv festgestellt* werden muss, dass die Handlung tatsächlich auch rechtlich nicht gewollt und damit rechtswidrig ist.

Das Prüfungsschema der Nötigung, § 240 StGB, sieht dann wie folgt aus:

Objektiver Tatbestand:

- **Nötigungshandlung**
  - **Gewalt**
  - **Drohung mit einem empfindlichen Übel**
- **Nötigungserfolg: Handeln, Duldung oder Unterlassung durch das Opfer**

Subjektiver Tatbestand: Vorsatz

Rechtswidrigkeit

- **Ggf. Rechtsfertigungsgründe**
- **Verwerflichkeitsprüfung (§ 240 II StGB)**
  - **Verwerflicher Zweck**
  - **Verwerfliches Mittel**
  - **Verwerfliche Zweck-Mittel-Relation**

Schuld

bb. Zu den Tatbestandsmerkmalen

Zu den **Tatbestandsmerkmalen** sei Folgendes erläutert:

Der § 240 StGB weist zunächst eine Besonderheit beim Begriff **Gewalt** auf:

Gewalt ist hier *anders* zu definieren als etwa in den §§ 113, 249, 255 StGB. *Ausreichend* ist bei § 240 StGB (jedwede!) Kraftentfaltung beim Täter, und sei sie auch noch so gering, soweit diese eine körperlich empfundene Zwangswirkung beim Opfer verursacht.[293]

So lautet daher auch die **Definition „Gewalt":** Körperliche Kraftentfaltung, auch minimale, beim Täter und körperlich empfundene Zwangswirkung beim Opfer.

Ausreichend ist danach etwa eine *Sitzblockade*, soweit dadurch ein Aufstauen von Fahrzeugen entsteht. Denn das Hinsetzen ist eine (wenn auch minimale) körperliche Bewegung und damit eine Kraftentfaltung. Die so entstehende Autoschlange führt dazu, dass die Fahrer physische Hindernisse vor sich haben und damit eine körperlich empfundene Zwangswirkung. Man spricht hier vom sogenannten „*vergeistigten* Gewaltbegriff".

Diese Judikatur war nicht nur zwischen Rechtsprechung und Schrifttum, sondern in den 80ern und 90ern sogar innerhalb der Obergerichte hoch umstritten. Gleichwohl hat sie sich – wenn auch mit hier nicht relevanten Nuancen in der Entwicklung – wie geschildert durchgesetzt. [294]

Jenseits der Fallkonstellationen der Sitzblockade, für die diese Judikatur entwickelt wurde, hat die Weite des Gewaltbegriffs auch noch in einem anderen Bereich praktische Folgen: bei *Nötigungen im Straßenverkehr*. Gewalt wäre danach etwa ein scharfes, bewusstes Abbremsen, soweit man

---

293 Vgl. Joecks/Jäger, StGB, 12. Auflage 2018, § 240 Rn. 12.

294 Vgl. Joecks/Jäger, StGB, 12. Auflage 2018, vor § 232 Rn. 17 ff. m. w. N.

damit hinterherfahrende Fahrzeuge ebenfalls zum abbremsen zwingt – denn das Treten des Bremspedals ist eine wenn auch minimale körperliche Kraftentfaltung, und das runterbremsende Fahrzeug stellt für dahinter Fahrende ein physisches Hindernis dar, weswegen für diese die Kraftentfaltung zu einer körperlich empfundenen Zwangswirkung wird. Auf das Thema Nötigung im Straßenverkehr soll exkursartig am Ende noch kurz eingegangen werden.

Das Merkmal des „**Drohens**:“ ist so zu verstehen wie in anderen Straftatbeständen, in denen es auch auftaucht, etwa bei den §§ 249, 253, 255 StGB.

> Die **Definition des „Drohens“** lautet daher: Inaussichtstellen eines künftigen Übels, auf dessen Eintritt der Drohende Einfluss hat oder zu haben vorgibt.[295]

Es reicht nach dieser Definition ein *Bluffen*; bloße *Warnungen* hingegen reichen nicht.[296]

Wichtig ist ferner, dass die Drohung *hinreichend konkret* sein muss. Vage gehaltene Formulierungen wie „Sie werden sonst ihr blaues Wunder erleben!“ reichen daher nur, wenn in der Situation damit erkennbar ein konkretes Übel gemeint ist[297] (etwa weil alle Betroffenen wissen, dass der konkrete Täter damit Prügel meint).

Inhalt der Drohung ist hier – jedes beliebige – „**empfindliche Übel**“.

> Die **Definition des „empfindlichen Übels“** lautet: Jede über bloße Unannehmlichkeiten hinausgehende Einbuße an Werten bzw. Zufügung von Nachteilen.[298]

Maßstab ist die Wirkung bei einem – besonnenen – Opfer. Kein empfindliches Übel liegt daher nach dem BGH vor, wenn das Opfer der Drohung „in besonnener Selbstbehauptung standhalten“ kann.[299]

Subjektiv erforderlich ist *Vorsatz; bedingter* Vorsatz reicht.[300]

In der **Rechtswidrigkeit** sind *zuerst, aber nur, falls* im Fall einschlägig, Rechtfertigungsgründe zu prüfen, und zwar *vor der Verwerflichkeit*! Denn wer ohnehin durch Notwehr oder Notstand gerechtfertigt ist, handelt natürlich auch nicht verwerflich.

---

295 Joecks/Jäger, StGB, 12. Auflage 2018, § 240 Rn. 21.

296 Vgl. Valerius, BeckOK, StGB, 49. Edition 1.2.2021, § 240 Rn. 35.

297 Vgl. Fischer, StGB, 68. Auflage 2021, § 240 Rn. 32.

298 Nimtz, Strafrecht für Polizeibeamte, Band 1, 6. Auflage 2018, Rn. 563.

299 BGH, NStZ 1992, 278.

300 Vgl. Valerius, BeckOK, StGB, 49. Edition 1.2.2021, § 240 Rn. 42 m. w. N.

Liegen *keine* Rechtfertigungsgründe vor, muss die **Verwerflichkeit** der Handlung *festgestellt* werden. Der Sinn ist dabei wie schon geschildert, sozial gebilligtes „Nötigen" straflos zu stellen.

Die **Definition „Verwerflichkeit"** lautet: Sozial unerträgliches und in erhöhtem Maße sozial missbilligtes Verhalten.[301]

Zu prüfen ist die Verwerflichkeit in *drei Schritten*:

- Ist das *Mittel* verwerflich?
- Ist der *Zweck* verwerflich?
- Ist die Zweck-Mittel-Relation verwerflich?

Die Reihenfolge ist dabei egal. Bereits die *Bejahung einer* der beiden Fragen reicht für Annahme von Verwerflichkeit.

Nun ist die Definition von „verwerflich" *wenig subsumtionsfähig*. Daher arbeitet es sich am besten mit *Fallgruppen*. Für die Verwerflichkeitsprüfung gilt dabei:

Ein verwerfliches *Mittel* ist indiziert bei *Gewalt*[302] (denn das Gewaltmonopol liegt beim Staat und nur dieser darf seine Ziele mit Gewalt erreichen, wenn auch natürlich nur im Rahmen der Gesetze) sowie bei *Drohung mit rechtlich untersagtem Verhalten*. Ein Bsp. für Letzteres wäre etwa die Drohung mit einer wissentlich unberechtigten Strafanzeige.

Ein verwerflicher *Zweck* ist vor allem in den folgenden Fällen indiziert: Bei der Nötigung, um *weitere Straftaten* (durch das Opfer) begehen (zu lassen), also etwa, wenn der Täter das Opfer nötigt, damit es für ihn stehlen geht[303]; bei der *Anmaßung, den Staat zu vertreten,* sowie dann, wenn der Täter *das Recht „selbst in die Hand nimmt"* (und etwa einen bestehenden Zahlungsanspruch gegenüber dem Schuldner nicht vor Gericht einklagt, sondern durch Drohung versucht durchzusetzen).[304]

Die meisten Fälle deckt man damit ab. Nur, wenn weder Zweck noch Mittel an sich verwerflich sind, was eher selten ist, stellt sich die Frage nach der *Zweck-Mittel-Relation*. Ein Beispiel wäre die Drohung mit einer an sich berechtigten Strafanzeige, um die Geliebte dazu zu bringen, den Täter nicht zu verlassen. Hier muss *im Einzelfall* entschieden werden, ob die *Verknüpfung* verwerflich erscheint.

---

301 Vgl. Nimtz, Strafrecht für Polizeibeamte, Band 1, 6. Auflage 2018, Rn. 563.

302 Vgl. BGH, NStZ 1986, 409, 410; Nimtz, Strafrecht für Polizeibeamte, Band 1, 6. Auflage 2018, Rn. 571.

303 Vgl. Joecks/Jäger, StGB, 12. Auflage 2018, § 240 Rn. 36.

304 Vgl. Fischer, StGB, 68. Auflage 2021, § 240 Rn. 41a.

Zur Nötigung gibt es in § 240 *IV* StGB noch **besonders schwere Fälle**. Diese sind:

Nr. 1: Nötigung zu einem Schwangerschaftsabbruch

Nr. 2: Nötigung unter Missbrauch der Befugnisse und Stellung als Amtsträger

Ein *Bsp.* für Letzteres wäre etwa: Polizeibeamter P erklärt O, keine Anzeige wegen zu schnellem Fahren zu fertigen, wenn O ihm zwei Tage sein Motorrad leiht.

cc. Exkurs: Nötigung im Straßenverkehr

Die Weite des Gewaltbegriffs hat wie bereits oben geschildert zur Folge, dass sich auch viele Verhaltensweisen *im Straßenverkehr* unter die Nötigung subsumieren ließen.

Die Rechtsprechung hat versucht, diese *Weite* insofern wieder *einzufangen*, als *nur* Verhaltensweisen von einer gewissen *Erheblichkeit bzw. mit bedrängender Wirkung* als *Gewalt* im Straßenverkehr angesehen werden sollen. Das bereits geschilderte scharfe, unwillkürliche Abbremsen mit der Folge eines ebenso scharfen Herunter-Bremsens des nachfolgenden Verkehrs würde hierfür etwa ausreichen. Gleiches soll für ein länger anhaltendes (grundloses) Blockieren einer Überholspur auf der Autobahn gelten, ebenso für ein massives Drängeln auf der Autobahn, sofern es länger andauert und etwa wegen Begleitverhalten wie Lichthupe oder besonders dichtem Auffahren eine bedrängende Wirkung hat. *Nicht ausreichen* sollen hingegen Verhaltensweisen, denen namentlich wegen ihrer kurzen Dauer ein bedrängender Charakter *fehlt*. Hierunter würde etwa ein nur kurzes dichtes Auffahren auf der Autobahn fallen.[305]

Selbst wenn der objektive Tatbestand der Nötigung erfüllt ist, wird es ferner am Nötigungs-*Vorsatz fehlen*, wenn die bedrängende Fahrweise allein die Folge eines *Augenblicksversagen* darstellt. Dies wäre etwa dann der Fall, wenn ein Fahrer beim Spurwechsel die Verkehrssituation falsch einschätzt und dadurch ein scharfes Runterbremsen des nachfolgenden Verkehrs verursacht.

In der Praxis schränken diese Erfordernisse die Anwendbarkeit der Straßenverkehrsnötigung *deutlich ein*.

305 Vgl. Fischer, StGB, 68. Auflage 2021, § 240 Rn. 28 ff.

Praxisbox:

Bei der *Aufnahme von Verkehrsverstößen* (sei es durch Anzeige oder von Amts wegen) macht die Unschärfe der geschilderten Judikatur der Praxis das Leben nicht eben einfach. Einerseits sollte man bei der Bearbeitung von Verkehrssachen im Kopf haben, dass Fahrfehler unter den geschilderten Umständen den Tatbestand der Nötigung durchaus erfüllen können. Andererseits sollte man aber auch nicht aus jedem Verkehrsverstoß eine Straftat machen. Hier gilt es, Fingerspitzengefühl zu entwickeln. Im Zweifel sind die Akten der Staatsanwaltschaft zur Prüfung auf eine etwaige Nötigung zu übersenden!

c. Nachstellung, § 238 StGB

§ 238 StGB, der erst nach langen Debatten eingeführt wurde, dient dazu, das Phänomen des *Stalkings* strafrechtlich adäquat zu erfassen. Hintergrund ist, dass viele typische Verhaltensweisen von Stalkern, etwa das stundenlange Stehen auf dem Bürgersteig gegenüber der Opferwohnung, mit anderen Straftatbeständen wie etwa §§ 123, 185, 241 StGB gar nicht oder nur sehr schwierig zu erfassen sind. Darum gibt es nunmehr einen eigenen Paragrafen für Stalking. Die Hürden, die dieser aufstellt, sind indes *nach wie vor recht hoch* (es wird daher beraten, diese abzusenken; *Änderungen* des Gesetzes dazu sind bereits im *Gesetzgebungsverfahren.* Abgeschlossen ist das Gesetzgebungsverfahren aber *noch nicht.*[306] Gleichwohl soll am Ende auf die vorgesehenen Änderungen kurz eingegangen werden).

Im Weiteren soll diese Norm (in ihrer jetzigen Fassung) *dargestellt* werden, dem *Normtext* sind die folgenden *Tatbestandsmerkmale* zu entnehmen:

§ 238 StGB

Mit (…) wird bestraft, wer einer anderen Person in einer Weise unbefugt nachstellt*, die* geeignet *ist, deren* Lebensgestaltung schwerwiegend zu beeinträchtigen*, indem er* beharrlich

1. *die* räumliche Nähe *dieser Person aufsucht,*
2. *unter Verwendung von Telekommunikationsmitteln oder sonstigen Mitteln der Kommunikation oder über Dritte* Kontakt zu dieser Person herzustellen versucht*,*

306 Vgl. Beukelmann, NJW Spezial, 2021, 154; ZEIT, „Gesetzespaket/Bundestag beschließt Strafgesetze gegen Extremismus und Missbrauch", 25.06.2021.

3. *unter missbräuchlicher Verwendung von personenbezogenen Daten dieser Person*
   a) Bestellungen *von Waren oder Dienstleistungen für sie aufgibt oder*
   b) Dritte veranlasst, *Kontakt mit ihr aufzunehmen, oder*
4. *diese Person mit der Verletzung von Leben, körperlicher Unversehrtheit, Gesundheit oder Freiheit ihrer selbst, eines ihrer Angehörigen oder einer anderen ihr nahestehenden Person bedroht oder*
5. *eine* andere vergleichbare Handlung *vornimmt.*

Tat*handlung* ist dabei das „Nachstellen". Die Nummern 1 bis 4 sind nur *Konkretisierungen* möglicher Tathandlungen; Nummer 5 enthält eine Generalklausel. Es kann also *jede geeignete* Handlung Nachstellen sein.

Ferner erforderlich ist die *„Eignung zur Beeinträchtigung der Lebensgestaltung"*.

Bedeutsam ist hier vor allem, dass die bloße *Eignung reicht.* Ein *tatsächliches Eintreten* der Beeinträchtigung ist *nicht* erforderlich! § 238 StGB ist daher ein *Gefährdungs*delikt (also ein Delikt, bei dem ein Schaden gar nicht eingetreten sein muss, sondern dass schon vollendet ist, wenn die Gefahr eines Schadens bestand).[307]

Das Prüfungsschema § 238 StGB sieht wie folgt aus:

Objektiver Tatbestand:

- **Nachstellen (Nummer 1 bis 5)**
- **unbefugt**
- **beharrlich**
- **Eignung zur schwerwiegenden Beeinträchtigung der Lebensgestaltung**

Subjektiver Tatbestand: Vorsatz

Rechtswidrigkeit

Schuld

Zu den **Tatbestandsmerkmalen** sei Folgendes erläutert:

Das **Nachstellen** erfolgt oft auf eine der im Gesetz genannten Arten der *Nummern 1 bis 4.* Diese erfassen sozusagen die „klassischen" Stalkerhandlungen.

§ 238 I Nr. 1 StGB nennt dabei das **Aufsuchen räumlicher Nähe**.

307 Vgl. Fischer, StGB, 68. Auflage 2021, § 238 Rn. 4.

Zweck der Alternative ist es, den *direkten physischen Kontakt* zum Opfer zu verhindern, da dieser von allen Stalkerhandlungen besonders belastend ist.

Erfasst sind alle absichtlich herbeigeführten Begegnungen. *Nicht* erfasst sind zufällige Begegnungen und bloße Annäherungen auf „Fernglas"-Distanz.[308]

Die Täterhandlung muss – wie bei allen Formen der Nachstellung – dabei „**unbefugt**" und „**beharrlich**" sein.

„Befugt" (und damit straflos) ist sie bei Einwilligung des Opfers oder Vorliegen einer Befugnisnorm oder sonst einem berechtigten Interesse. Fehlt dies, ist es **unbefugt**. Entsprechend lautet die

Definition „unbefugt":

Unbefugt ist die Nachstellung, wenn sie nicht von einem Einverständnis oder einem berechtigten Interesse getragen ist.[309]

Befugt wäre also z. B. ein „Aufsuchen", wenn – im Rahmen entsprechender Regelungen zum Umgangsrecht – Kinder abgeholt oder gebracht werden. *Unbefugt* wäre ein Aufsuchen z. B. bei nur vorgeschobenen Gründen, etwa zur Abholung bewusst liegen gelassener und so angeblich „vergessener" Sachen.

Praxisbox:

Es liegt auf der Hand, dass diese Regelung (so berechtigt sie der Sache nach ist) zu *„faulen Ausreden"* durch Beschuldigte geradezu einlädt.

Ob ein Aufsuchen dabei wirklich berechtigt war und ob es absichtlich herbeigeführt wurde, kann man dabei am besten anhand der *Häufigkeit* bewerten. Trifft der Beschuldigte zweimal in fünf Monaten in der Stadt auf das Opfer, mag dies noch Zufall sein. Trifft er das Opfer hingegen jeden zweiten Tag einfach so auf der Straße, ist „Zufall" als bloße Schutzbehauptung zurückzuweisen.

Relevant sein kann ferner, wie *plausibel* es ist, dass sich der Beschuldigte am Ort des Treffens überhaupt aufgehalten hat. Wohnen Beschuldigter und Anzeigende(r) so, dass für beide derselbe Supermarkt der nächste ist, können auch häufigere Treffen dort durchaus unbeabsichtigt sein. Fährt der Beschuldigte hingegen durch die halbe Stadt, obwohl er einen Supermarkt um die Ecke hat, um unbedingt bei dem im Viertel des Opfers einzukaufen, wird man bei dem Verweis auf „Zufall" wieder von einer Schutzbehauptung ausgehen können.

---

308 Vgl. Fischer, StGB, 68. Auflage 2021, § 238 Rn. 11 f.; vgl. Nimtz, Strafrecht für Polizeibeamte, Band 1, 6. Auflage 2018, Rn. 542.

309 Nimtz, Strafrecht für Polizeibeamte, Band 1, 6. Auflage 2018, Rn. 537.

Weiter erforderlich ist ein beharrliches Handeln. „**Beharrlich**" ist dabei schon begrifflich mehr als „wiederholt". Erforderlich ist eine gewisse Häufigkeit *und* eine Missachtung des entgegenstehenden Willens. So lautet auch die

Definition „beharrlich":

Wiederholt aus Missachtung des entgegenstehenden Willens.[310]

Ein *Beispiel* wäre etwa ein ständiges Wiederauftauchen, obwohl das Opfer den Täter klar jedes Mal wegschickt.

Beachte ferner: Die „Beharrlichkeit" kann *Summe verschiedener* Tathandlungen sein! Der Täter kann also auch stets andere Verhaltensweisen „kombinieren" und so „wiederholt" den Opferwillen ignorieren.[311]

§ 238 I Nr. 2 StGB, das **Herstellen von Kontakt**, umfasst *alle* Arten des Kontakts, also technisch oder über Personen aus dem Opfer-Umfeld, etwa über Chats oder durch Erscheinen bei Verwandten oder Arbeitskollegen mit dem Ziel, über diese Nachrichten an das Opfer gelangen zu lassen.[312]

§ 238 I Nr. 3 umfasst unter Buchstabe **a Bestellungen** für das Opfer (gleich auf welchen Namen); unter Buchstabe **b** geht es darum, etwa durch Anzeigen im Namen des Opfers, *Dritte* zur Kontaktaufnahme zum Opfer zu animieren.[313] Der Unterschied zu Nummer 2 ist, dass diese Dritten bei Nr. 3b keine Botschaften des Täters übermitteln.

§ 238 I Nr. 4 StGB ähnelt der **Bedrohung** in § 241 StGB, ist aber (selbst nach der erweiternden Neufassung von § 241 StGB) noch etwas *weiter* gefasst, soweit es das angedrohte Verhalten betrifft. Wie sonst auch im StGB reicht bei der Drohung das Bluffen, also die bloße Behauptung, das Angedrohte wahr werden lassen zu können und zu wollen, auch wenn der Täter dies in Wahrheit nicht kann oder will.[314]

§ 238 I *Nr. 5* StGB ist wie schon gesagt **Auffangtatbestand**. Der *Sinn* ist, auch jede Art von „erfinderischem" Stalking strafrechtlich erfassen zu können. Als *Auslegungsregel* gilt dabei, dass alles in Betracht kommt, was eine vergleichbare Schwere zu den Varianten in den Nummern 1 bis 4 hat. *Beispiele* wären etwa, eine Todesanzeige des Opfers aufzugeben, unzutreffen-

310 Nimtz, Strafrecht für Polizeibeamte, Band 1, 6. Auflage 2018, Rn. 537.

311 Vgl. Fischer, StGB, 68. Auflage 2021, § 238 Rn. 18.

312 Vgl. Nimtz, Strafrecht für Polizeibeamte, Band 1, 6. Auflage 2018, Rn. 543.

313 Vgl. Nimtz, Strafrecht für Polizeibeamte, Band 1, 6. Auflage 2018, Rn. 544.

314 Vgl. Fischer, StGB, 68. Auflage 2021, § 238 Rn. 16.

de Angaben über das Opfer in Internetforen zu verbreiten oder unberechtigt Bildmaterial zu verwenden, um das Opfer herabzuwürdigen.[315]

Neben dem Nachstellen als Tathandlung bedarf es im objektiven Tatbestand dann (nur) noch der **Eignung (des Nachstellens) zur schwerwiegenden Beeinträchtigung** der Lebensführung.

Wie schon gesagt, gilt dabei: *Eingetreten sein* muss diese Beeinträchtigung *nicht*. Der *Sinn* der Regelung, dass es nur auf die Eignung, nicht aber auf einen realen Erfolg ankommt, ist, dass man nicht besonders tapfere Opfer, die sich ihr Leben nicht kaputtmachen lassen, dadurch „bestrafen" will, dass bei ihnen gerade an ihrem Durchhalten ihres gewohnten Lebens die Strafbarkeit scheitert. Der Maßstab für die Frage, ob eine solche Eignung besteht, ist dabei der *„besonnene Durchschnittsbürger"*.[316]

Erforderlich ist indes, dass die Täterhandlungen geeignet sein müssen, nicht einfach nur eine Beeinträchtigung, sondern eine *schwerwiegende* Beeinträchtigung herbeizuführen. Gemeint ist damit die Eignung zu einer *grundlegenden* Änderung der Lebensführung des Opfers.

Beispiele wären etwa die Eignung zur Veranlassung eines Umzugs, eines Wechsels der Arbeitsstelle oder eines Abbruchs der allermeisten sozialen Kontakte.[317]

Dies sind recht *hohe Hürden*, an denen viele Fälle, in denen § 238 StGB einschlägig sein könnte, *scheitert*.

Praxisbox:

Da die Hürden für § 238 StGB so wie geschildert hoch sind, sind *viele angezeigte Fälle* von „Stalking" *keine Nachstellung* im Sinne der Norm und dies selbst dann, wenn ein gewisses penetrantes Verhalten des Beschuldigten durchaus vorliegen mag.

Es sollte also *schon bei der Anzeigenaufnahme* versucht werden, ein Bild von der Schwere der behaupteten Täterhandlungen zu bekommen. Bevor dann in die Ermittlungen eingestiegen wird, sollte zumindest bei schon nach dem Anzeigenvorbringen u. U. nicht ausreichendem Verhalten – wie immer, wenn Rechtsfragen verbindlich zu klären sind – die *StA kontaktiert* und nachgefragt werden, inwieweit Ermittlungen zu führen sind.

Liegen aber die Voraussetzungen des § 238 StGB trotz der hohen Hürden vor, ist unbedingt daran zu denken, dass der Beschuldigte nach § 112a I Nr. 1 StPO er-

315 Vgl. Nimtz, Strafrecht für Polizeibeamte, Band 1, 6. Auflage 2018, Rn. 546.

316 Vgl. Nimtz, Strafrecht für Polizeibeamte, Band 1, 6. Auflage 2018, Rn. 547.

317 Vgl. Fischer, StGB, 68. Auflage 2021, § 238 Rn. 24.

leichtert wegen Wiederholungsgefahr in *Untersuchungshaft* genommen werden kann. Es bedarf nämlich dafür keiner (meist bei § 112a StPO nötigen) vorangegangen „wiederholten" Tatbegehung.

Hinzuweisen ist noch darauf, dass § 238 StGB in Absatz 2 **Qualifikationen** enthält (wobei es dabei jeweils einer konkreten Gefahr bedarf und „schwere Gesundheitsschädigung" über § 226 StGB hinaus auch langwierige schwere Erkrankungen oder Verletzungen erfasst[318]) und in Absatz 3 eine **Erfolgsqualifikation („Nachstellung mit Todesfolge")**. Letztere liegt namentlich auch vor, wenn der Täter das Opfer in den Suizid treibt.[319]

Zu beachten ist ferner, dass das Grunddelikt **relatives Antragsdelikt** ist, § 238 IV StGB.

Im bereits oben benannten *Reformprozess* abgesenkt werden sollen die Hürden in zweierlei Hinsicht: Statt einer „beharrlichen" Begehung soll eine *„wiederholte"* Begehung reichen. An die Stelle der Eignung zur „schwerwiegenden" Beeinträchtigung der Lebensgestaltung soll die Eignung zur *„nicht unerheblichen"* Beeinträchtigung treten[320].

d. Bedrohung, § 241 StGB

In der Praxis häufig und auch vielfach angezeigt ist die Bedrohung nach § 241 StGB. Deren Hürden *waren* indes lange Zeit sehr hoch. In der seit dem 30.03.2021 geltenden *Neufassung* (durch das „Gesetz zur Bekämpfung des Rechtsextremismus und der Hasskriminalität") ist der Anwendungsbereich der Norm jedoch *deutlich erweitert* worden. Dies dürfte ihr „Aufkommen" in Zukunft noch erhöhen.

Der nunmehrige *Normtext* lautet:

§ 241 StGB

(1) Wer einen Menschen mit der Begehung *einer* gegen ihn oder eine ihm nahestehende Person *gerichteten* rechtswidrigen Tat gegen die sexuelle Selbstbestimmung, die körperliche Unversehrtheit, die persönliche Freiheit oder gegen eine Sache *von bedeutendem Wert* bedroht, *wird mit Freiheitsstrafe bis zu einem Jahr oder mit Geldstrafe bestraft.*

318 Vgl. Nimtz, Strafrecht für Polizeibeamte, Band 1, 6. Auflage 2018, Rn. 549.
319 Vgl. Fischer, StGB, 68. Auflage 2021, § 238 Rn. 37a.
320 Vgl. BT-Drucksache 19/30948, S. 5.

(2) Wer einen Menschen mit der Begehung eines gegen ihn oder eine ihm nahestehende Person gerichteten Verbrechens bedroht, wird mit Freiheitsstrafe bis zu zwei Jahren oder mit Geldstrafe bestraft.

Das Prüfungsschema für Bedrohung, § 241 StGB sieht nun wie folgt aus:

Objektiver Tatbestand:

- **Tatobjekt: anderer Mensch**
- **Tathandlungen:**
  - **Drohung mit der Begehung einer rechtswidrigen Tat gegen**
    - **die sexuelle Selbstbestimmung**
    - **die körperliche Unversehrtheit**
    - **die persönliche Freiheit**
    - **oder gegen eine Sache von bedeutendem Wert *oder***
  - **Drohung mit einem Verbrechen**
- **Gegen den Betroffenen selbst oder gegen eine ihm nahestehende Person**

Subjektiver Tatbestand: Vorsatz

Rechtswidrigkeit

Schuld

Durch eine neue Gesetzesänderung erfährt der Bedrohungstatbestand wie schon gesagt eine starke Öffnung: Waren zuvor „nur" Verbrechen vom § 241 StGB erfasst, kommen *nun auch* die im Schema genannten Katalogstraftaten als Drohelement in Betracht. Darin liegt die praktisch bedeutsame Neuerung.

Zu den **Tatbestandsmerkmalen** sei Folgendes erläutert:

Zunächst wird also ein taugliches **Tatobjekt** benötigt, nämlich ein anderer **Mensch**.

Dann müsste der Täter als **Tathandlung** nach dem neuen **Absatz 1** mit einer Begehung einer rechtswidrigen Tat gegen die **sexuelle Selbstbestimmung** (§§ 174 – 184j StGB) drohen („Ich werde dich vergewaltigen!") oder aber gegen die **körperliche Unversehrtheit** (§§ 223–231 StGB) („Ich schlage dir gleich ins Gesicht") oder gegen die **persönliche Freiheit** (§§ 232–240 StGB). („Ich werde dich einsperren", „Ich werde dich anketten und an einen Scheich verkaufen", „Du wirst XY heiraten") oder sogar gegen **Sachen von bedeutendem Wert**. Hier wird auf die Wertgrenze des § 315 StGB von 750 Euro abzustellen sein. („Ich werde deinen neuen Audi demolieren",

„Ich werde dein Haus bis auf die Grundmauern einreißen", „Ich werde deine neue Perserkatze töten"). Für **Absatz 2** genügt jedes Drohen mit einem **Verbrechen**, also jedem Straftatbestand mit mindestens einem Jahr Mindeststrafe („Ich bringe dich um!"). Wird damit gedroht, ist die *Höchststrafe höher.*

Drohen wird so verstanden wie bei § 240 StGB (Näheres siehe dort).[321]

Die Drohung muss gegen eine Person selbst oder eine ihm nahestehende Person (Lebenspartner, Mutter, Sohn, etc.) begangen werden.

Zuletzt benötigt der Tatbestand noch den **Vorsatz**, die *Rechtswidrigkeit* und *Schuld.*

Beachte noch: Es gibt zu § 241 I und II StGB eine **Qualifikation** in Absatz 4 bei *öffentlicher* Verbreitung. Auch das ist *neu* und soll namentlich helfen, den immer mehr um sich greifenden Bedrohungen im *Internet* etwas besser Herr zu werden.

321 Fischer, StGB, 68. Auflage 2021, § 241 Rn. 3a.

5. Delikte gegen die Ehre

a. Systematik

Der Mittelfinger im Straßenverkehr, ein Wortgefecht unter Nachbarn oder der verbale Angriff an der Theke: Es gibt unzählige Fallkonstellationen, in denen eine Beleidigung vorliegen kann. Leider gilt dies auch für die Schimpfkanonade Ihnen gegenüber als Polizeibeamte. Oft sind derartige Einsätze von einer erhitzten Stimmung geprägt und eine Anzeige schnell erstattet. *Praxisrelevanz* und *Fehleranfälligkeit* in der Bearbeitung sind daher bei den Ehrverletzungsdelikten recht hoch. Für eine sachgerechte Anzeigenaufnahme ist daher ein Überblick über die gesetzliche Rahmenbedingung unerlässlich.

Begonnen werden soll mit der **Systematik** der Ehrverletzungsdelikte.

Die Ehrverletzungsdelikte finden sich vor allem in den folgenden *drei Normen*:

§ 185 StGB (*Beleidigung*), § 186 StGB (*üble Nachrede*), § 187 StGB (*Verleumdung*)

Um deren Systematik, also ihr Verhältnis zueinander, soll es nun zuerst gehen. Erarbeitet werden soll dies anhand von zwei *Leitfragen*:

Leitfrage I: Wer ist jeweils *Adressat* der ehrverletzenden Äußerung?

Leitfrage II: Was ist ihr *Inhalt?*

Auf diese Fragen hin sollen die *Normtexte* nun gelesen werden:

§ 186 StGB:

„Wer in Beziehung auf einen anderen eine Tatsache behauptet oder verbreitet, welche denselben verächtlich zu machen oder in der öffentlichen Meinung herabzuwürdigen geeignet ist, wird, wenn nicht diese Tatsache erweislich wahr ist, (…) bestraft."

§ 187 StGB:

„Wer wider besseres Wissen in Beziehung auf einen anderen eine unwahre Tatsache behauptet oder verbreitet, welche denselben verächtlich zu machen oder in der öffentlichen Meinung herabzuwürdigen oder dessen Kredit zu gefährden geeignet ist, wird (…) bestraft."

§ 185 StGB: „Die Beleidigung wird (…) bestraft."

Wer ist *Adressat*? Adressat der ehrverletzenden Äußerung ist…

…bei §§ 186, 187 StGB: ein *Dritter*.

…bei § 185 StGB: der Beleidigte *oder* ein Dritter.

Was ist der *Inhalt?* Inhalt der ehrverletzenden Äußerung ist…

…bei § 186 StGB: eine *ehrverletzende Tatsachenbehauptung*, die *nicht erweislich* wahr ist...

…bei § 187 StGB: eine (sicher) *unwahre ehrverletzende Tatsachenbehauptung…*

…bei § 185 StGB: eine ehrverletzende Tatsachenbehauptung *oder* ein Werturteil. [322]

So ergibt sich die folgende **Systematik**:

	Äußerung gegenüber dem Geschädigten	Äußerungen gegenüber Dritten
Behauptung unwahrer Tatsachen	§ 185 StGB	§ 187 StGB
Behauptung nicht erweislich wahrer Tatsachen	§ 185 StGB	§ 186 StGB
Werturteile	§ 185 StGB	§ 185 StGB

b. Beleidigung, § 185 StGB

Dem Normtext des § 185 StGB ist, wie oben bereits sichtbar, kaum etwas an Tatbestandsmerkmalen zu entnehmen. Es ist lediglich von „der Beleidigung" als Tatbestandsvoraussetzung die Rede. Ein Schema lässt sich daher nur bedingt herleiten und soll insoweit nun schlicht präsentiert werden.

Das Prüfungsschema für Beleidigung, §185 StGB, lautet:

Strafantrag

Objektiver Tatbestand:

- **Beleidigungsfähiges Tatobjekt: Ehrträger**
- **Tathandlung: beleidigen**

Subjektiver Tatbestand: Vorsatz

Rechtswidrigkeit

- **(Allgemeine Rechtfertigungsgründe)**
- **Wahrnehmung berechtigten Interesses**

Schuld

322 Vgl. Fischer, StGB, 68. Auflage 2021, § 185 Rn. 5, § 186 Rn. 10.

Beachte: § 185 StGB ist gemäß § 194 I Satz 1 StGB (mit wenigen, in § 194 I Satz 2 StGB ersichtlichen Ausnahmen) *absolutes* Antragsdelikt. Da also überhaupt nur verfolgt werden kann, wenn ein Antrag gestellt ist, empfiehlt sich, dessen Vorliegen *vorab* zu prüfen. Denn wenn der Antrag fehlt (und wegen Fristablauf auch nicht mehr eingeholt werden kann), stellt sich die Frage nach der Tatbestandsverwirklichung nicht mehr (bei *relativen* Antragsdelikten ist das Vorliegen eines Antrags hingegen *nicht mitzuprüfen*, denn es kann auch ohne diesen verfolgt werden, wenn die StA dies durch Bejahung des besonderen öffentlichen Interesses an der Verfolgung ermöglicht).

Zu den **Tatbestandsvoraussetzungen** im Einzelnen:

Zunächst benötigt es für die Beleidigung ein **beleidigungsfähiges Tatobjekt, also einen Ehrträger.**

Dies kann zunächst einmal grundsätzlich *jede natürliche Person* sein. Darunter fallen ebenso Kinder und Personen mit geistiger Behinderung.[323] Beachtet werden muss jedoch in jedem Einzelfall, inwieweit die beleidigte Person aufgrund ihres Reifegrades oder geistigen Beeinträchtigung die Beleidigung überhaupt als solche wahrnehmen kann.[324] Werden konkrete natürliche Personen beleidigt, bereitet die Feststellung des gemeinten Ehrträgers in der Regel im Fall (in Klausur und Praxis) keine Probleme.

Beleidigungen können indes auch durch *Sammelbezeichnungen* erfolgen, etwa durch die Parole „all cops are bastards". Allerdings muss dafür klar sein, wer genau gemeint ist. Das kann bei Sammelbezeichnungen ein *großes Problem* sein.

Mögliche Ehrträger bei der Verwendung von solchen Sammelbezeichnungen können dabei auf *zwei Arten* infrage kommen: Es kann sein, dass *Einzelpersonen unter Verwendung einer Kollektivbezeichnung* beleidigt werden sollen – also etwa jeder einzelne Polizeibeamte. Es kann aber auch *die Personengemeinschaft bzw. Institution als solche* gemeint sein, also „die Polizei".

Strafbare Beleidigungen durch Sammelbezeichnungen sind dabei in beiden Konstellationen möglich – aber nur, wenn bestimmte Voraussetzungen vorliegen, die eine klare Zuordnung der Beleidigung zu einem Ehrträger erlauben. Fehlt es daran, wird davon ausgegangen, dass sich die Beleidigung in der „Anonymität verliert".

---

323 Vgl. Fischer vor § 185 Rn. 8.

324 Vgl. Regge/Pegel, Münchener Kommentar zum StGB, 4. Auflage 2021, vor § 185 Rn. 44.

Eine Beleidigung von *Einzelpersonen unter Verwendung einer Kollektivbezeichnung* kommt in Betracht, wenn

- die benutzte Kollektivbezeichnung sich auf einen deutlich aus der Allgemeinheit hervortretenden Personenkreis bezieht,
- dieser Personenkreis klar abgrenzbar und überschaubar ist und
- dessen Mitglieder sich zweifelsfrei bestimmen lassen. [325]

Als *Beispiel für* eine Beleidigung Einzelner unter einer Kollektivbezeichnung angesehen wurden etwa Beteiligte an einem konkreten Polizeieinsatz[326] oder die Soldaten der Bundeswehr im aktiven Dienst. Als zu vage und damit nicht ausreichend angesehen wurden hingegen die „Akademiker", die „Arbeitgeber" oder die „Polizei" allgemein.[327]

Eine Beleidigung einer *Personengemeinschaft bzw. Institution als solcher* setzt voraus, dass sie

- eine rechtlich anerkannte soziale Funktion erfüllt und
- einen einheitlichen Willen bilden kann.[328]

Als *Beispiele* gelten: Kapitalgesellschaften, Bundeswehr, „Polizei Giesing", „Mannheimer Polizei", einzelne Staatsanwaltschaften in einem Landgericht oder die Abteilungen einer Polizeidirektion. *Nicht erfasst* sind jedoch etwa „die Politiker" oder „die Polizei" als solche ohne nähere Eingrenzung, denn hier fehlt es an der Fähigkeit zur einheitlichen Willensbildung.

Dies hat zur Folge, dass das *schlichte Herumlaufen* mit einem *„acab"*-T-Shirt keinen Straftatbestand erfüllt, da es sich weder gegen konkrete Beamte richtet, noch (wegen seiner Allgemeinheit) gegen eine konkrete Polizeiinstitution. *Straflos* sein soll *auch* das schlichte Herumlaufen damit während eines Fußballspiels, auch wenn dort Polizeibeamte zugegen sind, da das schlichte Tragen des Shirts noch keinen Bezug zu den gerade anwesenden Beamten herstellt.[329] *Erst wenn* dieser Bezug hergestellt wird, etwa durch das Skandieren von „acab" einer konkreten Polizeikette gegenüber, kann ein beleidigungsfähiger Ehrträger vorliegen und damit *§ 185 StGB in Betracht* kommen.[330]

---

325 Vgl. Valerius, BeckOK, StGB, 49. Edition 1.2.2021, § 185 Rn. 9.

326 Vgl. BayObLG NJW 1990, 921 (922).

327 Vgl. Valerius, BeckOK, StGB, 49. Edition 1.2.2021, § 185 Rn. 9.1. f.

328 Vgl. Joecks/Jäger, StGB, 12. Auflage 2018, vor § 185 Rn. 18.

329 Vgl. Valerius, BeckOK, StGB, 49. Edition 1.2.2021, § 185 Rn. 9.2. m. w. N.

330 Vgl. OLG Frankfurt/Main, NStZ 2020, 39.

Tathandlung ist bei § 185 StGB das **Beleidigen**.

Gemeint ist damit als **Definition für „Beleidigung"**: Die Kundgabe einer Nicht- oder Missachtung.[331]

Diese Miss- oder Nichtachtung kann in facettenreichen Ausprägungen erfolgen und *alle denkbaren Konstellationen* erfassen. Exemplarisch sei an dieser Stelle neben der Verwendung von Schimpfwörtern oder sonst verbalisierten Missachtungen der gestreckte Mittelfinger oder das Tippen an die Stirn genannt.

Die Kundgabe muss sich für § 185 StGB *nicht* zwangsläufig an den Betroffenen selbst richten, sondern kann *auch* in seiner Abwesenheit gegenüber einer anderen Person gemacht werden. Zwingende Voraussetzung ist jedoch, dass *ein Anderer Kenntnis* von der Äußerung erlangt und sie in ihrem ehrenrührigen Sinne *versteht*. Beleidigungen in anderer Sprache, die von den Zuhörern niemand versteht, fallen daher nicht darunter.[332]

Für die Auslegung, ob eine Äußerung ehrverletzend ist, ist auf das Verständnis eines durchschnittlichen Kundgabeempfängers (Empfängerhorizont) abzustellen. Es sind jedoch dabei immer die Umstände des Einzelfalls zu beachten (etwa der Umgangston im Umfeld, die sprachlichen und gesellschaftlichen Ebenen der Beteiligten, die Vertrautheit der Personen untereinander).[333]

In folgenden *Beispielen* hat die Rechtsprechung eine Beleidigung *bejaht*: Bezeichnung eines Polizeibeamten als „Bulle"; Duzen im Straßenverkehr; Äußerung der Buchstabenfolge A.C.A.B gegenüber einem konkreten Polizeibeamten[334]; Bezeichnung einer Person als Jude oder Zigeunerjude, sofern darin die Missachtung des Täters zum Ausdruck kommt und er sich insbes. mit der nationalsozialistischen Rassenideologie identifiziert. In der Rechtsprechung *nicht* als Beleidigung gewertet wurden folgende Äußerungen: Polizeibeamten als „Oberförster" oder „komischer Vogel"; die Bezeichnung einer Person als „Opa" oder „Alter Mann" oder „Homosexueller" sowie den Ausspruch „Leck mich am Arsch" oder „verpiss Dich".[335]

Für die weitere Strafbarkeit benötigt der Tatbestand der Beleidigung noch den **Vorsatz**, wobei die Vorsatzform des *bedingten Vorsatzes ausreicht*, die Rechtswidrigkeit und die Schuld.

An dieser Stelle sei angemerkt, dass entsprechende einschlägige Krankheiten (Tourettesyndrom) regelmäßig nicht den Tatbestand der Beleidigung er-

331 Nimtz, Strafrecht für Polizeibeamte, Band 1, 6. Auflage 2018, Rn. 689.

332 Vgl. Fischer, StGB, 68. Auflage 2021, § 185 Rn. 5.

333 Vgl. Fischer, StGB, 68. Auflage 2021, § 185 Rn. 8.

334 Weiterführend: BVerfG Beschluss vom 8.12.2020 – 1 BvR 842/19.

335 Vgl. Valerius, BeckOK StGB, StGB § 185 Rn. 24 ff. m. w. N.

füllen, da entweder kein Vorsatz besteht oder ein Schuldausschließungsgrund (Krankheit) einschlägig ist.

Bei der **Rechtswidrigkeit** greifen im Prinzip die üblichen Rechtfertigungsgründe wie § 32 und § 34 StGB, freilich kann man sich kaum Fälle denken, in denen sich ein Angriff durch ein schlichtes Beschimpfen des Angreifers wird abwehren lassen. Bedeutsamer ist, dass die Ehrverletzungsdelikte in § 193 StGB einen eigenen Rechtfertigungsgrund haben, nämlich die **Wahrnehmung berechtigter Interessen**. Hier bringt die Rechtsprechung namentlich bei Äußerungen im politischen Meinungskampf die *Abwägung zwischen dem Ehrschutz* des Geschädigten und dem *Recht auf Meinungsfreiheit* unter und wägt ab, was schwerer wiegt – wobei meistens das Recht auf *Meinungsfreiheit obsiegt*! Im politischen Meinungskampf sind danach selbst erhebliche Ehrverletzungen gerechtfertigt, soweit noch ein Sachanliegen erkennbar ist und nicht eine reine, die Person diffamierende „*Schmähkritik*" vorliegt.[336] Selbst das Schmähgedicht des Komikers Böhmermann gegen den türkischen Präsidenten Erdogan, dass übelste Beleidigungen enthielt, sollte danach noch erlaubt sein, weil bei aller Polemik ein Sachbezug zur Kritik an Erdogans Politik überwog.[337]

§ 185 Alt. 2 StGB stellt eine **Qualifikation** zur „normalen Beleidigung" dar und setzt voraus, dass die Beleidigung *mittels einer Tätlichkeit* begangen wird.

Die **Definition für „Tätlichkeit"** lautet: Eine unmittelbar gegen den Körper gerichtete Einwirkung.

Hiervon werden beispielsweise das Ohrfeigen oder Anspucken erfasst, ebenso das Besudeln. Auch der fehlgehende, gegen den Körper gerichtete Angriff wird von dem Schutzzweck der Norm erfasst.[338]

Mit dem „Gesetz zur Bekämpfung des Rechtsextremismus und der Hasskriminalität" (30.03.2021) sind weitere, unter der Alt. 2 gefasste, **Qualifikationsmerkmale** in Kraft getreten. Wird die Beleidigung demnach **öffentlich** (Definition: für alle hör-, bzw. sichtbar), **in einer Versammlung** (Definition: Zusammenkunft mehrerer Personen zur Verfolgung eines gemeinsamen Zwecks) oder durch **Verbreiten eines Inhalts (vgl. § 11 III StGB)** begangen, setzt wie bisher nur bei der tätlichen Beleidigung die verschärfte Rechtsfolge mit einer Freiheitsstrafe bis zu zwei Jahren oder einer Geldstrafe ein.

---

336 Vgl. Fischer, StGB, 68. Auflage 2021, § 193 Rn. 17a, 18.

337 Vgl. Brauer, Ermittlungsverfahren gegen Jan Böhmermann wegen Beleidigung von Organen und Vertretern ausländischer Staaten usw./Vermerk zur rechtlichen Bewertung, 13.10.2016.

338 Vgl. Fischer, StGB, 68. Auflage 2021, § 185 Rn. 19.

c. Üble Nachrede, § 186 StGB

Dem bei der „Systematik" abgedrucktem Wortlaut des § 186 StGB lässt sich folgendes

Prüfungsschema für „üble Nachrede" nach § 186 StGB entnehmen:

Objektiver Tatbestand:

- **Taugliches Tatobjekt: Ehrträger**
- **Ehrenrührige Tatsache**
- **In Beziehung auf einen anderen**
- **Behaupten oder Verbreiten**

Subjektiver Tatbestand: Vorsatz

Objektive Bedingung der Strafbarkeit: Nichterweislichkeit der Wahrheit

Rechtswidrigkeit

- **(Allgemeine Rechtfertigungsgründe)**
- **Wahrnehmung berechtigter Interessen**

Schuld

Zu den **Tatbestandsmerkmalen:**

Für das Merkmal „**Ehrträger**" gilt das Gleiche *wie bei § 185* StGB.

Erforderlich ist weiter eine (ehrenrührige) **Tatsachenbehauptung.**

> Die **Definition für „Tatsache"** lautet: Eine Tatsache ist ein Vorgang der Gegenwart oder Vergangenheit, der dem Beweis zugänglich ist.

Nicht darunter fallen Aussagen über die Zukunft, auch wenn sie noch so wahrscheinlich sind. Darüber hinaus müssen die Vorgänge *der Art nach einem Beweis zugänglich* sein (auch wenn es im konkreten Fall an einem Beweis fehlen mag). Ebenso müssen die Behauptungen ehrenrührig – also abwertend – sein. Positiv gemeinte unwahre Tatsachenbehauptungen sind daher nicht als Ehrverletzung zu werten.[339]

Eine entsprechende Tatsachenbehauptung im Sinne des § 185 StGB wäre *beispielsweise* die Behauptung von A gegenüber B, der C habe sich einer Körperverletzung strafbar gemacht, weil er seine Ehefrau regelmäßig verprügeln würde.

---

339 Vgl. Fischer, StGB, 68. Auflage 2021, § 186 Rn. 2, 4 ff.

Der Täter muss diese Tatsache ferner **in Beziehung auf einen anderen** äußern, und zwar durch **Behaupten** oder durch **Verbreiten**.

In Beziehung auf einen anderen meint die Äußerung *gegenüber einer dritten Person* (s. o. bei der Systematik). **Behaupten** meint die Kundgabe als eigene Überzeugung des Sprechers; **Verbreiten** meint die Weiterleitung von Kundgaben anderer.[340]

Subjektiv verlangt ist **Vorsatz**, bedingter genügt.

Eine *Besonderheit des § 186* StGB ist, dass die **Nichterweislichkeit der Wahrheit** der Behauptung *nicht* etwa Teil des objektiven Tatbestands ist, sondern eine **objektive Bedingung der Strafbarkeit** darstellt – welche, wie bei diesen üblich, *zwischen Vorsatz und Rechtswidrigkeit* zu prüfen ist[341] (vgl. zur objektiven Bedingung der Strafbarkeit allgemein die Ausführungen dazu bei § 231 StGB).

Dies hat zur *Folge*, dass der Täter sich *nach § 186 StGB strafbar* macht, wenn – bei Vorliegen der übrigen Voraussetzungen – *schlicht nicht klärbar* ist, ob die behauptete Tatsache stimmt oder nicht. *Nur* wenn die Aussage *erweislich wahr* ist, liegt die objektive Bedingung der Strafbarkeit *nicht* vor und kommt eine Strafbarkeit *nicht* in Betracht. Der Grundsatz „Im Zweifel für den Angeklagten" gilt hier also *nicht!* [342]

Behauptet also der A gegenüber B, der C habe sich einer Körperverletzung strafbar gemacht, weil er seine Ehefrau regelmäßig verprügeln würde, ist A *straflos, wenn* die Aussage *wahr und beweisbar* ist, etwa weil C dem A beim Feierabendbier einen Strafbefehl gezeigt hat, den der C aufgrund der Körperverletzung zum Nachteil seiner Frau erhalten hat. Ist As Vorwurf bezüglich des C indes *unaufklärbar* und bleibt schlicht offen, ob der Vorwurf stimmt oder nicht, ist die objektive Bedingung der Strafbarkeit *erfüllt*.

Für **Rechtswidrigkeit** (und Schuld) gilt wieder dasselbe wie für § 185 StGB.

Schließlich enthält auch § 186 StGB eine **Qualifikation**, und zwar in **§§ 186 I Alt. 2 und 3 StGB** (öffentlich oder durch Verbreiten von Schriften) sowie seit Neuestem in **§ 188 I StGB** (üble Nachrede gegen Personen des politischen Lebens).

---

340 Vgl. Fischer, StGB, 68. Auflage 2021, § 186 Rn. 8 ff.

341 Vgl. Joecks/Jäger, StGB, 12. Auflage 2018, § 186 Rn. 13.

342 Vgl. Fischer, StGB, 68. Auflage 2021, § 186 Rn. 11.

d. Verleumdung, § 187 StGB

Dem bei der „Systematik“ abgedruckten Wortlaut des § 187 StGB lässt sich folgendes
Prüfungsschema für „Verleumdung“ nach § 187 StGB entnehmen:

Objektiver Tatbestand
- **Taugliches Tatobjekt: Ehrträger**
- **(ehrenrührige) unwahre Tatsache**
- **in Beziehung auf einen anderen**
- **Behaupten oder Verbreiten**

Subjektiver Tatbestand
- **Wissentlichkeit bezüglich der Unwahrheit der Tatsachenaussage**
- **Vorsatz bezüglich des restlichen Tatbestandes**

Rechtswidrigkeit

Schuld

Strafantrag

Die **Tatbestandsmerkmale** der Verleumdung sind – soweit wortgleich – so zu *verstehen wie* bei den §§ 185, 186 StGB.

Gegenüber § 186 StGB gibt es freilich einen *bedeutsamen Unterschied:*

Erfasst sind schon im objektiven Tatbestand nur *erwiesen* **unwahre Tatsachenbehauptungen**. Zusätzlich muss der Täter, anders als beim § 186 StGB, von der Unwahrheit der Aussage **sicher wissen**.[343] Ein solcher Nachweis gelingt in der Praxis eher selten.

Die **Qualifikationen** finden sich in **§ 187 I Alt. 2 und 3 StGB, § 188 II StGB** (und entsprechen denen des § 186 StGB).

Beachte noch für die *Fallbearbeitung in der Klausur*:

Da Tatsachenbehauptungen gegenüber Dritten vorrangig mit den §§ 186, 187 StGB erfasst werden, sollte in der Klausur *zunächst* § 187 bzw. (falls subjektiv ersichtlich nicht einschlägig) § 186 StGB geprüft werden und hier, ob eine Tatsachenbehauptung gegenüber Dritten vorliegt. Wird dies verneint, geht es mit § 185 StGB weiter.

343 Vgl. Fischer, StGB, 68. Auflage 2021, § 187 Rn. 2, 4.

6. Delikte gegen die sexuelle Selbstbestimmung

a. Sexueller Übergriff, sexuelle Nötigung, § 177 StGB

aa. Systematik des § 177 StGB

Die Sexualstraftaten stellen vor allem wegen der erheblichen *Folgen für das Opfer* ein *sehr bedeutsames Deliktsfeld* dar. Zumindest deren Grundzüge sollten daher von jedem Polizeibeamten beherrscht werden, auch wenn man nicht in diesem Deliktsfeld tätig ist.

Die *Systematik* der relevanten Tatbestände ist dabei recht verschachtelt. Im Weiteren soll *vor allem diese* dargestellt werden. Auf die besonders relevanten Taten nach § 177 I, IV StGB wird dann aber *auch detaillierter* eingegangen. Lesen Sie sich vor dem Weiterlesen hier unbedingt den *§ 177 StGB von Anfang bis Ende* durch, nur dann kann die Systematik wirklich nachvollzogen werden!

§ 177 StGB ist die *zentrale Norm* für Taten des sexuellen Übergriffs und der sexuellen Nötigung. **§ 177 I und II** StGB enthält dabei die **Grunddelikte**. Diese werden sogleich noch näher beleuchtet. **§ 177 IV** StGB enthält eine **Qualifikation,** die **nur (!)** zum Grunddelikt aus *§ 177 II Nr. 1* gehört. **§ 177 V, VII und VIII** StGB hingegen enthält **Qualifikationen für alle** Grunddelikte. **§ 177 VI** StGB enthält **Regelbeispiele**, und dies wiederum für **alle** Grunddelikte. Wichtigstes Regelbeispiel ist dabei die *Vergewaltigung*, auf die ebenfalls später noch näher eingegangen werden soll. Ferner gibt es zu allen Grunddelikten noch eine **Erfolgsqualifikation in § 178** StGB (sexueller Übergriff mit Todesfolge).[344]

Die **Grunddelikte** aus den Absätzen 1 und 2 lassen sich ihrerseits in Gruppen systematisieren:

- § 177 I StGB stellt sexuelle Handlungen *gegen* den Opfer*willen* unter Strafe.
- § 177 II Nr. 1–4 StGB stellt sexuelle Handlungen unter Strafe, die unter *Ausnutzung* der Lage des Opfers vorgenommen werden.
- § 177 II Nr. 5 StGB schließlich stellt *erzwungene* sexuelle Handlungen unter Strafe.

Zu beachten ist, dass diese Systematik recht neu ist und *erst 2016 im Rahmen einer großen Reform* (nach den Ereignissen der „Kölner Silvesternacht 2015/2016“) ins Gesetz kam. Bis dahin war das deutsche Sexualstrafrecht

344 Vgl. Ziegler, BeckOK, StGB, 49. Edition 1.2.2021, § 177 Rn. 7.

in Teilen recht lückenhaft. Nun bildet es eine recht geschlossene Systematik. Darauf soll am Ende noch einmal eingegangen werden.

bb. Zu § 177 I StGB (Prüfungsschema und Definitionen)

Näher beleuchtet werden soll nun noch *§ 177 I* StGB, der den *breitesten Anwendungsbereich* aller Grunddelikte des § 177 StGB hat und daher praktisch am bedeutsamsten ist. Der *Normtext* weist dabei die folgenden Tatbestandsmerkmale auf:

§ 177 I StGB

(1) Wer gegen den erkennbaren Willen *einer anderen Person* sexuelle Handlungen *an dieser Person* vornimmt *oder von ihr* vornehmen lässt *oder diese Person zur* Vornahme oder Duldung *sexueller Handlungen* an oder von einem Dritten bestimmt, *wird mit Freiheitsstrafe von sechs Monaten bis zu fünf Jahren bestraft.*

Daraus ergibt sich folgendes Prüfungsschema für § 177 I StGB:

Objektiver Tatbestand:

- **Vornahme oder vornehmen lassen einer sexuellen Handlung an bzw. durch das Opfer**
- **Entgegenstehender Wille des Opfers**
- **Erkennbarkeit dieses Willens für den Täter**

Subjektiver Tatbestand: Vorsatz

Rechtswidrigkeit

Schuld

§ 177 I StGB ist dabei die *gesetzliche Umsetzung* von „*Nein heißt nein!*“, was sozusagen der „Schlachtruf“ der Reformbewegung war, deren Anliegen 2016 weitgehend erfüllt wurden.

Daher erfasst diese Norm als sexuellen Übergriff *jede* vom Opfer erkennbar *nicht gewollte* „sexuelle Handlung“. Es *reicht* also (bei entsprechendem Vorsatz) der erkennbar entgegenstehende Opferwille für eine Strafbarkeit (diese Regelung ist eine der großen Neuheiten. *Bis* 2016 war der erkennbar entgegenstehende Wille alleine für eine Sexualstraftat nicht ausreichend).[345]

Der *Merksatz für § 177 I* ist daher auch: *Nein heißt nein!*

---

345 Vgl. Ziegler, BeckOK, StGB, 49. Edition 1.2.2021, § 177 Rn 1 ff.

Tathandlung ist – wie bei *allen Grund*delikten des § 177 StGB – eine **„sexuelle Handlung“.**

Alle Varianten des § 177 StGB (dessen *Mindeststrafe* ja schon für die beiden Grunddelikte bei *sechs Monaten* liegt) verlangen nun als Tathandlung eine „sexuelle Handlung“. Zu klären ist also, was damit gemeint ist.

Die **Definition „sexuelle Handlung“** lautet: Jede Handlung mit Kontakt von Körper oder Kleidung, die einen Sexualbezug hat und von einer gewissen Erheblichkeit ist.

Geeignet als Tathandlung ist also grundsätzlich jede Handlung mit Körperkontakt (mit oder ohne Kleidung).

Erforderlich ist aber ein Sexualbezug *und* eine gewisse *Erheblichkeit.* Letzteres liegt an dem hohen Mindeststrafrahmen und ist in *§ 184h Nr. 1* StGB, der Begriffsbestimmungen enthält, auch ausdrücklich normiert. Nur Handlungen mit einer gewissen Erheblichkeit rechtfertigen eben eine Mindeststrafe von sechs Monaten.

Bsp. *für „Sexuelle Handlungen*“ sind etwa: Beischlaf, intensives Berühren der Geschlechtsteile (auch, wenn diese unter Kleidung sind), erzwungener Zungenkuss.

Mangels Erheblichkeit *keine* „sexuelle Handlung“ sind z. B.: Streicheln über den bekleideten Oberschenkel, flüchtiger Wangenkuss, kurzer Griff in den Genitalbereich einer Bekleideten.[346]

Als *Kriterien* für die Erheblichkeit können dabei gelten: *Intensität, Dauer sowie „Körper oder Kleidung“.* Das sind aber *nur* Indizien. Maßgeblich ist immer der Einzelfall.

Es gilt also: *Alle* Varianten des § 177 StGB verlangen eine „sexuelle Handlung“ im obigen Sinne. *Nicht* hinreichend „erhebliche“ Handlungen fallen *nicht* unter § 177 StGB (nunmehr fallen diese aber unter § 184i StGB. Dazu später mehr).

cc. Zu § 177 VI StGB (Regelbeispiel „Vergewaltigung“)

Wie schon gesagt, gibt es zu *allen* Grundtatbeständen Regelbeispiele *und* Qualifikationen, in § 177 V – VIII StGB.

Näher beleuchtet werden soll nun das *Regelbeispiel* nach Absatz 6 Nr. 1 (**Vergewaltigung**). Der *Normtext* dazu weist die folgenden Tatbestandsmerkmale auf:

346 Vgl. Ziegler, BeckOK, StGB, 49. Edition 1.2.2021, § 184h Rn. 5.2 f.

§ 177 StGB

(6) In besonders schweren Fällen *ist auf Freiheitsstrafe nicht unter zwei Jahren zu erkennen. Ein besonders schwerer Fall liegt* in der Regel *vor, wenn*

1. der Täter mit dem Opfer den Beischlaf *vollzieht oder vollziehen lässt oder* ähnliche sexuelle Handlungen *an dem Opfer vornimmt oder von ihm vornehmen lässt, die dieses besonders erniedrigen, insbesondere wenn sie mit einem* Eindringen in den Körper *verbunden sind* (Vergewaltigung)*, oder*

2. (…)

Die *Vergewaltigung* ist also (als Regelbeispiel zu den Grundtatbeständen der Absätze 1 und 2 *alternativ*):

- *Beischlaf* oder *ähnliches Eindringen* in den Körper *gegen den Willen* des Opfers (Absatz 1 i. V. m. Absatz 6)
- *Beischlaf* oder *ähnliches Eindringen* in den Körper unter *Ausnutzung* von Wehrlosigkeit pp. (Absatz 2 Nr. 1–4 i. V. m. Absatz 6)
- *Beischlaf* oder *ähnliches Eindringen* in den Körper durch *Nötigungsmittel erzwungen* (Absatz 2 Nr. 5 i. V. m. Absatz 6)

Die **Definition „Beischlaf"** lautet dabei: Eindringen des männlichen Gliedes in die Scheide.

„Ähnliches Eindringen" sind ein Eindringen mit anderen Körperteilen oder Gegenständen oder ein Eindringen in andere Körperöffnungen, wenn sie für das Opfer ähnlich erniedrigend sind wie ein ungewollter Beischlaf.[347]

b. Strafbarkeit von „nicht erheblichen" sexuellen Handlungen: § 184i StGB

Das, wie oben ausgeführt, *nicht „erhebliche"* Handlungen auch mit Sexualbezug unter § 177 StGB nicht subsumiert werden können, wirft natürlich die Frage auf, *ob und falls ja wonach* sie dann strafbar sein können.

Auch hier hat sich 2016 etwas getan. *Bis* 2016 gab es für solche „nicht erheblichen" Handlungen mit Sexualbezug keinen eigenen Tatbestand. Eine Erfassung war nur über § 185 StGB möglich, was aber sehr umstritten war.

347 Vgl. Ziegler, BeckOK, StGB, 49. Edition 1.2.2021, § 177 Rn. 49.

Seit 2016 gibt es nun einen eigenen Straftatbestand für genau solche Fälle, nämlich **§ 184i StGB, sexuelle Belästigung.**[348] Dem *Normtext* sind dabei die folgenden Merkmale zu entnehmen:

§ 184i StGB

(1) Wer eine andere Person in sexuell bestimmter Weise körperlich berührt und dadurch belästigt, wird mit Freiheitsstrafe bis zu zwei Jahren oder mit Geldstrafe bestraft, wenn nicht die Tat in anderen Vorschriften dieses Abschnitts mit schwererer Strafe bedroht ist.

Dies ergibt folgendes Prüfungsschema für § 184i StGB, „sexuelle Belästigung“:

Objektiver Tatbestand:

- **Andere Person**
- **Berühren in sexuell bestimmter Weise**
- **Dadurch: Belästigen**

Subjektiver Tatbestand: Vorsatz

Rechtswidrigkeit

Schuld

Strafbar nach § 184i StGB ist mithin als **Berühren in sexuell bestimmter Weise** *jeder* sexualbezogene Körperkontakt *unterhalb* der Erheblichkeit i. S. d. § 177 StGB, der das konkrete Opfer **belästigt**.

Die **Definition „Belästigen“** lautet dabei: „Jede Beeinträchtigung des Empfindens“.

Aus dem *Gesamtsystem* aus § 177 und § 184i StGB ergibt sich nun also seit 2016 ein *lückenloser* Strafrechtsschutz, soweit es *sexualbezogene Körperkontakte* betrifft: *Jede* sexualbezogene Handlung ist nun *strafbar, wenn sie gegen* den erkennbaren Willen des Opfers erfolgt!

Fragmentarisch bleibt alleine der Schutz für sexualbezogene verbale Anzüglichkeiten. Hier greift nur § 185 StGB, aber eben nur, wenn in der Äußerung eine Kundgabe der Missachtung liegt.

348 Vgl. Ziegler, BeckOK, StGB, 49. Edition 1.2.2021, § 184i Rn. 1.

c. Weitere Sexualstraftaten: §§ 174, 176, 184b StGB

Neben den zentralen Regelungen in den §§ 177, 184i StGB gibt es im Sexualstrafrecht noch *viele besondere* Normen. *Drei* davon sollen hier wegen ihrer hohen gesellschaftlichen Relevanz noch kurz *ihrer Grundidee nach skizziert* werden, nämlich *§ 174* und *§ 176* StGB sowie *§ 184b* StGB.

§ 174 StGB stellt den *sexuellen Missbrauch Schutzbefohlener* gesondert unter Strafe. **§ 176 StGB** regelt als eigene Norm den *sexuellen Missbrauch von Kindern.*

§ 174 StGB (sexueller Missbrauch Schutzbefohlener) ist dabei ein *Sonderdelikt*, dass bei einer besonderen *Obhutspflicht* des Täters für ein (minderjähriges) Opfer greift, also etwa, wenn ein Lehrer sexuelle Handlungen an einem Schüler vornimmt.

§ 176 StGB (sexueller Missbrauch von Kindern) ist eine Sonderregel, die immer greift (egal, wer der Täter ist), wenn der Täter sexuelle Handlungen an einer Person *unter 14* Jahren vornimmt.

Die *Besonderheit* von §§ 174, 176 StGB und zugleich der zentrale *Unterschied* zu § 177 StGB ist dabei, dass sexuelle Handlungen unter den Voraussetzungen der §§ 174, 176 StGB *immer* strafbar sind, und zwar auch dann, wenn sie vom Opfer *gewollt* und damit *einvernehmlich* erfolgen![349]

Mit der ab dem 01.07.2021 geltenden *Neufassung* des *§ 176 StGB* (durch das „Gesetz zur Bekämpfung sexualisierter Gewalt gegen Kinder" vom 16.06.2021), welche das Delikt mit einer dann geltenden Mindeststrafe von einem Jahr zum Verbrechen hochstuft, wird es von der Irrelevanz der Opferzustimmung *eine (!) Ausnahme* geben. Der neue Absatz 2 wird dann lauten:

„In den Fällen des Absatzes 1 Nummer 1 kann das Gericht von Strafe nach dieser Vorschrift absehen, wenn zwischen Täter und Kind die sexuelle Handlung einvernehmlich erfolgt und der Unterschied sowohl im Alter als auch im Entwicklungsstand oder Reifegrad gering ist, es sei denn, der Täter nutzt die fehlende Fähigkeit des Kindes zur sexuellen Selbstbestimmung aus."

Erfasst wären etwa einvernehmliche Handlungen zwischen einem Fünfzehn- und einer Dreizehnjährigen. Der Tatbestand bleibt aber auch dann erfüllt. Der neue Absatz 2 erlaubt lediglich ein (trotz Deliktsverwirklichung mögliches) Absehen von Strafe.[350]

---

349 Vgl. Fischer, StGB, 68. Auflage 2021, § 176 Rn. 2, § 174 Rn. 20 f.

350 Vgl. Bundesgesetzblatt I 2021, S. 1810 ff.

§ 184b StGB regelt die Strafbarkeit der **Verbreitung, des Erwerbs und des Besitzes kinderpornografischer Inhalte**. Auch hier achtet der Gesetzgeber sehr auf *lückenlose* Erfassung aller auf die Erlangung von kinderpornografischen Inhalten gerichteten Verhaltensweisen, weshalb *bereits das Betrachten* solcher Inhalte *im Internet (ohne* Herunterladen) den Tatbestand erfüllt.[351]

Beachte noch:

Mit Wirkung zum 01.07.2021 wird auch § 184b (durch das bereits erwähnte „Gesetz zur Bekämpfung sexualisierter Gewalt gegen Kinder" vom 16.06.2021) mit dann einem Jahr Mindeststrafe zum *Verbrechen hochgestuft*.[352]

Praxisbox:

Bei keinem Deliktsfeld stellt sich so häufig hinsichtlich des Tatnachweises ein Problem, das freilich bei allen Straftatbeständen auftreten kann: Nämlich eine *Aussage-gegen-Aussage-Konstellation*. Wenn etwa entweder die sexuelle Handlung selbst oder der entgegenstehende Wille des Opfers vom Täter schlicht bestritten wird und weder direkte Tatzeugen, noch Sachbeweismittel zu Verfügung stehen (wobei Ersteres meist und Letzteres vor allem bei lange nach dem Geschehen angezeigter Tat der Fall ist), hat man eben nur die Aussagen von Anzeigender und Beschuldigtem.

Entgegen landläufig oft gehörter Ansicht ist auch in einer Aussage-gegen-Aussage-Konstellation eine *Verurteilung aber durchaus möglich* – nämlich dann, wenn die Opferaussage glaubhaft erscheint (und die Täteraussage damit nicht).

Bei der Prüfung der *Glaubhaftigkeit* können andere Beweismittel indirekt durchaus eine Rolle spielen, z. B. bei Sexualdelikten die Frage, wem gegenüber sich das Opfer wann offenbart hat. Denn eine sehr zögerliche Offenbarung, die zunächst auch nur gegenüber besten Freunden geschieht, die dann erst den Gang zur Polizei anraten, spricht eher gegen eine zum Zwecke der Belastung des Beschuldigten erfundenen Geschichte, da man bei Letzterem im Zweifel direkt den Weg zur Polizei wählen würde. Aber auch aus der Struktur der Aussage selber lässt sich etwas über ihre Glaubhaftigkeit sagen. Ständig wechselndes Aussageverhalten und eine Detailarmut vor allem bezüglich des Randgeschehens etwa sprechen eher gegen die Glaubhaftigkeit; eine erkennbar fehlende Tendenz zur übermäßigen Belastung des Beschuldigten in Details hingegen spricht für sie (z. B. wenn berichtet wird, der Täter habe zunächst ein Messer gehabt, dies dann aber aus freien Stücken weggelegt). In der recht breiten psychologischen Forschung zur

351 Vgl. Fischer, StGB, 68. Auflage 2021, § 184b Rn. 33 ff.

352 Vgl. Bundesgesetzblatt I 2021, S. 1810 ff.

Glaubhaftigkeit von Aussagen wird insoweit von *„Realkennzeichen"* gesprochen. Wie stets in der Psychologie und bei der Beweiswürdigung ist nichts davon trennscharf und naturwissenschaftlich präzise. Aber als Orientierung sind diese Realkennzeichen durchaus nützlich!

Kommt man gar nicht mehr weiter, kann auch ein Glaubhaftigkeitsgutachten in Auftrag gegeben werden. In der Praxis geschieht dies aber meist nur bei Kindern. Ansonsten gilt, dass die Bewertung der Glaubhaftigkeit von Aussagen zum Kern der Aufgaben gehört, die das Gericht selbst vornimmt.

Ein Freispruch wegen „Im Zweifel für den Angeklagten" schließlich gibt es – wie sonst auch – hier *nur*, wenn am Ende beim Gericht *noch Zweifel bestehen*. Hält das Gericht die Aussage der Anzeigenden für glaubhaft, hat es keine Zweifel mehr und verurteilt – und ist für „in dubio" kein Raum.

7. (Weitere) Delikte gegen Eigentum und Vermögen

a. Raub, § 249 StGB

Raub ist ein praktisch wie auch für die Prüfung sehr *bedeutsamer* Paragraf. Er ist recht leicht zu lernen für jeden, der Diebstahl kann. Zur Erläuterung dient folgender

Fall 1:

Der B ist in Geldnot, nachdem gerade der Automat kein Geld ausgespuckt, sondern Bs Karte behalten hat. Da sieht er die in teurem Pelz gekleidete O des Weges spazieren, die eine diamantbesetzte Handtasche fest umklammert bei sich trägt. Kurzentschlossen tritt B vor die O und erklärt ihr, sie leider schlagen zu müssen, wenn sie ihm nicht kampflos die Handtasche gebe. Zu seiner Verwunderung brüllt die wenig eingeschüchterte O „Niemals!" und krallt sich noch fester an die Tasche. B zerrt nun seinerseits kräftig an der Tasche und kann sie nach etwas hin und her der O entreißen. B läuft mit der Tasche weg.

Vor jeder Detailprüfung: Was begeht B?

B verübt eine *Wegnahme mit Drohung und Gewalt*, also: einen *Diebstahl mit Drohung und Gewalt.*

Mehr ist der Raub streng genommen nicht!

Der *Normtext* des § 249 StGB kommt insoweit ebenfalls bekannt vor:

§ 249 StGB

(1) Wer mit Gewalt gegen eine Person oder unter Anwendung von Drohungen mit gegenwärtiger Gefahr für Leib oder Leben eine fremde bewegliche Sache einem anderen in der Absicht wegnimmt, die Sache sich oder einem Dritten rechtswidrig zuzueignen, wird mit Freiheitsstrafe nicht unter einem Jahr bestraft.

Es ist der Text des § 242 StGB, nur ergänzt um „Gewalt" und „Drohung".

Das Prüfungsschema Raub sieht also so aus:

Objektiver Tatbestand:

- **Tatobjekt: fremde, bewegliche Sache**
- **Wegnahme**

- **Nötigungsmittel:**
  - **Drohung mit gegenwärtiger Gefahr für Leib oder Leben *oder***
  - **Gewalt gegen eine Person**
- **Finalität (der Gewalt/Drohung für die Wegnahme)**

Subjektiver Tatbestand:

- **Vorsatz**
- **Absicht rechtswidriger Zueignung:**
  - **Vorsatz auf dauernde Enteignung**
  - **Absicht auf zumindest vorübergehende Aneignung**
  - **Rechtswidrigkeit der Zueignung**
  - **Vorsatz auf die Rechtswidrigkeit der Zueignung**

Rechtswidrigkeit

Schuld

Die **Tatbestandsmerkmale** sind dabei – soweit auch dort vorhanden – *so zu verstehen wie* beim Diebstahl.

Im Fall ergibt dies folgende Prüfung:

***Objektiver* Tatbestand:**

Os Handtasche ist eine **fremde, bewegliche Sache**.

B hat Os tatsächliche Sachherrschaft mit dem Ansichnehmen der Tasche beendet und eigene begründet. Insofern liegt eine **Wegnahme** vor (dazu später noch *mehr*).

B stellt in Aussicht, die O zu schlagen. Eine **Drohung mit gegenwärtiger Gefahr für Leib oder Leben** ist also gegeben.

Dies freilich soll nun *näher betrachtet* werden:

B droht eine *Gesundheitsschädigung* an, bei der *er entscheiden* kann, ob sie stattfindet oder nicht. Aus diesen beiden Aspekten (angedrohter Nachteil; Entscheidungsmacht des Täters, ob der Nachteil eintritt) besteht sodann auch die Definition.

Definition „Drohung“:

Inaussichtstellen eines künftigen Übels, auf das der Täter Einfluss zu haben vorgibt.

Die Definition entspricht der Verwendung in anderen Normen, etwa §§ 238, 240 StGB. Wie dort gilt auch hier: *Bluffen reicht*[353] („...Einfluss zu haben

353 Vgl. Fischer, StGB, 68. Auflage 2021, § 249 Rn. 5.

vorgibt“). Eine Drohung liegt also vor, wenn der Täter *so tut*, als könne er das Übel herbeiführen. Ob er es kann, ist ebenso unwichtig wie die Frage, ob das Opfer dies glaubt. Der Bluff reicht damit aus. Er reicht aber sogar, wenn das Opfer gar nicht darauf reinfällt! Auch dann läge eine Drohung vor. Kommt es dann aber nicht zur Wegnahme, weil das Opfer sich gar nicht bedroht sieht und diese unterbindet, scheitert dann zwar die Vollendung und kommt nur Versuch in Betracht, aber eben am Merkmal „Wegnahme“ und nicht am Merkmal Drohung.

Die Drohung kann sich ferner *auch gegen Dritte* richten (z. B. Drohung, die kleine Schwester zu hauen).[354] Namentlich beim Banküberfall ist dies die Regel, da der Täter dem Kassierer hinter dem Panzerglas droht, einen Dritten, nämlich Kunden, zu erschießen.

Zurück zum Fall:

Liegt auch „**Gewalt gegen eine Person**“ vor?

Beachte: die beiden Nötigungsmittel sind *alternativ*! Eines reicht also. Da aber das Vorliegen von Drohung *und* Gewalt ein größeres Unrecht ist als Gewalt, v. a. aber als Drohung allein, kann durchaus *beides* geprüft werden.

Das Problem im Fall: B zieht *nicht direkt* an O, sondern an der Tasche. Er zieht also nicht an einer Person, sondern an einer Sache. Letztlich wirkt dies aber als Gewalt gegen O: zwar zerrt B an der Tasche, aber an dieser „hängt“ die O und wird so mitgezerrt.

Die **Definition „Gewalt“** lautet dabei hier: Jeder physisch vermittelte Zwang zur Überwindung eines geleisteten oder erwarteten Widerstands.[355]

„Physisch vermittelt“ meint dabei: *körperliche Wirkung* auf einen Menschen. Diese kann auch vorliegen, wenn die Täterhandlung diese Wirkung beim Opfer nur „über Zwischenschritte“ bewirkt.[356]

Im Fall liegt Gewalt gegen eine Person daher vor: B bewirkt eben durch das Ziehen an der Tasche eine körperliche Wirkung bei O, was ausreichend ist.

Keine „Gewalt gegen eine Person“ ist eine reine, nicht körperlich auf eine Person wirkende Zwangsausübung. Beispiel: Einschlagen auf ein geparktes Auto.

Ebenfalls *keine* Gewalt ist das *Ausnutzen* eines Überraschungsmoments, das den Einsatz von Zwang gegen den Körper entbehrlich macht. Der Klas-

354 Vgl. Fischer, StGB, 68. Auflage 2021, § 249 Rn. 5.

355 Nimtz, Strafrecht für Polizeibeamte, Band 2, 5. Auflage 2018, Rn. 76.

356 Vgl. Fischer, StGB, 68. Auflage 2021, § 249 Rn. 4a.

siker für derart fehlende Gewalt gegen eine Person ist das Wegschnappen einer lose gehaltenen Tasche. Der klassische „Handtaschenraub" des vorbeifahrenden Täters ist also in der Regel nur ein Handtaschendiebstahl.[357]

Weiteres Merkmal ist (statt der sonst üblichen *Kausalität*, die *entfällt*) die **„Finalität"**. Gemeint ist, dass die Gewalt und bzw. oder die Drohung *gerade der Wegnahme dienen* müssen.

Im Fall ist dies eindeutig so.

Näheres zu diesem Merkmal folgt im Fall 2.

Im Fall folgt dann der ***subjektive*** **Tatbestand**:

Erforderlich ist zunächst *Vorsatz* auf alle Merkmale des objektiven Tatbestands:

B wollte mit Drohung bzw. Gewalt den Gewahrsam der O brechen und neuen begründen. Im Fall liegt Absicht vor.

Zu prüfen ist dann die **Absicht rechtswidriger Zueignung** – und zwar *exakt so wie bei § 242* StGB. Es gibt also wieder die *vier Schritte* Vorsatz auf dauernde Enteignung, Absicht auf zumindest vorübergehende Aneignung, Rechtswidrigkeit der Zueignung und Vorsatz auf die Rechtswidrigkeit der Zueignung – und diese sind wieder *nacheinander im Gutachtenstil* abzuarbeiten.

Im Fall liegen alle vier vor: B wollte O dauerhaft enteignen und sich die Tasche rechtswidrig zueignen.

B handelte rechtswidrig und schuldhaft.

B ist mithin nach § 249 StGB strafbar.

Beachte: § 242 StGB muss dann, also bei Bejahung des § 249 StGB, *nicht mehr geprüft oder auch nur angesprochen* werden!

Probleme bereiten kann in bestimmten Konstellationen die **Finalität.** Dazu der folgende

Fall 2:

B gerät mit O in einen verbalen Streit, in dem B sich so ärgert, dass er den O durch Wegtreten der Beine zu Fall bringt, damit dieser „endlich die Klappe hält". O bleibt blutend und kampfunfähig am Boden liegen. B sieht nun Os Smartphone. Jetzt (erst) kommt ihm die Idee, dieses einzustecken, was er auch tut. Strafbarkeit des B *nach § 249* StGB?

357 Vgl. Fischer, StGB, 68. Auflage 2021, § 249 Rn. 4c.

§ 249 StGB:

***Objektiver* Tatbestand:**

Das Tatobjekt, nämlich eine fremde, bewegliche Sache liegt mit dem Smartphone vor.

O hatte auch noch Gewahrsam, den B mit dem Ansichnehmen des Smartphones gebrochen hat. Auch eine Wegnahme liegt daher unproblematisch vor.

Schon *fraglich* ist, ob *Gewalt* vorliegt, da zwar klar und eindeutig physisch vermittelter Zwang angewandt wird, aber nicht unbedingt zur Überwindung eines Widerstands. Das kann man jedoch noch anders sehen, da B auch mit Widerstand gegen seinen Plan, den O zum Schweigen zu bringen, gerechnet haben mag, den er durch das Wegtreten der Beine unterbindet.

Jedenfalls aber *fehlt* es an der *Finalität*:

Finalität meint, dass die Gewalt *um der Wegnahme willen* eingesetzt werden muss. Dass verlangt, dass der Täter *schon im Moment des Gewalteinsatzes die Wegnahme wollen* muss!

Eine bloß *fortwirkende* Gewalt reicht daher zumindest grundsätzlich *nicht*. Anders formuliert: Die Gewalt muss zur Wegnahme *ausgeübt* werden, *nicht* bloß *ausgenutzt*. Fasst der Täter den Entschluss zur Wegnahme also erst, *nachdem* die Gewalthandlung bereits beendet ist, liegt im Zweifel mangels Finalität kein Raub vor, auch wenn die Nachwirkungen der Gewalt das Opfer wehrlos und die Wegnahme daher sehr viel leichter machen. Etwas anderes soll *nur* gelten, wenn das Fortwirken sich – nach der Beschlussfassung des Täters zur Wegnahme – als *aktiv aufrecht erhaltenes* Nötigungsmittel darstellt, etwa bei einer „Weiternutzung" (vergangener) Gewalt als nunmehrige konkludente Gewaltdrohung.[358]

Im Fall:

Die Gewalt diente *bei Vornahme nicht* der Wegnahme, da diese von B im Moment des Wegtretens der Beine noch gar nicht geplant war. Die Gewalt wirkt bei der Wegnahme lediglich fort, was nicht genügt.

Es besteht im Fall 2 mithin *keine* Strafbarkeit nach § 249 StGB (B ist nur wegen §§ 223, 224 I Nr. 5 StGB durch das Niederschlagen und § 242 StGB durch das Wegnehmen strafbar, was indes nicht zu prüfen war).

---

358 Vgl. Wittig, BeckOK, StGB, 49. Edition 1.2.2021, § 249 Rn. 14.1 m. w. N. zur im Detail nicht immer einheitlichen Rechtsprechung.

b. Erpressung und räuberische Erpressung, §§ 253, 255 StGB

aa. Einleitung

Neben dem Raub gibt es zwei weitere Delikte, bei denen sich ein Täter mit Nötigungsmitteln bereichert: Erpressung und räuberische Erpressung, §§ 253, 255 StGB. Dies wirft neben der Frage, wie diese Normen zu verstehen sind, die Frage auf, wie sie sich zum Raub verhalten. Letzteres ist umstritten – und dieser *Streitstand* ist Prüfungsstoff! Nachfolgend sollen die §§ 253, 255 StGB zunächst vorgestellt und dann dieser Streitstand dargestellt werden.

bb. Erpressung und räuberische Erpressung, §§ 253, 255 StGB: Prüfungsschemata und Definitionen

§ 253 StGB hat einen recht leicht verständlichen *Normtext*, dem Folgendes zu entnehmen ist:

§ 253 StGB

(1) Wer einen Menschen rechtswidrig mit Gewalt oder durch Drohung mit einem empfindlichen Übel zu einer Handlung, Duldung oder Unterlassung nötigt und dadurch dem Vermögen des Genötigten oder eines anderen Nachteil zufügt, um sich oder einen Dritten zu Unrecht zu bereichern, wird mit Freiheitsstrafe bis zu fünf Jahren oder mit Geldstrafe bestraft.

So ergibt sich folgendes Prüfungsschema § 253 StGB:

Objektiver Tatbestand:

- **Nötigungshandlung:**
  - **Gewalt oder**
  - **Drohung mit einem empfindlichen Übel**
- **Nötigungserfolg:**
  - **Handeln, Dulden oder Unterlassen (des Opfers)**
- **(Dadurch bewirkter) Vermögensschaden (beim Opfer oder einen Dritten)**

Subjektiver Tatbestand:

- **Vorsatz**
- **Absicht, sich rechtswidrig zu bereichern**

Rechtswidrigkeit

Schuld

Die **Definitionen** der **Nötigungsmittel** sind dabei die des § 249 StGB, nur ohne den Bezug zu einer „Person“ bzw. „Leib/Leben“. Sie lauten:

Gewalt gegen eine Person: Physisch vermittelter Zwang zur Überwindung eines geleisteten oder erwarteten Widerstandes.

Drohung mit gegenwärtiger Gefahr für Leib oder Leben: Inaussichtstellen eines künftigen Übels, auf das der Täter Einfluss hat oder zu haben vorgibt.[359]

Zur **Rechtswidrigkeit** sei noch angemerkt, dass § 253 II – entsprechend zu § 240 II StGB – verlangt, dass die Drohung „**verwerflich**“ ist. Bei § 253 StGB hat dies aber *kaum je praktische Bedeutung*. Denn die beabsichtigte Verwirklichung einer *rechtswidrigen* Bereicherung, also einer, auf die der Täter keinen Anspruch hat, ist immer ein *verwerfliches Ziel.*[360] Einer eigenen Prüfung der Verwerflichkeit bedarf es hier mithin *im Regelfall nicht.* Soll sie doch geprüft werden, erfolgt dies so wie bei § 240 II StGB (vgl. dort).

§ 255 StGB *verschärft* § 253 StGB nun auf folgende Art:

§ 255 StGB

Wird die Erpressung *durch* Gewalt gegen eine Person *oder unter Anwendung von* Drohungen mit gegenwärtiger Gefahr für Leib oder Leben *begangen, so ist der Täter gleich einem Räuber zu bestrafen.*

§ 255 StGB ist also eine Erpressung nach § 253 StGB mit *gravierender Nötigungshandlung,* nämlich nur Gewalt *gegen eine Person* bzw. nur Drohung mit gegenwärtiger Gefahr *für Leib oder Leben.* § 255 ist damit eine *Qualifikation* des § 253 StGB.

Das Prüfungsschema § 255 StGB sieht so aus:

Objektiver Tatbestand:

- **Nötigungshandlung:**
  - **Gewalt *gegen eine Person* oder**
  - ***Drohung mit gegenwärtiger Gefahr für Leib oder Leben***
- **Nötigungserfolg:**
  - ***Handeln,* Dulden oder Unterlassen (des Opfers)**
  - **(*Dadurch* bewirkter) Vermögensschaden (beim Opfer oder einen Dritten)**

359 Vgl. Nimtz, Strafrecht für Polizeibeamte, Band 2, 5. Auflage 2018, Rn. 133.

360 Vgl. Joecks/Jäger, StGB, 12. Auflage 2018, § 253 Rn. 23.

Subjektiver Tatbestand:

- **Vorsatz**
- **Absicht, sich rechtswidrig zu bereichern**

Rechtswidrigkeit

Schuld

Zur *Rechtsfolge* findet sich in *§ 255* StGB: der Täter wird „wie ein Räuber bestraft". Dies bedeutet zweierlei:

- Es gilt derselbe *Strafrahmen* wie beim Raub – mit Freiheitsstrafe von ein bis 15 Jahren – § 255 StGB ist damit wie § 249 StGB ein Verbrechen.
- Die *Qualifikationen und Erfolgsqualifikationen* der §§ 250 und 251 StGB gelten auch für § 255 StGB. Es gibt also schweren Raub nach § 250 StGB und Raub mit Todesfolge nach § 251 StGB (Näheres später), aber es gibt eben auch „schwere räuberische Erpressung" nach § 250 StGB und „räuberische Erpressung mit Todesfolge" nach § 251 StGB.

Zum *Verhältnis von § 253 zu § 255* StGB gilt:

Da beim Einsatz von Gewalt gegen eine Person § 255 StGB vorliegt, der wegen der höheren Strafe dem § 253 StGB vorgeht, bleibt für § 253 StGB, der jede Gewalt gegen wen oder was auch immer umfasst, als eigenständiger Anwendungsbereich beim Gewalteinsatz *nur Gewalt gegen Sachen.*[361] Soweit der Täter droht, bleiben für § 253 StGB nur Drohungen mit irgendetwas anderem als körperlichen Angriffen, z. B. dem Veröffentlichen kompromittierender Fotos. In der Praxis wird von Tätern meist gegen die Person vorgegangen, sei es mit Drohungen oder Gewalt, sodass § 255 StGB *deutlich häufiger* ist als § 253 StGB.

Die **Definitionen der Nötigungsmittel** zu § 255 StGB entsprechen denen zu § 249 StGB:

Gewalt gegen eine Person: Physisch vermittelter Zwang *gegen den Körper einer Person* zur Überwindung eines geleisteten oder erwarteten Widerstandes.

Drohung mit gegenwärtiger Gefahr für Leib oder Leben: Inaussichtstellen eines künftigen Übels *für Leben oder körperliche Unversehrtheit*, auf das der Täter Einfluss hat oder zu haben vorgibt.

Die *Definitionen zu den übrigen* Merkmalen folgen im Rahmen später nachfolgender *Falllösung.*

361 Vgl. Fischer, StGB, 68. Auflage 2021, § 253 Rn. 4.

cc. Streitstand: Abgrenzung Raub und räuberische Erpressung

Wie *verhält* sich nun die räuberische Erpressung zum Raub? Hinter dieser Frage verbirgt sich ein großer *Meinungsstreit* unter Juristen.

Schon ein Vergleich der Prüfungsschemata macht deutlich: *Gemeinsam* haben Raub und räuberische Erpressung die Nötigungsmittel und eine wie auch immer geartete angestrebte Bereicherung des Täters. *Unterscheiden* tun sie sich im subj. Tatbestand dahin, dass Raub eine „Absicht rechtswidriger Zueignung", § 255 StGB hingegen eine „Absicht auf rechtswidrige Bereicherung" verlangt. Vor allem aber unterscheiden sie sich im obj. Tatbestand dahin, dass der Täter bei § 249 StGB eine Sache weg*nimmt*, bei § 255 StGB hingegen das Opfer nötigt, ihm etwas durch Handeln *zukommen zu lassen* (bzw. etwas zu dulden oder zu unterlassen). Gleichwohl ist damit keineswegs ohne Weiteres klar, wie genau die beiden Delikte abzugrenzen sind. Dies ist auch zwischen der *Rechtsprechung* und Rechtswissenschaftlern an Hochschulen (die ihre Ansicht in wissenschaftlichen Schriften darlegen, daher *„im Schrifttum"*) wild *umstritten.*

Zur Illustration dient nachfolgender

> **Fall:**
>
> Student B ist morgens spät dran und muss ganz dringend zu Uni. Da sein Fahrrad einen Platten hat, will er sich das unverschlossen im Hausflur stehende Rad des O nehmen, um damit zur Uni zu fahren. Abends will er das Rad wieder im Hausflur abstellen. O, der zufällig erscheint, fordert B nun aber auf, das Rad stehen zu lassen. B droht dem O nun, ihn „zu verdreschen", falls O weiter „rumzickt". Aus Angst tut O daher nichts weiter und sieht zu, wie B das Rad greift und wegfährt. Abends stellt B das Rad wie geplant wieder zurück. Strafbarkeit des B?

Mögliche Delikte im Fall sind nun § 249 StGB und § 255 StGB. *Zuerst* zu prüfen ist stets § 249 StGB (die Begründung folgt später).

Strafbarkeit des B nach *§ 249 StGB:*

Objektiver Tatbestand:

Das Fahrrad des O ist ein taugliches Tatobjekt, an dem der O Gewahrsam hatte, den der B bricht. Auch eine Wegnahme liegt – normal subsumiert – vor. Die Ankündigung, den B „zu verdreschen", stellt eine Drohung für dessen Gesundheit dar, die gerade dazu dient, die Wegnahme zu ermöglichen. Es besteht also auch Finalität.

***Subjektiver* Tatbestand:**

B braucht zunächst Vorsatz. B will das Rad gerade durch Drohung erlangen. B handelt also mit Absicht.

B plant aber bereits bei der Wegnahme die abendliche Rückgabe. Er hat daher *keinen* Vorsatz auf *dauerhafte* Enteignung, womit die Absicht rechtswidriger Zueignung *fehlt*.

B ist also *nicht nach § 249* StGB strafbar.

Raub läge im Fall also *objektiv* vor, scheitert aber am *subjektiven* Tatbestand. Bis hierhin folgt dies allein aus *schon behandelten* Themen.

Besteht eine Strafbarkeit nach **§ 255 StGB**?

***Objektiver* Tatbestand:**

Die **Nötigungshandlung** der Drohung mit Leibesgefahr besteht hier genauso wie beim Raub.

Läge auch ein **Nötigungserfolg** vor – also ein Handeln, Dulden oder Unterlassen des Opfers?

Nach dem *Wortlaut* ja: T *duldet* das *Wegfahren* und damit die Wegnahme durch den B.

Nach dem *Wortlaut* ist danach *jeder* Raub *objektiv immer auch* eine räuberische Erpressung:

Denn immer, wenn der Täter mit Nötigungsmitteln eine Sache dem Opfer weg*nimmt*, *duldet* das Opfer zumindest schlussendlich diese Wegnahme. Das würde auch gelten, wenn das Opfer sich zunächst wehrt, am Ende die Wegnahme wegen der Gewalt oder Drohung des Täters aber hinnehmen muss. Letztendlich würde es auch dann die *Wegnahme dulden*.

Aber: Umgekehrt gilt dies nicht, *nicht jeder* § 255 StGB ist zugleich ein § 249 StGB!

Nur ein § 255 StGB läge vor, wenn das Opfer dem Täter die Sache (wenn auch abgenötigt) über*gibt*. Es läge dann deshalb kein § 249 StGB vor, da keine Weg*nahme* vorläge. Der Täter *nimmt* eben *nicht*, sondern *lässt sich geben*.

Dieses nach dem Wortlaut entwickelte Ergebnis legt der BGH auch zugrunde. Das *Verhältnis* der §§ 249 und 255 StGB *nach dem BGH* sieht also wie folgt aus:

Variante 1: Der Täter *nimmt eine* Sache dem Opfer weg:

Es liegt (objektiv) § 249 StGB vor.

Zugleich – da Opfer diese Wegnahme *duldet* – liegt (objektiv) indes auch immer ein § 255 StGB vor.

§ 249 StGB soll aber nun *spezieller* sein und *vorgehen* – *falls* er auch im Übrigen verwirklicht ist.

Falls § 249 StGB also *vollständig* verwirklicht ist, tritt § 255 StGB *zurück*. Er wäre nicht mehr zu prüfen.

Falls § 249 StGB hingegen *nicht vollständig* verwirklicht ist (weil z. B. etwas im subj. Tatbestand fehlt), kommt es zur *Prüfung* von § 255 StGB.

Variante 2: Das Opfer *gibt* die Sache (und sei es auch abgenötigt) heraus:

Hier ist kein § 249 StGB verwirklicht, da keine Weg*nahme* vorliegt, sondern *nur § 255* StGB, weil das Opfer dem Täter die Sache (abgenötigt) *gibt*.

Das Ganze lässt sich nun schön in zwei *simple Schlagwörter* fassen:

„Nehmen": Es liegt (zumindest objektiv) ein § 249 StGB vor. Dahinter mitverwirklicht ist auch § 255 StGB. Gebraucht (und geprüft) wird dieser aber *nur*, wenn § 249 StGB an irgendeinem anderen Tatbestandsmerkmal *scheitert*.

„Geben": Es liegt mangels Wegnahme *kein* § 249 StGB, sondern *nur* ein § 255 StGB vor.

Ob ein *„Nehmen"* oder ein *„Geben"* vorliegt, entscheidet dabei das *äußere Bild* – und zwar *im Zeitpunkt*, in dem der Täter den *Gewahrsam erlangt*!

Wenn der Täter sich zu diesem Zeitpunkt die Sache selber *nimmt*, also selber greift, liegt ein Nehmen und damit eine *Wegnahme* vor. *Bekommt* er sie hingegen vom Opfer *gegeben*, liegt *keine Wegnahme, sondern nur eine räuberische Erpressung vor.*[362]

Im Fall sieht die weitere Prüfung des § 255 StGB *nach der Lösung des BGH* nun wie folgt aus:

Abgenötigtes Verhalten ist ein Dulden des O, denn O *duldet* das Wegfahren des B (s. o.).

Als Weiteres bedarf es eines **Vermögensschadens** bei O.

Zwar wird der O das Fahrrad wiedererlangen. Schon die *zeitweilige* Entziehung *mindert* aber Os Vermögen. Neben Verschleiß mindert sie Os Vermögen, weil er in dieser Zeit das Rad schlicht *nicht nutzen* kann. Die zeitweilige Entziehung ist daher ein Vermögensschaden, weil – und soweit – die *Nutzungsmöglichkeit zum Vermögen gehört*. Man kauft sich ein Fahrrad

362 Vgl. Nimtz, Strafrecht für Polizeibeamte, Band 2, 5. Auflage 2018, Rn. 152.

schließlich, um es zu nutzen. Schon die bloße Nutzung müsste man als Mieter ja auch bezahlen.

Eine zeitweilige Sachentziehung ist also *zwar keine* dauernde Enteignung, *aber* gleichwohl bereits eine Vermögens*minderung,* wenn *schon der bloße Besitz Vermögenswert* hat! Letzteres ist zu bejahen, wenn *schon der Besitz* einen *wirtschaftlich messbaren Gebrauchsvorteil* hat[363] – was bei Autos und Fahrrädern problemlos anzunehmen ist. *Nur* wenn der *reine Besitz keinen* Vermögenswert hat (etwa bei der Entziehung eines Fotoalbums zum Zwecke, es einen Tag lang durchzublättern), entsteht bei der bloßen Sachentziehung auch *kein Vermögensschaden.*

Ein *Vermögensschaden im Sinne der §§ 253, 255 StGB* ist also *auch* bei Rückgabeabsicht zu bejahen. Entsprechend weit gefasst ist die

Definition „Vermögensschaden":

Minderung des wirtschaftlichen Gesamtwertes des Vermögens.[364]

Im Fall geht es dann wie folgt weiter:

***Subjektiver* Tatbestand:**

Vorsatz besteht in Form der Absicht (bzw. bzgl. des Vermögensschadens Wissentlichkeit).

Erforderlich ist weiter die **Absicht rechtswidriger Bereicherung**.

Die Bereicherungsabsicht ist jetzt sozusagen die *Kehrseite* zum Vermögensschaden – und entsprechend genauso *weit gefasst.* Schaden ist jede Vermögensminderung. Eine Bereicherungsabsicht ist jede erstrebte Vermögensmehrung.

Definition „Bereicherungsabsicht":

Absicht auf eine wirtschaftliche Besserstellung, auf die der Täter keinen Anspruch hat.

Auch hier genügt also die Absicht auf Erlangung einer nur *zeitweisen Nutzung*smöglichkeit, *soweit* diese schon Vermögenswert hat.

Beachte: *Anders* als bei der Absicht auf rechtswidrige Zueignung in §§ 242 und 249 StGB bedarf es hier *keiner* Prüfung in mehreren Schritten. Es kann einfach die obige Definition geschrieben und dann unter diese subsumiert werden!

363 Vgl. BGH, NStZ-RR 2015, 371.

364 Vgl. Nimtz, Strafrecht für Polizeibeamte, Band 2, 5. Auflage 2018, Rn. 133.

Im Fall will B die Nutzungsmöglichkeit des Rades erlangen, obwohl er dies zivilrechtlich von O nicht fordern kann, und hat damit Bereicherungsabsicht.

Ferner handelt B auch rechtswidrig und schuldhaft und ist *nach dem BGH* also nach *§ 255 StGB* strafbar (mit dem *gleichen Strafrahmen* wie bei § 249 StGB).

Beachte also:

Zeitweilige Sachentziehung ist *kein* § 242 und auch kein § 249 StGB, da *kein* Vorsatz auf *dauernde* Enteignung vorliegt. Erfolgt die zeitweilige Sachentziehung *ohne* Nötigungsmittel, ist sie als „Borgen ohne zu fragen" mithin *straflos* (einzige Ausnahme: Bei einem Pkw oder Fahrrad besteht eine Strafbarkeit wegen unbefugten Gebrauch von Fahrzeugen nach § 248c StGB).

Erfolgt die zeitweilige Sachentziehung hingegen *mit Gewalt oder Drohung*, ist sie zwar weder Diebstahl noch Raub. Sie ist aber eine *Erpressung* nach § 253 bzw. (bei Gewalt gegen eine Person bzw. Drohung mit Leib- oder Lebensgefahr) eine *räuberische Erpressung* nach § 255 StGB, wenn schon der Besitz Vermögenswert hat. Denn schon die *zeitweilige* Entziehung *mindert* eben den Vermögenswert und bereichert den Täter. „Borgen ohne zu fragen" in der *besonders unhöflichen Variante* mit *Gewalt oder Drohung* ist also (wenn schon der Besitz Vermögenswert hat) *strafbar*!

Beachte weiter:

Der BGH kommt so in der Regel bei *jeder* gewaltsamen Wegnahme (bei Gewalt gegen eine Person) zu einem Jahr Mindeststrafe:

Erfolgt die gewaltsame Wegnahme *mit* Zueignungsabsicht auf das Raubgut, liegt § 249 StGB vor.

Erfolgt sie *ohne* Zueignungsabsicht, scheitert § 249 StGB zwar an der Absicht rechtswidriger Zueignung, es liegt aber (wenn schon der Besitz Vermögenswert hat) § 255 StGB vor – mit gleichem Strafrahmen.

So charmant dieses Ergebnis (aus Sicht der Strafverfolgungsbehörden) auch ist, es hat eine *seltsame Konsequenz*: § 249 StGB ist danach zwar vorab zu prüfen und geht § 255 StGB, so vollständig verwirklicht, auch vor. Wirklich wichtig ist das im Blick auf die letztlich entscheidende Frage, wie der Täter bestraft wird, aber streng genommen nicht. Denn wenn § 249 StGB scheitert, kommt man zu § 255 StGB – mit gleichem Strafrahmen. § 249 StGB steht nach dieser Lesart also zwar im Gesetz und muss daher auch geprüft werden. Streng genommen ist er so aber ohne eigenen Anwendungsbereich und damit schlicht überflüssig.[365]

365 Vgl. Nimtz, Strafrecht für Polizeibeamte, Band 2, 5. Auflage 2018, Rn. 152.

Deshalb will das *Schrifttum* (also Rechtswissenschaftler, die schreiben) auch eine *andere Abgrenzung*.

Die *Ausgangsthese* ist, dass *entweder* § 249 StGB *oder* § 255 StGB vorliegt, aber *niemals* beides.

Die Idee dahinter ist, *beiden* Normen je einen *spezifischen* Anwendungsbereich zuzuweisen, die sich nicht überlappen, damit eben beide Normen einen Sinn haben.

Um dahin zu kommen, grenzt das Schrifttum nun auch *anders* ab (und zwar auf eine Art, die sich anders als die Abgrenzung der Rechtsprechung dem Gesetzestext so *nicht entnehmen* lässt).

Abgegrenzt wird nicht nach dem äußeren Bild. Abgegrenzt wird vielmehr nach der *Vorstellung* des *Opfers* bzw. nach der *Opfermitwirkung*.

Es gibt dabei auch hier *zwei Möglichkeiten*:

Möglichkeit 1:

> Das Opfer meint, den Vermögensverlust *nicht verhindern* zu können, da es auf seine Mitwirkung für den Täter zur Erlangung der Sache *nicht ankommt*. In diesem Fall liegt *keine Vermögensverfügung* durch das Opfer vor, will heißen: Das Opfer trifft letztlich keine relevante Entscheidung über die Frage, ob sein Vermögen an den Täter geht oder nicht, da dieser die Beute *auch ohne Opfermitwirkung bekommen könnte*. In solchen Fällen soll eine *Wegnahme* vorliegen, und damit ein *Raub* und zwar *nur* ein *Raub*.

Möglichkeit 2:

> Das Opfer meint, es komme für die Frage, ob der Täter die Beute erhalten kann, auf *seine Mitwirkung* an. Hier trifft das Opfer eine relevante Entscheidung darüber, was mit seinem Vermögen geschieht und nimmt mithin eine sogenannte *Vermögensverfügung* vor (weil es – wenn auch mit hohem Risiko, weil der Täter es ja gewaltsam nötigt – eben entscheiden kann, ob der Täter die Sache erlangt oder nicht). Hier soll ein *§ 255* StGB vorliegen und zwar *nur* ein *§ 255* StGB.

Keiner Opfermitwirkung und damit *keiner* Vermögensverfügung (mit der Folge, dass Raub nach *§ 249* StGB vorliegt) bedarf es dabei in folgenden Konstellationen:

Wenn der Täter sich die Sache *selber greift*.

Aber auch, wenn das Opfer die Sache zwar übergibt, der Täter sie aber selber nehmen *könnte*.

Beispiel: Das Opfer *gibt* dem Täter Geld aus einer *offenen Kasse*.

In der ersteren Konstellation läge auch nach der Rechtsprechung ein Raub vor, weil ein „Nehmen“ vorliegt. In der zweiten Variante läge nach der Rechtsprechung hingegen ein § 255 StGB vor, weil der Täter die Sache gegeben bekommt. Nach dem Schrifttum läge aber auch hier eine Wegnahme vor, weil das Opfer zwar mitwirkt, es aber dieser Mitwirkung nicht bedurft hätte.

Ein *§ 255* StGB läge nach dem Schrifttum nur vor, wenn der Täter zur Erlangung der Beute einer *Opfermitwirkung* und damit einer *Vermögensverfügung* durch das Opfer *bedarf*. Dies ist der Fall, wenn das Opfer die Sache dem Täter *verschafft und* der Täter sie sich *nicht* selbst nehmen bzw. verschaffen könnte.

Beispiel: Das Opfer gibt dem Täter Geld aus *verschlossener* Kasse.

Auch für das Schrifttum gibt es nun also eine Abgrenzung, die an *Schlagwörtern* orientiert gelernt werden kann.

Das *Verhältnis von § 249 StGB zu § 255 StGB nach dem Schrifttum* lautet:

Bedarf es *keiner Opfermitwirkung* und liegt mithin *keine Vermögensverfügung* des Opfers vor, ist von einer *„Wegnahme“* auszugehen. Verwirklicht ist dann (zumindest objektiv) *nur* § 249 StGB.

Bedarf es *einer Opfermitwirkung* und damit einer *„Vermögensverfügung“* durch das Opfer, so liegt *keine* Wegnahme und damit *kein* § 249 StGB, sondern (objektiv) *nur* § 255 StGB vor.

Niemals aber sind § 249 und § 255 StGB gleichzeitig verwirklicht![366]

Wie wäre nun der *Fall nach dem Schrifttum* zu lösen?

Ein *Raub* nach § 249 StGB wäre *objektiv* zu *bejahen:*

Maßgeblich wäre ja, ob keine Vermögensverfügung vorliegt (nur dann „Wegnahme“, also § 249 StGB) oder ob eine Vermögensverfügung vorliegt (dann keine „Wegnahme“, sondern § 255 StGB).

B kann das Fahrrad hier *ohne* Os Mitwirkung *erlangen*, denn es ist nicht abgeschlossen. Eine *Opfermitwirkung* ist *nicht nötig*. Es liegt daher *keine* Vermögensverfügung des O über das Fahrrad vor.

Im *subjektiven* Tatbestand, der so zu prüfen ist wie auch sonst und von dem Streitstand nicht berührt wird, würde der Raub aber eben an der Absicht rechtswidriger Zueignung *scheitern*, und zwar wiederum am fehlenden Vorsatz auf dauernde Enteignung.

366 Vgl. Nimtz, Strafrecht für Polizeibeamte, Band 2, 5. Auflage 2018, Rn. 152.

Deshalb käme auch das Schrifttum *im Fall* zu *keiner* Strafbarkeit nach § 249 StGB.

Nach dem Schrifttum wäre *§ 255* StGB nun aber *ausgeschlossen*, weil eben keine Vermögensverfügung vorliegt, die für § 255 StGB erforderlich wäre.

Nach dem Schrifttum scheitert im Fall der objektiv vorliegende § 249 StGB also, da eine Rückgabeabsicht besteht und damit der subjektive Tatbestand nicht gegeben ist. § 255 StGB scheitert schon objektiv, da keine „Vermögensverfügung" vorliegt. Es bliebe *nur* eine Strafbarkeit nach § 240 StGB. Deren Mindeststrafe: Geldstrafe. Das Schrifttum käme also im Fall zu einem *drastisch niedrigeren* Strafrahmen als die Rechtsprechung!

Was spricht nun für das Schrifttum, was dagegen?

Das wichtigste *Argument des Schrifttums* ist das bereits benannte:

§ 249 StGB ist nach dem BGH letztlich überflüssig.

Aber auch der *BGH* hat *starke Argumente*:

Zunächst wie schon angedeutet der *Wortlaut* des § 255 StGB. Vom Erfordernis einer „Vermögensverfügung" findet sich darin weit und breit nichts.

Daneben – und dies zeigt der Fall gut – spricht für den BGH aber auch, dass das Schrifttum zu *Strafbarkeitslücken* führt: es drohen eben Fälle mit nicht tat- und schuldangemessener Bestrafung.

Ein drittes Argument: Das Kriterium des BGH lässt sich objektiv feststellen. Das Kriterium des Schrifttums ist hingegen viel *unschärfer* und oft eher spekulativ.[367]

In der *Klausur* ist der Streitstand dann, wenn ein Raub oder eine räuberische Erpressung je nach Fall in Betracht kommt, *immer* zu präsentieren! *Wie* dies zu geschehen hat, wird noch erläutert.

Zu *folgen* ist dann aber *stets dem BGH,* und dies aus zwei Gründen:

Erstens, weil Sie Praktiker sind, und Praktiker (auch in der Justiz) folgen immer dem BGH. Zweitens, weil die Klausurlösung davon ausgeht, dass Sie dem BGH folgen und daher die *Gefahr* besteht, dass Sie sich spätere Klausurprobleme *„abschneiden"*, wenn Sie dem Schrifttum folgen.

Wie der *Streitstand dargestellt* werden kann, soll nun anhand einer Ausformulierung für obigen Fall (mit Erläuterungen in Klammern, die so natürlich nicht zu schreiben wären) gezeigt werden:

„Der B müsste dem O das Fahrrad weggenommen haben.

367 Vgl. Nimtz, Strafrecht für Polizeibeamte, Band 2, 5. Auflage 2018, Rn. 152.

Wegnahme ist der Bruch fremden und die Begründung neuen Gewahrsams.

Gewahrsam ist die nach der Verkehrsauffassung bestehende, von einem Herrschaftswillen getragene tatsächliche Sachherrschaft.

Zu klären ist zunächst, wer ursprünglich Gewahrsam hatte. Hier steht das Fahrrad in dem auch von O genutzten Keller und ist für diesen jederzeit greifbar. Tatsächliche Sachherrschaft und damit Gewahrsam hatte also der O (bis hierhin läuft die Wegnahmeprüfung wie sonst auch. Der Streitstand ist beim nächsten Punkt unterzubringen, nämlich dem Gewahrsams*bruch*. Denn wenn das Opfer dem Täter die Sache verschafft – und sei es auch abgenötigt –, so *fehlt* es am Bruch des Gewahrsams).

Wie der weiter erforderliche „Bruch des Gewahrsams" bei § 249 StGB und damit auch die Abgrenzung zwischen Raub und räuberischer Erpressung gemäß § 255 StGB zu verstehen sind, ist indes streitig.

Der Bundesgerichtshof grenzt Raub und raubräuberische Erpressung danach ab, ob der Täter sich nach dem äußeren Tatbild die Sache selber nimmt oder vom Opfer gegeben bekommt. Nimmt der Täter die Sache, so liegt darin eine Wegnahme und damit in objektiver Hinsicht ein Raub. Eine räuberische Erpressung wäre zwar ebenfalls verwirklicht, da das Opfer die Wegnahme duldet. Diese tritt jedoch zurück, falls der Raub vollständig erfüllt ist. Wenn Letzteres nicht der Fall ist, ist die räuberische Erpressung indes noch zu prüfen. Gibt das Opfer hingegen dem Täter die Sache, liegt keine Wegnahme und damit kein Raub vor. In solchen Fällen kommt nach dem BGH nur eine räuberische Erpressung in Betracht.

Im Fall (hier erfolgt nun die fallbezogene Subsumtion nach den Abgrenzungskriterien der Rechtsprechung):

Das Schrifttum grenzt hingegen anders ab. Ausgangspunkt ist dabei die These, dass Raub und räuberische Erpressung sich gegenseitig ausschließen. Geht das Opfer davon aus, dass es auf seine Mitwirkung für die Erlangung der Sache durch den Täter nicht ankommt, dann fehlt es an einer sogenannten Vermögensverfügung durch das Opfer. In solchen Fällen sei eine Wegnahme zu bejahen und § 249 StGB – und nur dieser – zu prüfen. Geht das Opfer hingegen davon aus, dass es seiner Mitwirkung zur Erlangung der Sache durch den Täter bedarf, liege eine sogenannte Vermögensverfügung vor und keine Wegnahme, und damit nur eine räuberische Erpressung nach § 255 StGB.

Im Fall (hier erfolgt nun die fallbezogene Subsumtion nach den Abgrenzungskriterien des Schrifttums):

Zwar spricht für das Schrifttum, das nach der Ansicht des Bundesgerichtshofs § 249 StGB eigentlich überflüssig wäre. Für die Ansicht des BGH spricht aber der Wortlaut des § 255 StGB, der eine Vermögensverfügung nicht verlangt, die leichtere Beweisbarkeit der BGH-Kriterien sowie die Gefahr von Strafbarkeitslücken. Die Ansicht des Bundesgerichtshofs ist daher vorzugswürdig und wird hier zugrunde gelegt (das ist der sogenannte Streitentscheid – wobei Sie sich für die Rechtsprechung entscheiden).

Es liegt also eine Wegnahme vor (Weiterprüfung des Raubes).

Beachte noch:

Bei Raub und räuberischer Erpressung kann der Streitstand wie gesehen erhebliche Folgen für die Frage nach dem Strafrahmen haben. Darum betreffen die meisten Fälle dazu auch diese beiden Delikte.[368] Da in jedem Raub auch alle Tatbestandsmerkmale des Diebstahls und in jeder räuberischen Erpressung nach § 255 StGB auch alle Tatbestandsmerkmale der (einfachen) Erpressung nach § 253 StGB *enthalten* sind, kann man diese Abgrenzungsproblematik indes auch auf die *Abgrenzung von Diebstahl und (einfache) Erpressung nach § 253 StGB* anwenden. Die praktische Bedeutung ist dort zwar geringer, weil alle dann in Betracht kommenden Delikte (§§ 242 und 253 StGB sowie ggf. § 240 StGB) den gleichen Strafrahmen haben. Aber diskutieren ließe sich der Streit bei der Wegnahme bei § 242 StGB eben durchaus trotzdem. In dem Modul, in welchem Raub, räuberische Erpressung und der Streitstand gelehrt werden, klären Sie also unbedingt *mit Ihrem Dozenten*, ob auch bei der Diebstahlsprüfung die Abgrenzungsproblematik präsentiert werden soll oder nicht!

c. Räuberischer Diebstahl, § 252 StGB

Neben § 249 und § 252 StGB gibt es bei der Gruppe der Raub- und raubähnlichen Delikte noch einen dritten Tatbestand. Wozu dieser da und wie er zu verstehen ist, sei an folgendem Fall illustriert.

368 Vgl. Fischer, StGB, 68. Auflage 2021, § 253 Rn. 15.

Fall

Der drogenabhängige B steckt an einem Samstag kurz vor Ladenschluss im Supermarkt eine Packung teures Parfüm unter die Jacke, um ohne zu zahlen an der Kasse vorbeizukommen und es zu verkaufen. Er passiert den Kassenbereich auch, ohne aufzufallen. Dann aber wird Ladendetektiv O auf B aufmerksam, weil B, schon am Ausgang, sich beim Weggehen immer nach hinten umsieht. O tippt auf einen Ladendieb und eilt in den Ausgangsbereich. Auf dem Parkplatz sieht er B und rennt diesem nach. B, der das Parfüm verkaufen muss, um überhaupt noch an Geld für neuen „Stoff" fürs Wochenende zu kommen, bemerkt dies und versetzt dem O, als dieser ihn erreicht hat, einen Schlag ins Gesicht, durch den O zu Boden geht. B rennt mit dem Parfüm weg.

Das Geschehen wäre zunächst in *zwei Abschnitte* zu zerlegen:

(1) Geschehen im Laden

(2) Geschehen vor dem Laden

Das Geschehen *im* Laden stellt einen Diebstahl nach § 242 StGB dar. Besonderheiten in der Prüfung gibt es nicht, weswegen diese hier nicht im Detail erfolgen soll.

Von Interesse hier ist das Geschehen *vor* dem Laden:

Verwirklicht sein könnte (neben der unproblematisch gegebenen Körperverletzung) ein Raub gem. *§ 249* StGB.

Allerdings ist dieser hier zu *verneinen.*

Die *Wegnahme* (und zwar unabhängig davon, ob man sie nach dem BGH oder dem Schrifttum bestimmt) fand schon *im* Laden statt. Im Laden wurde durch B bereits der alte Gewahrsam gebrochen und neuer begründet. Dieser Prozess war auch schon *abgeschlossen* – hier bereits mit dem Einstecken (kleiner Gegenstand), jedenfalls aber mit dem Passieren des Kassenbereichs. Auf dem Parkplatz hatte der B den Gewahrsam schon, weswegen *dort keine* Wegnahme stattfand. Fehlen würde ferner auch die *Finalität*, da die Gewalt nicht zum Gewahrsams*bruch* dient, weil dieser eben schon gebrochen war. Ein Raub scheidet also aus. Die Gewalt dient eben *nicht* dem Gewahrsams*bruch!*

Denkbar wäre bei dem Geschehen *vor* dem Laden indes auch eine räuberische Erpressung, *§§ 253, 255* StGB.

Der *BGH verneint* freilich auch diese, und zwar mit einer Überlegung, die derjenigen, an der § 249 StGB gescheitert ist, ähnelt: Erforderlich für den objektiven Tatbestand des § 255 StGB ist ja ein Vermögensschaden. Dieser Vermögens*schaden* sei hier schon *im* Laden erfolgt, da schon im Laden (bzw. spätestens mit dem Verlassen) der Täter den Gewahrsam erlangt und das Opfer ihn damit verloren hat. Auf dem Parkplatz sichert der Täter nur die Beute, was kein neuer „Schaden“ sei.[369]

Es liegt im Fall also auch *kein § 255 StGB* vor.

Was den Fall auszeichnet (und von „normalen“ Taten der §§ 249, 255 StGB unterscheidet), ist also: Die Gewalt dient *nicht* dem Gewahrsams*bruch;* die Gewalt dient dem Gewahrsams*erhalt* des Täters!

Unter die §§ 249, 255 lässt sich dies *nicht* fassen. Für solche Fälle gibt es daher *eine eigene Norm: § 252* StGB, räuberischer Diebstahl.

Dem Normtext sind folgende *Tatbestandsmerkmale* zu entnehmen:

§ 252 StGB

Wer, bei einem Diebstahl auf frischer Tat betroffen, gegen eine Person Gewalt *verübt oder* Drohungen mit gegenwärtiger Gefahr für Leib oder Leben *anwendet,* um sich im Besitz des gestohlenen Gutes zu erhalten, *ist gleich einem Räuber zu bestrafen.*

Dies ergibt folgendes Prüfungsschema § 252 StGB:

Objektiver Tatbestand:

- **Vortat: Diebstahl oder Raub**
- **Auf frischer Tat betroffen**
- **Gewalt gegen eine Person *oder***
- **Drohung mit Gefahr für Leib oder Leben**

Subjektiver Tatbestand:

- **Vorsatz**
- **Beutesicherungsabsicht**

Rechtswidrigkeit

Schuld

Im Fall wäre nun also **§ 252 StGB** zu prüfen:

***Objektiver* Tatbestand:**

Ein vollendeter Diebstahl liegt als **Vortat** vor.

Gemeint ist damit: ein *voll*endeter, aber noch nicht *be*endeter Diebstahl.[370]

369 Vgl. BGH, NStZ 2012, 95.

370 Vgl. Fischer, StGB, 68. Auflage 2021, § 252 Rn. 4.

Das soll heißen: Die *Wegnahme* muss *abgeschlossen*, die Beute darf aber *noch nicht endgültig gesichert* sein.

Es ist *dieser Zeitraum*, den § 252 StGB abdeckt. Kommt es zum Einsatz von Gewalt oder Drohung, *bevor* die Wegnahme vollendet, also abgeschlossen ist, liegt *Raub oder räuberische Erpressung* vor. Packt der Täter also gerade Diebesgut in eine Tasche und wird dabei vom Ladendetektiv gestört, liegt Raub oder räuberischer Diebstahl vor, wenn der Täter jetzt – quasi *während* der Wegnahme – Gewalt zum Erlangen der Beute einsetzt. Kommt es *nach der Beutesicherung* zu Gewalt für deren Erhalt, liegt *§ 252 StGB ebenfalls nicht* vor. Kann der Täter etwa mit der Beute zunächst fliehen und wird Stunden nach der Flucht in einem entfernten Park, wo er sich mit der Beute niedergelassen hat, vom zufällig vorbeilaufenden Kaufhausdetektiv wiedererkannt, läge nur §§ 223, 240 StGB vor, wenn der Täter jetzt die Beute mit Gewalt verteidigt. Lediglich bei *Gewalt zwischen Wegnahme und endgültiger Beutesicherung* greift § *252* StGB!

Beachte ferner:

Vortat kann *auch ein Raub* sein, denn in jedem Raub ist ja ein Diebstahl komplett enthalten. Es gibt also auch einen *„räuberischen Raub"*. *Beispiel*: B schlägt O1 nieder, um dessen Uhr zu stehlen. Nach der Wegnahme schlägt er den ihn nun verfolgenden O2 nieder, um die Uhr zu behalten. Mit *anderen* Delikten als Vortat geht § 252 StGB (wegen des insoweit klaren Wortlauts der Norm) indes *nicht*.[371]

Im Fall ist der Gewahrsam gebrochen, die Beute aber noch nicht gesichert. Damit liegt eine *vollendete, aber noch nicht beendete* Vortat vor.

Nun müsste der B **auf frischer Tat betroffen** sein.

Die **Definition „auf frischer Tat"** lautet: In zeitlich-räumlicher Tatortnähe.

Beachte:

Beginnt die Flucht des Täters in zeitlich-räumlicher Tatortnähe, spielt es *keine Rolle*, wie lange sie dauert, solange der Täter nur dauerhaft verfolgt und die Beute damit nicht endgültig gesichert ist. Verfolgt der Detektiv den Täter also vom Parkplatz fünf Stunden lang über 35 Kilometer kontinuierlich und setzt der Täter dann Gewalt zum Beuteerhalt ein, läge § 252 StGB vor.[372]

---

371 Vgl. Fischer, StGB, 68. Auflage 2021, § 252 Rn. 3.

372 Vgl. BGH, NStZ 2015, 219, 220.

Beachte ferner:

Ein Entdeckt-*sein* ist nicht erforderlich. Der Täter kann auch einem Entdeckt-*werden* zuvorkommen (so etwa, wenn er auf dem Parkplatz den ihm bekannten Detektiv niederschlägt, damit dieser keinen Ärger macht, obwohl der Detektiv den Diebstahl noch gar nicht bemerkt hat).[373]

Im Fall:

B ist tatortnah und von O als Täter wahrgenommen. Er ist damit *auf frischer Tat* entdeckt.

Nötig ist weiter **Gewalt gegen eine Person** oder **Drohung mit Gefahr für Leib und Leben**.

Diese Merkmale sind so zu verstehen *wie bei § 249* StGB.

Im Fall schlägt B den O und damit liegt unproblematisch Gewalt des B gegen den O vor.

Weiter zu prüfen ist der ***subjektive*** **Tatbestand:**

B weiß natürlich um den Diebstahl und will Gewalt gegen den O anwenden. Er hat daher Vorsatz in Form von Absicht.

Weiterhin braucht B „**Beutesicherungsabsicht**".

B wollte hier das Diebesgut für sich „retten", das ist mit Beutesicherungsabsicht gemeint.

Definition „Beutesicherungsabsicht":

Handeln zu dem Zwecke, den Gewahrsam an der Beute zu erhalten.

Beachte:

Beutesicherungsabsicht liegt nicht vor, wenn Täter *nur* entkommen will![374]

Praxisbox:

In der Praxis ist dieses Tatbestandsmerkmal das *größte Problem* und oft sehr *schwer nachweisbar.*

Am besten ist natürlich, wenn der Beschuldigte die Beutesicherungsabsicht *einräumt.* Bei späteren Vernehmungen wird er das im Zweifel nie tun. Im Rahmen der *ersten Anzeigenaufnahme* tut er dies aber *möglicherweise durchaus. Fragen Sie* den Beschuldigten (nach Belehrung selbstverständlich) also im ersten Zugriff einfach, was er bei dem Einsatz des Nötigungsmittels vorhatte.

373 Vgl. Joecks/Jäger, StGB, 12. Auflage 2018, § 252 Rn. 7.

374 Vgl. Fischer, StGB, 68. Auflage 2021, § 252 Rn. 9.

> Gibt es keine geständige Einlassung zur Täterabsicht, muss man mit *Indizien* arbeiten.
>
> Im Fall wäre ein solches Indiz vor allem das *Motiv*: Der B braucht dringend Geld für neuen Stoff und die Läden schließen bald. Er ist auf den Verkauf gerade dieses Diebesguts also de facto zwingend angewiesen.
>
> Generell als sicheres *Indiz* für Beutesicherungsabsicht kann genommen werden, wenn der Täter eine Flucht mit der Beute versucht, obwohl die Flucht ohne einfacher wäre. Wer also beim Wegrennen eine schwere Tasche voller Diebesgut weiter mitschleppt, obwohl er sie einfach hätte stehen lassen und dann sehr viel schneller abhauen hätte können, wird mit Beutesicherungsabsicht handeln.
>
> Auch hier verbieten sich aber Automatismen. Sosehr eine Mitnahme der Beute ein Indiz für Beutesicherungsabsicht sein kann, so wenig ist sie das in jedem Fall. Es sind also alle Umstände des Einzelfalls zu würdigen.[375]

Im Fall weiter zu prüfen sind Rechtswidrigkeit und Schuld, die vorliegen.

B ist daher *nach § 252 StGB strafbar.*

Beachte:

Der Täter des § 252 StGB wird „wie ein Räuber" bestraft. Wie auch bei § 255 StGB eröffnet das nicht nur denselben *Strafrahmen* (1–15 Jahre). Es eröffnet auch *Qualifikation* und *Erfolgsqualifikation.* Es gibt mithin auch einen schweren räuberischen Diebstahl nach §§ 252, **250** und einen räuberischen Diebstahl mit Todesfolge nach §§ 252, **251** StGB. Zu diesen Normen mehr im direkt anschließenden Kapitel.

d. Qualifikationen gem. § 250 StGB

Zu *allen (!)* Raubdelikten (also den *§§ 249, 252 und 255* StGB) gibt es mit § 250 StGB noch *Qualifikationen* – mit *recht drastischen* Mindeststrafen, diese sind:

§ 250 I StGB (mit *drei Jahren* Mindeststrafe):

Nr. 1a: **Bei-sich-Führen** eines *objektiv gefährlichen* Werkzeugs (mit *oder* ohne Verwendungsabsicht)

Nr. 1b: **Bei-sich-Führen** eines *objektiv ungefährlichen* Werkzeugs *mit* **Verwendungsabsicht** (also insbesondere einer Scheinwaffe)

375 Vgl. Fischer, StGB, 68. Auflage 2021, § 252 Rn. 9.

Nr. 1c: **Verursachung** einer *konkreten* Gefahr einer schweren Körperverletzung (also wie in § 226 StGB oder vergleichbar schwer)

Nr. 2: Begehung der Tat als **Bandenmitglied unter Mitwirkung** eines anderen Mitglieds

§ 250 II StGB (mit *fünf Jahren* Mindeststrafe):

Nr. 1: **Verwendung** eines *objektiv gefährlichen* Werkzeugs

Beachte: Eine „Verwendung" zum Drohen reicht (Bsp.: Vorhalten einer Waffe)![376]

Nr. 2: **Mitführen** einer **Waffe** *mit* **Verwendungsabsicht**

Nr. 3a: Begehung einer **schweren (= erheblichen) körperlichen Misshandlung**

Nr. 3b: **Verursachung** einer *konkreten Todes*gefahr

Die *Begriffe* sind jeweils so zu verstehen wie bei § 244 StGB[377], klar sein muss Ihnen nur die *Systematik*.

Praxisbox:

An § 250 StGB muss nicht nur in der Klausur bei einem raubartigen Delikt *stets gedacht* werden, sondern auch in der Praxis. Denn die drastisch erhöhten Mindeststrafen machen das Vorliegen der Voraussetzungen einer *U-Haft* zumindest recht wahrscheinlich. Natürlich darf bei der Prüfung von § 112 StPO nicht stumpf nach der Straferwartung entschieden werden, sondern müssen fallbezogen alle relevanten Aspekte für oder gegen Fluchtgefahr abgewogen werden. Aber je höher die Straferwartung, desto stärker der Fluchtanreiz. Fünf Jahre Mindeststrafe bei § 250 II StGB schafft definitiv starke Fluchtanreize.

e. Raub mit Todesfolge, § 251 StGB

Ebenfalls für *alle* Raubdelikte (§§ 249, 255, 253 StGB) anwendbar ist die **Erfolgsqualifikation** des Raubes mit Todesfolge nach **§ 251 StGB**.

Im Prinzip ist dieser *nach dem üblichen*, bereits bei der „Erfolgsqualifikation" behandelten *Schema* zu prüfen. Bei dem „*tatbestandsspezifischen Gefahrenzusammenhang*" ist dabei namentlich, wenn der Täter „nur" *droht* und keine Gewalt einsetzt, genau zu prüfen, ob bereits dem Drohen die Todesgefahr anhaftet, was eher zu verneinen sein wird.

376 Vgl. Wittig, BeckOK, StGB, 49. Edition 1.2.2021, § 250 Rn. 10.

377 Vgl. Wittig, BeckOK, StGB, 49. Edition 1.2.2021, § 250 Rn. 3 und 12.2 (mit Nachweisen auch zum Streitstand, ob in § 250 II Nr. 1 das gefährliche Werkzeug abweichend zu definieren ist).

Es gibt aber eine *Besonderheit*: Die schwere Folge muss nach dem Wortlaut des § 251 StGB (mindestens) „**leichtfertig**" herbeigeführt sein. Es genügt hier also *nicht jede* Fahrlässigkeit, sondern nur grobe Fahrlässigkeit. *Anders* als sonst kann die objektive Fahrlässigkeit, hier die objektive Leichtfertigkeit, daher *auch nicht* einfach mit dem Grunddelikt bejaht werden![378] Für die Prüfung *dieses Punktes* gilt daher:

Objektive Sorgfaltspflichtverletzung: Leichtfertigkeit

In der Sache ist *Leichtfertigkeit* besonders grobe Fahrlässigkeit. Sie läge etwa beim Einsatz massiver Gewalt vor.

f. Betrug, § 263 StGB

aa. Einführung und Prüfungsschema

Der Betrug gem. § 263 StGB ist in Praxis und Studium *eines der bedeutsamsten Delikte*. In der PKS stehen Betrugstaten konstant auf Platz zwei der am häufigsten begangenen Straftatbestände – vor Körperverletzung oder Beleidigung und auch die Klausurrelevanz ist hoch!

§ 263 StGB ist dabei eine im Detail umstrittene und oft auch schwierige Norm. Es kommt hinzu, dass vieles Bezüge zum Zivilrecht hat, welches Sie ja gar nicht lernen. In den *Grundstrukturen* – und die sind es, die Sie beherrschen müssen – ist die Norm aber *gut handhabbar*. Betrug ist also eine *anspruchsvolle, aber machbare* Materie.

Begonnen soll mit dem *Prüfungsschema* werden. Dazu erfolgt wie gewohnt zunächst ein Blick auf den *Normtext* und die diesem entnehmbaren Tatbestandsmerkmale:

§ 263 StGB

(1) Wer in der Absicht, sich oder einem Dritten einen rechtswidrigen Vermögensvorteil zu verschaffen, das Vermögen eines anderen dadurch beschädigt, dass er durch Vorspiegelung falscher oder durch Entstellung oder Unterdrückung wahrer Tatsachen einen Irrtum erregt oder unterhält, wird bestraft.

Um zum Schema zu kommen, ist es nun hilfreich, die relevanten Stellen aus dem Normtext etwas zu „sortieren":

Zu fragen ist zunächst: Was ist eigentlich die *Tathandlung?*

378 Vgl. Fischer, StGB, 68. Auflage 2021, § 252 Rn. 7.

Tathandlung ist (nur) die „Vorspiegelung falscher/Unterdrückung wahrer Tatsachen“.

Die nächste Frage ist: Was ist der *Taterfolg?*

Dazu finden sich nun einige Elemente im Normtext. Diese sind:

- Erregen/Unterhalten eines Irrtums sowie
- Beschädigung des Vermögens

Zuletzt ist noch zu klären, was der *subjektive Tatbestand* ist.

Dabei findet sich – wie bei fast allen anderen Vermögens- und Eigentumsdelikten, also z. B. § 242 oder § 253 StGB – *zusätzlich zum Vorsatz* ein weiteres Merkmal: Die Absicht auf einen rechtswidrigen Vermögensvorteil. Wie bei den anderen Vermögens- und Eigentumsdelikten auch muss dieser Vorteil also nicht eingetreten sein. Der Täter muss ihn bei der Tathandlung *nur erstreben.*

So kommt man zu einem Prüfungsschema, das wie folgt aussieht:

<u>Prüfungsschema § 263 StGB:</u>

Objektiver Tatbestand:

- **Täuschung**
- **Irrtum**
- **Vermögensverfügung**
- **Vermögensschaden**

Subjektiver Tatbestand:

- **Vorsatz**
- **Absicht auf einen rechtswidrigen Vermögensvorteil**

Rechtswidrigkeit

Schuld

Die im Gesetz etwas umständlich beschriebene *Tathandlung* läuft im Schema und in allen Lehrbüchern und Kommentaren schlicht unter dem Begriff „*Täuschung*“. „Täuschung“ ist also das, was das Gesetz als Entstellung oder Unterdrückung wahrer Tatsachen pp. beschreibt.

Was sich im Gesetzestext gar nicht findet, aber nach allgemeiner Ansicht zum Schema gehört, ist die *Vermögensverfügung.* Im Gesetzestext gibt es als Erfolg den Irrtum des Opfers und einen Vermögensschaden beim Opfer. Was fehlt, ist eine *Verbindung* zwischen diesen beiden Merkmalen. Wie führt der Irrtum zum Schaden? Diese Lücke schließt das Merkmal „*Vermö-*

gensverfügung" – weswegen es auch nach allg. Ansicht gebraucht wird. Mehr dazu später.

bb. Zu den einzelnen Tatbestandsmerkmalen

Zur *Erläuterung der Merkmale* dient nun folgender

> **Fall 1:**
>
> B steigt in Münster-Hiltrup in das Taxi des O und sagt „Zum Hauptbahnhof bitte!". Er lässt sich sodann zum Bahnhof fahren, was 20 Euro kostet. Dort angekommen reißt B die Tür auf und rennt wie von Anfang an geplant ohne zu zahlen davon. Strafbarkeit des B?

Zu prüfen wäre **§ 263 StGB**:

Objektiver **Tatbestand:**

Erforderlich ist zunächst eine **Täuschung** durch den B als Tathandlung.

Eine *ausdrücklich* erfolgte Täuschung im Sinne einer expliziten, unrichtigen Erklärung, gibt es im Fall nicht. Dies läge vor, wenn der B sich ins Taxi setzen und dem O zunächst (wahrheitswidrig) erklären würde, er, der B, könne und wolle die Fahrt am Ende natürlich bezahlen (spätestens dann, wenn der B dies so sagen würde, würde wohl jeder Taxifahrer misstrauisch).

Aber:

Bs *Verhalten „erklärt"* hier seine Zahlungsbereitschaft! Denn indem man sich in ein Taxi setzt und das Fahrtziel nennt, gibt man nach üblichen Gepflogenheiten damit zu erkennen, zahlungswillig und -fähig zu sein.

B täuscht also durch sein Gesamtverhalten, und damit täuscht B *konkludent.* Konkludent täuschen reicht für § 263 StGB eben genauso wie eine ausdrückliche Täuschung.

> Die **Definition „Täuschung"** lautet mithin: Ein zur Irreführung bestimmtes Gesamtverhalten.[379]

Es gibt bei § 263 StGB mithin *drei Arten* der Täuschung:

(1) *Ausdrückliche* Täuschung

Beispiel: wahrheitswidrige Erklärung, ein Auto sei kein Unfallwagen

(2) *Konkludente* Täuschung

Also ein Verhalten mit „Erklärungswert" (wie im Fall)

---

379 Nimtz, Strafrecht für Polizeibeamte, Band 2, 5. Auflage 2018, Rn. 166.

(3) (über § 13 StGB): Täuschung durch *Unterlassen* (dazu später mehr)

Varianten (1) und (2) sind Täuschungen *durch aktives Tun*. In beiden Varianten kann also jeder Täter sein, der sich entsprechend verhält. Variante (3) hingegen ist ein *unechtes Unterlassungsdelikt*. Täter kann hier nur sein, wer *Garant* ist. Auf Variante (3) ist also nur zurückzugreifen, wenn (1) und (2) scheitern. Sie sollten im Fall daher immer *in obiger Reihenfolge* prüfen, ob eine Täuschung vorliegt – also zuerst, ob ausdrücklich, und falls nein, ob konkludent getäuscht wurde. Nur wenn beides scheitert, ist nach Täuschung durch Unterlassen zu fragen.

Nächstes im Fall zu prüfendes Merkmal ist der **Irrtum**. Die

Definition „Irrtum":

Jeder Widerspruch zwischen Vorstellung und Wirklichkeit.[380]

Dieses Merkmal ist meist kein großes Problem.

So auch im Fall:

Die *Vorstellung* des O ist: B kann und will zahlen.

Die traurige *Wirklichkeit* ist: B will nicht zahlen.

Ein Irrtum des O liegt also vor.

Jenseits dieser eindeutigen Fälle gibt es *Fallkonstellationen*, in denen das Vorliegen eines Irrtums ein *Problem* sein kann. *Zwei* davon sollen kurz angesprochen werden:

Zum einen stellt sich die Frage, ob ein Irrtum auch zu bejahen ist, wenn das Opfer irrt, aber der Irrtum *problemlos hätte vermieden* werden können. Diese Frage stellt sich bei Täuschungen, die so offensichtlich und leicht zu durchschauen sind, dass man „eigentlich nicht darauf reinfallen kann". Fällt das Opfer gleichwohl darauf rein, liegt nach der Judikatur des BGH ein Irrtum im Sinne des § 263 StGB vor. Auf eine Vermeidbarkeit des Irrtums kommt es für die Betrugsstrafbarkeit also *nicht* an. Der Grund ist, dass ansonsten gerade besonders leichtgläubige und damit leichte Opfer schutzlos wären.[381]

Zum zweiten stellt sich die Frage, ob ein Irrtum vorliegt, wenn das Opfer *zweifelt*, aber am Ende die Story des Täters doch „schluckt" (weil es z. B. erhebliche Zweifel am km-Stand eines Gebrauchtwagens hat, aber am Ende doch irgendwie den angegebenen Stand glaubt). Auch hier will der BGH

380 Nimtz, Strafrecht für Polizeibeamte, Band 2, 5. Auflage 2018, Rn. 166.

381 Vgl. Fischer, StGB, 68. Auflage 2021, § 263 Rn. 55a.

umfassenden Opferschutz – weswegen ein Irrtum im Sinne des § 263 StGB auch bei Zweifeln des Opfers zu *bejahen* ist, wenn am Ende das Opfer sich doch irgendwie überzeugen lässt.[382]

Nächstes Merkmal im Fall ist die **Vermögensverfügung** (*des Opfers*), also des O:

Im Fall kommt hier das Fahren des B zum Bahnhof in Betracht.

Mit der Fahrt erbringt der O eine Dienstleistung, die Geldwert hat. Diese erbringt er zu diesem Zeitpunkt für den B. Er leistet also etwas mit Geldwert, und er leistet es für den Täter, womit er seine Leistung diesem sozusagen „übergibt". Darin liegt eine Verfügung des O über sein Vermögen.

> Die **Definition „Vermögensverfügung"** lautet: Jedes Tun oder Unterlassen des Opfers, dass sich unmittelbar vermögensmindernd auswirkt.[383]

Beispiele für Vermögensverfügungen sind dabei:

- Geldzahlungen (das ist der „Klassiker")
- Übergabe von Sachen
- Erbringen von Dienstleistungen (Taxifahrten, Handwerkerleistungen, ärztliche Behandlungen, pp.)

Diese drei Gruppen sind relativ eindeutig und decken auch den Großteil aller Fälle ab.

Was aber auch eine Vermögensverfügung ist, da es sich vermögensmindernd auswirkt, ist die *Nichtgeltendmachung von Ansprüchen.*[384] Dazu ein Beispiel: O hat dem B Geld geliehen und will dieses nach der verabredeten Zeit nun zurück. B könnte durchaus zahlen, will aber nicht. O droht dem B nun, den Betrag einzuklagen. B erklärt dem O daraufhin wahrheitswidrig, bei ihm, dem O, gebe es nichts zu vollstrecken, weil er völlig pleite sei. Eine Klage sei daher sinnlos und O würde nur „gutes Geld schlechtem Hinterherwerfen". O glaubt dies und klagt seinen Anspruch nicht ein. Die Täuschung ist hier Bs falsche Erklärung, pleite zu sein. O glaubt dies, worin der Irrtum besteht. Die Vermögensverfügung (im Moment der Tathandlung des B, also der Täuschung) ist nun nicht die Zahlung – diese erfolgte lange davor. Sie ist das *Nichteinklagen* der Summe durch O – und damit das Nichtgeltendmachung einer Forderung. Für § 263 StGB ist auch dies *ausreichend.*

Zu *beachten* – und ganz *zentral* – ist beim Merkmal „Vermögensverfügung" nun noch Folgendes: Erworbene Gegenansprüche sind *hier,* also bei *diesem*

382 Vgl. Nimtz, Strafrecht für Polizeibeamte, Band 2, 5. Auflage 2018, Rn. 170.
383 Vgl. BGHSt 14, 170.
384 Vgl. Nimtz, Strafrecht für Polizeibeamte, Band 2, 5. Auflage 2018, Rn. 171.

Merkmal, *irrelevant*! Hier ist also strikt *nur* darauf zu schauen, ob das Opfer etwas aus seinem Vermögen *weggibt*. Ob es im Gegenzug vom Täter etwas erhält (z. B. gekaufte Ware für hingegebenes Geld) gehört nicht hierhin, sondern zum nächsten Merkmal, dem Vermögensschaden.

Mit diesem **Vermögensschaden** soll es im Fall auch weitergehen.

Ein Vermögensschaden kann nicht schon in der Weggabe gesehen werden. Maßgeblich für den Vermögensschaden des Opfers ist vielmehr nun, was der Getäuschte *für die Weggabe eines Vermögenswertes, als für die Vermögensverfügung erlangt*.

Erforderlich ist also ein *Vergleich*: Ist das Erlangte so viel wert wie das, was das Opfer weggeben hat? Anders formuliert: Erforderlich ist eine *Saldierung* von Leistung und Gegenleistung.

Was ist nun *das „Erlangte"* im Fall:

Rechtlich erlangt der O hier tatsächlich etwas, nämlich einen Zahlungsanspruch gegen B.

Faktisch erlangt er allerdings *Nichts*: Der Anspruch ist schon deswegen nicht durchsetzbar und damit völlig wertlos, weil O nicht mal weiß, wer B überhaupt ist.

Maßgeblich für den Vermögensschaden ist das *faktisch* Erlangte (andernfalls läge nie ein Schaden vor, denn irgendeinen zivilrechtlichen Anspruch erlangt das Opfer bei einem Betrug eigentlich immer).

Zu saldieren ist also der *wirtschaftliche* Gegenwert des Erlangten.[385] So ergibt sich auch die

Definition „Vermögensschaden":

Ein Vermögensschaden liegt vor, wenn das Erlangte keinen realisierbaren, wirtschaftlich gleich hohen Wert hat.

Im Fall ist ein Schaden mithin zu bejahen.

Beachte noch zum *Vermögensschaden*:

Zum geschützten Vermögen gehört dabei *alles*, was einen *faktischen* wirtschaftlichen Wert hat – *unabhängig* davon, ob es besessen werden darf oder nicht. Auch illegale Drogen etwa gehören dazu, weswegen sich wegen Betruges strafbar macht, wer bei einem Dealer Drogen kauft, diese aber wie

385 Vgl. Nimtz, Strafrecht für Polizeibeamte, Band 2, 5. Auflage 2018, Rn. 178.

von Beginn geplant nie bezahlt. Der BGH will hier keine „rechtsfreien“ Räume in oft besonders kriminogenen Milieus.[386]

Beachte noch zum *objektiven Tatbestand* insgesamt:

Erforderlich ist neben dem Geprüften auch *Kausalität* zwischen allen Merkmalen.[387] Der Irrtum muss also durch die Täuschung, die Vermögensverfügung durch den Irrtum und der Vermögensschaden durch die Vermögensverfügung verursacht sein. Da dies aber fast nie ein Problem ist, sondern dann, wenn alle diese Merkmale erfüllt sind, eigentlich immer der Fall ist, muss die Kausalität *nur angesprochen* werden, wenn sie – *ausnahmsweise – problematisch* ist.

Im Fall ist damit der *objektive* Tatbestand *erfüllt.*

Im **subjektiven Tatbestand** bedarf es zunächst (wie sonst auch) **Vorsatz**.

Im Fall liegt Absicht vor, was meistens so sein wird.

Bedingter Vorsatz würde aber reichen.

Weiter erforderlich ist die **Absicht eines rechtswidrigen Vermögensvorteils**. Dies sollte bekannt vorkommen: Es ist genauso *formuliert und zu verstehen* wie bei §§ 253, 255 StGB.[388]

> Gemeint (**Definition**) ist also die „Absicht auf wirtschaftliche Besserstellung, auf die der Täter keinen (zivilrechtlichen) Anspruch hat“.

Im Fall hat B natürlich keinen Anspruch auf eine Freifahrt, somit ist dies problemlos zu bejahen – und auch dies ist in der Regel so.

Einzige Besonderheit bei der Bereicherungsabsicht ist, dass die angestrebte Bereicherung *stoffgleich* sein muss mit dem eingetreten Schaden. Des einen Schaden muss also des anderen (erstrebte) Bereicherung sein.[389] Fehlen tut es daran etwa, wenn ein Mitarbeiter einer Firma einen Kunden durch Täuschung zu einem nachteiligen Vertragsabschluss bringt, damit der Mitarbeiter eine Provision enthält. Denn der Mitarbeiter erstrebt hier nicht, genau das zu bekommen, was der Kunde auf den Vertrag zahlen wird. Große Bedeutung hat dies meist indes nicht: Es reicht für § 263 StGB die Absicht, einen *Dritten* – stoffgleich – zu bereichern. Diese Absicht hat der Mitarbeiter ja, weil er das Unternehmen, das er vertritt, durch den Abschluss bereichern möchte.

---

386 Vgl. Joecks/Jäger, StGB, 12. Auflage 2018, § 263 Rn. 103 ff. m. w. N. auch zum abweichenden Anfragebeschluss des 2. Senats des BGH.

387 Vgl. Beukelmann, BeckOK, StGB, 49. Edition 1.2.2021, § 263 Rn. 71.

388 Vgl. Fischer, StGB, 68. Auflage 2021, § 253 Rn. 37.

389 Vgl. Joecks/Jäger, StGB, 12. Auflage 2018, § 263 Rn. 170.

B handelte im Fall auch rechtswidrig und schuldhaft (und auch dies ist in Betrugsfällen kaum je anders).

B ist mithin nach § *263* StGB *strafbar*.

cc. Der Betrug als reines Vermögensdelikt

Zur weiteren Einübung der Merkmale des § 263 StGB dient nun nachfolgender

Fall 2:

Gebrauchtwagenhändler B bietet einen VW Passat für 4000 Euro an. Der Preis ist dabei marktüblich. Der Kunde O interessiert sich nun für das Fahrzeug und führt mit dem B Kaufgespräche, in denen der O zögerlich ist, ob er kaufen soll oder nicht. B behauptet nun, den Wagen gäbe es zu diesem „Superpreis" nur heute, weil heute ein „Aktionstag" sei. Es gelte daher „Buy now or cry later!". Tatsächlich bietet der B den Wagen schon lange für 4000 Euro an und hat auch nicht vor, den Preis zu erhöhen. O denkt nun, er müsse sofort kaufen, um diesen Preis festmachen zu können. O kauft das Auto daher und zahlt die 4000 Euro. Hätte O gewusst, dass der Preis nicht steigen wird, hätte er den Wagen nicht gekauft, da er eigentlich noch sorgsam überlegen und vergleichen wollte. Strafbarkeit des B?

Zu prüfen ist auch hier § *263* StGB:

***Objektiver* Tatbestand:**

B gibt eine wahrheitswidrige Erklärung ab, da seine Behauptung, der Wagen koste nur am Aktionstag 4000 Euro, schlicht nicht stimmt. Mithin erfolgt hier ausdrücklich eine *Täuschung*.

O hält den Wagen für ein Aktionstag-Sonderangebot, tatsächlich bietet B ihn zum Normalpreis an. Os Vorstellung entspricht also nicht der Wirklichkeit. Ein *Irrtum* liegt ebenfalls vor.

O nimmt auch eine *Vermögensverfügung* vor, indem er dem B 4000 Euro gibt; auf mehr kommt es bei diesem Tatbestandsmerkmal nicht an.

Erforderlich wäre nun noch ein **Vermögensschaden**. Dazu ist zu vergleichen, ob O an wirtschaftlichem Wert so viel erhält, wie er weggibt – oder eben (was dann ein Schaden wäre) weniger.

O *erlangt* hier Eigentum und Besitz an dem Passat.

Der *wirtschaftliche Wert* des Erlangten liegt beim Normalpreis für einen solchen Gebrauchtwagen, also bei 4000 Euro. 4000 Euro ist aber auch *genau das*, was der O im Rahmen der Vermögensverfügung weggeben hat.

Der Wert des Erlangten und der Wert des Weggegebenen sind also *gleich*. Die Folge:

Ein Vermögensschaden liegt *nicht* vor.

Beachte also zu § 263 StGB – ganz *zentral –:*

§ 263 StGB schützt *nur* das Vermögen, er schützt *nicht* die Entscheidungsfreiheit!

Dass O den Wagen ohne Bs Täuschung nicht gekauft hätte, macht Bs Verhalten daher für sich alleine noch nicht zu einem Betrug. *Nur* wenn O wirtschaftlich weniger erhalten hätte als er gegeben hat, läge ein Betrug vor.

Anders gesagt: Bei täuschungsveranlasstem Verhalten ohne Vermögensschaden ist §263 StGB *nicht* gegeben.[390]

Im Fall liegt daher *kein* Betrug durch B vor (da auch kein anderes Delikt in Betracht kommt, ist Bs Verhalten straflos).

Beachte noch:

Bei der *Saldierung* von Leistung und Gegenleistung beim Kauf ist alles als „gleichwertig" anzusehen, was im Rahmen *handelsüblicher Spannen* liegt. Erst wenn diese deutlich überschritten wird, kommt ein Vermögensschaden in Betracht.[391]

dd. Betrug durch Unterlassen

Da es im Geschäftsverkehr oft Fälle gibt, in denen eine Person eine Auskunftspflicht hat oder zumindest haben kann (z. B. ein Gebrauchtwagenhändler über den Umstand, dass ein Unfallwagen verkauft wird), spielt die Frage, wann ein Betrug einfach dadurch verwirklicht werden kann, dass der Täter *schlicht keine Aufklärung vornimmt*, eine nicht unerhebliche praktische Rolle. Darum soll es im Weiteren gehen, zunächst anhand von

Fall 3:

B wird arbeitslos und beantragt ALG I, das er auch erhält. Nach vier Monaten findet er eine neue Stelle. Da er indes meint, zwei Einkommen seien besser als eines, teilt er dies dem Jobcenter nicht mit. Erst acht Monate später erfährt das Jobcenter davon und stellt die Zahlung des ALG I ein. Strafbarkeit des B?

Zu beginnen ist mit einem *Betrug (§ 263 StGB) durch aktives Tun*. Da ein Betrug durch aktives Tun auch dann vorliegt, wenn der Täter konkludent

---

390 Vgl. Fischer, StGB, 68. Auflage 2021, § 263 Rn. 114.

391 Vgl. Beukelmann, BeckOK, StGB, 49. Edition 1.2.2021, § 263 Rn. 12.2.

täuscht und die Abgrenzung konkludenter Täuschungen vom Unterlassen nicht immer ganz einfach ist (dazu gleich mehr), sollte auch dann, wenn man erkennt, dass es im Fall auf ein Unterlassen hinläuft, mit der Prüfung des § 263 StGB durch aktives Tun begonnen werden!

§ *263* StGB (durch *aktives* Tun):

Liegt eine **Täuschung** vor?

Zunächst wäre zu fragen: Gibt es eine Täuschung durch *aktive* Erklärung?

Die Antwort hier ist klar „Nein“; B erklärt nichts.

Sodann ist zu fragen, ob es eine durch *konkludentes* Verhalten gibt.

Auch hier ist die Antwort wieder „Nein“, denn B tut *schlicht gar nichts.*

Beachte zu Letzterem:

Eine Täuschung durch konkludentes Verhalten ist ja eine *Handlung* mit einem bestimmten Erklärungswert. Nicht erforderlich ist dabei eine ausdrückliche Erklärung. Aber erforderlich ist zumindest eine Handlung, also irgendein aktives Verhalten. Daraus folgt: Schlichtes *Nichtstun* ist *keine* konkludente Täuschung.[392] Darin liegt auch die Abgrenzung einer Täuschung durch konkludentes Verhalten (die eine Täuschung durch aktives Tun ist) und einer Täuschung durch Unterlassen: der *konkludent* Täuschende tut zumindest *irgendetwas*, der Täuscher durch *Unterlassen erklärt und tut nichts.*

Im Fall liegt ein § 263 StGB *durch aktives Tun* also *nicht* vor. § 263 StGB ist mithin zu verneinen.

Nur noch möglich sein kann nun eine Täuschung *durch Unterlassen, §§ 263, 13 StGB.*

Die *Konstruktion* des unechten Unterlassungsdelikts erfolgt ja über eine Kombination der Merkmale des je konkreten Straftatbestands (soweit diese keine aktive Handlung verlangen) und denjenigen des § 13 StGB. Auf diese Art lässt sich zumindest grundsätzlich aus jedem Straftatbestand ein unechtes Unterlassungsdelikt „basteln“.

„Basteln“ lässt sich so nun auch ein „Betrug durch Unterlassen“. Zu klären ist dafür zunächst, welche TB-Merkmale des § 263 StGB im objektiven Tatbestand zur *Tathandlung* gehören (und damit beim Betrug durch Unterlassen wegfallen und durch die TB-Merkmale des § 13 StGB „ersetzt“ werden) und welche zum *Erfolg* gehören und damit im Schema des §§ 263, 13 StGB bestehen bleiben. Die Antwort: *nur* das Merkmal „Täuschung“ beschreibt

392 Vgl. Joecks/Jäger, StGB, 12. Auflage 2018, § 263 Rn. 56.

eine Handlung des Täters. *Alle anderen*, also Irrtum, Vermögensverfügung des Opfers und Vermögensschaden, sind Wirkungen der Täuschungshandlung des Täters und damit Taterfolg. Alle diese werden also auch in das Schema des Betrugs durch Unterlassen übernommen. Dieses sieht dann wie folgt aus:

Prüfungsschema §§ 263, 13 StGB – Betrug durch Unterlassen:

Objektiver Tatbestand:

- **Erfolg:**
  - **Irrtum**
  - **Vermögensverfügung**
  - **Vermögensschaden**
- **Durch Unterlassen**
  - **Nichtvornahme (der gebotenen Handlung)**
  - **Möglichkeit (der gebotenen Handlung)**
- **Hypothetische Kausalität/objektive Zurechnung**
- **Garantenstellung**

Subjektiver TB:

- **Vorsatz**
- **Absicht auf rechtswidrigen Vermögensvorteil**

Rechtswidrigkeit

Schuld,

- **v. a. Zumutbarkeit (der gebotenen Handlung)**

Im Fall soll nun also ein *Betrug durch Unterlassen nach §§ 263, 13 StGB* geprüft werden:

***Objektiver* Tatbestand:**

Erforderlich ist zunächst der Eintritt des *Erfolgs*.

Beim Jobcenter hält man B weiter für arbeitslos, obwohl er dies nicht mehr ist. Vorstellung der Mitarbeiter und Wirklichkeit fallen also auseinander. Ein *Irrtum* liegt damit vor.

Das Jobcenter zahlt das ALG weiter. Eine *Vermögensverfügung* liegt daher ebenfalls vor. Ab der ersten Überzahlung kommt sogar noch eine weitere Vermögensverfügung hinzu: Der Verzicht auf die Rückforderung des überzahlten Betrags – und damit eine Nichtgeltendmachung von Forderungen.

Ein *Vermögensschaden* besteht ebenfalls, und zwar durch das Zahlen ohne Rechtsgrund (zu dieser Art, einen Schaden zu konstruieren, mehr bei Fall 7 zum Betrug).

Der *Erfolg* des § 263 StGB ist mithin eingetreten.

Zu prüfen sind nun die *weiteren Voraussetzungen* des *§ 13* StGB:

Der Erfolg muss durch *Unterlassen* bewirkt sein.

Erforderlich ist zunächst die *Nichtvornahme* der gebotenen und möglichen Handlung.

Geboten und möglich gewesen wäre eine Änderungsmeldung durch B. Diese hat er schlicht nicht vorgenommen. Die Nichtvornahme ist also zu bejahen.

Gegeben ist auch die weiter erforderliche *hypothetische Kausalität*: Hätte B mitgeteilt, nunmehr einen Job zu haben, hätte das Amt die Zahlung des ALG eingestellt.

Weiter erforderlich ist nun eine *Garantenstellung*.

Zur Erinnerung: Dieser Prüfungspunkt ist das *Herzstück* der unechten Unterlassungsdelikte! Denn während jeder, der die Merkmale eines Straftatbestandes durch aktives Tun verwirklicht, grundsätzlich als Täter strafbar ist, ist man nur dann Täter durch Unterlassen, wenn man eine besondere Pflicht hatte, den Erfolg abzuwenden. Unechte Unterlassungsdelikte sind mithin *Sonderdelikte*, die *nur* verwirklichen kann, wer im konkreten Fall Garant ist.

Üblicherweise unterscheidet man bei den Garantenpflichten dabei zwischen *Überwachungs- und Beschützergaranten*. Überwachungsgaranten müssen dafür sorgen, dass von einer Gefahrenquelle keine Gefahr für Dritte ausgeht. Wer einen bissigen Hund hat, muss etwa dafür Sorge tragen, dass dieser niemanden beißt. Beschützergaranten müssen dafür sorgen, dass einem zu beschützenden Rechtsgut kein Schaden entsteht. Eltern eines Kleinkindes etwa müssen dieses retten, wenn ein bissiger Hund es zu beißen droht.

Die Anwendung dieser Systematik auf Fälle des Betrugs durch Unterlassen erweist sich nun als etwas *sperrig*.

Mit gutem Willen könnte man hier konstruieren, B sei zumindest insoweit Beschützergarant für das Vermögen der öffentlichen Hand, als es die Zahlungen an ihn betrifft, weswegen er (in diesem Rahmen) Verschwendung verhindern müsse.

Üblicherweise wird die Garantenstellung in diesen praktisch sehr bedeutsamen Fällen des „Sozialbetrugs" freilich einfacher bejaht: Da es für jeden

Empfänger staatlicher Sozialleistungen eine *Mitteilungspflicht von Änderungen kraft Gesetz* gibt (nämlich in § 60 I SGB I), soll diese dann auch die Garantenstellung begründen[393] (die genaue Norm müssen Sie in der Klausur nicht kennen).

B hatte als ALG-Empfänger also eine gesetzliche Mitteilungspflicht und ist mithin *Garant*.

Der *objektive* Tatbestand ist erfüllt.

Im **subjektiven. Tatbestand** ist zunächst der *Vorsatz* zu prüfen. Dieser liegt hier vor in Form von Absicht. Ferner wusste B um seine Aufklärungspflicht und damit um den Umstand, aus dem seine Garantenstellung folgt.

Sodann ist die *Bereicherungsabsicht* auf die bekannte Art zu prüfen. B will hier sein Vermögen mehren, obwohl er auf die Zahlungen, was er auch weiß, nach der Arbeitsaufnahme keinen Anspruch mehr hat. Er hat also Bereicherungsabsicht.

Der subjektive Tatbestand ist bei §§ 263, 13 StGB im Prinzip so zu prüfen wie bei § 263 StGB sonst auch. Nur darauf, dass der Vorsatz sich – wie stets beim unechten Unterlassungsdelikt – auch auf die *Umstände erstrecken* muss, die die Garantenstellung begründen, sei noch einmal hingewiesen!

B handelte ferner rechtswidrig.

Er handelte auch schuldhaft. Insbesondere war die Änderungsanzeige ihm (ohne eigene Gefährdung) *zumutbar*.

Zur Erinnerung: Beim unechten Unterlassungsdelikt war bei der Schuld die *Zumutbarkeit* zu prüfen. Dabei war zu klären, ob von dem Täter wirklich verlangt werden konnte, eine mögliche (also physisch-real durchführbare) Handlung auch tatsächlich vorzunehmen. Zu verneinen war dies bei zu hohem eigenem Risiko. Bei §§ 263, 13 StGB kann man nun die Zumutbarkeit eigentlich immer ohne Weiteres bejahen. Die „Rettungshandlung" ist ja immer nur eine wahre Auskunft und diese wird kaum je an Eigengefährdung des Täters scheitern.

B ist im Fall mithin nach *§§ 263, 13 StGB* wegen Betrugs durch Unterlassen *strafbar*.

Wie weit eine solche Haftbarkeit nach §§ 263, 13 StGB reicht und wo ihre Grenzen sind, soll nun ein weiterer Fall zeigen (auf dessen ethische Dimension hier nur ohne weitere Diskussion hingewiesen werden soll):

---

393 Vgl. Joecks/Jäger, StGB, 12. Auflage 2018, § 263 Rn. 57.

> **Fall 4:**
>
> B kauft sich am Bratwurststand eine Bratwurst für 2,50 Euro. Er gibt der Verkäuferin V einen 10-Euro-Schein. V meint nun irrtümlich, B habe ihr einen 20-Euro-Schein gegeben und gibt ihm daher 17,50 Euro Wechselgeld raus. B, der den Irrtum sofort erkennt, sagt freundlich „Danke, auf Wiedersehen!“, steckt die 17,50 Euro ein und geht davon.

Zu beginnen ist auch hier mit *§ 263 StGB durch aktives Tun.*

Objektiver **Tatbestand:**

Gibt es eine **Täuschung**?

Ausdrücklich eindeutig *nicht*: B gibt zum Wechselgeld keine Erklärung ab.

Wie aber *konkludent*?

Anders als in Fall 3 *tut* B hier ja durchaus etwas: Er nimmt den Betrag entgegen, steckt ihn ein und verabschiedet sich „ganz normal“.

Die Frage ist: „Erklärt“ B damit, dass das Wechselgeld stimmt?

Unvertretbar wäre diese Deutung nicht: B spielt ja Normalität vor. Gleichwohl wird man wohl sagen müssen, dass das bloße Einstecken *nicht* die Richtigkeit des Wechselgeldes „erklärt“. Denn der B hat es ja weder zwingend vor dem Einstecken geprüft, noch auch nur eine Prüfpflicht. Mehr als die schlichte Entgegennahme der Scheine und Münzen liegt in dem Verhalten des B daher nicht. Eine konkludente Täuschung wäre also zu *verneinen.*

§ 263 StGB *durch aktives Tun* liegt also *nicht* vor.

B könnte aber nach §§ 263, *13* StGB wegen *Betruges durch Unterlassen* strafbar sein.

Objektiver **Tatbestand:**

Zu prüfen ist zunächst das Vorliegen des *Erfolgs.*

V hält das Rückgeld für richtig abgezählt, was nicht der Realität entspricht. Ein Irrtum liegt vor. V gibt das Geld heraus und macht ihren sodann bestehenden Rückzahlungsanspruch nicht geltend. Eine Vermögensverfügung gibt es also ebenfalls. Ein Schaden liegt in der Überzahlung und besteht daher auch.

Zu prüfen sind dann weiter die Tatbestandsmerkmale des § *13* StGB.

Ein *Unterlassen* der möglichen Aufklärung der V über ihren Irrtum durch den B liegt vor. Gleiches gilt für die *hypothetische Kausalität*: Hätte B der V gesagt, dass sie ihm zu viel gegeben hat, hätte V den überzahlten Betrag zurückverlangt und -erhalten.

Bis dahin läuft der §§ 263, 13 StGB also relativ problemlos durch. Die alles entscheidende Frage ist aber nun: Hat der B eine *Garantenstellung*? Musste er die V über deren Irrtum aufklären?

Die Antwort: *nein*! Denn es gilt *ganz allgemein*: Bei Verträgen wie Kauf-, Miet-, Dienst- oder Werkverträgen (also etwa der Beauftragung von Handwerkern) hat man *keine Verantwortung für das Vermögen des Vertragspartners*. Jeder ist für seine Vermögensbelange vielmehr selber verantwortlich. Eine Garantenstellung besteht in solchen Fällen daher regelmäßig nicht. Wer nicht aufpasst, ist selber schuld![394]

B ist mithin nicht nach §§ 263, 13 StGB strafbar – und damit insgesamt straflos.

Ausnahmslos gilt auch dies *nicht*. *Gebrauchtwagenhändler* sollen etwa verpflichtet sein, über Unfälle des Pkw ungefragt aufzuklären. Auch bei sehr lange bestehenden Geschäftsbeziehungen, in denen eine Art schützenswertes Vertrauen entstanden ist, hat die Rechtsprechung Garantenpflichten für das Vermögen des Vertragspartners bejaht. Aber dies sind eben *nur Ausnahmen*, im Regelfall muss jeder nur auf sich selber aufpassen.[395]

ee. Abgrenzung zum Trickdiebstahl

Ein Sonderproblem beim Betrug kann die *Abgrenzung von Betrug zum sogenannten Trickdiebstahl* sein. Wann und warum dies ein Problem sein kann und wie es zu lösen ist, sei an einem Fall verdeutlicht.

> **Fall 5:**
>
> B will im Supermarkt teure Rasierklingen an der Kasse „vorbeischmuggeln". Dazu legt er die flache Schachtel mit den Klingen unter einen scheinbar achtlos in den Einkaufskorb geworfenen Prospekt des Marktes und stellt dann ein paar Lebensmittel in den Korb. An der Kasse packt er die Lebensmittel auf das Band und lässt Prospekt und Klingen im Wagen. Wie von ihm geplant zieht die Kassiererin die Lebensmittel über den Scanner, ohne auf den Prospekt in dem Einkaufswagen zu achten und berechnet nur deren Preis, den B auch bezahlt. Danach verlässt er mit den Lebensmitteln und den Rasierklingen den Markt. Strafbarkeit des B?

Möglich wäre hier sowohl ein *Betrug*, weil, was gleich noch zu prüfen sein wird, Bs Verhalten durchaus einen Täuschungscharakter hat. Möglich wäre aber auch ein *Diebstahl*, weil auch ein Gewahrsamsbruch durch die Mit-

394 Vgl. Joecks/Jäger, StGB, 12. Auflage 2018, § 263 Rn. 62.

395 Vgl. Beukelmann, BeckOK, StGB, 49. Edition 1.2.2021, § 263 Rn. 19 m. w. N.; Bay NJW 94, 1078.

nahme der Rasierklingen zumindest prüfbar wäre. Es kommt also sowohl § *263* StGB, als auch § 242 StGB in Betracht.

In solchen Fällen empfiehlt sich in der Klausur die Prüfung *mit dem Betrug zu beginnen.*

Zu fragen ist also zunächst, ob B sich **nach § 263 StGB** strafbar gemacht hat.

***Objektiver* Tatbestand:**

Es bräuchte eine *Täuschung.*

B erklärt zu den Rasierklingen nichts *ausdrücklich.* Eine Täuschung durch aktive Erklärung liegt also nicht vor.

Wie aber steht es um eine Täuschung durch *konkludente* Erklärung?

Bs „Inszenierung", den Korb scheinbar komplett auszuräumen, „erklärt" auch ein *vollständiges* Ausräumen und damit, dass alle Waren auf dem Band liegen. Eine Täuschung durch konkludentes Verhalten ist also zu bejahen.

Zu bejahen ist dann auch der *Irrtum*:

Die Vorstellung der K ist, der „Erklärung" entsprechend, dass alle Waren aus dem Korb auf dem Band sind. Die Wirklichkeit aber ist: Die Rasierklingen sind noch im Wagen.

Erforderlich ist als nächstes eine **Vermögensverfügung** (der Kassiererin). Die Definition dazu war ja: „Jedes Tun oder Unterlassen, dass sich unmittelbar vermögensmindernd auswirkt".

Subsumiert man unter diese Definition, ist eine Vermögensverfügung zu bejahen und dies sogar unter zwei Aspekten: K lässt B ohne zahlen gehen und gibt damit de facto die Rasierklingen heraus. Ferner macht K keinen Zahlungsanspruch geltend.

Aber: K *weiß* um diese „Vermögensverfügung" gar *nicht.* Denn sie weiß nicht, dass die Rasierklingen überhaupt im Wagen sind, und damit weiß sie auch nicht, diese ohne Geltendmachung eines Zahlungsanspruchs herauszugeben. Anders formuliert: Sie mag über die Rasierklingen nach der Definition verfügen, aber sie verfügt nicht *bewusst.*

Die entscheidende *Frage* ist nun: Ist bei der Vermögensverfügung bei § 263 StGB erforderlich, dass der Getäuschte bewusst über das Vermögen verfügt, also weiß, etwas herauszugeben pp.? Bedarf es anders formuliert eines *Verfügungsbewusstseins*?

Die Antwort fällt *differenziert* aus. Denn nach dem BGH ist die Notwendigkeit eines Verfügungs*bewusstseins* nicht pauschal zu bejahen oder zu verneinen, sondern *fallabhängig*:

Normalerweise gilt dabei, dass ein Verfügungsbewusstsein *nicht* erforderlich ist. Darum fehlt es auch in der Definition. Eine Vermögensverfügung liegt also auch vor, wenn dem Verfügenden bei seinem Handeln oder Unterlassen *nicht klar* ist, dass dies vermögensmindernd wirkt.

Nur bei der *Weggabe* von Sachen soll dies *anders* sein: Hier ist ein *Verfügungsbewusstsein* nach dem BGH *erforderlich*![396]

Die Fälle, die der BGH mit dieser *Ausnahme* erfassen will, sind im Prinzip nur diejenigen wie der hiesige – also solche des *Trickdiebstahls*, in denen der Täter *zugleich* täuscht und wegnimmt. Denn der BGH will hier zu einer Verurteilung wegen Diebstahls kommen und nicht wegen Betruges. Warum er das will, wird später noch deutlich.

Zunächst soll im Fall *unter Zugrundelegung* dieser Judikatur geprüft werden, ob denn nun eine Vermögensverfügung vorliegt. Dies ist nun mangels des hier ausnahmsweise erforderlichen Verfügungsbewusstseins zu *verneinen*, denn ein solches Bewusstsein hat die K gerade nicht.

Im Ergebnis liegt damit schon der *objektive* Tatbestand des Betruges nicht vor. B ist *nicht nach § 263 StGB* strafbar.

Weiter zu prüfen ist nun mit **§ 242** StGB:

Objektiver Tatbestand:

Das Tatobjekt liegt vor, da die Rasierklingen eine für B fremde bewegliche Sache sind.

Als Tathandlung ist die *Wegnahme* zu prüfen, also der Bruch fremden und die Begründung neuen Gewahrsams. Gewahrsam ist dabei (in der Kurzfassung) die tatsächliche Sachherrschaft.

Die Prüfungsschritte sind dabei zuerst die Feststellung eines ursprünglichen Gewahrsamsinhabers. Die tatsächliche Sachherrschaft lag beim Ladeninhaber bzw. den Mitarbeitern. Sodann erforderlich ist ein Bruch des Gewahrsams. Auch dieser lag vor: B hat gegen den Willen des Inhabers dessen tatsächliche Sachherrschaft mit dem Verlassen des Marktes gebrochen. Eine bewusste Überlassung der Klingen an den B lag gerade nicht vor. In dieser Handlung liegt zugleich – als dritter Prüfungsschritt – die Begründung neuen Gewahrsams.

Eine Wegnahme liegt vor; der objektive TB ist gegeben.

396 Vgl. BGHSt 41, 198.; vgl. Fischer, StGB, 68. Auflage 2021, § 263 Rn. 74.

***Subjektiver* Tatbestand:**

Vorsatz besteht in Form von Absicht.

Auch die *Absicht rechtswidriger Zueignung*, die wie bekannt in vier Punkten zu prüfen ist, liegt vor: B hatte Vorsatz auf dauernde Enteignung, da er sicher davon ausging und wollte, dass der Inhaber die Rasierklingen nicht wiedersieht. Er hatte ferner Absicht auf zumindest vorübergehende Aneignung, da er die Klingen nutzen oder verkaufen wollte. Es besteht eine Rechtswidrigkeit der Zueignung, da B natürlich keinen zivilrechtlichen Anspruch auf die Klingen ohne Zahlung hat. Da er dies auch sicher wusste, liegt somit Vorsatz auf die Rechtswidrigkeit vor.

B handelte rechtswidrig und schuldhaft und ist *nach § 242 StGB strafbar*.

Worin genau liegt nun also die *Besonderheit* dieser Fallkonstellationen und *warum* will der BGH zu § 242 StGB und nicht zu § 263 StGB kommen? Darum soll es in einer *Nachbetrachtung* gehen.

Die *Besonderheit* und damit auch das Problem liegt darin, dass B hier einerseits einen Gewahrsamsbruch vornimmt – und damit einen Diebstahl –, aber diesen Gewahrsamsbruch zugleich durch eine Täuschung vornimmt, die ihn so auch erst möglich macht – weswegen eben auch ein Betrug in Betracht kommt.

Vertreten lässt sich bzgl. Betrug oder Diebstahl daher durchaus auch beides. Warum aber *will* der BGH dann aber unbedingt *zum Diebstahl*?

Es gibt *drei Gründe*.

Der *erste*: § 242 StGB hat *mehr Erschwerungen*. § 263 StGB hat nur einige wenige Regelbeispiele und eine Qualifikation in § 263 III und V StGB (dazu später mehr), aber keine Qualifikationen. Diebstahl hat beides (§ 243 StGB bzw. § 244 StGB). Vor allem: Gewalt zum Beuteerhalt eröffnet *dann, wenn* die Vortat ein Diebstahl ist, den § *252* StGB mit dessen Qualifikationen. Ist die Vortat hingegen ein Betrug, ist § 252 StGB *unanwendbar*, denn einen „räuberischen Betrug" gibt es nicht. Liefe im Fall also der Kaufhausdetektiv dem B nach Passieren der Kasse hinterher und stieße B diesen um, um mit der Beute zu fliehen, ist B nach der BGH-Lösung nach § 252 StGB strafbar – mit einem Jahr Mindeststrafe. Würde man hingegen im Vorbeischmuggeln an der Kasse einen Betrug sehen, wäre das spätere Wegstoßen nur eine Körperverletzung und eine Nötigung – Mindeststrafe Geldstrafe. Die *Anwendbarkeit von § 252 StGB* ist eines der Hauptmotive hinter der Judikatur des BGH.

Der *zweite Grund*: die *Deliktsnatur* von Betrug und Diebstahl.

Der Betrug ist – ganz generell – ein *Selbstschädigungs*delikt: Der Täter bringt das Opfer durch Täuschung dazu, dass das Opfer selber (in Form der Vermögensverfügung) die schädigende Handlung vornimmt. Die Vermögensschädigung beim Betrug erfolgt also durch *eigene* Handlung des *Opfers.* Der Täter tut nicht mehr, als diese Opferhandlung zu veranlassen – und lässt dann sozusagen das Opfer für ihn arbeiten.

Der Diebstahl ist hingegen ein *Fremdschädigungs*delikt: Die Vermögensschädigung erfolgt hier durch die (Wegnahme-)Handlung des *Täters.*

Betrug und Diebstahl unterscheiden sich daher wesensmäßig in ganz grundsätzlicher Art.

In Fällen des Trickdiebstahls sieht der BGH *wertungsmäßig* eine Fremdschädigung, da der B eben nicht nur täuscht und diese Täuschung wirken lässt, sondern zwar täuscht, aber zugleich selber wegnimmt, und dies mit einer Täuschung, die die Wegnahme lediglich flankierend erleichtert. Der Schwerpunkt liegt also in der Fremdschädigung – daher Diebstahl.

Der *dritte* Grund ist schließlich rein zivilrechtlicher Natur (und sei daher nur am Rande erwähnt): Erlangt ein Täter durch Betrug eine Sache und verkauft diese an einen gutgläubigen Dritten (also einen Dritten, der von dem Betrug nichts ahnt) weiter, geht das Eigentum an der Sache auf diesen Dritten über. Der ursprüngliche Eigentümer kann zivilrechtlich nun nur noch Schadensersatz vom Betrüger verlangen. Die Sache vom gutgläubigen Dritten zurückverlangen kann er nicht. Stiehlt jemand hingegen eine Sache, bleibt der ursprüngliche Inhaber auch dann Eigentümer, wenn der Dieb die Sache an einen gutgläubigen Dritten veräußert, §935 BGB. Da der BGH bei den Trickdiebstahlsfällen zu Letzterem kommen will, verurteilt er wegen Diebstahls.

ff. Sonderfälle (Persönlicher Schadenseinschlag, Zweckverfehlung, Dreiecksbetrug)

Das große Thema Betrug soll abgeschlossen werden mit *Sonderkonstellationen*, die in Klausur und Praxis *durchaus relevant* sind und meist den Schaden betreffen. Es geht dabei um die *drei Fallgruppen* „Persönlicher Schadenseinschlag“, „Zweckverfehlung“ und „Dreiecksbetrug“ die jeweils anhand eines Beispielfalls erläutert werden sollen.

Persönlicher Schadenseinschlag

Zur Illustration dient

> **Fall 6:**
>
> B ist Außendienstmitarbeiter einer Firma, die Melkmaschinen herstellt. Derartige Maschinen, die dem Melken von Kühen dienen, sind, was der B auch weiß, wegen der immensen Maße nur in hinreichend großen Ställen überhaupt verwendbar. B will nun dem Landwirt L eine solche Maschine verkaufen. Schon beim Auffahren auf den Hof sieht B die dortigen eher kleinen Kuhställe, weswegen er erkennt, dass L die Maschine nicht wird nutzen können. B erklärt dem L aber im Verkaufsgespräch gleichwohl, die Maschine werde für L „Gold wert" sein. L kauft die Maschine daraufhin zum regulären Preis, kann sie aber nicht nutzen. Strafbarkeit des B?

Strafbarkeit des B nach § *263* StGB?

***Objektiver* Tatbestand:**

Eine *Täuschung* liegt hier vor in Form einer ausdrücklichen Erklärung. Denn zumindest die Behauptung, die für L in Wahrheit wertlose Maschine sei *„für L* Gold wert" ist eine ausdrückliche Erklärung, die der Irreführung dient.

Gegeben ist auch recht eindeutig ein *Irrtum*: L glaubt, die Maschine nutzen zu können, kann dies aber nicht. Seine Vorstellung über die Brauchbarkeit der Maschine für ihn entspricht mithin nicht der Wirklichkeit.

Die *Vermögensverfügung* liegt jedenfalls in der Bezahlung.

Das Problem: Hat L einen **Vermögensschaden** erlitten?

Bestimmt man diesen mit der üblichen *Saldierung* von Leistung und Gegenleistung, lautet die Antwort: *Nein!* Die Maschine ist den Preis, den L zahlt, ja objektiv wert. Nach *gängigen* Regeln wäre ein Betrug also zu *verneinen.*

Aber: Die Maschine ist *für L* völlig *unbrauchbar.*

In solchen Fällen nimmt der BGH eine *Ausnahme* bei der Schadensbestimmung an – und zwar über einen sogenannten **„persönlichen Schadenseinschlag"**.

Ein „persönlicher Schadenseinschlag" soll vorliegen bei:

- *völliger Unbrauchbarkeit* der Sache für das Opfer oder
- *drastischem* Entzug benötigter wirtschaftlicher Mittel durch den Kauf.[397]

397 Vgl. Beukelmann, BeckOK, StGB, 49. Edition 1.2.2021, § 263 Rn. 60 ff. M.w.N.

Hier kommt eine völlige Unbrauchbarkeit in Betracht: Der L kann die Maschine schlicht überhaupt nicht nutzen. Darin liegt eine *völlige* Unbrauchbarkeit – und damit eben auch ein *Vermögensschaden*.

Beachte dabei:

Es handelt sich hier wie schon gesagt um eine *Ausnahme*. In der Klausur wäre also – wie in hiesiger Lösung – *zunächst* der Schaden wie gewohnt durch Saldierung zu bestimmen und festzustellen, dass danach kein Schaden vorliegt. *Erst danach* wäre auf den „persönlichen Schadenseinschlag" einzugehen und zunächst darzustellen, dass dieser eine Ausnahme ist. Im Anschluss wäre zu prüfen, ob im Fall diese Ausnahme vorliegt. Hier wäre dies zu bejahen.

Andere Fälle, in denen der BGH dies bejaht hat, sind etwa das Lexikon oder Zeitschriftenabo für einen Analphabeten. Die Variante des *drastischen* Entzugs benötigter wirtschaftlicher Mittel läge etwa vor, wenn L die Melkmaschine zwar nutzen kann, diese aber so teuer ist, dass sie ihn finanziell ruiniert.

Im Fall ist sodann weiter zu prüfen mit dem ***subjektiven* Tatbestand:**

B braucht *Vorsatz* auf alle Merkmale des objektiven Tatbestands.

An sich ist dies wie immer. Hinzuweisen ist indes darauf, dass sich der Vorsatz ja auch auf die *Umstände des Vermögensschadens* beziehen muss – und damit auch auf die Umstände, aus denen sich der persönliche Schadenseinschlag, also hier die völlige Unbrauchbarkeit, ergibt!

Im Fall ist dies zu *bejahen*: B wusste auch um die Unbrauchbarkeit für L, da er schon beim Fahren auf den Hof gesehen hat, dass die Ställe des L für die Maschine zu klein sind.

Erforderlich und ohne Besonderheit zu prüfen ist dann noch die Absicht auf eine rechtswidrige Vermögensmehrung, die ebenfalls im Fall vorliegt, da B eine Drittbereicherung der Firma anstrebt.

B handelte ferner auch rechtswidrig und schuldhaft.

B ist *nach § 263 StGB strafbar*.

Zweckverfehlung

Noch *weit häufiger* als Fälle eines persönlichen Schadenseinschlages sind *in der Praxis* Fälle, in denen der Schaden über eine sogenannte Zweckverfehlung konstruiert wird. Dazu

Fall 7:

Mäzen M gewährt dem B einen von ihm beantragten Kredit zur Unternehmensgründung für sein Start-up über 200.000 Euro. Wie von Beginn an geplant, nutzt B diesen Kredit jedoch dafür, seinen Traum eines Hauses im Grünen zu verwirklichen. Strafbarkeit des B?

Strafbarkeit des B nach § *263* StGB.

***Objektiver* Tatbestand:**

Eine *Täuschung* liegt durch ausdrückliche, inhaltlich falsche Erklärung zum Nutzungszweck des beantragten Kredits vor.

Gegeben ist auch ein *Irrtum*, denn M glaubt, ein Start-up zu finanzieren, tut dies objektiv mit seiner Zahlung aber nicht.

Die *Vermögensverfügung* ist mit der Zahlung der 200.00 Euro gegeben.

Auch hier ist das Problem: Liegt ein **Vermögensschaden** vor?

Das Problem bei der üblichen Saldierung von Leistung und Gegenleistung ist hier, dass M gar *keine materielle Gegenleistung für sich* erwartet.

Er erwartet aber zumindest eines: Eine dem Zuwendungszweck *entsprechende Verwendung* und diese erfolgt nicht.

Darin sieht der BGH nun auch den *Schaden*: Ohne dass es auf die Frage nach einer gleichwertigen wirtschaftlichen Gegenleistung ankommen soll oder nicht, liege der Schaden hier schlicht in der **Zweckverfehlung**.[398]

Die *Konstruktion des Schadens über eine „Zweckverfehlung“* verwendet der BGH *immer dann*, wenn jemand Geld gibt, um einem anderen zu helfen, eine bestimmte Ausgabe tätigen zu können, und der Empfänger mit dem Geld dann schlicht etwas anderes macht. Einsetzbar ist diese Rechtsfigur daher *immer* bei *zweckwidriger Verwendung von Spenden, Zuschüssen, Subventionen* pp. Bedeutsamster Anwendungsfall dürfte dabei in der Praxis, den Fallzahlen nach, das unberechtigte Erlangen von Sozialleistungen sein (wie in obigem Fall 3 zum Betrug).

Der Rest des Falles prüft sich unproblematisch.

Subjektiver Tatbestand:

B hatte Vorsatz in Form von Absicht. Ferner hatte er die Absicht auf einen rechtswidrigen Vorteil.

398 Vgl. Beukelmann, BeckOK, StGB, 49. Edition 1.2.2021, § 263 Rn. 50 m. w. N.

Er handelte auch rechtswidrig und schuldhaft und ist *nach § 263 StGB strafbar.*

Dreiecksbetrug

Die letzte Sonderproblematik betrifft die – in Praxis und Klausur *sehr häufigen* – Fälle, in denen der Schaden nicht bei der Person eintritt, die die Vermögensverfügung vornimmt. Dazu

> **Fall 8:**
>
> Student S wohnt bei der V zur Untermiete. Eines Tages erscheint der Kommilitone B bei der V und behauptet wahrheitswidrig, er solle ein wertvolles Buch des S für diesen holen, da der S es zu Hause vergessen habe und heute an der FH brauche. Tatsächlich will der B das Buch für sich behalten. Die V glaubt dem B und gibt ihm das Buch. Strafbarkeit des B?

Als *Vorüberlegung* sei zunächst darauf hingewiesen, dass hier neben einem Betrug auch an einen Diebstahl zumindest zu denken wäre – wobei der B die Sache sozusagen durch V (für diese unwissentlich) wegnehmen lässt. Zu beginnen ist in solchen Fällen gleichwohl mit dem *Betrug*; der Grund dafür folgt am Schluss.

Zu prüfen ist also zunächst eine Strafbarkeit des B nach **§ 263** StGB.

***Objektiver* Tatbestand:**

Eine *Täuschung* in Form einer ausdrücklichen, irreführenden Erklärung liegt mit der wahrheitswidrigen Behauptung des B, das Buch für S abzuholen zu wollen, vor.

Gegeben ist auch ein *Irrtum*: V geht davon aus, B hole das Buch für S; tatsächlich aber will B das Buch behalten.

Das Problem ist nun: Liegt eine **Vermögensverfügung** vor?

Problematisch dabei ist nicht, dass es an einer vermögensmindernden Handlung fehlen würde. Die Herausgabe des Buches durch V ist unmittelbar vermögensmindernd. Das Problem ist vielmehr: V „verfügt" *nicht über ihr Vermögen,* sondern das des S.

In der Praxis sind solche Fälle *extrem häufig*: Jedes Mal, wenn ein *Mitarbeiter eines Unternehmens* täuschungs- und irrtumsbedingt dem Täter etwas herausgibt, z. B. bestellte Waren, gehören die so herausgegebenen Sachen ja nicht dem Mitarbeiter, sondern dem Unternehmer. Die Mitarbeiter verfügen also wie im Fall über fremdes Vermögen.

Die Frage ist: Wie ist damit im Rahmen des § 263 StGB umzugehen?

Für die Antwort gilt zunächst folgender *Grundsatz*:

- Getäuschter und Verfügender *müssen* für eine Strafbarkeit nach § 263 StGB *identisch* sein.
- Verfügender und Geschädigter hingegen *müssen nicht* zwingend identisch sein!

Ein Betrug ist also grundsätzlich *auch dann möglich*, wenn der Getäuschte irrtumsbedingt über fremdes Vermögen verfügt (und damit der Schaden bei einem Dritten und nicht beim Getäuschten/Verfügenden eintritt). Man nennt dies **Dreiecksbetrug**.

Freilich gibt es für die Annahme eines solchen Dreiecksbetrugs eine *Voraussetzung*:

Der Verfügende muss *„im Lager" des Geschädigten* stehen. Dies ist (nur) dann zu bejahen, wenn der Verfügende entweder die *Befugnis zur Verfügung* über das Vermögen des Geschädigten hat oder zumindest sonst in einem *Näheverhältnis zum Geschädigten* steht.[399]

Bei *Mitarbeitern*, die im Rahmen des üblichen Geschäftsgangs über Firmenwaren oder -vermögen verfügen, wird im Regelfall eine *Befugnis* (aus dem Arbeitsvertrag) bestehen, über diese zu verfügen.

Im Fall gibt es diese rechtliche Befugnis zwar nicht, aber es besteht zumindest ein *Näheverhältnis zwischen V und S*. Denn die Anforderungen an dieses Näheverhältnis sind *recht niedrig*.

Die Voraussetzungen des Dreiecksbetrugs (die *in der Klausur* am besten unter dem Tatbestandsmerkmal „Vermögensverfügung" zu präsentieren sind), liegen mithin vor. V konnte über das Vermögen des S verfügen.

Der Rest des Falles prüft sich dann wieder recht unkompliziert.

***Subjektiver* Tatbestand**: B hatte Vorsatz in Form von Absicht sowie Absicht auf einen rechtswidrigen Vorteil.

Er handelte rechtswidrig und schuldhaft und ist nach *§ 263 StGB* strafbar.

Beachte noch:

Stünde der Verfügende *nicht* im Lager des Geschädigten, wäre der Betrug bei dem Merkmal „Vermögensverfügung" zu *verneinen* und *§ 242* StGB zu prüfen (begangen in mittelbarer Täterschaft mit der V als „Werkzeug" der Wegnahme für den B).

399 Vgl. BGHSt 18, 221.

Beachte aber weiter:

Im Zweifel wird ein Betrug *vorliegen*, da der BGH die Anforderungen an das erforderliche Näheverhältnis so weit fasst. Deshalb sollte in solchen Fällen *immer zunächst § 263 StGB* geprüft werden und auf § 242 StGB ist *dann, wenn* Betrug vorliegt, mit keinem Wort mehr einzugehen.

gg. Regelbeispiele und Qualifikation

Der Betrug enthält in § 263 III StGB noch **Regelbeispiele**. Praktisch bedeutsam ist dabei vor allem die Nr. 1, nämlich die *gewerbsmäßige* Begehung, die hier (wie auch die in Nr. 1 genannte *bandenmäßige* Begehung) so zu verstehen ist wie bei § 243 I Nr. 3 StGB. Die anderen Varianten sind recht selten. Zu verstehen ist § 263 III Nr. 2 in der Variante des *„Vermögensverlusts großen Ausmaßes"* als Schäden ab 50.000 Euro[400]; in der Variante der *„Schädigung einer Vielzahl* von Menschen" als 50 oder mehr Geschädigte.[401] In *„wirtschaftliche Not"* (Nr. 3) ist das Opfer gebracht, wenn die wirtschaftliche Daseinsgrundlage abhandenkommt.[402] § 263 V StGB liegt – als **Qualifikation** – vor, wenn bandenmäßig *und dabei zugleich* gewerbsmäßig gehandelt wird.

g. Computerbetrug, § 263a StGB

aa. Normzweck und Prüfungsschema

Neben dem Straftatbestand des Betruges, der seit dem Erlass des StGB im 19. Jahrhundert im Gesetz steht, gibt es seit einigen Jahrzehnten auch den des *Computerbetrugs in § 263a StGB*. Welchen Sinn dies hat, wie diese Norm zu verstehen ist und wie sie sich zu § 263 StGB verhält, soll im Weiteren ausgehend von einer *Analyse des Normtextes* erschlossen werden. Betrachtet werden soll der Normtext dabei zunächst nur unter *zwei Gesichtspunkten*:

- Was ist wie bei § 263 StGB?
- Was ist Tathandlung?

400 Vgl. BGH, NJW 2004, 169.

401 Vgl. Joecks/Jäger, StGB, 12. Auflage 2018, § 263 Rn. 109.

402 Vgl. Beukelmann, BeckOK, StGB, 49. Edition 1.2.2021, § 263 Rn. 108.

Die Antwort darauf findet sich im Normtext wie nun zu sehen:

§ 263a StGB

(1) Wer in der *Absicht*, sich oder einem Dritten einen *rechtswidrigen Vermögensvorteil zu verschaffen*, das *Vermögen eines anderen* dadurch *beschädigt*, dass er das Ergebnis eines Datenverarbeitungsvorgangs durch unrichtige Gestaltung des Programms, durch Verwendung unrichtiger oder unvollständiger Daten, durch unbefugte Verwendung von Daten oder sonst durch unbefugte Einwirkung auf den Ablauf beeinflusst, wird mit Freiheitsstrafe bis zu fünf Jahren oder mit Geldstrafe bestraft.

Wie bei § 263 StGB (und zwar wortgleich) ist das kursiv Gesetzte. Damit gibt es auch hier die beiden Merkmale „*Vermögensschaden*" und „*Bereicherungsabsicht*", ersterer dabei im objektiven, letzterer im subjektiven Tatbestand.

Anders ist hingegen der gesamte weitere Normtext. Damit *fehlen* die Merkmale „Täuschung", „Irrtum" und „Vermögensverfügung".

Stattdessen findet sich etwas, was sich bei § 263 StGB nicht findet, nämlich eine *andere Tathandlung*. Diese ist nach dem Gesetzestext die „*Beeinflussung eines Datenverarbeitungsvorgangs*" (auf die im Gesetz näher genannten *Arten*).

Aus dieser Kombination – Beeinflussung der Ergebnisse eines Datenverarbeitungsvorgangs als Tathandlung, die zu einem Vermögensschaden führt und vom Täter mit dem Ziel vorgenommen wird, sich zu Unrecht zu bereichern – lässt sich nun die *Grundidee* des § 263a StGB deutlich machen:

Der „normale" Betrug nach § 263 StGB besteht darin, dass der Täter eine Täuschung vornimmt und dadurch den Irrtum und eine Vermögensverfügung *eines Menschen* herbeiführt, die dann zum Vermögensschaden führt.

Das *Problem* daran im modernen Geschäftsverkehr ist nun, dass oft *gar kein Mensch* mit dem befasst ist, was der Täter an (unwahren) Angaben übermittelt: Bearbeitungen laufen oft *voll automatisiert*, sodass eben kein Mensch entscheidet, ob etwa die bestellte Ware an den Täter versandt oder die von ihm veranlasste Überweisung ausgeführt werden soll, sondern ein Computer.

Auch wenn der Täter täuscht, scheitert ein „herkömmlicher" Betrug nach § 263 StGB hier daran, dass schlicht *kein „Irrtum"* vorliegt – denn dieser ist eine Fehlvorstellung, und eine solche können *nur Menschen* haben. Das „Täuschen eines Computers" ist nach § 263 StGB daher straflos – und wäre es damit insgesamt, hätte der Gesetzgeber diese Lücke nicht geschlossen. Diese *Lücke schließt* eben § 263a StGB.

Die *Art* des „Lückenschlusses" besteht dabei in der *Streichung* der Täuschung und aller Tatbestandsmerkmale, die auf Opferseite *menschliches*

Handeln verlangen, und deren *Ersetzung* durch das eine Merkmal „Beeinflussung eines Datenverarbeitungsvorgangs".

Die *Formen der Beeinflussung* finden sich dann ebenfalls im Gesetz, und zwar in *vier Varianten*, viermal eingeleitet mit „durch":

§ 263a StGB

(1) Wer in der Absicht, sich oder einem Dritten einen rechtswidrigen Vermögensvorteil zu verschaffen, das Vermögen eines anderen dadurch beschädigt, dass er das Ergebnis eines Datenverarbeitungsvorgangs durch unrichtige Gestaltung des Programms, *durch* Verwendung unrichtiger oder unvollständiger Daten, *durch* unbefugte Verwendung von Daten *oder* sonst durch unbefugte Einwirkung *auf den Ablauf beeinflusst, wird mit Freiheitsstrafe bis zu fünf Jahren oder mit Geldstrafe bestraft.*

Die *Formen des „Beeinflussens"* sind also – alternativ –: unrichtige Gestaltung des Programms, Verwendung unrichtiger oder unvollständiger Daten, unbefugte Verwendung von Daten oder sonst unbefugte Einwirkung.

Die letzte Variante ist schon begrifflich ein Auffangtatbestand. Darauf soll hier indes nur hingewiesen werden; Näheres später.

Vor diesem Hintergrund lässt sich nun nicht nur der *Sinn* dieser Norm erschließen, sondern auch das *Prüfungsschema* des § 263a StGB entwickeln (das dem des § 263 StGB ähnlich ist).

Das Prüfungsschema für § 263a StGB lautet:

Objektiver Tatbestand:

- **Beeinflussung des Ergebnisses eines Datenverarbeitungsvorgangs durch...**
  - **...unrichtige Gestaltung des Programms**
  - **...Verwendung unrichtiger oder unvollständiger Daten**
  - **...unbefugte Verwendung von Daten oder**
  - **...sonst unbefugte Einwirkung**
- **Vermögensschaden**

Subjektiver Tatbestand:

- **Vorsatz**
- **Absicht auf einen rechtswidrigen Vermögensvorteil**

Rechtswidrigkeit

Schuld

Die *„Ratio legis"*, also der Normzweck ist (wie schon dargestellt, aber noch einmal zusammengefasst): Ein Computerbetrug ist sozusagen die *„Täuschung eines Computers"*.

Es gilt daher:

Gibt es einen *Menschen als Adressaten* der Täuschung, liegt ein Betrug nach *§ 263* StGB vor – und zwar *auch dann*, wenn das Tatwerkzeug ein Computer ist. Ist hingegen *Adressat der Täuschung ein Computer,* liegt § 263a StGB vor.

Wer also eine Fake-Bankwebseite erstellt, um Bankkunden zu täuschen, also Menschen, begeht mithin trotz Nutzung eines Computers keinen Computerbetrug, sondern einen Betrug nach *§ 263 StGB*. Gleiches gilt, wenn jemand über eBay nicht existente Waren verkauft. Wer hingegen bei einem Versandhaus, das Bestellungen computerisiert bearbeitet, unter falschem Namen einen Account eröffnet und Waren bestellt, die er nicht bezahlen will, macht sich – da kein Mensch getäuscht wird, sondern eben ein Computer – nach *§ 263a* StGB strafbar.

Praxisbox:

Die Straftat des „Computerbetrugs" deckt sich daher *nicht zu 100 %* mit dem, was bei der Polizei oft unter „*Cybercrime*" läuft. Dort wird damit meist alles zusammengefasst, was mittels eines Computers als Tatwerkzeug an Straftaten begangen wird. Für § 263a StGB ist jedoch maßgeblich, wer *Adressat* des Täterhandelns ist. Ist dies ein Mensch, liegt *kein* Computerbetrug vor, auch wenn das Tatwerkzeug ein Computer ist. Die Führung der Ermittlungen durch Cybercrime-Einheiten macht hier natürlich trotzdem kriminalistisch Sinn, weil jede Ermittlung im Internet gleich zu welchem Delikt besondere technische Kenntnisse und Ausstattungen verlangt. Das ist auch der Grund dafür, warum Cybercrime bei der Polizei am Tatmittel oder am Tatort „Internet" festgemacht wird. Man muss sich nur darüber im Klaren sein, dass diese Einteilung eben nicht an strafrechtlicher Dogmatik, sondern an kriminalistischen Erwägungen orientiert ist und sich mit der strafrechtlichen Einteilung von Delikten daher nicht voll deckt.

bb. Zu den Tatbestandsvoraussetzungen

Wie die *TB-Voraussetzungen im Einzelnen* zu verstehen sind, soll nun anhand eines

Falles

erörtert werden: B sieht am Geldautomaten, wie O seine PIN eingibt und entwendet, nachdem er dem O nach dem Abheben des Geldes gefolgt ist, in einem geeigneten Moment dessen Geldbörse mit EC-Karte. Er begibt sich nun an einen Geldautomaten, gibt die PIN richtig ein und hebt 1000 Euro ab. Strafbarkeit des B durch das Abheben des Geldes?

Mögliche Delikte (durch das *Abheben*) sind §§ 242, 263 und 263a StGB.

Begonnen werden soll zunächst mit ***§ 242 StGB*** (wie gesagt: durch das Abheben).

Objektiver **Tatbestand:**

Das Tatobjekt müsste eine *fremde*, bewegliche Sache sein. Eine bewegliche Sache sind die Geldscheine ohne Zweifel. Aber sind sie auch fremd?

Schon dies ist fraglich, da die Scheine an B dann, wenn dieser die richtige PIN eingibt, übereignet worden sein könnten. Der BGH verneint dies freilich noch, da die Bank *nur an den Berechtigten* übereignen wolle.

Es liegt aber jedenfalls *keine Wegnahme* vor: Denn der ursprüngliche Gewahrsamsinhaber (hier: der Automatenbetreiber, also die Bank) verschafft dem B ja selber den Gewahrsam an den Scheinen. Ein Bruch des Gewahrsams liegt also nicht vor.[403]

Ein Diebstahl nach *§ 242 StGB* ist mithin zu *verneinen*.

Als Nächstes geprüft werden soll ***§ 263 StGB***.

Beachte:

Natürlich wird § 263 StGB spätestens am „Irrtum" scheitern. Warum er hier *gleichwohl angeprüft* wird, wird später bei der Prüfung des § 263a StGB deutlich.

Objektiver **Tatbestand:**

Liegt eine *Täuschung* vor, also ein auf Irreführung ausgerichtetes Gesamtverhalten?

Durch ausdrückliche Erklärung nicht: B erklärt beim Abheben ja nichts verbal.

---

403 Vgl. BGH, NStZ 2019, 726.

Wie aber steht es um eine *konkludente* Täuschung?

Ist die PIN-Eingabe die konkludente „Erklärung“ der Berechtigung, von diesem Konto Geld abzuheben?

Dies lässt sich durchaus *bejahen*: Die PIN soll ja gerade die Berechtigung des Abhebenden garantieren und verhindern, dass Nichtberechtigte Geld abheben. Eine konkludente Täuschung liegt bzw. läge also vor.

Scheitern tut der Betrug dann aber beim *Irrtum:* Es gibt keinen Menschen als Bearbeiter, sodass kein Mensch getäuscht wird, sondern ein Computer.

Eine Strafbarkeit nach *§ 263 StGB entfällt* (beachte: Inwieweit dies in einer Klausur anzuprüfen wäre, dazu später).

Nächster Punkt im Fall wäre dann die Strafbarkeit des B nach **§ 263a StGB**.

***Objektiver* Tatbestand:**

Erforderlich ist zunächst die „**Beeinflussung des Ergebnisses eines Datenverarbeitungsvorganges**“ durch eine der im Gesetz genannten Arten.

Hier sollte in *drei Schritten* geprüft werden:

- Zunächst ist zu klären, ob überhaupt ein „Datenverarbeitungsvorgang“ vorliegt.
- Dann wäre zu prüfen, ob der Täter diesen (irgendwie) „beeinflusst“ hat.
- Als drittes ist zu klären, ob diese „Beeinflussung“ auf eine der vier im Gesetz genannten Arten erfolgt ist.

Erster Schritt im Fall wäre also: Liegt ein **Datenverarbeitungsvorgang** vor?

> **Definition „Datenverarbeitungsvorgang“:** alle automatisierten Vorgänge, bei denen durch Aufnahme von Daten und ihrer Verknüpfung nach Programmen Arbeitsergebnisse erzielt werden.[404]

Der „Datenverarbeitungsvorgang“ ersetzt in § 263a StGB in gewisser Weise die „Vermögensverfügung“ aus § 263 StGB: *Sein* Ergebnis führt zur Minderung des Vermögens. Es ist eben z. B. bei einem automatisierten Bestellvorgang der Computer, der „entscheidet“, ob die bestellte Ware versandt wird – und damit das Vermögen gemindert.[405]

Im Fall ist das Geldabheben ein Vorgang der Datenverarbeitung, da es computerisiert abläuft und als Ergebnis über die Herausgabe von Geldscheinen entschieden wird.

---

404 Schmidt, BeckOK, StGB, 49. Edition 1.2.2021, § 263a Rn. 7.

405 Vgl. Joecks/Jäger, StGB, 12. Auflage 2018, § 263a Rn. 52.

B **beeinflusst** diesen Vorgang auch unzweifelhaft, indem er die Karte einführt, einen Betrag und schließlich die PIN eingibt. Der *zweite Schritt*, nämlich die „Beeinflussung eines Datenverarbeitungsvorgangs", ist im Fall also auch zu bejahen.

Weiter erforderlich ist nun als *Drittes* die Beeinflussung auf eine der **vier aufgezählten Arten**.

Beachte dabei:

In der *Klausur* müssen *nur* diejenigen Varianten angeprüft werden, die im Fall in Betracht kommen. Nur um der inhaltlichen Besprechung willen werden hier gleich alle Varianten der Reihe nach durchgeprüft.

Nr. 1: Unrichtiges Gestalten des Programms

Gemeint sind mit dieser ersten Variante Änderungen an der Programmierung, also Umschreiben, Ergänzen, Löschen pp.[406] Es ist die *Variante für Hacker.*

Im Fall ist diese eindeutig zu verneinen (und müsste nicht angeprüft werden).

Auch in der Praxis ist diese Variante (von den ermittelten und aufgeklärten Fällen) die *seltenste.*

Nr. 2: Verwendung unrichtiger oder unvollständiger Daten

„Unrichtigkeit" ist hier in gewisser Weise so zu verstehen wie der „Irrtum" beim Betrug. „Unrichtigkeit" ist also ein Auseinanderfallen von *Daten* und Wirklichkeit.[407]

Beispiele:

Die Einreichung fingierter, nicht vom scheinbaren Aussteller stammender Überweisungsträger, das Bestellen bei einem Versandhandel unter falschem Namen (jeweils bei automatisiertem Verfahren).

Im Fall liegt diese Variante nicht vor: Die verwendeten *Daten, also die PIN,* sind bzw. ist *richtig.* Anders ginge es hier auch gar nicht, denn mit falscher PIN wäre der Vorgang nicht durchführbar.

Die Eingabe dieser richtigen PIN, also dieser richtigen Daten, durch einen Nichtberechtigten macht die *Daten dabei nicht* falsch.[408] Es ist eben die richtige PIN, auch wenn der B sie nicht eingeben darf.

Nr. 2 liegt im Fall also nicht vor (wäre aber durchaus anzuprüfen).

---

406 Vgl. Schmidt, BeckOK, StGB, 49. Edition 1.2.2021, § 263a Rn. 11.
407 Vgl. Schmidt, BeckOK, StGB, 49. Edition 1.2.2021, § 263a Rn. 17.
408 Vgl. Schmidt, BeckOK, StGB, 49. Edition 1.2.2021, § 263a Rn. 18.

Nr. 3: Unbefugte Verwendung von Daten

Diese Variante erfasst nun genau den Fall, den Nr. 2 nicht meint: Nämlich die Verwendung – technisch *„richtiger"* – Daten durch einen *Un*berechtigten.[409]

Wie genau „unbefugt" zu verstehen ist, ist dabei im Detail umstritten. Der BGH geht hier davon aus, dass der Computerbetrug ja im Prinzip strukturähnlich zum Betrug ist und kommt so zu folgender

Definition „unbefugt":

Unbefugt ist die Verwendung, wenn sie gegenüber einem Mensch Täuschungscharakter hätte.[410]

Dieses Verständnis von „unbefugt" läuft unter der Bezeichnung *betrugsspezifische/-äquivalente* Auslegung – weil es § 263a StGB hier eben im Prinzip so versteht wie § 263 StGB.

Zu fragen ist also:

„Läge bei Verwendung der Daten *gegenüber einem Menschen* eine *Täuschung* im Sinne des *§ 263* StGB vor?"

Eine „Täuschung" ist dabei alles, was *bei § 263 StGB eine Täuschung wäre* – also alles, was ausdrücklich täuschen würde, aber eben auch alles, was einem Menschen gegenüber eine konkludente Täuschung wäre.

Im Fall ist „unbefugt" in diesem Sinne zu bejahen: Es läge – wie schon geprüft – eine *konkludente* Täuschung vor.

Hier zeigt sich nun, welchen Sinn es hatte, den § 263 StGB *anzuprüfen.* Tut man dies und bejaht man das Merkmal Täuschung, kann man nun nach oben *verweisen.* In der Klausur kann daher so vorgegangen werden. Denkbar – und gleich gut möglich – ist aber auch, § 263 StGB nicht zu prüfen (da er offensichtlich am Irrtum scheitert) und gleich mit § 263a StGB zu beginnen. Dann wäre hier *inzident* zu prüfen, ob Bs Verhalten einem Menschen gegenüber eine (ausdrückliche oder konkludente) Täuschung darstellen würde.

Im Fall wären nun die weiteren Voraussetzungen des § 263a StGB zu prüfen – die jetzt *genauso zu prüfen und zu verstehen* sind wie bei *§ 263* StGB und unproblematisch vorliegen.

Ein **Vermögensschaden** besteht: Der erlangte Gegenanspruch (auf Rückgabe der 1000 Euro) ist wirtschaftlich wertlos.

Damit liegt der *objektive* Tatbestand vor.

409 Vgl. Schmidt, BeckOK, StGB, 49. Edition 1.2.2021, § 263a Rn. 19.
410 Vgl. Schmidt, BeckOK, StGB, 49. Edition 1.2.2021, § 263a Rn. 23.

***Subjektiver* Tatbestand:**

Vorsatz besteht in Form von Absicht.

Auch die **Absicht auf einen rechtswidrigen Vermögensvorteil** liegt vor, da B sich bereichern will, ohne einen zivilrechtlichen Anspruch auf die 1000 Euro zu haben.

Rechtswidrigkeit und Schuld sind ebenfalls gegeben.

B ist mithin *nach § 263a StGB strafbar.*

Zu ergänzen ist (außerhalb des Falls) nun noch, wie die Variante in **§ 263a I Nr. 4 StGB, die „sonst unbefugte Einwirkung“**, zu verstehen ist:

Es handelt sich wie schon gesagt um einen *Auffangtatbestand.* Der Gesetzgeber wollte verhindern, von technischen Entwicklungen und bzw. oder dem Einfallsreichtum von Tätern überholt zu werden.

Erfasst ist einerseits jede sonstige, also nicht unter Nr. 1 bis 3 fallende, Programm-Manipulation. Erfasst ist aber auch die Einwirkung durch Hardware-Manipulation.[411]

Beachte ferner: Über § 263a II StGB, der auf § 263 III bis VI StGB verweist, hat der Computerbetrug dieselben **Regelbeispiele** und **Qualifikationen** wie der Betrug nach § 263 StGB.

h. Erschleichen von Leistungen, § 265a StGB

Kriminalpolitisch umstritten, aber als Alltagsdelikt praktisch hoch bedeutsam ist das Erschleichen von Leistungen. Zur Illustration dient folgender

> **Fall:**
>
> Der B besteigt durch eine der hinteren Türen einen Linienbus. Eine Fahrkarte hat er, wie er auch weiß, nicht. Eine Pflicht, die Fahrkarte beim Fahrer vorzuzeigen, besteht nicht. Der Busfahrer kümmert sich daher auch nicht um die einsteigenden Fahrgäste. Strafbarkeit des B?

Mögliche Delikte sind hier § *263* und § *265*a StGB

Zu *beginnen* ist mit § *263* StGB, was später noch begründet wird:

Im *objektiven Tatbestand* fehlt es indes schon an einer Täuschung, da B und der Fahrer schlicht gar nicht kommunizieren. Es läge ferner auch kein Irrtum vor, da der Fahrer sich mangels Kontrollpflicht keine Gedanken darüber macht, ob der B ein Ticket hat oder nicht.

---

411 Vgl. Schmidt, BeckOK, StGB, 49. Edition 1.2.2021, § 263a Rn. 33.

§ *263* StGB ist also zu *verneinen.*

Beachte:

Würde der Täter eine *Kontrollperson täuschen*, indem er etwa einem zur Fahrkartenkontrolle verpflichteten Busfahrer beim Einsteigen bewusst eine abgelaufene Fahrkarte vorhält, wäre dies anders, dann würde §*263* StGB vorliegen!

Im Fall weiter zu prüfen ist sodann **§ 265a StGB**.

Dessen *Normtext* sind die folgenden Elemente zu entnehmen:

§ 265a StGB

(1) Wer die Leistung eines Automaten oder eines öffentlichen Zwecken dienenden Telekommunikationsnetzes, die Beförderung durch ein Verkehrsmittel oder den Zutritt zu einer Veranstaltung oder einer Einrichtung in der Absicht erschleicht, das Entgelt nicht zu entrichten, wird mit Freiheitsstrafe bis zu einem Jahr oder mit Geldstrafe bestraft, wenn die Tat nicht in anderen Vorschriften mit schwererer Strafe bedroht ist.

Daraus entstehen folgendes Prüfungsschema für § 265a StGB:

Objektiver TB:

- **„Tatobjekt":**
  - **Automat**
  - **TK-Netz**
  - **Beförderung durch öffentliches Verkehrsmittel**
  - **Veranstaltung**
- **Tathandlung: Erschleichen**

Subjektiver TB:

- **Vorsatz**
- **Absicht, das Entgelt nicht zu entrichten**

Rechtswidrigkeit

Schuld

Die Varianten der Leistungserschleichung eines Automaten, eines Telekommunikationsnetzes und des Zutritts zu einer Veranstaltung sind dabei ausgesprochen *selten*. Sie sollen am Ende noch knapp erläutert werden. Seine *Praxisrelevanz* erlangt diese Norm *allein* über die Erschleichung der Beförderung durch ein Verkehrsmittel.

Im Fall wäre also nun *§ 265a StGB* zu prüfen.

Objektiver **Tatbestand:**

B nutzt den ÖPNV und damit die **Beförderung durch ein Verkehrsmittel**. Ein Tatobjekt liegt also vor.

Tathandlung wäre **„Erschleichen"** der Beförderung.

Was der B hier tut, ist, sich so zu verhalten wie ein normaler Fahrgast. Ob dies als Erschleichen ausreicht, kann fraglich erscheinen.

> Die gängige **Definition für „Erschleichen"** lautet: Kostenlose Erlangung der Leistung unter Umgehung von Kontrollmechanismen.[412]

Diese Definition klingt nun freilich danach, als müsse der Täter aktiv Kontrollmechanismen umgehen. Nach der obergerichtlichen Rechtsprechung ist dies aber zumindest bei der Beförderungserschleichung gar nicht nötig. Ein Erschleichen soll schon vorliegen, wenn der Täter sich mit dem „*Anschein der Ordnungsgemäßheit*" umgibt.[413]

Im Fall wäre dies zu *bejahen*: Wie schon gesagt verhält der B sich so, wie man sich verhalten würde, wenn man ein gültiges Ticket hätte. Damit tut er so, als sei alles in Ordnung, was zur Bejahung vom Erschleichen ausreicht.

Subjektiver **Tatbestand:**

Es liegt Vorsatz in Form von Absicht vor.

Nötig ist ferner die **Absicht auf Nichtzahlung des Entgelts**, die hier ebenfalls zu bejahen ist.

Beachte zu Letzterem: Es ist *ausreichend*, wenn der Täter *vorhat*, die Leistung nicht zu bezahlen. Wer also ein öffentliches Verkehrsmittel besteigt, sich wie ein normaler Kunde verhält, aber nicht zahlen will, verwirklicht damit ein vollendetes Delikt nach § 265a StGB. Dies gilt auch dann, wenn der Täter bei einer Kontrolle erwischt wird und am Ende das Beförderungsentgelt (plus Sanktionsgebühr) doch bezahlen muss.

Im Fall handelte B auch rechtswidrig und schuldhaft und ist *nach § 265a StGB strafbar*.

Es *gilt* also:

- Bei Täuschung einer Kontrollperson liegt § 263 StGB vor.
- Bei „Anschein der Ordnungsgemäßheit" (ohne Täuschung) liegt § 265a StGB vor.

412 Vgl. Nimtz, Strafrecht für Polizeibeamte, Band 2, 5. Auflage 2018, Rn. 222.
413 Vgl. Nimtz, Strafrecht für Polizeibeamte, Band 2, 5. Auflage 2018, Rn. 227.

§ 265a StGB ist dabei nach dem Normtext *formell subsidiär*. Es ist also *immer erst* zu klären, ob ein Betrug nach § 263 StGB vorliegt und auf § 265a StGB *nur* einzugehen, wenn Betrug scheitert.

Zu den **weiteren möglichen Tatobjekten** sei noch kurz Folgendes ergänzt:

Mit „**Automaten**“ sind lediglich *Leistungs*automaten gemeint, z. B. Musikboxen oder automatische Waschstraßen, *nicht* aber Warenautomaten. Deren vorschriftswidrige Entleerung wird im Regelfall als Diebstahl oder Unterschlagung strafbar sein.[414]

Mit der **Leistung eines Telekommunikationsnetzes** sind sämtliche Systeme der Datenübertragung gemeint, also auch öffentlicher Rundfunk, Internet oder Fernsehen. Erschlichen ist die Leistung hier freilich nur, wenn technische Systeme, die der Nutzungserfassung oder der Zugangsregulierung dienen, aktiv umgangen werden.[415]

Den **Zutritt zu einer Veranstaltung oder Einrichtung** erschleicht, wer sich entweder zu Veranstaltungen wie Konzerten, Vorträgen oder Volksfesten oder zu Einrichtungen wie Museen oder Hallenbädern *körperlich Zutritt* verschafft. Wer bei einem Open-Air-Konzert einfach nur außen am Zaun sitzt und zuhört, verwirklicht diese Tatvariante nicht.[416]

Beachte noch: § 265a StGB ist **relatives Antragsdelikt**, §§ 265a III, 248a StGB.

i. Sachbeschädigung, § 303 StGB

Mit knapp 600.000 dokumentierten Taten[417] ist die Sachbeschädigung eines der *mit am häufigsten* begangenen strafrechtlich relevanten Delikte in der Bundesrepublik Deutschland. Damit einhergehend ist ein immenses *Schadensvolumen*. Neben den Sachbeschädigungen, die im privaten Umfeld begangen werden, fällt auch ein Großteil auf öffentliche Einrichtungen, Verkehrsbetriebe und (Dienst-)Kraftfahrzeuge ab. Die *Praxisrelevanz* ist also sehr hoch!

Das Prüfungsschema, mit dem begonnen werden soll, ist dem *Normtext* recht leicht zu entnehmen:

---

414 Vgl. Nimtz, Strafrecht für Polizeibeamte, Band 2, 5. Auflage 2018, Rn. 225.

415 Vgl. Nimtz, Strafrecht für Polizeibeamte, Band 2, 5. Auflage 2018, Rn. 226.

416 Vgl. Nimtz, Strafrecht für Polizeibeamte, Band 2, 5. Auflage 2018, Rn. 228.

417 PKS Bund 2020.

§ 303 StGB

(1) Wer (rechtswidrig) eine fremde Sache beschädigt oder zerstört, wird (…) bestraft.

(2) Ebenso wird bestraft, wer unbefugt das Erscheinungsbild einer fremden Sache nicht nur unerheblich und nicht nur vorübergehend verändert.

Aus dem Normtext ergibt sich das folgende Prüfungsschema „Sachbeschädigung, § 303 StGB“:

Objektiver Tatbestand:
- **Tatobjekt: fremde Sache**
- **Tathandlung:**
- **Beschädigen**
- **Zerstören**
- **Verändern des Erscheinungsbildes**
- **Kausalität**
- **Objektive Zurechnung**

Subjektiver Tatbestand: Vorsatz

Rechtswidrigkeit

Schuld

Zur Erläuterung der **Tatbestandsmerkmale** dient folgender Sachverhalt:

Fall 1:

O und B sind Nachbarn einer Reihenhaussiedlung. Der O als begnadeter Kleingärtner baut in seinem Garten Gemüse und Obst an. Um immer einen ausreichenden Vorrat an Düngemittel zur Hand zu haben, bedient er einen eigenen Komposthaufen. Dem B, der als direkter Nachbar nichts von diesem „Selbstversorger" hält, stinkt es gewaltig. Immer wenn er mit seiner Familie oder Freunden grillen möchte, steigt ihm ein beißender Geruch in die Nase. Er beschließt dem Ganzen ein Ende zu bereiten und dringt des Nachts heimlich in den Garten ein. Er nimmt aus dem Gartenhaus einen großen Spaten und gräbt den Garten um, wobei sämtliche Pflanzen und Oststräucher aus dem Boden gerissen werden. Diese entsorgt er mit süffisantem Grinsen auf dem Kompost. Strafbarkeit des B nach § 303 StGB?

***Objektiver* Tatbestand:**

Dieser fordert zunächst ein **Tatobjekt**. Dieses Tatobjekt muss eine **fremde Sache** sein.

Die Definition der „**Sache**" lässt sich als *Legaldefinition* aus dem § *90 BGB* entnehmen.

Definition „Sache" gem. § 90 BGB: Sachen sind körperliche Gegenstände.

Zur Erläuterung dient hier, dass ein Gegenstand körperlich ist, wenn er sinnlich wahrnehmbar und räumlich abgrenzbar ist.[418]

Darüber hinaus fordert das Tatobjekt der Sache noch die „**Fremdheit**" ebendieser. Der Begriff ist so *zu verstehen wie bei § 242* StGB.[419]

Beachte: Es können *sowohl bewegliche, als auch unbewegliche* Gegenstände taugliches Tatobjekt einer Sachbeschädigung sein! So kommen neben Pkw, einem Buch oder Bekleidung auch ein Haus, eine Wiese oder ein Brückenpfeiler als Tatobjekt in Betracht.[420]

Im Fall geht der B die Pflanzen im Garten des O an. Ohne Probleme kann festgestellt werden, dass Pflanzen körperliche Gegenstände und somit Sachen sind. Die Fremdheit zu bejahen ist ebenfalls problemlos möglich. Die Pflanzen stehen im alleinigen Eigentum des O. Er wird die Saat gekauft und eingepflanzt haben, woraus später die Pflanze entstanden ist. Damit ist er zum alleinigen Eigentümer der Pflanzen geworden. Ein *taugliches Tatobjekt* ist mithin *gegeben*.

In Betracht kommt vorliegend als **Tathandlung** das **Zerstören** der Pflanzen.

Nach Bs „Aktion" sind die Pflanzen des O als solche nicht mehr zu gebrauchen, sondern vollständig vernichtet. Das ist gemeint mit Zerstören, welches folgende Definition hat:

Definition „Zerstören":

Zerstört ist eine Sache, wenn sie infolge der körperlichen Einwirkung vernichtet oder so wesentlich beschädigt wird, dass sie ihre bestimmungsgemäße Brauchbarkeit völlig verliert.[421]

Beim Herausreißen von Pflanzen ist ein Zerstören zu bejahen. Andere Beispiele wären die komplette Zerstörung von Wohnungseinrichtung oder

418 Vgl. Weidemann, BeckOK, StGB, 49. Edition 1.2.2021, § 303 Rn. 4.
419 Vgl. Weidemann, BeckOK, StGB, 49. Edition 1.2.2021, § 303 Rn. 7.
420 Vgl. Weidemann, BeckOK, StGB, 49. Edition 1.2.2021, § 303 Rn. 6.
421 Schönke/Schröder/Hecker, StGB, 30. Aufl. 2019, § 303 Rn. 14.

Scheiben oder (allgemeiner) das Verbrennen, Einschmelzen oder Zertrümmern von Gegenständen.[422] Anders als bei der Beschädigung (dazu später mehr) kann die Zerstörung in den meisten Fällen unproblematisch festgestellt werden.

B hat im Fall die Pflanzen also *zerstört*.

Da die genannten Tathandlungen *nicht kumulativ* angewendet werden müssen, reicht das Vorliegen einer der genannten Handlungen aus, um eine Strafbarkeit zu begründen. Tatobjekt und Tathandlung sind somit zu *bejahen*. Kausalität und objektive Zurechnung sind ebenso festzustellen.

B handelte in Bezug auf die Beschädigung auch mit Vorsatz.

Rechtfertigungsgründe sind ebenso wie Schuldausschließungsgründe nicht ersichtlich. Gegen die Geruchsemissionen hätte B sich, so sie unzulässig wären, zivilrechtlich wehren müssen, nicht durch Eigenmacht. B machte sich somit einer *Sachbeschädigung gem. § 303 StGB strafbar*.

Fallfortschreibung (Fall 2):

Der O erblickt am nächsten Tag seinen Garten und ist entsetzt. Er hat zwar den unausstehlichen B im Verdacht, kann ihm aber nichts nachweisen. O beschließt einen großen Schäferhund zu kaufen, um seinen Garten zu schützen. Kurze Zeit später kauft der O den Hund. Dieser bewacht fortan Tag und Nacht den – nun wieder hergerichteten – Garten des O. B, nicht nur kein Gartenfreund, sondern auch Hundehasser, schmiedet einen teuflischen Plan. Eines Nachts holt er sein altes Luftgewehr vom Dachboden. Er sieht den Schäferhund friedlich im Garten liegen. Mit den Worten „Den kann der O als Nächstes auf den Kompost werfen" zielt der B auf den Schäferhund drückt ab. Er trifft den Hund am Hinterlauf und verletzt diesen so schwer, dass er fortan nur noch humpeln kann und als Wachhund kaum mehr taugt. Strafbarkeit des B nach § 303 StGB?

Vorab: Vielleicht werden Sie sich nun wundern, warum die Tötung eines Hundes in einem Fallbeispiel der Sachbeschädigung zu finden ist. Als Erläuterung dient der *§ 90a BGB* (vgl. dazu auch schon den Fall zu § 228 BGB):

„§ 90a BGB: Tiere sind keine Sachen. Sie werden durch besondere Gesetze geschützt. Auf sie sind die für Sachen geltenden Vorschriften entsprechend anzuwenden, soweit nicht etwas anderes bestimmt ist."

Somit finden *neben* den tierschutzrechtlichen Bestimmungen *auch* die für Sachen geltenden Bestimmungen des StGB auf Tiere Anwendung. Man

422 Vgl. Schönke/Schröder/Hecker, StGB, 30. Aufl. 2019, § 303 Rn. 14.

kann Tiere also sachbeschädigen, aber eben auch stehlen oder (als Tatobjekt!) rauben.

Praxisbox:

Neben der *aufzunehmenden Sachbeschädigung* sind in solchen Fällen in der Praxis immer auch die *tierschutzrechtlichen Bestimmungen* aus beispielsweise dem Tierschutzgesetz zu erfassen. Sehr oft geht mit einer „Sachbeschädigung" an einem Tier auch eine Norm des Tierschutzgesetzes einher (§§ 4, 5, 6 TierSchG), das dazu auch eigene Strafrechts- und Bußgeldvorschriften enthält (§§ 17, 18 TierSchG).

Im Fall ist also § *303* StGB zu prüfen.

***Objektiver* Tatbestand:**

Ein taugliches *Tatobjekt* liegt – wie schon ausgeführt wegen § 90a BGB – vor.

Als Tathandlung in Betracht käme zunächst das *Zerstören*.

Bei einer Tötung des Hundes, subsumiert unter den Straftatbestand der Sachbeschädigung, käme dabei die „Zerstörung", also die „völlige Aufhebung der Brauchbarkeit" in Betracht. Der Hund wäre tot und könnte seine „Bestimmung" in keiner Weise je wieder erfüllen. Die „Brauchbarkeit" des Hundes wäre dann vollkommen aufgehoben und dieser „zerstört".

Im Fall *lebt* der Hund aber noch und kann auch noch, wenn auch schlecht, laufen und wohl weiter uneingeschränkt bellen. Völlig „unbrauchbar" ist der Hund daher nicht, weswegen ein Zerstören zu *verneinen* ist.

In Betracht käme aber ein **Beschädigen** des Hundes. Denn wegen des Humpelns taugt dieser als Wachhund nur noch eingeschränkt.

> Die **Definition für „Beschädigen"** lautet: jede körperliche Einwirkung, die die Substanz einer Sache nicht unerheblich verletzt oder ihre bestimmungsgemäße Brauchbarkeit nicht nur unerheblich beeinträchtigt.[423]

Beachte zum Beschädigen:

Die Beschädigung liegt recht eindeutig immer dann vor, wenn die Sache *in ihrer Substanz verletzt*, also die stoffliche Unversehrtheit der Sache beeinträchtigt wird. Entsprechend gehören zu diesen Fällen das Zerbeulen oder Zerkratzen von Autos, das Durchtrennen eines Maschendrahtzaunes oder das Kastrieren eines Zuchthengstes. Auch das Auftragen von anderen Substanzen wird erfasst, sofern die Reinigung zwangsläufig eine Substanzverletzung zur Folge hat – bspw. Auftragen von starkem Klebstoff auf Lack.

423 Schönke/Schröder/Hecker, StGB, 30. Aufl. 2019, § 303 Rn. 8.

Nicht erfasst sind Beeinträchtigungen, die sich ohne große Umstände entfernen lassen – etwa einfaches Abziehen einer Plakatierung oder Graffiti, was sich rückstandslos und ohne Substanzverletzung des Untergrundes entfernen lässt.[424]

Zwingend erforderlich ist eine Substanzverletzung für ein Beschädigen indes *nicht. Ausreichend* wäre auch eine *Beeinträchtigung der Brauchbarkeit, soweit* sie durch körperliche Einwirkung auf die Sache zustande kommt. Ein Beispiel wäre etwa das Zerlegen einer Maschine in ihre Einzelteile oder das Außerbetriebsetzen einer Maschine durch das Einstreuen von Sand.[425]

Praxisbox:

In Großstädten sieht man es häufig – *überklebte Verkehrsschilder oder „Blitzer"*. Auch dies stellt eine *Sachbeschädigung* unter der Subsumtion der Tathandlung des *Beschädigens* dar. Dies gilt auch, wenn sich der Aufkleber problemlos wieder entfernen lässt. Denn vorliegend ist die technische Brauchbarkeit (das Ablesen durch Verkehrsteilnehmer bzw. des Fertigens von Aufnahmen) durch körperliche Einwirkung eingeschränkt, was ebenfalls zum Vorliegen einer Sachbeschädigung führt.[426]

Im Fall ist das *Beschädigen* zu *bejahen*. Der B handelte auch kausal, objektiv zurechenbar, mit *Vorsatz* (da sein Plan, den Hund zu erschießen, eine Beschädigung als „Minus" mit umfasste) und ohne Rechtfertigungs- oder Schuldausschließungsgründe. Der B macht sich auch im zweiten Sachverhalt einer *Sachbeschädigung nach § 303 StGB* strafbar.

Beachte noch zum Fall:

Da damit schon mit dem Beschädigen eine vollendete Sachbeschädigung vorlag, muss *nicht mehr* geprüft werden, ob im versuchten Erschießen des Hundes eine versuchte Zerstörung der Sache lag, denn es ist dieselbe Handlung, und diese stellt eben schon mit dem Beschädigen ein vollendetes Delikt nach § 303 StGB dar.

Als weitere Tathandlung kennt § 303 StGB seit 2005 in Absatz 2 das **Verändern des Erscheinungsbildes**.

Die **Definition „Verändern des Erscheinungsbildes"** lautet dabei: jedes Herbeiführen eines optisch vom bisherigen Bild abweichenden Zustandes.[427]

---

424 Vgl. Schönke/Schröder/Hecker, StGB, 30. Aufl. 2019, § 303 Rn. 9 f.

425 Vgl. Schönke/Schröder/Hecker, StGB, 30. Aufl. 2019, § 303 Rn. 11.

426 Vgl. Schönke/Schröder/Hecker, StGB, 30. Aufl. 2019, § 303 Rn. 11.

427 Vgl. Weidemann, BeckOK, StGB, 49. Edition 1.2.2021, § 303 Rn. 19.

Erfasst werden sollen alle Veränderungen, die weder die Brauchbarkeit berühren, noch die Sachsubstanz verletzen (und daher kein „Beschädigen" sind). Ein Beispiel wäre das Bekleben eines Trafokastens mit Plakaten sowie das nicht die Substanz verletzende Aufbringen von *Graffiti*. Um die Erfassung von Graffiti ging es dem Gesetzgeber dabei auch vor allem.[428]

Schon nach dem Gesetzeswortlaut sind unerhebliche und vorübergehende (also rückstandslos von selbst verschwindende) Veränderungen indes nicht umfasst.

Praxisbox:

Wie bereits in vorherigen Kapiteln beschrieben, kennt das *Strafrecht keine „fahrlässige Sachbeschädigung"*. Besteht also kein Anfangsverdacht für vorsätzliches Handeln, ist *kein Straf*verfahren wegen einer Tat nach § 303 StGB einzuleiten.

Allerdings ist die Beschädigung einer fremden Sache *immer rechtlich relevant*: Sie kann *(zivilrechtliche) Schadenersatzansprüche* des Eigentümers auslösen und sie kann auf *öffentlich-rechtlichen* Verstößen beruhen, die es (polizeirechtlich) abzustellen oder als Ordnungswidrigkeit zu ahnden gilt.

Dementsprechend ist in der polizeilichen Praxis stets *genau zu prüfen*, unter welchen Umständen sich eine Sachbeschädigung ereignet hat, denn die Art der Behandlung und die Rechtsfolgen können sehr unterschiedlich sein!

Besonders häufig begegnet diese Problematik dabei im Zusammenhang mit *Verkehrsunfällen*. Hier gilt:

Gibt es keinen Hinweis darauf, dass die Beschädigung einer Sache im Rahmen eines Unfallgeschehens vorsätzlich erfolgte (oder sonst eine Straftat begangen worden sein könnte), so ist dann (nur) einerseits der Verkehrsunfall *aufzunehmen*, soweit ein solcher vorliegt, und andererseits, die *(privaten) Rechte der betroffenen Bürger zu schützen*, indem man einen Verursacher ermittelt und gemäß der erlassmäßigen Standards die Personalien austauscht und so ein zivilrechtliches Verfahren sichert.

Diese strikte Trennung von Sachbeschädigung und Verkehrsunfall ist in einigen Fällen jedoch nicht immer einfach. So ist der gegen ein Auto rollende Einkaufswagen nach Auffassung des OLG Düsseldorf ein „mit dem öffentlichen Straßenverkehr und seinen typischen Gefahren ursächlich zusammenhängendes Ereignis (…)" und somit ein Verkehrsunfall.[429] Umstritten ist jedoch, ob beim reinen Beladen des Fahrzeuges ein Verkehrsunfall oder – wenn etwa ein Schaden an einem Nachbarfahrzeug verursacht wird – nur eine „fahrlässige Sachbeschädigung" vorliegt, die alleine zivilrechtliche Ansprüche auslöst.

428 Vgl. Weidemann, BeckOK, StGB, 49. Edition 1.2.2021, § 303 Rn. 17 ff.

429 Vgl. OLG Düsseldorf, NStZ 2012, 326.

Besteht der Verdacht auf eine *vorsätzliche* Sachbeschädigung, aber begangen *im Rahmen* einer *(noch) verkehrstypischen Gefahr*, etwa ein bedingt vorsätzliches Beschädigen eines benachbarten Kfz beim Ausparken, ist sowohl der Verkehrsunfall *aufzunehmen*, als auch ein *Straf*verfahren *einzuleiten*.

Hingegen *gar kein* Verkehrsunfall, sondern stattdessen nur eine – zur Verfolgung *zwingende* – *Straftat* (auch) nach § 303 StGB liegt bei vorsätzlichem Handeln vor, wenn dies *keine Folge* einer typischen Verkehrsgefahr, sondern *„verkehrsfremd"* ist, bspw. dem Bewerfen eines langsam fahrenden Fahrzeuges aus einem fahrenden Lkw heraus oder bei einem Beifahrer, der „aus Spaß" eine Mülltonne aus dem geöffneten Fahrzeugfenster hinter sich herzieht und irgendwann loslässt, woraufhin diese ein anderes Auto beschädigt.[430]

Im Rahmen eines Ereignisses im Straßenverkehr kann die Beschädigung einer Sache also je nach Fall (allein oder nebeneinander) ein *Verkehrsunfall*, eine (nur) *„fahrlässige"* oder eine *vorsätzliche Sachbeschädigung* sein – und bei jeder Erscheinungsform sind andere Maßnahmen einschlägig!

j. Gemeinschädliche Sachbeschädigung, § 304 StGB

In **§ 304 StGB** findet sich eine weitere Norm, die Sachbeschädigungen unter Strafe stellt, allerdings in Klausur und Praxis *eher selten* ist. Die Norm schützt anders als § 303 StGB *nicht* jede beliebige Sache, sondern nur die in § 304 I StGB *abschließend aufgezählten*. Geschützt werden diese dabei – wiederum anders als bei § 303 StGB – nicht, um das Eigentum daran zu schützen, sondern wegen ihres Nutzungswertes für die Allgemeinheit. *Täter* kann also *auch der Eigentümer* sein! Wegen dieser anderen Schutzrichtung ist § 304 StGB ein *selbstständiger* Straftatbestand und *keine* Qualifikation zu § 303 StGB.[431]

Das Prüfungsschema für § 304 StGB sieht wie folgt aus:

Objektiver Tatbestand:

- **Tatobjekt: eine in Absatz 1 aufgezählte Sache**
- **Tathandlung: Beschädigen, Zerstören oder Verunstalten**
- **Kausalität/objektive Zurechnung**

Subjektiver Tatbestand: Vorsatz

Rechtswidrigkeit

Schuld

---

430 Vgl. Kudlich, BeckOK, StGB, 49. Edition 1.2.2021, § 142 Rn. 6.1.

431 Vgl. Weidemann, BeckOK, StGB, 49. Edition 1.2.2021, § 304 Rn. 2 f.

Die Tathandlungen entsprechen § 303 StGB. Bezüglich der Tatobjekte kann in der Klausur direkt unter den Wortlaut subsumiert werden.

k. Hausfriedensbruch, § 123 StGB

Der Hausfriedensbruch ist ein in der Praxis *gängiges* Delikt. Oft ist der Tatverdächtige bekannt oder kann im Nachgang ermittelt werden. Schutzzweck der Norm ist es, den Berechtigten vor unbefugtem Eindringen oder Verweilen in den oben genannten Objekten zu schützen. *Schutzgut* ist daher das *Hausrecht*.

Die *Tatbestandsmerkmale* sind dem *Normtext* wie folgt zu entnehmen:

§ 123 StGB

(1) Wer in die Wohnung*, in die* Geschäftsräume *oder in das* befriedete Besitztum *eines anderen oder in* abgeschlossene Räume*, welche zum öffentlichen Dienst oder Verkehr bestimmt sind,* widerrechtlich eindringt*, oder wer, wenn er ohne Befugnis darin* verweilt, auf die Aufforderung des Berechtigten sich nicht entfernt*, wird (…) bestraft.*

Nach § 123 II StGB ist Hausfriedensbruch ein *absolutes Antragsdelikt*.

Das „Prüfungsschema für Hausfriedensbruch, § 123 StGB", lautet also:

Strafantrag

Objektiver Tatbestand:

- **Tatobjekt:**
  - **Wohnung**
  - **Geschäftsräume**
  - **Zum öffentlichen Dienst oder Verkehr bestimmte Räume**
  - **Befriedetes Besitztum**
- **Tathandlung:**
  - **Eindringen gegen den Willen des Berechtigten**
  - **Verweilen trotz Aufforderung zum Entfernen**

Subjektiver Tatbestand: Vorsatz

Rechtswidrigkeit

Schuld

Die Strafbarkeit des Hausfriedensbruchs soll an den folgenden Beispielsfällen erläutert werden, die auch in der polizeilichen Praxis am häufigsten vorkommen.

Fall 1:

Der Sicherheitsdienst des Citycenters S-Stadt stellt den – wieder einmal – angetrunkenen L fest. Dieser hat bereits in der Vergangenheit einige Straftaten zum Nachteil des H-Marktes (innerhalb des Citycenters) begangen. Ihm wurde nachweislich vor drei Monaten durch den Marktleiter des H-Marktes das Hausverbot für ein Jahr ausgesprochen, welches auch für den Bereich des Citycenters gilt. Nun ist der L wieder dort aufgeschlagen. Er guckt lediglich etwas benommen in der Gegend rum, begeht allerdings keine Straftaten. Oder doch?

In Betracht kommt hier *allein* ein Hausfriedensbruch nach § 123 StGB – denn jenseits davon tut L nichts Strafbares.

Strafbarkeit des L mach *§ 123 StGB*:

***Objektiver* Tatbestand:**

Als *Tatobjekt* käme ein „**Geschäftsraum**" in Betracht – denn das Einkaufszentrum ist ersichtlich ein Gebäude, dass geschäftlichen Zwecken, nämlich hier dem Handel, dient. Es lässt sich also problemlos feststellen, dass es sich im vorliegenden Fall um einen Geschäftsraum handelt.

Die **Definition „Geschäftsraum"** lautet insoweit: Abgeschlossene Betriebs- und Verkaufsstätten, die vorübergehend oder dauerhaft gewerblichen, künstlerischen, wissenschaftlichen oder ähnlichen Zwecken dienen.[432]

„Geschäftsräume" ist dabei ein *weit gefasster* Begriff, der auch in der polizeilichen Praxis der Regelfall der angezeigten Taten nach § 123 StGB ist. Geschäftsräume können nahezu alle Räumlichkeiten sein, die dem *öffentlichen oder teilöffentlichen Leben gewidmet* sind, z. B. Arztpraxen, Warenhäuser, Ladenlokale, Diskotheken oder Bundesligastadien.[433]

Als *Tathandlung* käme im Fall ein **Eindringen** in Betracht.

Im vorliegenden Fall ist zwar nicht genau beschrieben, wie der L das Objekt betritt, ein faktisches Betreten liegt jedoch mit dem Antreffen des L mitten in dem geschützten Ort vor.

Dieses Betreten erfolgt hier auch ganz eindeutig *gegen den Willen des Berechtigten* – denn dem L wurde durch den Marktleiter des H-Marktes

432 Vgl. Nimtz, Strafrecht für Polizeibeamte, Band 2, 5. Auflage 2018, Rn. 491.

433 Vgl. Rackow, BeckOK, StGB, 49. Edition 1.2.2021, § 123 Rn. 7.1.

wirksam ein einjähriges Hausverbot für das ganze Center ausgesprochen. Es ist vorliegend nicht davon auszugehen, dass der Markt(-leiter) seine Einstellung dazu grundlegend geändert hat, noch dass das Hausverbot zurückgenommen wurde. Man wollte L dort also „nicht mehr sehen".

> Die **Definition für „Eindringen (gegen den Willen des Berechtigten)"** lautet daher: Hineingelangen in die geschützten Räume gegen den Willen des Berechtigten.[434]

Ein „Eindringen" liegt im Fall also vor. Der L verwirklicht somit auch die geforderte Tathandlung des Betretens gegen den Willen des Berechtigten – womit der *objektive* Tatbestand des Hausfriedensbruchs *gegeben* wäre.

Beachte *noch* zum *Eindringen*:

Die Voraussetzung ist zunächst das *Hineingelangen* in eine der genannten Räumlichkeiten, was voraussetzt, dass die Person einen geschützten Bereich *betritt. Betreten* meint, dass diese Person mit *einem Teil des Körpers hineingelangt*. Beispiele: Fuß in die Tür[435] oder Hineinbeugen mit dem Oberkörper[436]. Das Hineinwerfen von Dingen ist von dem Begriff des Betretens jedoch nicht erfasst.[437]

Der L handelte im Fall auch mit *Vorsatz* in Bezug auf die einschlägigen Tathandlungen. Er wusste namentlich auch um das Hausverbot. Rechtfertigungsgründe sind nicht erkennbar. Der L ist lediglich leicht alkoholisiert und zeitlich und örtlich orientiert. Schuldausschließungsgründe kommen daher auch nicht in Betracht. Er hat sich somit eines Hausfriedensbruchs gem. *§ 123 StGB strafbar* gemacht.

> **Fall 2:**
>
> Die P empfängt in ihrer geräumigen Dachgeschosswohnung den M. Dieser kommt gelegentlich zu Besuch. Einige Zeit unterhalten sich die beiden angeregt über die neusten Entwicklungen in den Medien. Kurz darauf kommt es bei einem Thema zu heftigen Meinungsverschiedenheiten, woraufhin die P den M auffordert, die Wohnung zu verlassen. M lacht einmal laut auf, verbleibt jedoch in der Wohnung. Strafbarkeit von M nach *§ 123 StGB*?

***Objektiver* Tatbestand:**

Tatobjekt kann hier mit der Dachgeschosswohnung der P eine **Wohnung** sein.

---

434 Vgl. BGHSt 68, 551.

435 Vgl. BGH bei Dallinger MDR 1955, 144.

436 Vgl. Rackow, BeckOK, StGB, 49. Edition 1.2.2021, § 123 Rn. 12 m. w. N. (auch zur Gegenansicht).

437 Vgl. Fischer, StGB, 68. Auflage 2021, § 123 Rn. 15.

Die **Definition „Wohnung"** lautet: Alles, was Menschen zur ständigen Benutzung dient und nicht nur Arbeitsstätte ist.[438]

Beachte *noch* zum Begriff „*Wohnung*" in § 123 StGB:

Unter der Definition lassen sich zahlreiche Varianten fassen, welche durch die Rechtsprechung weiter konkretisiert und ausgeweitet worden sind. So kann zu dem plastischen Begriff der Wohnung auch eine Unterkunft in einer Obdachlosenbaracke, das Zimmer eines Hotelgastes oder sogar ein einfaches Zelt gehören. Neben diesen „fest installierten" Wohnungen gibt es auch die Variante der beweglichen Räumlichkeiten. So z. B. bei Wohnmobilen oder Schlafkabinen von Lkw. Ebenso sind Nebenräume wie Keller/ Waschräume oder Treppenaufgänge angeschlossen.[439]

Erforderlich ist im Fall weiter eine *Tathandlung.*

Nun gestaltet sich der Sachverhalt anders als in Fall 1. Wohingegen immer noch ein geeignetes Tatobjekt – hier natürlich die Wohnung – recht eindeutig vorliegt, *fehlt es* ebenso eindeutig an dem *Betreten* gegen den Willen des Berechtigten. Denn der M kommt ja *auf Einladung* der P, welche ihn daher auch – wie auch sonst üblich – *freiwillig* in ihre Wohnung einlässt. Allerdings verschwindet der M nicht, als die P ihn „rauswirft". In Betracht kommt vorliegend daher die Tathandlung des **Verweilens trotz Aufforderung zum Entfernen**.

Beachte zur Tathandlung des „*Verweilens trotz Aufforderung*":

Diese Variante meint vor allem Fälle eines *zunächst* im Einvernehmen mit dem Berechtigten erfolgten Betretens, bei dem aber eine im Objekt erfolgte Anweisung des Berechtigten, sich *nun* zu entfernen, schlicht *nicht befolgt* wird. Das Verweilen trotz Aufforderung stellt dabei die Verwirklichung des Tatbestandes *durch Unterlassen* dar, womit es sich bei dieser Variante um ein *echtes Unterlassungsdelikt* handelt.[440]

M war im Fall mit Einverständnis der P in die Wohnung gelangt. Nach vorangegangenen Streitigkeiten änderte die P ihre Meinung aber und wollte M nicht mehr dahaben. Sie hat als Hausrechtsinhaberin (sei sie nun Mieterin oder Eigentümerin) auch das Recht, entsprechend darüber zu entscheiden, wer in ihrer Wohnung verweilt. Sie hat also in der Folge dem M eine Aufforderung zum Entfernen aus der Wohnung gegeben. Damit übt sie ihr

438 Vgl. Fischer, StGB, 68. Auflage 2021, § 123 Rn. 5.

439 Vgl. Schönke/Schröder/Sternberg-Lieben/Schittenhelm, StGB, 30. Aufl. 2019, § 123 Rn. 4.

440 Vgl. Schönke/Schröder/Sternberg-Lieben/Schittenhelm, StGB, 30. Aufl. 2019, § 123 Rn. 27.

Hausrecht aus, dem M Folge zu leisten hat. M bleibt sitzen und *erfüllt* damit das Merkmal des „Verweilens".

M handelte ferner absichtlich und mithin mit Vorsatz sowie rechtswidrig und schuldhaft und ist nach *§ 123 StGB strafbar*.

Fallfortschreibung:

Nach einigem Gekeife und Anfeindungen verlässt der M die Wohnung der P. Glücklich darüber, dass sie sich nun nicht mehr mit den Meinungen von M rumschlagen muss, lässt sich die P in ihren Sessel sinken. Die Stille wird jedoch gestört. Die P eilt zum Fenster und sieht, wie M, der zunächst das Grundstück verlassen hatte, über den Gartenzaun (welcher den gesamten Garten lückenlos umgibt) steigt, sich provokant vor der Tür aufbaut und sich eine Zigarette anzündet. Die P beschließt nun, dass es ihr reicht und sie nun die Polizei verständigen werde. (Erneute) Strafbarkeit des M?

Nun wird abschließend noch die dritte Fallkonstellation mit eingearbeitet. Auch hier geht es um eine Strafbarkeit des M nach *§ 123 StGB* und ist mit dem *objektiven* Tatbestand zu beginnen.

Es bedarf eines tauglichen *Tatobjekts*. Der Garten stellt natürlich weder eine Wohnung, noch einen Geschäftsraum dar. Aber der Garten kann, mit umschließendem Gartenzaun, **umfriedetes Besitztum** sein.

Die **Definition für „umfriedetes Besitztum"** lautet: ein nach außen sichtbar eingehegtes Grundstück.[441]

Über die Variante „umfriedetes Besitztum" sind auch *alle irgendwie eingezäunten Gärten* pp. taugliches Tatobjekt. Voraussetzung ist aber eine Einhegung, die auch dazu dient, Fremde abzuhalten. Dabei kommt es nicht darauf an, dass eine lückenlose Sicherung vorliegt oder eine wesentliche Erschwerung des Zutritts gegeben ist (Bsp. Sicherung eines Zugangs mit einer dünnen Holzplatte, die zusätzlich mit Kabelbindern befestigt ist). Es reicht etwa eine niedrige Hecke. Ein nicht *un*eingezäuntes Grundstück fällt indes *nicht* darunter.[442]

Im Fall war der Garten geschlossen umzäunt und damit *befriedetes Besitztum*.

M drang im Fall auch gegen den Willen der P in den Garten ein und handelte ferner absichtlich und mithin mit Vorsatz sowie rechtswidrig und schuldhaft und ist nach *§ 123 StGB strafbar*.

441 Nimtz, Strafrecht für Polizeibeamte, Band 2, 5. Auflage 2018, Rn. 491.

442 Vgl. Fischer, StGB, 68. Auflage 2021, § 123 Rn. 8.

Nicht aufgegriffen wurde in den Fällen das Tatobjekt der „**zum öffentlichen Verkehr oder Dienst bestimmten Räume**“, die an dieser Stelle daher kurz fallunabhängig erläutert werden sollen.

Zum **öffentlichen Dienst bestimmte Räume sind (Definition)**: Räume, in denen bestimmungsgemäß auf öffentlich-rechtlichen Vorschriften beruhende Tätigkeiten verrichtet werden. Gemeint sind etwa Schulgebäude, Gerichtssäle, Beratungsraum eines Gemeinderates.[443]

Zum **öffentlichen Verkehr bestimmte Räume sind (Definition)**: Räume, die dem Personen- oder Güterverkehr dienen und allgemein zugänglich sind. Beispiele wäre etwa Straßenbahnwagen, Omnibusse, Flugzeuge, Wartesäle, Bahnhofshallen, etc.[444]

Praxisbox:

Das *Einsatzstichwort „Hausfriedensbruch“* wird bei diversen Einsätzen als Grundlage angeführt werden. Ob im Endeffekt tatsächlich ein Hausfriedensbruch vorliegt, ist im Regelfall fraglich und muss dezidiert *geprüft* werden, um Folgemaßnahmen treffen zu können. In einigen Fällen können Folgemaßnahmen rechtswidrig sein und weitreichende Folgen haben.

Nehmen wir den folgenden *Beispielsfall*:

Der Vermieter V meldet sich über den Notruf der Polizei und gibt an, dass sein Mieter M bereits seit zwei Monaten keine Miete mehr bezahlt. Er habe ihn nun neulich im Hausflur getroffen und ihm ein Hausverbot ausgesprochen. Dieses Hausverbot habe er schriftlich noch einmal bestätigt. Entsprechende Unterlagen könne er vorlegen. Bisher würde der M nicht reagieren und auch die Tür nicht mehr öffnen. V bittet nun um polizeiliche Unterstützung und Durchsetzung des Hausverbots.

Dies ist ein gängiger Sachverhalt in der polizeilichen Praxis. Im Regelfall sind durchzuführende Maßnahmen in solchen Konstellationen jedoch *stark beschränkt*. Ein *Hausfriedensbruch* scheidet nämlich regelmäßig aus. Hier ist nun maßgeblich, dass der M als Mieter grundsätzlich ein Recht hat, sich in der gemieteten Wohnung aufzuhalten. Allein durch die Nichtzahlung der Miete verwirkt der M *nicht* sein Recht auf Nutzung der Wohnung.[445] Der V kann auf Grundlage des Mietvertrages seinen Anspruch gegen den M *vor einem Zivilgericht* geltend machen und zur Not – *zivilgerichtlich* – einen Räumungstitel erwirken (welcher dann wiederum, bei entsprechenden zureichenden Anhaltspunkten auf eine gewalttätige Eskalation der Situation, auf Anregung des zuständigen Gerichtsvollziehers mit Unterstützung der Polizei durchgeführt werden

443 Vgl. Schönke/Schröder/Sternberg-Lieben/Schittenhelm, StGB, 30. Aufl. 2019, § 123 Rn. 8.
444 Vgl. Schönke/Schröder/Sternberg-Lieben/Schittenhelm, StGB, 30. Aufl. 2019, § 123 Rn. 9.
445 Vgl. Fischer, StGB, 68. Auflage 2021, § 123 Rn. 39.

kann). Liegt jedoch ein Räumungstitel, bei dessen Vollstreckung die Polizei (dem Gerichtsvollzieher) Amtshilfe leisten soll, nicht vor, *endet* die polizeiliche Maßnahme mit einem aufklärenden Bürgergespräch!

In einigen Fällen dieser Art handeln Vermieter aus Unkenntnis, in einigen Fällen aber auch, um die Polizei „einzuspannen" und ein langes zivilrechtliches Verfahren „abzukürzen". Polizeiliche Maßnahmen (außer u. U. der Austausch von Personalien, die in solchen Fällen untereinander aber meist bekannt sein dürften) und insbesondere Zwangsmaßnahmen scheiden hier aber aus und wären bei entsprechender Durchführung regelmäßig rechtswidrig.

Schreitet der Vermieter, was ebenfalls durchaus vorkommt, *einfach eigenmächtig* zur Tat, nämlich durch eigenständige Türöffnung (wenn der Mieter nicht da ist) und Austausch der Schlösser, begeht er sogar regelmäßig selbst einen *Hausfriedensbruch*[446] (und verwirklicht sogenannte *verbotene Eigenmacht* im Sinne des § 859 BGB, wogegen sich der Mieter, wenn er es zeitnah tut, sogar durch selbstständige Wiederherstellung seines Besitzes an der Wohnung wehren darf[447]).

446 Vgl. Schönke/Schröder/Sternberg-Lieben/Schittenhelm, StGB, 30. Aufl. 2019, § 123 Rn. 33.

447 Vgl. Schäfer, Münchener Kommentar zum BGB, 8. Auflage 2020, § 859 Rn. 14 f.

8. Urkundsdelikte

a. Urkundenfälschung § 267 StGB

aa. Einführung

Die Urkundenfälschung ist eines der *„größeren" Themenfelder* mit recht hohen Fallzahlen in der Praxis ebenso wie einer gewissen Beliebtheit unter Klausurerstellern. In ihrer Grundstruktur ist die Norm dabei recht schlicht, sodass sich ein Prüfungsschema anhand des Normtexts leicht erschließen lässt. Allerdings gibt es in der Sache doch reichlich *„Überraschungen"*, denn die Norm ist teils deutlich *anders* zu verstehen, als juristische Laien annehmen.

Zunächst aber zum Gesetzestext. Diesem sind die folgenden *Tatbestandsmerkmale* zu entnehmen:

§ 267 StGB

(1) Wer zur Täuschung im Rechtsverkehr *eine* unechte Urkunde herstellt, *eine* echte Urkunde verfälscht *oder eine unechte oder verfälschte Urkunde* gebraucht, *wird mit Freiheitsstrafe bis zu fünf Jahren oder mit Geldstrafe bestraft.*

Bezugsobjekt bzw. Tatobjekt ist also jeweils eine *„Urkunde"*. Tat*handlungen* gibt es drei bzw. *vier*: Unechte Urkunde herstellen, echte Urkunde verfälschen, unechte Urkunde gebrauchen, verfälschte Urkunde gebrauchen. *Subjektiv* erforderlich ist wie stets Vorsatz und daneben die *Absicht zur Täuschung im Rechtsverkehr.*

Wie bei den Vermögensdelikten, also etwa Diebstahl, Raub und Betrug, gibt es auch hier mithin ein *weiteres subjektives Element* neben dem Vorsatz. Die Täuschung im Rechtsverkehr muss also, wie etwa die rechtswidrige Zueignung beim Diebstahl, nicht erfolgt sein, damit das Delikt vollendet ist. Sie muss bei der Vornahme der Tathandlung *nur beabsichtigt* sein.

Es ergibt sich so folgendes Prüfungsschema für § 267 StGB:

Objektiver Tatbestand:

- **Tatobjekt „Urkunde"**
- **Tathandlungen:**
  - **Unechte Urkunde herstellen**
  - **Echte Urkunde verfälschen**

- **Unechte Urkunde gebrauchen**
- **Verfälschte Urkunde gebrauchen**

Subjektiv Tatbestand:

- **Vorsatz**
- **Absicht zur Täuschung im Rechtsverkehr**

Rechtswidrigkeit

Schuld

bb. Urkundsbegriff und Tathandlung „Herstellen einer unechten Urkunde“

Ist diese Grundstruktur noch relativ einfach, so ergeben sich bei der Befassung mit den jeweiligen Merkmalen einige *Besonderheiten* und *Überraschungen*. Diese seien an nachfolgendem ersten Sachverhalt erläutert:

Fall 1:

Der F sitzt mit seinen drei Skatbrüdern im Gasthaus. Er hat, wie jeder Gast, einen Bierdeckel vor sich, auf dem „Radeberger Pilsener“ steht und auf dem der Kellner mit Strichen festhält, was F bestellt und erhalten hat. F will nun eine erste Runde für seine Skatbrüder schmeißen und bestellt vier große Pils. Als der Kellner K diese bringt, erkennt er den F, mit dem er befreundet ist, stellt die vier Bier dem F und seinen Skatbrüdern hin und flüstert F, weil er selbst noch etwas in Händen hält, dann zu, die Striche zu machen, aber nur drei Striche, was F auch tut. Strafbarkeit des K (zu diesem Zeitpunkt)?

Beachte zunächst: Gefragt ist nach der Strafbarkeit *des K, nicht* des F, F ist nicht zu prüfen!

Beachte ferner: *Im Moment des Notierens* der Striche kommt neben § 267 StGB *nichts sonst* in Betracht. Insbesondere liegt in diesem Moment noch kein Betrug vor, da K niemanden täuscht. Falls K später ein Bier zu wenig kassiert und danach, etwa nach Dienstschluss, seinem Chef gegenüber so tut, als habe er alle ausgegebenen Getränke richtig abkassiert, läge darin ein Betrug. Aber auch *erst dann*, denn vorher täuscht der K niemanden.

Zu prüfen ist also *§ 267 StGB.*

***Objektiver* Tatbestand:**

Das Tatobjekt müsste eine **Urkunde** sein.

Damit ist bei § 267 StGB *stets zu beginnen.*

> Die **Definition „Urkunde"** lautet: Eine Urkunde ist eine sichtbare und verkörperte Gedankenerklärung, die ihren Aussteller erkennen lässt und geeignet und bestimmt ist, im Rechtsverkehr Beweis zu erbringen.[448]

Zu prüfen ist unter dem Merkmal „Urkunde" danach **dreierlei**:

- Sichtbare und verkörperte menschliche Gedankenerklärung
- Ausstellererkennbarkeit
- Beweisbestimmung und -eignung

Ähnlich wie etwa beim Merkmal „Wegnahme" bei § 242 StGB ist also auch hier unter einem Merkmal nicht einfach in einem Schritt zu subsumieren, sondern nach der Definition **in drei Schritten** *nacheinander* das Merkmal abzuprüfen.

Im Fall zu klären ist mithin zuerst:

Ist der Bierdeckel eine „**sichtbare und verkörperte Gedankenerklärung**"?

Dies ist zu bejahen: Er ist eine Gedankenerklärung, da er eine Zählung der Biere, die (angeblich) konsumiert wurden, enthält. Diese Gedankenerklärung ist auf der Pappe erkennbar verkörpert.

Dass diese „Verkörperung" dabei nicht für die Ewigkeit ist, schadet nicht. Jede „Materialisierung" reicht hier.

Schon jetzt zeigt sich, dass der Urkundsbegriff in § 267 StGB *weiter* ist als der umgangssprachliche Begriff der Urkunde. Man würde den Bierdeckel wohl umgangssprachlich nicht als „Urkunde" bezeichnen, weil man dabei eher an so etwas wie schriftlich fixierte Kaufverträge oder Zeugnisse, also zumindest schriftliche Dokumentationen denken würde. *Im strafrechtlichen Sinne* aber kann eben *jede* verkörperte Gedankenerklärung, wenn die weiteren Voraussetzungen vorliegen, eine Urkunde sein!

Urkunden i. S. d. § 267 StGB sind also:

- Urkunden im *umgangssprachlichen* Sinne, also *verschriftliche* Erklärungen, sowie
- sogenannte *„Beweiszeichen"* jedweder Art, also alle verkörperten Zeichen mit *Erklärungswert.*[449]

Weitere Beispiele für Beweiszeichen wären etwa: Ohrmarken an Tieren, Signatur eines Künstlers, Einlassstempel einer Diskothek.

448 Vgl. Joecks/Jäger, StGB, 12. Auflage 2018, § 267 Rn. 16.

449 Vgl. Weidemann, BeckOK, StGB, 49. Edition 1.2.2021, § 267 Rn. 8.

Keine Beweiszeichen sind hingegen bloße *Augenscheinsobjekte* (Blutfleck, Fingerabdruck), denn diese sind nicht Verkörperung von menschlichen *Gedanken*.[450]

Indem auch Beweiszeichen Urkunden sind, nimmt der BGH eine erheblich *erweiterte* Anwendung von § 267 StGB vor. Hier wird die Norm also sehr viel weiter verstanden, als man dies umgangssprachlich erwarten würde.

Keine Urkunden sind allerdings *nur elektronisch gespeicherte* Daten, da sie als solche keine sichtbaren und dauerhaft verkörperten Gedankenerklärungen sind.[451] Eine bloß am Bildschirm geöffnete Mail ist also keine Urkunde. Wird die Mail hingegen ausgedruckt, läge (wenn auch die übrigen Merkmale vorliegen) eine sichtbare und dauerhaft verkörperte Gedankenerklärung und damit eine Urkunde vor. Diese Nichterfassung nur elektronisch gespeicherter Daten bei § 267 StGB hat (ähnlich wie die Nichterfassung der „Täuschung" von Computern bei § 263 StGB) den Gesetzgeber veranlasst, hierfür Spezialnormen zu schaffen (wie parallel zum Betrug § 263a StGB), v. a. § 269 StGB. Dazu später im Buch mehr.

Im Fall als Nächstes zu prüfen ist die **Ausstellererkennbarkeit**.

Diese ist zunächst ein Problem: Der Bierdeckel selber weist keine Bezüge gerade zu diesem Gasthof auf. Gleiches gilt für die Striche, die so überall gemacht werden. Zunächst scheint die Ausstellererkennbarkeit also zu fehlen.

Aber: Erkennbar ist der Aussteller *zumindest insofern,* als jeder, der an diesem Abend in diese Kneipe käme, den Bierdeckel als Erklärung des für diesen Tisch zuständigen Kellners dieses Restaurants ansehen würde. Zumindest *im Kontext* der „Urkunde" liegt eine Ausstellererkennbarkeit also vor.

Das soll *jedenfalls dann,* wenn eine solche Zuordnung *im Rechtsverkehr anerkannt* ist, *reichen*![452]

Auch hier fasst man den § 267 StGB also *recht weit*: Zwar soll sich die Erkennbarkeit des Ausstellers *aus der Urkunde selbst* ergeben. Es soll aber dabei *genügen*, wenn die Herkunft der Erklärung aus der Gestalt der verwendeten Symbole erkennbar ist. Selbst eine Ausstellererkennbarkeit in einem bestimmten, auch nur temporären, *Kontext* kann wie bei dem Bierdeckel reichen, wenn eine solche Zuordnung – wie etwa bei Bierdeckeln in Kneipen oder bei Preisschildern in Geschäften – *im Rechtsverkehr üblich* ist.[453]

---

450 Vgl. Joecks/Jäger, StGB, 12. Auflage 2018, § 267 Rn. 21.

451 Vgl. Joecks/Jäger, StGB, 12. Auflage 2018, § 267 Rn. 23.

452 Vgl. Weidemann, BeckOK, StGB, 49. Edition 1.2.2021, § 276 Rn. 13.1.

453 Vgl. Erb, Münchener Kommentar zum StGB, 3. Auflage 2019, § 276 Rn. 24 m. w. N.

Ein weiteres Problem im Fall ist freilich, *wer* hier eigentlich der Aussteller ist. „Verfasst" hat den Bierdeckel ja der (nicht zu prüfende) F, da dieser die Striche aufgebracht hat. „*Veranlasser*" und „geistiger Vater" des Inhalts dieser Urkunde ist aber der K: Er hat entschieden, welche Gedankenerklärung verkörpert werden soll. Der F hat lediglich Ks Erklärung physisch umgesetzt.

In solchen Fällen gilt: *Aussteller* ist der *geistige Veranlasser* der Urkunde – also hier der K.

Bittet der Chef also seine Sekretärin zum Diktat und schreibt diese dann dessen Gedanken nieder, ist nicht die Sekretärin Aussteller, sondern nur der Chef, auch wenn dieser physisch nichts niedergeschrieben hat.[454]

Im Fall handelt der F wie gesagt *für den K* und *Aussteller ist* damit der *K.*

Im Fall weiter zu prüfen ist nun die **Beweisbestimmung und -eignung**.

Gemeint ist die Frage, ob die verkörperte Erklärung *irgendetwas Rechtserhebliches* beweisen soll (was auch immer dies sein mag).[455] Nur wenn die verkörperte Erklärung *nichts* rechtlich Relevantes als Zweck hat, fehlt es an dieser Voraussetzung. Dies wäre etwa der Fall, wenn Sie einem Kommilitonen als reinen Partygag zum Geburtstag eine „Bachelorurkunde" der Polizeihochschule basteln.

Im Fall ist bei dem Bierdeckel die Beweiseignung und -bestimmung problemlos zu bejahen: Er soll Beweis über die zu zahlenden Getränke erbringen.

Im Gegensatz zu den beiden Merkmalen zuvor ist dieses meist unproblematisch zu bejahen oder zu verneinen.

Hinzuweisen ist daher nur noch darauf, dass die Beweisbestimmung *von Beginn an* vorliegen kann (so im Fall), aber auch erst *später entstehen.* Ein Bsp. für Letzteres wäre ein Tagebucheintrag, der zum Beweismittel in einem Strafverfahren wird.

Im Fall liegt eine *Urkunde* also vor.

Als Nächstes bedarf es einer **Tathandlung**:

Hier kommt das **Herstellen einer unechten Urkunde** in Betracht, da es laut Sachverhalt um die *ersten Striche* auf diesem Bierdeckel geht, mit denen dieser überhaupt erst zu einer Urkunde und damit (neu) hergestellt wird.

Freilich müsste die so hergestellte Urkunde **unecht** sein. Ob dies der Fall ist, bedarf nun zunächst einer *Vorüberlegung*:

Was an der „Urkunde" Bierdeckel *stimmt*, was *stimmt nicht*?

---

454 Vgl. Weidemann, BeckOK, StGB, 49. Edition 1.2.2021, § 276 Rn. 13.
455 Vgl. Weidemann, BeckOK, StGB, 49. Edition 1.2.2021, § 276 Rn. 10 ff.

Es *stimmt (z. T.) nicht*: der *Inhalt*. Die Urkunde dokumentiert ein Bier zu wenig. Der Inhalt stimmt zwar insofern, als laut Bierdeckel drei Bier getrunken wurden, was ja auch der Fall ist. Der Bierdeckel enthält aber zugleich die Erklärung, *alle* getrunkenen Getränke zu dokumentieren, und damit die Erklärung, dass *nur* drei Bier bestellt wurden und das ist *falsch*.

Es *stimmt* hingegen: der *Aussteller*. Erkennbarer Aussteller ist der Kellner K. Da dieser auch der geistige Veranlasser ist, ist er auch der tatsächliche Aussteller.

Die Urkunde ist also *inhaltlich falsch, stammt aber* von der Person, von der sie auch zu stammen *scheint*.

Die alles entscheidende Frage: Ist diese Urkunde damit „unecht"?

Hier gibt es nun eine *Überraschung*, denn es gilt der *Grundsatz:*

§ 267 StGB schützt *nur* die Echtheit der Urkunde, *nicht* die Wahrheit!

„Falsch" ist eine Urkunde also *nur*, wenn *erkennbarer* und *tatsächlicher* Aussteller *nicht* identisch sind.

Bsp.: B unterschreibt unerlaubt mit As Namen.

Eine *bloße inhaltliche Unrichtigkeit* macht die Urkunde im Sinne des § 267 StGB *nicht „unecht"*. „Nur" inhaltlich unrichtige Urkunden, also *„schriftliche Lügen"*, sind als solche mithin *keine* Urkundenfälschung.[456]

Bsp.: B gibt in einem Fragebogen sein Einkommen zu hoch an, unterschreibt diesen aber richtig mit seinem Namen.

So kommt man dann auch zur

> **Definition für „Herstellen einer unechten Urkunde":**
>
> Das Ausstellen einer Urkunde, bei der der aus ihr erkennbare und der tatsächliche Aussteller nicht identisch sind.[457]

Während also beim Urkundsbegriff der BGH § 267 StGB sehr viel weiter fasst, als man dies umgangssprachlich tun wurde, fasst er ihn beim *Begriff der Unechtheit viel enger* – indem er bloße schriftliche Lügen von einer Strafbarkeit nach § 267 StGB ausnimmt.

Wie sieht es nun *im Fall* aus: Ist die hergestellte Urkunde „unecht"?

Zu prüfen ist dies, indem geschaut wird, ob der (aus der Urkunde) erkennbare und der tatsächliche Aussteller auseinanderfallen oder nicht:

---

456 Vgl. Joecks/Jäger, StGB, 12. Auflage 2018, § 276 Rn. 57 ff.

457 Vgl. Weidemann, BeckOK, StGB, 49. Edition 1.2.2021, § 276 Rn. 21.

Erkennbarer Aussteller ist der Kellner *K. Tatsächlicher* Aussteller (als geistiger Urheber) ist – ebenfalls der Kellner *K.*

Eine *unechte* Urkunde liegt mithin *nicht* vor (es liegt auch kein Verfälschen vor, aber dazu später mehr).

K ist also *nicht* nach § 267 StGB strafbar.

cc. Verfälschen einer echten Urkunde; subjektiver Tatbestand

Nach diesen ersten Befassungen mit dem Urkundsbegriff und dem Merkmal des „Herstellens einer unechten Urkunde" soll nun auch das Verfälschen und der subjektive TB in den Blick genommen werden. Dazu

Fall 2:

Der B hat Grippe und geht zum Arzt A wegen einer Krankschreibung. B will eine Woche krankgeschrieben werden. Dies wäre medizinisch auch angezeigt, da B eine Woche arbeitsunfähig ist. A schreibt B jedoch nur für die nächsten drei Tage krank, weil er zu Unrecht meint, danach sei B wieder arbeitsfähig. Da B keine Lust hat, nach drei Tagen noch mal zu dem „unfähigen A" zu gehen, macht er auf der Krankschreibung aus der „3" eine „5", meldet sich bei seinem Arbeitgeber für die ganze Woche arbeitsunfähig und übersendet diesem die Krankschreibung.

Besteht eine Strafbarkeit des B nach § *267* StGB?

***Objektiver* Tatbestand**:

Zu prüfen ist zunächst, ob eine *Urkunde* vorliegt.

Das Attest ist eine Verkörperung der Beurteilung des A von Bs Arbeitsfähigkeit. Es gibt mithin eine *verkörperte Gedankenerklärung.*

Arzt A hat unterschrieben. Somit gibt es auch eine *Ausstellererkennbarkeit.*

Das Attest dient zur Vorlage beim Arbeitgeber. Damit hat es eine *Beweisbestimmung und -eignung.*

Eine Urkunde liegt vor.

Beachte: Anders als in Fall 1 ist das Vorliegen einer Urkunde hier keinerlei Problem. Im Fall wäre *gleichwohl* in den drei Schritten (und im Gutachtenstil) zu prüfen, aber durchaus *knapp.*

Weiter erforderlich ist nun eine *Tathandlung*:

Käme ein **„Herstellen einer unechten Urkunde"** in Betracht?

Dies ist zu *verneinen*: B stellt die Urkunde nicht aus, sondern ändert eine Urkunde, die es *schon gibt.*

Herstellen meint also das *Erschaffen* einer Urkunde durch den Täter mit der Tathandlung. Gibt es schon vor der Tathandlung eine Urkunde, an der der Täter nur etwas ändert, kommt nur die Variante des Verfälschens einer echten Urkunde in Betracht.[458]

Liegt nun im Fall das **Verfälschen einer echten Urkunde** vor?

Auch hier bedarf es einer *Vorüberlegung*:

§ 267 StGB schützt wie gesagt *nur die Echtheit* einer Urkunde und *nicht deren Wahrheit*. Das gilt für *alle* Tatvarianten. Da § 267 StGB aber nur die Echtheit schützt, ist Verfälschen nicht, was die Urkunde inhaltlich unrichtig macht, sondern *nur*, was zum *Auseinanderfallen* von scheinbarem und tatsächlichem Urheber führt!

Verfälschen meint zwar die Vornahme inhaltlicher Änderungen, aber die Strafbarkeit entsteht dadurch, dass es so *aussieht*, als habe *jemand anders* die Urkunde so ausgestellt, als es in Wahrheit der Fall ist. Es geht also auch hier letztlich *nur um die Echtheit*. Entsprechend lautet die

Definition „Verfälschen":

Jede nachträgliche Veränderung des Inhalts einer Urkunde, durch die der Anschein erweckt wird, als habe der Aussteller die Erklärung so abgegeben.[459]

Im Fall ergibt sich das Vorliegen der Tathandlung nun wieder durch einen Vergleich des scheinbaren und des tatsächlichen Verfassers des Attests mit dem nach der Tathandlung gegebenen Inhalt:

Der *Anschein* ist: fünf Tage Krankschreibung *durch A*. Die *Realität* aber ist: „fünf Tage" sind *nicht* durch A ausgestellt worden, sondern *durch B*.

Scheinbarer und *tatsächlicher Aussteller* der Urkunde (mit dem Inhalt „fünf Tage krank") sind also *nicht identisch*. Die Urkunde ist nun *unecht*.

B hat die (vorher echte) Urkunde *verfälscht*.

Beachte dabei: Dass die Urkunde *jetzt inhaltlich* richtig ist (weil B ja tatsächlich fünf Tage arbeitsunfähig ist), ist dabei *unerheblich*. Es geht eben nur um die Echtheit, nicht die Wahrheit!

Der objektive Tatbestand ist in Fall 2 also erfüllt.

***Subjektiver* Tatbestand:**

B bräuchte zunächst **Vorsatz** auf das Vorliegen einer *Urkunde*.

458 Vgl. Joecks/Jäger, StGB, 12. Auflage 2018, § 276 Rn. 83 ff.

459 Vgl. Weidemann, BeckOK, StGB, 49. Edition 1.2.2021, § 276 Rn. 26.

Bei allem, was auch umgangssprachlich eine Urkunde ist, wird dies selten ein Problem sein – so wie im Fall. Bedenkt man aber, dass der BGH über die Beweiszeichen den Urkundsbegriff massiv ausweitet, wären Fälle denkbar, in denen der Täter das Tatobjekt nicht als Urkunde erkennt, etwa bei einer Ohrmarke oder einem Stempel auf dem Handgelenk. Um nun zu verhindern, dass hier der Vorsatz zu verneinen ist, verlangt der BGH *nicht*, dass der Täter die Urkunde selber als solche *einstuft*. Es *reicht* vielmehr, wenn er die *Umstände erkennt*, aus denen sich die Urkundsqualität ergibt und damit in Laienart die Wertung vornimmt, etwas Rechtserhebliches vor sich zu haben.[460] Wer also etwa weiß, dass eine Ohrmarke eine verkörperte Gedankenerklärung (über das Eigentum am Tier) ist, ihren Aussteller (den Landwirt) erkennen lässt und Beweiseignung hat (nämlich eben über das Eigentum), hat Vorsatz auf das Merkmal „Urkunde", auch wenn er das Wort „Urkunde" für die Ohrmarke nie verwenden würde.

Im Fall ist dies erst recht zu bejahen.

B wollte im Fall diese Urkunde auch verfälschen, um sie (zwecks Übersendung an den Arbeitgeber) für etwas rechtlich Erhebliches zu nutzen, sodass er auch „**zur Täuschung im Rechtsverkehr**" handelte.

Gemeint ist mit „zur Täuschung im Rechtsverkehr", dass der Täter *wollen* oder *sicher erkennen muss*, dass die Urkunde *im Rechtsverkehr benutzt* werden wird. Es reicht also Wissentlichkeit, nur bedingter Vorsatz reicht nicht.[461]

Beachte:

Absicht bzw. Wissentlichkeit zur Täuschung reicht. Tatsächlich vorliegen muss diese Täuschung im Rechtsverkehr *nicht*. Wer also zu Hause ein Attest fälscht, um es morgen dem Arbeitgeber zu geben, hat mit dem Fälschen eine vollendete Urkundenfälschung begangen, auch wenn er das Attest am nächsten Tag nicht abgibt. Es reicht die *Absicht* auf Täuschung *im Moment* der *Tathandlung*!

Fehlen tut eine solche Täuschungsabsicht im Rechtsverkehr indes bei *nur „außerrechtlicher"* (beabsichtigter) Verwendung. Ein klassisches Beispiel: Ein Jugendlicher ändert auf seinem Zeugnis drei „ausreichend" in „gut", damit seine ehrgeizigen Eltern nicht schimpfen.

Im Fall handelte B ferner *rechtswidrig* und *schuldhaft* und ist nach *§ 267 StGB strafbar.*

---

460 Vgl. Joecks/Jäger, StGB, 12. Auflage 2018, § 276 Rn. 97.

461 Vgl. Joecks/Jäger, StGB, 12. Auflage 2018, § 276 Rn. 99.

dd. Zum Tatbestandsmerkmal des „Gebrauchen"

Als dritte mögliche Tathandlung findet sich in § 267 StGB noch das „**Gebrauchen**" einer unechten oder verfälschten Urkunde.

Ob dieses Merkmal überhaupt Bedeutung hat oder hinter die anderen Tathandlungen zurücktritt, hängt davon ab, wer die unechte bzw. verfälschte Urkunde hergestellt hat. Es gilt:

Falls der Täter eine *selbst gefälschte* Urkunde, die er auch schon mit dem Ziel einer Verwendung selbst gefälscht hat, dem Plan entsprechend verwendet, also gebraucht, hat dieses Merkmal *keine* eigenständige Bedeutung mehr. Es liegt dann vielmehr nur *eine „einheitliche Tat" (einer!)* Urkundenfälschung vor.[462]

Nur beim „Gebrauchen" *nicht selbst gefälschter* Urkunden (oder von Urkunden, die zunächst nicht mit der Absicht zur Täuschung im Rechtsverkehr gefälscht wurden) liegt eine Straftat nach § 267 StGB wegen „Gebrauchen" vor und wird der Täter deswegen nach § 267 StGB verurteilt.

Ein Bsp. für Letzteres wäre etwa, wenn der B ein von einem Dritten gefälschtes Rezept erhält und dies nun in Apotheke vorlegt.

Die **Definition für „Gebrauchen"** lautet: Zugänglichmachen im Rechtsverkehr.[463]

Erfüllt ist dies etwa bei Vorlage der Urkunde, aber auch schon bei der Übersendung zum Zwecke der Vorlage.

Beachte dabei noch: Tatsächliche Kenntnisnahme durch Opfer *nicht* erforderlich! Wenn B also ein gefälschtes Rezept an eine Online-Apotheke sendet, ist das schon ein Gebrauchen, ohne dass relevant wäre, ob dort das Rezept überhaupt gelesen wird.[464]

ee. Sonderformen der Urkunde

Zum Begriff der **Urkunde** gibt es nun noch *Sonderformen*, von denen die in der Praxis häufigsten bekannt sein sollten. Diese sind:

Zusammengesetzte Urkunde

Gemeint sind damit Urkunden, deren Inhalt sich nur aus einer *Verbindung* der verkörperten Gedankenerklärung *und* einem Bezugsobjekt ergibt.[465]

---

462 Vgl. Joecks/Jäger, StGB, 12. Auflage 2018, § 276 Rn. 110.

463 Vgl. Weidemann, BeckOK, StGB, 49. Edition 1.2.2021, § 267 Rn. 29.

464 Vgl. Joecks/Jäger, StGB, 12. Auflage 2018, § 276 Rn. 96.

465 Vgl. Joecks/Jäger, StGB, 12. Auflage 2018, § 276 Rn. 39.

Ein *aufgeklebtes Preisschild* etwa, auf dem nur eine Zahl als vorgesehener Preis steht, erhält seinen vollen Sinn nur dadurch, dass es auf einer Ware klebt, die diesen Preis kosten soll. Auch ein *Kfz-Kennzeichen* erhält im Straßenverkehr die Aussage, dass ein bestimmtes Kfz unter dieser Nummer zugelassen ist, nur, weil es an einem Kfz angebracht ist.

Voraussetzung ist allerdings eine *feste* Verbindung.[466] Der Einlassstempel auf dem Handgelenk wäre also (zusammen mit dem Menschen dazu) eine zusammengesetzte Urkunde; ein bloß um das Handgelenk gebundener Papierstreifen hingegen wäre keine zusammengesetzte Urkunde.[467]

Beachte: Beweiszeichen sind *oft zugleich* auch zusammengesetzte Urkunden, aber *nicht immer*. Der Einlassstempel auf dem Handgelenk oder die Ohrmarke an der Kuh etwa sind zugleich Beweiszeichen und zusammengesetzte Urkunden.

Der Bierdeckel mit den Strichen hingegen ist zwar als Beweiszeichen eine Urkunde, eine zusammengesetzte Urkunde ist er indes nicht.

Der *Austausch des Bezugsobjekts* bei einer zusammengesetzten Urkunde ist dann – als Tathandlung – *sowohl* das *Herstellen* einer unechten Urkunde, da eine neue zusammengesetzte Urkunden entsteht, die es so noch nicht gab, *als auch* die *Verfälschung* einer zusammengesetzten Urkunde, da eine bereits bestehende zusammengesetzte Urkunde verändert wird. In der Klausur haben Sie daher bei den Tathandlungen die *freie Wahl*!

Gesamturkunden

Neben den zusammengesetzten Urkunden existiert noch eine *weitere Sonderform* von Urkunden, die ebenfalls Urkunden i. S. d. § 267 StGB sind: Nämlich sogenannte *„Gesamturkunden“*.[468]

Gemeint sind Urkunden, die aus der *Zusammenfassung* mehrerer einzelner Urkunden entstehen und (und das ist das Entscheidende!) durch diese Zusammenfassung einen *erhöhten*, über die Einzelurkunden *hinausgehenden Erklärungswert* haben.

Ein Bsp. dafür wäre eine strafrechtliche Verfahrensakte.

466 Vgl. Joecks/Jäger, StGB, 12. Auflage 2018, § 267 Rn. 39 f.

467 Aus der Sicht der Verfasser wäre eine Ausnahme vom Erfordernis der festen Verbindung folgerichtig dann zu diskutieren, wenn im Rechtsverkehr anerkannt ist, dass eine Erklärung sich auf ein Bezugsobjekt bezieht, ohne dass es damit fest verbunden sein müsste. Beim Bierdeckel etwa wäre dies der Fall, denn im Rechtsverkehr ist allgemein anerkannt, dass die Zählung sich auf den zur Zeit am Platz befindlichen Gast bezieht, ohne dass im Rechtsverkehr dafür eine feste Verbindung von Gast und Bierdeckel je verlangt würde.

468 Vgl. Joecks/Jäger, StGB, 12. Auflage 2018, § 276 Rn. 37.

Werden in einem Verfahren etwa zehn Zeugen vernommen und zehn Niederschriften darüber erstellt, stellt jede dieser Niederschriften eine Urkunde im Sinne des § 267 StGB dar. Heftet man diese nun in die Verfahrensakte, ergibt sich indes ein weiterer Erklärungswert, der über die Einzelurkunden hinausgeht: Der erhöhte Erklärungswert ist nämlich die *Vollständigkeit der Verfahrensakte*, also die Erklärung, dass die Protokolle zu allen vernommenen Zeugen sich in der Akte finden und es über die zehn dokumentierten Vernehmungen hinaus auch keine Vernehmungen gab.

Liegt eine solche Gesamturkunde vor, erweitert sich jetzt auch die Möglichkeit, eine *Urkundenfälschung zu begehen*: § 267 StGB ist nämlich auch verwirklicht bei einer bloßen *Entnahme einzelner Urkunden.*[469]

Wer also im Beispiel eine Zeugenvernehmung aus der Akte entfernt, fälscht eine bis dahin echte Gesamturkunde und begeht damit eine Urkundenfälschung!

ff. Zur Urkundsqualität von Reproduktionen

Viel diskutiert und teils bis heute im Detail umstritten ist die Urkundsqualität von Reproduktionen. Es gibt mittlerweile aber eine relativ gefestigte *Grundlinie*, die kurz präsentiert werden soll:

Abschriften sind *keine* Urkunden, da sie *als solche* über ihren Urheber keine Aussage enthalten. **Beglaubigte Abschriften** hingegen sind Urkunden, soweit es den Beglaubigungsvermerk betrifft – denn dieser enthält eine inhaltliche Aussage zum Aussteller der Beglaubigung. **Durchschriften** sind ebenfalls Urkunden, denn sie entstehen zusammen mit der Hauptschrift durch deren Aussteller, was gerade auch der Sinn einer Durchschrift ist.

Bei **Fotokopien** sind folgende Fälle zu unterscheiden:

- Eine *als solche* (und gerade *nicht* als Original) genutzte Fotokopie ist *keine* Urkunde, denn sie sagt über Inhalt und Aussteller verbindlich nichts.
- Eine Fotokopie einer *falschen* Urkunde ist indes ein *Gebrauchen* dieser (*anderen*) *falschen* Urkunde. Wer also ein Zeugnis unberechtigt inhaltlich abändert, um sich damit mit Erfolg bewerben zu können, gebraucht dieses verfälschte Zeugnis, wenn er nicht dieses, sondern (wie bei Bewerbungen meist üblich) eine Kopie davon einreicht.

469 Vgl. RGSt 60, 17.

- Wird eine Fotokopie hingegen vom Täter *bewusst als Originalurkunde genutzt*, indem etwa eine täuschend echt aussehende Kopie einer Eintrittskarte für ein Konzert erstellt und vorgelegt wird, soll § 267 StGB *vorliegen.*[470]

gg. Regelbeispiele und Qualifikationen

In § 267 **III** StGB finden sich **Regelbeispiele**, von denen die gewerbsmäßige *oder* bandenmäßige Begehung in Nr. 1 die wichtigsten sind (und so wie bei diesen Begriffen sonst auch zu verstehen sind). Handelt der Täter gewerbs- *und* zugleich bandenmäßig, verwirklicht er die **Qualifikation** nach § 267 **IV** StGB.

b. Fälschung technischer Aufzeichnungen, § 268 StGB

Ein der Urkundenfälschung gemäß § 267 StGB ähnlicher Straftatbestand ist die Fälschung technischer Aufzeichnungen gemäß § 268 StGB. Erforderlich ist diese Norm allein deshalb, weil Urkunden im Sinne von § 267 StGB wie bereits behandelt nur verkörperte *menschliche* Gedankenerklärungen sind. Nehmen *technische Geräte* wie etwa Fahrtenschreiber oder EKG-Messgeräte *selbstständig* Messungen vor und dokumentieren diese auch, ist dies *keine menschliche* Gedankenerklärung mit der Folge, dass keine Urkunde vorliegt und ein Verfälschen des Messergebnisses auch keine Urkundenfälschung gem. §267 StGB wäre. Diese *Lücke schließt* nun § *268* StGB, indem er auch die Fälschung technischer Aufzeichnungen unter Strafe stellt.

Die *Tatbestandsmerkmale* nach dem Normtext sind dabei:

§ 268 StGB

(1) Wer zur Täuschung im Rechtsverkehr

1. eine unechte technische Aufzeichnung herstellt oder eine technische Aufzeichnung verfälscht oder

2. eine unechte oder verfälschte technische Aufzeichnung gebraucht,

wird (…) bestraft.

Absatz 1 *entspricht* dem Wortlaut nach weitgehend § 267 StGB. Nur das Wort „Urkunde" ist durch „technische Aufzeichnung" *ersetzt.*

470 Vgl. Fischer, StGB, 68. Auflage 2021, § 267 Rn. 17 ff.

So ergibt sich folgendes Prüfungsschema § 268 StGB:

Objektiver Tatbestand:

- **Technische Aufzeichnung**
- **Tathandlungen:**
  - **Unechte Aufzeichnung herstellen**
  - **Echte verfälschen**
  - **Unechte oder verfälschte Aufzeichnung gebrauchen**

Subjektiver Tatbestand:

- **Vorsatz**
- **Absicht zur Täuschung im Rechtsverkehr**

Rechtswidrigkeit

Schuld

Zur Frage, was nun **technische Aufzeichnungen** sind, findet sich eine *Legaldefinition* in Absatz 2:

§ 268 StGB

(2) Technische Aufzeichnung ist eine Darstellung *von* Daten*, Mess- oder Rechenwerten, Zuständen oder Geschehensabläufen, die durch ein* technisches Gerät ganz oder z. T. selbsttätig bewirkt *wird, den* Gegenstand *der Aufzeichnung allgemein oder für Eingeweihte* erkennen lässt *und* zum Beweis einer rechtlich erheblichen Tatsache bestimmt *ist, gleichviel ob ihr die Bestimmung schon bei der Herstellung oder erst später gegeben wird.*

Entscheidend sind die folgenden beiden Aspekte:

- Es muss sich um eine *Darstellung (von Messdaten* pp.) handeln, und diese
- muss durch *das Gerät* bewirkt werden.

So ist das Merkmal auch zu *prüfen.*

Im Gegensatz zur „Urkunde" gem. § 267 StGB kommt es indes auf eine Erkennbarkeit des *konkreten* „Ausstellers" (also des konkreten technischen Geräts) nicht an! Stattdessen bedarf es einer Erkennbarkeit des *Gegenstands der Aufzeichnung*, also etwa der Erkennbarkeit als Fahrtenschreiber oder als EKG-Gerät.

§ 268 StGB *schützt* dabei die *selbstständige Bewirkung* durch das Gerät. Geschützt wird also die *Authentizität* (also quasi Ungestörtheit) des technischen Messvorgangs.[471]

Dem entspricht auch die **wichtigste Tathandlung** des **Verfälschens** (einer echten Aufzeichnung), die ebenfalls im Gesetz ausdrücklich beschrieben ist:

§ 268 StGB

(3) Der Herstellung einer unechten technischen Aufzeichnung steht es gleich, wenn der Täter durch störende Einwirkung auf den Aufzeichnungsvorgang das Ergebnis der Aufzeichnung beeinflusst.

Wer also *in eine Messung heimlich eingreift* (oder hinterher am ausgedruckten Messergebnis Inhalte *ändert*), begeht eine Tat nach § 268 StGB. Denn es sieht dann so aus, als sei das Messergebnis alleine durch ein technisches Gerät aufgezeichnet worden, in Wahrheit aber hat der Täter es unzulässig beeinflusst.

Beachte noch zu Tatobjekt und Tathandlung:

Die vom Gerät bewirkte Darstellung eines Messergebnisses muss *dauerhaft* festgeschrieben werden! Zu verneinen wäre dies z. B. bei einem Tacho, da dieser nur anzeigt, aber nicht aufzeichnet.[472]

Tathandlung (in Form des **Herstellens**) läge natürlich auch bei *Komplettfälschung* vor.[473]

Subjektiv bedarf es neben Vorsatz noch – wie bei § 267 StGB und auch so zu verstehen – noch **Absicht auf Täuschung im Rechtsverkehr**.

Über den Verweis in § 268 III StGB gelten dieselben **Regelbeispiele** und **Qualifikationen** wie bei § 267 StGB.

c. Fälschung beweiserheblicher Daten, § 269 StGB

Ebenfalls eine *technisch bedingte Strafbarkeitslücke* im Blick auf die Urkundenfälschung nach § 267 StGB wird durch § 269 StGB geschlossen. § 267 StGB verlangt, dass das *Tatobjekt* verkörperte menschliche Gedankenerklärungen sind, also der Sache nach Niedergeschriebenes bzw. Ausgedrucktes. *Rein* elektronisch Gespeichertes ist *nicht* in diesem Sinne verkörpert und daher auch keine Urkunde. Wer also an Daten, die ausschließlich

471 Vgl. Schönke/Schröder/Heine/Schuster, StGB, 30. Auflage 2019, § 268 Rn. 31.

472 Vgl. Weidemann, BeckOK, StGB, 49. Edition 1.2.2021, § 268 Rn. 4.

473 Vgl. Schönke/ Schröder/Heine/Schuster, StGB, 30. Auflage 2019, § 268 Rn. 29a.

in elektronisch gespeicherter Form vorliegen, Manipulationen vornimmt, begeht keine Tat nach § 267 StGB. Diese Lücke schließt § 269 StGB, indem er die *Fälschung beweiserheblicher Daten* unter Strafe stellt.

Dem Normtext sind dabei folgende *Tatbestandsmerkmale* zu entnehmen:

§ 269 StGB

(1) Wer zur Täuschung im Rechtsverkehr beweiserhebliche Daten *so* speichert *oder* verändert, *dass bei ihrer Wahrnehmung eine* unechte oder verfälschte Urkunde vorliegen würde, *oder derart gespeicherte oder veränderte Daten* gebraucht, *wird mit Freiheitsstrafe bis zu fünf Jahren oder mit Geldstrafe bestraft.*

Dies ergibt folgendes Prüfungsschema § 269 StGB:

Objektiver Tatbestand:

- **Tatobjekt: beweiserhebliche Daten**
- **Tathandlungen:**
- **Speicherung und potenzielle Wahrnehmung als unechte Urkunde oder**
- **Veränderung und potenzielle Wahrnehmung als verfälschte Urkunde oder**
- **Gebrauchen solcher Daten**

Subjektiver Tatbestand:

- **Vorsatz**
- **Absicht zur Täuschung im Rechtsverkehr**

Rechtswidrigkeit

Schuld

Daten im Sinne der Norm sind dabei (*parallel* zu *Urkunden*) menschliche Gedankenerklärungen, die ihren Aussteller erkennen lassen und zu Beweiszwecken geeignet und bestimmt sind. Der *einzige Unterschied* ist, dass diese Daten nicht physisch verkörpert, sondern stattdessen *dauerhaft gespeichert* sein müssen.[474]

Die *Tathandlungen* werden schon nach dem Normtext *betrugsäquivalent* verstanden. Die **Speicherung und (potenzielle) Wahrnehmung als unechte** beweiserhebliche Daten liegt danach vor, wenn elektronische Daten von einer anderen Person erstellt wurden, als es ihrem Inhalt nach den An-

474 Vgl. Weidemann, BeckOK, StGB, 49. Edition 1.2.2021, § 269 Rn. 4.

schein hat. Dies wäre z. B. der Fall, wenn anderweitig erlangte Kontodaten auf EC-Karten-Blankette gespeichert werden. Eine **Veränderung und potenzielle Wahrnehmung als verfälschte Urkunde** liegt vor, wenn Unbefugte Änderungen an gespeicherten Daten vornehmen, bei denen der Anschein erweckt wird, als ob sie vom ursprünglichen Aussteller in dieser Form vorgenommen worden seien. Ein Beispiel hierfür wären Manipulationen an den Magnetstreifen bereits existierender EC-Karten.[475]

In *subjektiver* Hinsicht verlangt die Norm Vorsatz und – wie bei § 267 StGB – die **Absicht zur Täuschung Rechtsverkehr**.

Über § 269 III StGB gelten dieselben **Regelbeispiele** und **Qualifikationen** wie bei § 267 StGB.

d. Urkundenunterdrückung, § 274 StGB

Eine spezielle Regelung gibt es im StGB auch, soweit es um die *„Vernichtung, Beschädigung oder Beseitigung" von Urkunden* geht, nämlich § 274 StGB. Warum es diese Sonderregelungen gibt und man es nicht bei den ja an sich auch auf Urkunden anwendbaren §§ 303, 304 StGB belässt, wird deutlich, wenn man sich § 274 StGB näher ansieht.

Dem Normtext sind die folgenden *Merkmale* zu entnehmen:

§ 274 StGB

(1) Mit (…) wird bestraft, wer

1. *eine* Urkunde *oder eine* technische Aufzeichnung, *welche ihm entweder überhaupt* nicht oder nicht ausschließlich gehört, *in der* Absicht, einem anderen Nachteil zuzufügen, vernichtet, beschädigt oder unterdrückt,

(…)

Die ergibt folgendes Prüfungsschema § 274 StGB:

Objektiver Tatbestand:

- **Tatobjekt:**
  - **Urkunde/technische Aufzeichnung**
  - **Kein „Gehören" des Täters**
- **Tathandlung:**
  - **Vernichten**

475 Vgl. Weidemann, BeckOK, StGB, 49. Edition 1.2.2021, § 269 Rn. 9 ff.

- **Beschädigen**
- **Unterdrücken**

Subjektiver Tatbestand:

- **Vorsatz**
- **Nachteilszufügungsabsicht**

Rechtswidrigkeit

Schuld

Tatobjekt können **Urkunden** im Sinne des § 267 StGB oder **technische Aufzeichnungen** im Sinne des § 268 StGB sein.

Entscheidend zum Verständnis der Norm ist nun, was mit **„kein Gehören"**, gemeint ist, also damit, dass die Urkunde dem Täter nicht gehören darf:

Entgegen dem Wortlaut ist dabei *nicht* das Eigentum an der Urkunde maßgeblich. Gemeint ist vielmehr das *„Beweisführungsrecht"*, also die Frage, wer die Urkunden nach dem Gesetz als Beweismittel verwenden darf. Ein Beweisführungsrecht kann *auch* an Urkunden bestehen, die *nicht* im Eigentum desjenigen stehen, der sie zu Beweiszwecken verwenden will![476]

Ein *Bsp.* wäre etwa ein in einem Zivilrechtsstreit zu Beweiszwecken bedeutsames Fahrtenbuch des Beschuldigten, von dem ihm durch das Gericht auferlegt wurde, es dem Gericht und der Gegenpartei im Zivilprozess vorzulegen. Das Fahrtenbuch würde trotz des Vorlagebeschlusses *zivilrechtlich (!)* natürlich weiterhin dem Beschuldigten gehören, denn an der Eigentumslage ändert die Vorlagepflicht nichts. Das *Beweisführungsrecht* liegt aber nun bei Gericht und Gegenpartei, die das Fahrtenbuch eben *als Beweismittel verwenden* wollen und dürfen. Im *Sinne des § 274* StGB „gehört" das Fahrtenbuch (trotz unveränderter zivilrechtlicher Rechtslage) dann aber eben nicht mehr dem Beschuldigten. Vernichtet dieser es nun, käme § 274 StGB in Betracht, auch wenn der Beschuldigte „nur" sein Eigentum im zivilrechtlichen Sinne zerstört hätte.

Dies ist *einer der zwei Gründe*, warum es diese Norm gibt und der Gesetzgeber es nicht bei § 303 StGB belassen hat. Denn Fälle wie den zuvor geschilderten kann man über § 303 StGB, der eine *zivilrechtliche* Fremdheit des Tatobjekts verlangt, eben *nicht* erfassen.

> Die **Definition „nicht gehören"** lautet daher: Kein (alleiniges) Beweisführungsrecht des Täters.

476 Vgl. Weidemann, BeckOK, StGB, 49. Edition 1.2.2021, § 274 Rn. 4.

Zu den **Tathandlungen** sei noch Folgendes erläutert:

Vernichten und **Beschädigen** meint eine „Sachbeschädigung“ an Urkunden. *Vernichten* ist dabei synonym zu *zerstören; Beschädigen* ist schon dem Begriff nach wie in § 303 StGB gefasst.

Strafbar ist aber – über § 303 StGB hinaus – auch das **Unterdrücken** der Urkunde. Dies meint jedwedes *Vorenthalten*, also etwa Verstecken o. Ä. Dieses Tatbestandsmerkmal ist der *zweite Grund*, warum es den § 274 StGB gibt. Denn das bloße Vorenthalten wäre eben auch keine Sachbeschädigung.

Subjektiv bedarf es neben dem Vorsatz einer **Nachteilszufügungsabsicht**. Letztere erfordert das Bewusstsein des Täters, dass der Nachteil die notwendige Konsequenz seines Handelns darstellt.[477]

Beachte noch: Über § 274 I Nr. 2 StGB sind – analog zu § 269 StGB – Fälle erfasst, in denen der Täter **beweiserhebliche Daten**, über die er nicht allein verfügen darf, löscht oder ändert. Dies ist – wie wiederum bei § 269 StGB im Verhältnis zu § 267 StGB – entsprechend § 274 I Nr. 1 StGB auszulegen.

e. §§ 278, 281 StGB

Kurz hingewiesen werden soll noch auf *zwei praktisch durchaus bedeutsame* Delikte aus dem Bereich der Urkundsdelikte, die sich insbesondere dadurch auszeichnen, eine *etwas andere Schutzrichtung* zu haben, als dies bei der Urkundenfälschung der Fall ist. Es handelt sich dabei um § **278 StGB, das Ausstellen unrichtiger Gesundheitszeugnisse**, sowie um § **281 StGB, den Missbrauch von Ausweispapieren**.

Dem Wortlaut von § **278 StGB** sind die folgenden *Tatbestandsmerkmale* entnehmbar:

§ 278 StGB

Ärzte *und andere approbierte Medizinalpersonen, welche ein* unrichtiges Zeugnis *über den Gesundheitszustand eines Menschen* zum Gebrauch bei *einer Behörde oder Versicherungsgesellschaft* wider besseres Wissen ausstellen, *werden mit Freiheitsstrafe bis zu zwei Jahren oder mit Geldstrafe bestraft.*

477 Vgl. Weidemann, BeckOK, StGB, 49. Edition 1.2.2021, § 274 Rn. 11.

Daraus ergibt sich das folgende Prüfungsschema § 278 StGB:

Objektiver Tatbestand:

- **Täter: approbierter Arzt pp.**
- **(inhaltlich) unrichtiges Gesundheitszeugnis**
- **Zweckbestimmung des Zeugnisses (zur Vorlage bei einer Behörde oder Versicherung)**
- **Ausstellung durch den Täter**

Subjektiver Tatbestand:

- **Wissentlichkeit oder Absicht bzgl. der (inhaltlichen) Unrichtigkeit**
- **Vorsatz bezüglich aller anderen Merkmale**

Rechtswidrigkeit

Schuld

Die Besonderheit dieser Norm liegt nun darin, dass hier *nicht* die *Echtheit* der Urkunde geschützt wird, sondern deren *Wahrheit*. § 278 StGB stellt also entgegen der sonst üblichen Struktur der Urkundsdelikte die (nach § 267 StGB nicht erfasste) „*schriftliche Lüge*" unter Strafe – nämlich eben das Ausstellen eines *inhaltlich un*richtigen Gesundheitszeugnisses.[478]

Das Delikt ist dabei *Sonderdelikt*; Täter kann nur ein abgeordneter Arzt sein.

§ 281 StGB hat nach dem Gesetzestext die folgenden Tatbestandsmerkmale:

§ 281 StGB

(1) Wer ein Ausweispapier, das für einen anderen ausgestellt *ist,* zur Täuschung im Rechtsverkehr gebraucht, *oder wer* zur Täuschung *im Rechtsverkehr einem anderen ein* Ausweispapier überlässt, *das nicht für diesen ausgestellt ist, wird mit Freiheitsstrafe bis zu einem Jahr oder mit Geldstrafe bestraft. (2) Der Versuch ist strafbar.*

Das Prüfungsschema für § 281 StGB sieht dann wie folgt aus:

Objektiver Tatbestand:

- **Tatobjekt: Nicht für den Gebrauchenden ausgestelltes Ausweispapier**
- **Tathandlung:**
  - **Gebrauchen oder**
  - **Zum Gebrauch Überlassen**

478 Vgl. Weidemann, BeckOK, StGB, 49. Edition 1.2.2021, § 278 Rn. 4.

Subjektiver Tatbestand: Vorsatz

Rechtswidrigkeit

Schuld

Bei dieser Norm geht es allein um das *zweckwidrige Gebrauchen* einer *echten* Urkunde. Die Norm erfasst lediglich, dass *echte* Ausweisdokumente von einer Person, für die diese nicht ausgestellt sind, gebraucht werden oder das eine Person, für die sie ausgestellt sind, einem anderen diesen Gebrauch ermöglicht. *Gebrauchen* ist dabei so zu verstehen wie in § 267 StGB.[479]

479 Vgl. Weidemann, BeckOK, StGB, 49. Edition 1.2.2021, § 281 Rn. 2, 6.

9. Nachtatdelikte

a. Einführung

Im StGB gibt es einige Delikte, die als „*Nachtatdelikte*" bezeichnet werden, da sie gemeinsam haben, eine rechtswidrige, zeitlich vorgelegene und abgeschlossene *Vortat* eines anderen vorauszusetzen, an die diese Delikte dann *anknüpfen* bzw. denen sie nachfolgen. Die beiden wichtigsten Nachtatdelikte sind dabei die *Hehlerei gem. § 259 StGB*, also der Verkauf von Sachen, die zuvor von einem anderen (z. B.) gestohlen wurden, und die *Strafvereitelung, § 258 StGB*. Es gibt allerdings noch mehr Nachtatdelikte, namentlich die in der Praxis gar nicht so seltene *Geldwäsche gem. § 261 StGB* und etwa die *Begünstigung nach § 257 StGB*. Diese vier Delikte sollen im Weiteren erläutert werden.

b. Hehlerei, § 259 StGB

Die Hehlerei ist in § 259 StGB geregelt. Dem *Normtext* sind folgende Tatbestandsmerkmale zu entnehmen:

§ 259 StGB

(1) Wer eine Sache, die ein anderer gestohlen oder sonst durch eine gegen fremdes Vermögen gerichtete rechtswidrige Tat erlangt hat, ankauft oder sonst sich oder einem Dritten verschafft, sie absetzt oder absetzen hilft, um sich oder einen Dritten zu bereichern, wird mit Freiheitsstrafe bis zu fünf Jahren oder mit Geldstrafe bestraft.

Systematisiert man dies, ergibt sich Folgendes:

Tatobjekt sind Sachen, die aus einer gegen fremdes Vermögen gerichteten Straftat *eines anderen* stammen, also etwa Diebesgut.

Tathandlungen sind Ankaufen, Sich-Verschaffen, Absetzen oder Absetzen helfen.

Bei den Tathandlungen ist bereits im Gesetzeswortlaut eine *Systematisierung* angelegt und vom Gesetzgeber auch intendiert: Es gibt Tathandlungen, die der Hehler *zu eigenen Gunsten* vornimmt, nämlich das Ankaufen oder Sich-Verschaffen. Hier erlangt der Hehler die Sache, um selber damit etwas anzufangen oder sie zur eigenen Bereicherung zu verkaufen. Es gibt auch Tathandlungen, die der Hehler *zugunsten des Täters der Vortat* vornimmt, nämlich das Absetzen oder Absetzen helfen. Hier hilft der Hehler dem Täter der Vortat dabei, die Sache wirtschaftlich zu verwerten, indem er sie z. B. für den Täter der Vortat verkauft.

Subjektiv ist bereits nach dem Normtext neben dem Vorsatz eine *Bereicherungsabsicht* erforderlich, wobei die Bereicherung eines anderen (z. B. des Täters der Vortat) ausreicht.

So ergibt sich folgendes Prüfungsschema § 259 StGB:

Objektiver Tatbestand:

- **Tatobjekt:**
  - **Sache**
  - **Herkunft der Sache: Straftat eines Vortäters gegen fremdes Vermögen**
- **Tathandlungen:**
  - **Ankaufen oder**
  - **Sich-Verschaffen oder**
  - **Absetzen oder**
  - **Absetzen helfen**

Subjektiver Tatbestand:

- **Vorsatz**
- **Bereicherungsabsicht**

Rechtswidrigkeit

Schuld

Zur *Erläuterung der* **TB-Merkmale** sei nun Folgendes ausgeführt:

Tatobjekt können nur „**Sachen**" sein, also körperliche Gegenstände. Wer also vom Vortäter Geld, dass dieser aus einem Online-Betrug erlangt hat, via Kontobewegung überwiesen bekommt, begeht keine Hehlerei, da Buchgeld keine Sache ist (in Betracht kommt hier indes eine Geldwäsche nach § 261 StGB).[480]

Vortat kann jede gegen fremdes Vermögen gerichtete Straftat *eines anderen* sein.[481]

Beispiele für Vortaten wären etwa Diebstahl, Raub, Räuberische Erpressung oder Betrug, aber etwa auch Delikte wie Urkundenfälschung, wenn sie im konkreten Fall auch fremdes Vermögen mindern. Möglich ist aber auch,

480 Vgl. Ruhmannseder, BeckOK, StGB, 49. Edition 1.2.2021, § 259 Rn. 5.

481 Vgl. Ruhmannseder, BeckOK, StGB, 49. Edition 1.2.2021, § 259 Rn. 9.

dass die Vortat ihrerseits eine Hehlerei oder Geldwäsche ist. So sind Ketten-Hehlereien möglich.[482]

Wichtig ist: es muss sich um die *Vortat eines anderen* handeln! Wer also selber etwas stiehlt und es dann verkauft, begeht durch den Verkauf keine Hehlerei.

Beachte ferner: Die Sache muss *unmittelbar* **aus der Vortat stammen**.

Beispiele wären etwa das Diebesgut, das Raubgut oder der unterschlagene Fund.

Kein Tatobjekt der Hehlerei können indes Sachen sein, die *nicht selber* aus der Vortat stammen, sondern nur mit dem bzw. für das Diebesgut Erlangtes sind!

Beispiele wären etwa mit gestohlenem Geld gekaufte oder gegen Diebesgut eingetauschte Dinge. Wer diese *Ersatzgegenstände* erwirbt, begeht auch dann, wenn er um die Hintergründe der Erlangung weiß, mithin keine Hehlerei.

Die „*Ersatzhehlerei*" ist also nach § 259 StGB *nicht* strafbar (allerdings kommt auch hier dann eine Geldwäsche nach § 261 StGB in Betracht).[483]

Die **Tathandlungen** werden wie gesagt in zwei Gruppen (zu eigenen Gunsten/zugunsten des Vortäters) systematisiert (s. o.). Zu denjenigen der ersten Gruppe (= zu eigenen Gunsten), also Ankaufen und Sich-Verschaffen, gilt Folgendes:

Ankaufen ist streng genommen nur ein Unterfall des **Sich-Verschaffens**. Maßgeblich ist also Letzteres, das wie folgt definiert wird:

> **Definition „Sich-Verschaffen":**
>
> Erlangung der tatsächlichen Sachherrschaft zu eigenen Zwecken im Einverständnis mit dem Vortäter.[484]

Da die Tathandlung (nach der Rechtsprechung) *im Einverständnis mit dem Vortäter* erfolgen muss, läge keine Hehlerei vor, wenn der Täter der Nachtat demjenigen der Vortat dessen Diebesgut stiehlt. Allerdings wäre dies dann auch für den „Nachtäter" ein Diebstahl gem. § 242 StGB, da er dem Vortäter mit Zueignungsabsicht den Gewahrsam entzieht.

---

482 Vgl. Ruhmannseder, BeckOK, StGB, 49. Edition 1.2.2021, § 259 Rn. 9.1.

483 Vgl. Ruhmannseder, BeckOK, StGB, 49. Edition 1.2.2021, § 259 Rn. 13.

484 Vgl. Ruhmannseder, BeckOK, StGB, 49. Edition 1.2.2021, § 259 Rn. 19.

Die Tathandlungen der zweiten Gruppe (= zugunsten des Vortäters) sind **Absetzen/Absetzen helfen**, die wie folgt definiert werden:

Definition „Absetzen":

Jede auf wirtschaftliche Verwertung zielende Handlung zugunsten des und im Einverständnis mit dem Vortäter.

Definition „Absetzen helfen":

Jede Unterstützung des Vortäters bei dessen Verwertungsbemühungen.[485]

Beachte:

Erforderlich für eine *vollendete* Strafvereitelung ist ein Absatz*erfolg*, bloße Bemühungen ohne Erfolg stellen nur eine versuchte Strafvereitelung dar![486]

Subjektiv erforderlich sind Vorsatz und **Bereicherungsabsicht**. Die Absicht, einen Dritten zu bereichern (namentlich: den Vortäter), reicht.

Die Hehlerei hat ferner noch **Qualifikationen**:

Nach § 260 StGB wird mit sechs Monaten bis zehn Jahren bestraft, wer die Hehlerei entweder gewerbsmäßig (= auf längerfristige Einnahmen angelegt) *oder* als Bandenmitglied begeht.

Mit einem Jahr bis zehn Jahren wird gem. § 260a StGB bestraft, wer die Hehlerei gewerbsmäßig *und zugleich* als Bandenmitglied begeht. Da Hehlerbanden im Zweifel immer mit dem Ziel dauerhafter Einnahmeerzielung agieren werden, ist bei bandenmäßiger Begehung meist § 260a StGB einschlägig.

Ein ausgesprochen *praxisrelevantes Sonderproblem* sind Fälle, in denen nicht sicher geklärt werden kann, ob der Beschuldigte die Vortat begangen hat oder nicht, sondern nur feststeht, dass er *entweder Dieb oder Hehler* ist.

Bsp.: B bietet kurz zuvor entwendete neue Sachen ohne eigentlich dazugehörende Dokumente und deutlich unter Wert zum Verkauf an. Das Anbieten von Diebesgut ist objektiv eine Hehlerei und das Anbieten ohne Dokumente und erheblich unter Wert reicht für den Nachweis entsprechenden Vorsatzes bei B. Da B die Sachen aber derart kurz nach dem Diebstahl bereits anbietet, könnte er sie auch schlicht selbst gestohlen haben. Gibt es keine weiteren Ermittlungsansätze mehr, um zu klären, ob B Dieb oder „nur" Hehler ist, steht nach dem Ergebnis der Ermittlungen zwar fest, dass er entweder Dieb oder Hehler sein kann, aber bleibt offen, was genau.

---

485 Vgl. Ruhmannseder, BeckOK, StGB, 49. Edition 1.2.2021, § 259 Rn. 30, 33.

486 Vgl. Ruhmannseder, BeckOK, StGB, 49. Edition 1.2.2021, § 259 Rn. 30,

Bei der Frage, nach was B nun zu bestrafen ist, stellt dieses Beweisergebnis nun ein gewaltiges Problem dar:

Wegen *Diebstahls* nach § 242 StGB könnte B nicht bestraft werden, denn es besteht zwar der Verdacht, dass er der Dieb sein könnte, sicher *beweisbar* ist dies aber *nicht*. Der Diebstahl ist also nicht nachweisbar, aber auch nicht ausschließbar.

Wegen § 259 StGB, also einer *Hehlerei*, könnte B nun indes auch nicht bestraft werden; B *könnte* ja Täter der Vortat sein, und dann würde es an der Tat eines anderen fehlen.

B müsste also freigesprochen werden, obwohl feststeht, dass er eine Straftat begangen hat, nur nicht, welche genau.

Dieses Ergebnis will der BGH so nicht hinnehmen. Da feststeht, dass B entweder einen Diebstahl oder eine Hehlerei begangen hat, soll er in einer sogenannten *Wahlfeststellung* „entweder/oder" verurteilt werden: B wird also „entweder wegen Diebstahls oder wegen Hehlerei" schuldig gesprochen! Funktionieren tut dies aber nur, weil sicher ist, dass er eines von beidem begangen hat, und weil sich die beiden Delikte rechtsethisch, etwa in ihrer Schutzrichtung, nämlich Schutz des Eigentums, zumindest ähnlich sind. Nur dann kann die Wahlfeststellung angewendet werden.[487]

c. Geldwäsche, § 261 StGB

In der *Praxis bedeutsamer* als die Hehlerei, in der Klausur allerdings eher exotisch, ist die (2021 neu gefasste) *Geldwäsche*, § 261 StGB. Die Norm enthält eine Vielzahl von Varianten sowie Sätze, die Sonderprobleme regeln, etwa Geldwäsche durch die Annahme eines Verteidigerhonorars, um die es hier im Detail nicht gehen soll. *Ziel* der hiesigen Darstellung ist vielmehr, die *Grundstruktur der Geldwäsche* deutlich zu machen und zu zeigen, worin diese *von der Hehlerei abweicht* und warum sie in der Praxis sehr viel *weitergehende* Möglichkeiten eröffnet als § 259 StGB.

Dem Normtext sind die folgenden (wesentlichen) *Tatbestandsmerkmale* zu entnehmen:

§ 261 StGB

(1) Wer einen Gegenstand, *der* aus einer rechtswidrigen Tat herrührt,

1. verbirgt,

487 Vgl. Ruhmannseder, BeckOK, StGB, 49. Edition 1.2.2021, § 259 Rn. 67.

2. *in der* Absicht*, dessen Auffinden, dessen Einziehung oder die Ermittlung von dessen Herkunft zu vereiteln,* umtauscht, überträgt *oder* verbringt,
3. *sich oder einem Dritten* verschafft *oder*
4. verwahrt *oder für sich oder einen Dritten* verwendet, wenn *er dessen Herkunft zu dem Zeitpunkt gekannt hat, zu dem er ihn erlangt hat,*

wird mit Freiheitsstrafe bis zu fünf Jahren oder mit Geldstrafe bestraft.

Daraus ergibt sich das folgende Prüfungsschema für § 261 StGB:

Objektiver Tatbestand:

- **Tatobjekt:**
  - **Gegenstand**
  - **Herrühren aus einer Vortat**
- **Tathandlungen: Verbergen pp. (Nr. 1–4)**

Subjektiver Tatbestand: Vorsatz

Rechtswidrigkeit

Schuld

Ggf.: Ausschluss der Strafbarkeit nach § 261 VII und VIII StGB

Soweit es um das **Tatobjekt** geht, gibt es *drei bedeutsame Unterschiede* zur Hehlerei: Erstens muss das Tatobjekt nur ein „**Gegenstand**" sein, keine „Sache". „Gegenstand" soll alles sein, was Vermögenswert hat, also auch nicht verkörpertes *Buchgeld* auf irgendwelchen Konten. Zweitens spielt es keine Rolle, aus welcher Art von **Vortat** das Tatobjekt stammt. Es genügt *jeder* Gegenstand *aus irgendeiner* rechtswidrigen Tat, ohne dass diese wie bei der Hehlerei gegen fremdes Vermögen gerichtet sein muss. Drittens *reicht es*, wenn der Gegenstand aus einer solchen Vortat **herrührt**. Durch diesen Begriff will der Gesetzgeber deutlich machen, dass *auch Ersatzgegenstände*, die nicht unmittelbar aus der Vortat stammen, sondern mit aus der Vortat Erlangtem beschafft wurden, als geldwäschetaugliche Tatobjekte anzusehen sind.[488]

Zu den **Tathandlungen** gehört mit dem „Sich-Verschaffen" zwar auch eine der Hehlerei entsprechende Handlung. Die *Zielrichtung* der übrigen Tathandlungen ist aber immer, dass der Täter der Geldwäsche etwas tut, was die *deliktische Herkunft* des Tatobjekts *verschleiern* soll. Während die Hehlerei also eher auf die Weiternutzung des Tatobjekts abzielt, geht es bei der

488 Vgl. Ruhmannseder, BeckOK, StGB, 49. Edition 1.2.2021, § 261 Rn. 8, 15.

Geldwäsche eher darum, durch Verschleierung der tatsächlichen Herkunft Ermittlungen zu erschweren. **Täter** kann dabei nach § 261 VII StGB *sogar der Täter der Vortat* sein, *soweit* es um den Vorwurf geht, dass der Gegenstand unter Verschleierung der rechtswidrigen Herkunft in den Verkehr gebracht wird – also namentlich beim Verkauf an einen gutgläubigen Dritten.[489]

§ 261 II StGB enthält dann sogar Regelungen, nach denen als Geldwäsche strafbar ist, Tatsachen zu verheimlichen oder zu verschleiern, die für das Auffinden von „gewaschenen" Vermögensgegenständen von Bedeutung sein können. Bei Handlungen nach Absatz 2 muss der Täter der Geldwäsche also *gar keinen Besitz* an Gegenständen haben, die aus der Vortat herrühren. Es reicht vielmehr jede Handlung, die es schwerer macht, die deliktische Herkunft nachzuvollziehen, also z. B. die Vernichtung von zum Tatobjekt gehörenden Papieren, soweit diese den wahren Eigentümer erkennen lassen.

Nach **§ 261 VI Satz 1 StGB** reicht in bestimmten Fällen sogar die *leichtfertige Begehung*, also mit anderen Worten grobe Fahrlässigkeit.

§ 261 V StGB enthält **Regelbeispiele** bei gewerbs- oder bandenmäßiger Begehung.

Praxisbox:

In ihrer sehr weiten Fassung und „kombiniert" mit den recht geringen Anforderungen an einen Anfangsverdacht, eignet sich die Geldwäsche durchaus *in der Praxis als „Einstiegsdelikt"* in ein Ermittlungsverfahren. Denn einen solchen Anfangsverdacht kann (unter Rückgriff auf den Rechtsgedanken des § 437 I StPO) ggf. schon ein auffällig großes Missverhältnis zwischen legalen Einnahmen und vorhandenem Vermögen eines Beschuldigten begründen. Allerdings ist dabei zu beachten, dass zwar für die Frage, ob überhaupt eine Geldwäsche vorliegt, die genaue Art der Vortat nicht feststehen muss. Will man aber *wegen Geldwäsche nach § 100a StPO eine Telefonüberwachung* aufschalten, muss nach § 100a II Nr. 1m StPO der Verdacht bestehen, dass die Vortat eine der Katalogtaten aus § 100a I Nr. 1–11 StPO ist!

489 Vgl. Ruhmannseder, BeckOK, StGB, 49. Edition 1.2.2021, § 261 Rn. 11.

d. Strafvereitelung und Strafvereitelung im Amt, §§ 258, 258a StGB

aa. Strafvereitelung als Begehungsdelikt

Das dritte Nachtatdelikt, dass hier näher behandelt werden soll, ist die Strafvereitelung. *Praxisbedeutung* hat diese vor allem auch deshalb, da Sie als Polizeibeamte wissen müssen, wann Sie Gefahr laufen, *sich selber* nach dieser Norm strafbar zu machen. Hier gilt also ganz besonders, was an sich immer gilt: *Sie lernen für den Beruf, nicht für die Klausur!*

Dem Normtext sind folgende Merkmale zu entnehmen:

§ 258 StGB

(1) Wer absichtlich oder wissentlich ganz oder z. T. vereitelt, *dass ein* anderer *dem Strafgesetz gemäß* wegen einer rechtswidrigen Tat bestraft *(...) wird, wird (...) bestraft.*

(2) Ebenso wird bestraft, wer absichtlich oder wissentlich *die* Vollstreckung *einer gegen einen anderen verhängten Strafe oder Maßnahme* ganz oder z. T. vereitelt.

Ergänzend hinzugenommen werden müssen nun indes noch die Regelungen der Absätze 5 und 6:

(5) Wegen Strafvereitelung wird nicht bestraft, wer durch die Tat zugleich ganz oder z. T. vereiteln will, dass er selbst *bestraft oder einer Maßnahme unterworfen wird oder dass eine* gegen ihn *verhängte Strafe oder Maßnahme vollstreckt wird.*

(6) Wer die Tat zugunsten eines Angehörigen *begeht, ist straffrei.*

Es gibt bei der Strafvereitelung also besondere Fallkonstellationen, in denen der Täter trotz Verwirklichung des Tatbestands straffrei ist.

Als *weitere Besonderheit* zu ergänzen ist *§ 258a StGB* mit folgendem *Normtext*:

§ 258a StGB

(1) Ist in den Fällen des § 258 I der Täter als Amtsträger zur Mitwirkung bei dem Strafverfahren oder (...) ist er in den Fällen des § 258 II als Amtsträger zur Mitwirkung bei der Vollstreckung der Strafe oder Maßnahme berufen, so ist die Strafe Freiheitsstrafe von sechs Monaten bis zu fünf Jahren.

Danach wird härter bestraft, wer die Tat *als Amtsträger* begeht, der an dem Verfahren gegen den Vortäter mitwirken soll. Es handelt sich dabei um eine *Qualifikation* des § 258 StGB.

So ergibt sich folgendes Prüfungsschema §§ 258, 258a StGB:

Objektiver Tatbestand:

- **Rechtswidrige, bestrafungsfähige (oder bereits abgeurteilte, Absatz 2) Vortat eines anderen**
- **Tathandlung: Vereiteln der Bestrafung/Vollstreckung**
- **Ggf.: Qualifikation des § 258a StGB:**
  - **Amtsträger**
  - **Mitwirkung am Strafverfahren (oder Vollstreckungsverfahren) gegen den Täter der Vortat**

Subjektiver Tatbestand:

- **Vorsatz bzgl. der Haupttat**
- **Absicht/Wissentlichkeit bzgl. der Vereitelung**

Rechtswidrigkeit

Schuld

Strafausschlussgründe des § 258 V und VI StGB

Zu den **Tatbestandsmerkmalen**:

Nötig ist zunächst, wie bei allen „Nachtatdelikten", die **„rechtswidrige Vortat eines anderen"**.

Erforderlich ist also eine *Vortat*, für die der andere *bestraft* werden kann (oder bereits durch rechtskräftiges Strafurteil bestraft ist, Absatz 2).

Die „Vereitelung" einer gar nicht bestrafbaren (weil z. B. bereits verjährten oder gerechtfertigten) Tat ist mithin *keine* vollendete Strafvereitelung. Sie kann höchstens versuchte Strafvereitelung sein.[490]

Tathandlung ist das **„ganz oder z. T. Vereiteln"**. Darunter fällt alles, was die Strafverfolgung erschwert!

Klassische Beispiele wären etwa: Vernichten der Tatwaffe, Ablegen eines falschen Alibis, Einwirken auf andere Zeugen, falsch auszusagen.

Das Wort „Vereiteln" legt nahe, dass die Tat erst vollendet ist, wenn die Bestrafung (oder Vollstreckung, Absatz 2) gar nicht mehr möglich ist. Die Rechtsprechung sieht dies allerdings *anders*: *Ausreichend* für eine *vollendete* Strafvereitelung ist eine Verzögerung der Bestrafung von bereits

---

490 Vgl. Ruhmannseder, BeckOK, StGB, 49. Edition 1.2.2021, § 258 Rn. 40.

zehn Tagen. Für den Bereich des Versuchs bleibt nach dieser Judikatur also nur ein zeitlich sehr enger Rahmen.[491]

Eine Besonderheit des § 258 StGB sind die – *nach* der Schuld, *nicht* als deren Teil zu prüfenden – **Strafausschlussgründe des Absatz 5 und 6**:

Nach Absatz 5 ist *straflos*, wer *auch sich selber* vor Bestrafung retten will. Da Fälle, in denen der Vereiteler Täter der Vortat ist, an sich von § 258 StGB gar nicht erfasst sind, geht es hier um Fälle, in denen neben dem Vereiteler noch andere (Mittäter oder Beteiligte) an der Vortat beteiligt waren. Lässt also einer von fünf Mittätern die Tatwaffe verschwinden, ist dieser wegen Strafvereitelung straffrei, da er zwar auch den anderen Mittätern damit hilft, aber eben auch sich selbst.

Nach Absatz 6 *straflos* ist die Strafvereitelung *zugunsten eines Angehörigen*. Gemeint sind alle in § 11 I Nr. 1 StGB aufgezählten Personen.

Zur **Qualifikation** des § 258a StGB:

Erfüllt ist diese bei einem *Amtsträger* als Täter, der an dem Verfahren *mitwirken* soll. Wenn also der ermittelnde Kommissar die Tatwaffe verschwinden lässt, ist die Qualifikation verwirklicht. Besonders bedeutsam: § 258 VI StGB gilt dann *nicht*, vgl. § 258a III StGB. Der Kommissar ist also auch strafbar, wenn der Täter sein Sohn ist.

Vereitelt ein Amtsträger hingegen bei einem *anderen* Verfahren, also einem, an dem er *selber gar nicht beteiligt* ist, und tut er dies ferner, *ohne* Einwirkungsmöglichkeiten auszunutzen, die ihm gerade aufgrund seiner Amtsstellung gegeben sind, bleibt es beim bloßen Grunddelikt des § 258 StGB – mit der Folge, dass § 258 VI StGB hier auch für den Amtsträger gilt.[492] Wenn also der nicht an den Ermittlungen beteiligte Streifenpolizist sich vom Täter die Tatwaffe geben und diese dann verschwinden lässt, ist er nur nach § 258 StGB strafbar. Ist der Täter der Vortat sein Sohn, ist der Streifenpolizist nach § 258 StGB wegen § 258 VI StGB sogar straflos.

bb. Strafvereitelung durch Unterlassen, §§ 258, (258a), 13 StGB

Als *Begehungsdelikt* verlangt § 258 StGB die Vereitelung durch eine aktive Handlung des Täters. Tut dieser einfach gar nichts, ist dies keine Strafvereitelung als Begehungsdelikt. Hat der Täter jedoch eine *Garantenpflicht*, ein Vereiteln zu verhindern, kommt eine Tatbegehung *durch Unterlassen* in Betracht, also §§ 258, 13 StGB. Das Prüfungsschema der Strafvereitelung

491 Vgl. Ruhmannseder, BeckOK, StGB, 49. Edition 1.2.2021, § 258 Rn. 9 m. w. N.

492 Vgl. Ruhmannseder, BeckOK, StGB, 49. Edition 1.2.2021, § 258a Rn. 3.

durch Unterlassen konstruiert sich im Prinzip wie bei unechten Unterlassungsdelikten üblich in der Kombination vom Erfolg des § 258 StGB und den Merkmalen des § 13 StGB. Zur Veranschaulichung soll es hier gleichwohl vollständig aufgeführt werden.

Prüfungsschema „Strafvereitelung durch Unterlassen", §§ 258, (258a), 13 StGB:

Objektiver Tatbestand:

- **Bestrafbare/bestrafte Vortat eines anderen**
- **Erfolg (des § 258 StGB): Bestrafung/Vollstreckung ganz oder z. T. Vereiteln**
- **Durch Unterlassen**
  - **Nichtvornahme der gebotenen Handlung**
  - **Möglichkeit der Vornahme**
- **Hypothetische Kausalität**
- **Objektive Zurechnung**
- **Garantenstellung**
- **Ggf.: § 258a StGB**

Subjektiver Tatbestand

- **Absicht/Wissentlichkeit bzgl. des Vereitelns**
- **Vorsatz bzgl. aller anderen Merkmale des objektiven Tatbestands**

Rechtswidrigkeit

Schuld,

- **insbesondere Zumutbarkeit**

Strafausschlussgründe des § 258 V (und VI) StGB

Ein – für Sie besonders bedeutsames – Sonderproblem bei der Strafvereitelung durch Unterlassen ist die Frage nach der **Garantenpflicht von Polizeibeamten**. Dies soll näher beleuchtet werden.

Unterschieden wird bei der Frage, ob Polizeibeamte eine Garantenpflicht haben, nach drei *Fallgruppen*:

(1) Kriminalbeamte im Dienst

(2) Schutzpolizisten im Dienst

(3) Außerdienstliche Kenntniserlangung

Zu (1) *Kriminalbeamte im Dienst*:

Dienstpflicht von Kriminalbeamten im Dienst ist die Strafverfolgung. Dabei gilt das *Legalitätsprinzip*: Verfolgbare Taten, von denen (wie auch immer) Kenntnis erlangt wird, müssen verfolgt werden. Daraus folgt eine insoweit *unbeschränkte Garantenstellung*. Wer also als Kriminalbeamter im Dienst Kenntnis von einer verfolgbaren Tat erlangt, ist Garant dafür, dass die Verfolgung auch erfolgt – und daher wegen §§ 258, (258a), 13 StGB strafbar, wenn er nichts tut!

Zu (2) *Schutzpolizisten im Dienst*:

Schon *etwas differenzierter* ist die Sache bei Schutzpolizisten im Dienst. Dienstpflicht ist hier Gefahrenabwehr und dabei gilt das *Opportunitätsprinzip*. Es besteht also grundsätzlich Ermessen, ob überhaupt etwas unternommen wird.

Erlangt man nun im Dienst als Schutzpolizist Kenntnis von einer Straftat, wird es im Zweifel ermessensfehlerhaft sein, einfach nichts zu tun. Es besteht hier in der Regel eine *Ermessensreduzierung auf Null*; der Schutzpolizist muss also eingreifen. Bei einer solchen Ermessensreduzierung auf Null besteht dann aber auch eine strafrechtliche *Garantenpflicht*. In der Regel ist der Schutzpolizist im Dienst also genauso Garant wie der Kriminalbeamte im Dienst.

Anders als bei Letzterem kann es aber *Ausnahmen* geben, in denen es trotz beobachteter Straftat nicht ermessensfehlerhaft ist, nichts zu tun – und daher auch keine Garantenpflicht besteht. Ein Beispiel für eine solche Ausnahme ist die Demonstrationsbegleitung: Werden im Rahmen einer Demobegleitung von 1500 friedlichen Demonstranten auf einmal von zwei Teilnehmern mitten in der Gruppe verbotene Fahnen geschwungen (§ 86a StGB), kann es erlaubt sein, dies einfach laufen zu lassen und nicht einzugreifen, um große Eskalationen zu vermeiden.

Zu (3) *Außerdienstliche Kenntniserlangung*:

Sind die beiden Fallgruppen 1 und 2 unstreitig, so ist die dritte Fallgruppe *sehr umstritten*! In der Sache geht es um Fälle, in denen ein Polizeibeamter etwa auf einer *privat* besuchten Party plötzlich Hinweise auf Straftaten erlangt. Ob überhaupt und falls ja wann er hier zur Strafverfolgung schreiten muss, wird sehr kontrovers diskutiert.

Der BGH sagt, eine Garantenstellung bestehe bei außerdienstlicher Kenntniserlangung von einer *schweren* Straftat. Beispiele dafür sind die Taten aus dem Katalog des § 138 StGB, Verbrechen, aber auch sehr gravierende Vergehen mit erheblichen Folgen, etwa ein schweres Umweltdelikt. Maßgeblich ist – wie beim BGH meist – der Einzelfall.[493]

e. Begünstigung, § 257 StGB

Hinzuweisen ist schließlich noch auf ein weiteres, in Klausur und Praxis aber eher seltenes Nachtatdelikt, nämlich die *Begünstigung nach § 257* StGB.

Dem Gesetzestext sind die folgenden *Tatbestandsmerkmale* zu entnehmen:

§ 257 StGB

(1) Wer einem anderen, der eine rechtswidrige Tat begangen hat, in der Absicht Hilfe leistet, ihm die Vorteile der Tat zu sichern, wird mit Freiheitsstrafe bis zu fünf Jahren oder mit Geldstrafe bestraft.

Daraus ergibt sich das folgende Prüfungsschema für § 257 StGB:

Objektiver Tatbestand:

- **Tatobjekt:**
  - **Vorteil (eines anderen!)**
  - **Aus einer rechtswidrigen Vortat eines anderen**
- **Tathandlung: (bei der Vorteilssicherung) Hilfe leisten**

Subjektiver Tatbestand:

- **Vorsatz**
- **Vorteilssicherungsabsicht**

Rechtswidrigkeit

Schuld

Die Norm stellt unter Strafe, einem Vortäter dabei *zu helfen*, die aus der Tat gewonnenen Vorteile *nicht* an den Geschädigten oder die Strafverfolgungsbehörden *zurückgeben* zu müssen.

Als **Tatobjekt** erforderlich ist ein aus einer rechtswidrigen Tat eines anderen erlangter Vorteil. Im Blick auf die **rechtswidrige Vortat** (eines anderen) kommt es *nicht* darauf an, um welchen Straftatbestand es sich handelt. Vielmehr kommt jeder Straftatbestand als Vortat einer Begünstigung in Betracht, wenn der Vortäter aus der Vortat oder für sie irgendeinen Vorteil erlangt hat. Mit **Vorteil** ist *jedwede faktische Besserstellung* gemeint, also jede

493 Vgl. Ruhmannseder, BeckOK, StGB, 49. Edition 1.2.2021, § 258a Rn. 6 m. w. N.

Art von Vermögensmehrung, aber auch etwa ersparte Aufwendungen. Auch ein *für* die Vortat *an den Vortäter* gezahlter Tatlohn wäre ein solcher Vorteil.[494]

Die **Tathandlung** des Täters *der Begünstigung* besteht nun darin, dem Täter der Vortat auf welche Art auch immer dabei **Hilfe zu leisten**, dass der Täter der Vortat den Vorteil behalten kann. Klassisches *Beispiel* wäre etwa das Verstecken von Diebesgut, damit es bei einer möglichen Hausdurchsuchung beim Täter der Vortat nicht gefunden werden kann.[495]

Der *zentrale Unterschied zur Hehlerei* besteht darin, dass der Hehler dem Täter der Vortat bei der wirtschaftlichen Verwertung der Sache hilft. Der Täter der Begünstigung hilft dem Täter der Vortat aber lediglich dabei, dass diesem der Vorteil durch den Geschädigten oder durch staatliche Organe nicht wieder entzogen wird.

Im **subjektiven Tatbestand** verlangt die Begünstigung neben Vorsatz eine **Vorteilssicherungsabsicht**. Es muss dem Täter der Begünstigung also gerade darum gehen, durch seine Handlung dazu beizutragen, dass der Täter der Vortat den erlangten Vorteil behalten kann.[496]

494 Vgl. Ruhmannseder, BeckOK, StGB, 49. Edition 1.2.2021, § 257 Rn. 12.

495 Vgl. Ruhmannseder, BeckOK, StGB, 49. Edition 1.2.2021, § 257 Rn. 15.

496 Vgl. Ruhmannseder, BeckOK, StGB, 49. Edition 1.2.2021, § 257 Rn. 27.

10. Widerstandsdelikte

a. Einführung

Widerstand gegen Vollstreckungsbeamte ist ein *bedeutsames Thema* in der Prüfung und leider auch in Praxis. Die beständige Zunahme solcher Delikte in Zahl und Schwere gegen Polizeibeamte, aber auch relativ neue Phänomene wie die massive Zunahme gegen Sanitäter und Rettungskräfte, hat den Gesetzgeber jüngst veranlasst, das Strafrecht hier zu verschärfen. Konkret geschah dies namentlich durch die *Neuschaffung* einer schwereren Form des Widerstands mit höherem Strafrahmen in § *114* StGB.

So *begrüßenswert* dieser Ansatz ist, so *schlecht* ist diese Reform *umgesetzt*. Denn § 114 StGB ist so gefasst, dass *unklar bleibt*, wie er sich zu § 113 StGB verhalten soll. Die nahe liegende Idee bei einer Verschärfung, nämlich die Annahme einer Qualifikation, kommt deshalb *nicht* in Betracht, weil § 114 StGB den § 113 StGB nicht (nur) verschärft, sondern weiter gefasst ist (dazu mehr bei der Besprechung der Norm). Nach Ansicht des Verfassers handelt es sich bei § 113 StGB und § 114 StGB also um *zwei selbstständige Straftatbestände*, bei denen § 114 StGB *vorgeht*, weil der Strafrahmen höher ist.[497]

Beachten Sie aber: Dies ist – ebenso wie teils auch das genaue Verständnis der neuen Tatbestandsmerkmale – recht umstritten und wird auch in der Ausbildungsliteratur uneinheitlich gehandhabt. Wundern Sie sich also nicht, wenn Sie in anderen Werken auch auf andere Systematisierungen stoßen.

Man bekommt mit hiesiger Systematisierung folgende

Prüfungsreihenfolge bei Widerstand:

- *Zuerst*: § 114 StGB
- *Nur*, falls dieser *nicht* vorliegt: § 113 StGB

b. Tätlicher Angriff auf Vollstreckungsbeamte, § 114 StGB

Es soll nun mit der Befassung der beiden Normen begonnen werden – zuerst mit dem schwereren Delikt, dem § 114 StGB. Der *Normtext* des Absatz 1 enthält die folgenden *Tatbestandsmerkmale*:

497 So auch Dallmeyer, BeckOK, StGB, 49. Edition 1.2.2021, § 114 Rn. 3 mit Nachweisen zu anderen Ansichten.

§ 114 I StGB

Wer einem Amtsträger oder Soldaten der Bundeswehr, der zur Vollstreckung von Gesetzen, Rechtsverordnungen, Urteilen, Gerichtsbeschlüssen oder Verfügungen berufen ist, bei einer Diensthandlung tätlich angreift, wird von drei Monaten bis zu fünf Jahren bestraft (...).

§ 114 StGB enthält mithin die folgenden Elemente: Geschützter *Personenkreis* sind Amtsträger und Soldaten; geschützte *Handlung (des Opfers!)* sind *Dienst*handlungen; die *Tathandlung (des Täters!)* ist „tätlich angreifen".

Beachte nun:

§ 115 StGB erweitert den geschützten Personenkreis, und zwar um: gleichgestellte Personen und Hilfspersonal (dazu später mehr) sowie um *Feuerwehrleute/Rettungsdienst*mitarbeiter!

Im Prinzip ergibt sich so gleich ein relativ einfaches Prüfungsschema. Allerdings weisen die Widerstandsdelikte sowohl des § 114, als auch des § 113 StGB eine *Besonderheit* auf, die sich in § 114 StGB nur über einen Verweis auf § 113 StGB findet. In § 114 III StGB heißt es:

§ 114 III StGB

§ 113 III *und IV gilt entsprechend,* wenn *die Diensthandlung eine* Vollstreckungshandlung *im Sinne des § 113 I ist.*

Der so auch für § 114 StGB geltende *§ 113 III* StGB lautet nun:

§ 113 III StGB

Die Tat ist nicht nach dieser Vorschrift strafbar, wenn die Diensthandlung nicht rechtmäßig *ist. Dies gilt auch dann, wenn der Täter irrig annimmt, die Diensthandlung sei rechtmäßig.*

Es gehört also zur Prüfung einer Strafbarkeit nach den §§ 113, 114 StGB (und damit auch irgendwo ins Prüfungsschema), dass die Handlung der Amtsträger, bei der sie angegriffen werden, zumindest dann, wenn diese Handlung eine Vollstreckungshandlung ist, *rechtmäßig* ist. Dieser Prüfungspunkt wird *zwischen* dem subjektiven Tatbestand und der Rechtswidrigkeit als *eigener (!) Prüfungspunkt* namens *„objektive Bedingung der Strafbarkeit"* eingebaut. Was es damit auf sich hat, ist zwar bei den §§ 231, 186 StGB im Buch schon begegnet, wird aber auch im Laufe hiesiger Prüfung noch mal erörtert.

Das Prüfungsschema § 114 StGB lautet damit nun also:

Objektiver Tatbestand:

- **Geschützter Personenkreis: „vollstreckende" Amtsträger/Soldaten/Personen i. S. d. § 115 StGB**
- **Vornahme einer Diensthandlung**
- **Tathandlungen: tätlich angreifen**

Subjektiver Tatbestand: Vorsatz

Falls *Dienst*handlung zugleich *Vollstreckungs*handlung: *Rechtmäßigkeit der Vollstreckungshandlung* (= Objektive Bedingung der Strafbarkeit)

Rechtswidrigkeit

Schuld

Zur Erläuterung der Merkmale dient folgender

Fall:

Polizeibeamter P führt eine allgemeine Verkehrskontrolle durch und winkt dabei ein Fahrzeug heraus, in dem die Brüder B1 und B2 sitzen. Nachdem deren Pkw steht, steigen diese mürrisch und übellaunig aus. P will nun im Kofferraum die Rettungsmittel überprüfen. Dies missfällt B1 und B2 sehr, weil sie dort gerade Marihuana eingepackt haben. Um die Kontrolle zu verhindern, schlägt B1 dem P, der wegen der angespannten Stimmung gerade Verstärkung herbeirufen will, spontan mit der Faust heftig gegen den Oberkörper. B2, der körperliche Angriffe gegen Polizeibeamte aus Angst davor, dafür richtig hart bestraft zu werden, strikt ablehnt, schlägt gegen Ps Funkgerät und brüllt dabei, er werde P zu Unrecht wegen Körperverletzung im Amt anzeigen, womit dieser zumindest mal richtig Ärger bekommen werde. Bevor es zu weiteren Handlungen kommt, erscheint zufällig eine weitere Streife und B1 und B2 beruhigen sich. Strafbarkeit von B1 und B2 wegen Widerstandsdelikten?

Zu beginnen ist mit der Prüfung des *B1*.

Strafbarkeit nach **§ 114 StGB** (der ja stets zuerst zu prüfen ist):

***Objektiver* Tatbestand:**

P müsste zum **geschützten Personenkreis** gehören.

Dies kann hier problemlos bejaht werden: Als Polizeibeamter ist P zur Vollstreckung berufener Amtsträger.

Polizeibeamte sind der *klassische Fall* des geschützten Personenkreises. Ist der Angegriffene Polizeibeamter, kann dieses Tatbestandsmerkmal also sehr knapp geprüft und bejaht werden.

Weitere *„klassische" Amtsträger* in diesem Sinne (und damit auch solche, die leider besonders oft angegriffen werden) sind Mitarbeiter von Zoll und Ordnungsamt, Gerichtsvollzieher, Strafvollzugsbedienstete, kommunaler Ordnungsdienst.

§ 115 StGB *erweitert* nun den Kreis der möglichen geschützten Personen. § 115 StGB stellt also *keinen* eigenen Tatbestand dar, sondern *ergänzt* nur das Tatbestandsmerkmal „Amtsträger" in §§ 113 und 114 StGB um weitere Gruppen geschützter Personen.[498]

„**Gleichgestellte Personen**" nach § 115 I StGB sind (praktisch wenig bedeutsam) v. a. Jagdaufseher; *„***Unterstützer***"* der Strafverfolgung i. S. d. § 115 II StGB sind Personen, die selbst nicht Amtsträger sind, aber bei Amtshandlungen helfen. Dies kommt durchaus häufig vor, *Beispiele* hierfür wären etwa (externe) Gutachter oder Durchsuchungszeugen.[499]

Praktisch bedeutsam ist ferner die *Erweiterung* des geschätzten Personenkreises über § 115 III StGB. Gleichgestellte nach § 115 III StGB sind **Feuerwehr- und Rettungskräfte** – und zwar unabhängig davon, ob sie beim Staat arbeiten oder nicht, auch Sanitäter eines privatrechtlichen Vereins wären also geschützte Personen![500]

Erforderlich ist im Fall weiter die **Vornahme einer Diensthandlung** durch das Opfer P.

Im Fall nimmt P eine Verkehrskontrolle vor, also eine dienstlich veranlasste Handlung.

Für *§ 114 StGB reicht nun jedwede* Diensthandlung aus. Die Definition ist entsprechend *weit.*[501]

Definition „Diensthandlung" lautet: Jedwede Tätigkeit in Ausübung des Dienstes.

Beispiele wären etwa: Streifenfahrt, Ausmessen einer Unfallstelle, Begleitung einer Demonstration.

Aber wie gesagt: *jede* dienstlich veranlasste Tätigkeit reicht! An diesem Merkmal wird eine Strafbarkeit nach § 114 StGB mithin meist nicht scheitern.

498 Vgl. Dallmeyer, BeckOK, StGB, 49. Edition 1.2.2021, § 115 Rn. 1.
499 Vgl. Dallmeyer, BeckOK, StGB, 49. Edition 1.2.2021, § 115 Rn. 2 f.
500 Vgl. Dallmeyer, BeckOK, StGB, 49. Edition 1.2.2021, § 115 Rn. 4.
501 Vgl. Dallmeyer, BeckOK, StGB, 49. Edition 1.2.2021, § 114 Rn. 4.

Als *nicht erfasst* ansehen wird man angesichts des klaren Wortlauts aber wohl reine *Pausenzeiten*. Denn Diensthandlungen wären das Kaufen und der Verzehr eines Brötchens wohl nicht.

Die im Fall als Nächstes erforderliche *Tathandlung* ist ein **„tätliches Angreifen“**.

Im Fall stellt die Handlung des B1 einen durchaus erheblichen körperlichen Angriff dar.

Bei der Frage, ob dies nun ein tätlicher Angriff ist, ist einerseits auf den Wortlaut abzustellen, der jede körperliche Attacke erfassen würde, also auch das Schubsen. Andererseits ist aber zu bedenken, dass § 114 StGB mit einer Mindeststrafe von drei Monaten (gegenüber Geldstrafe in § 113 StGB) einen erhöhten Strafrahmen hat. Um dem darin erkennbaren Willen des Gesetzgebers, dass § 114 StGB schwerere Fälle des Widerstands erfassen soll, in der Auslegung gerecht zu werden und um eine Abgrenzung zu § 113 StGB zu ermöglichen, kann daher *nicht jeder* körperliche Angriff von § 114 StGB erfasst sein. Die Norm ist vielmehr auf *gewichtigere Angriffe* zu *beschränken*. So ist „tätlich angreifen“ mithin auch zu definieren:

Definition „tätlich angreifen“:

Feindselige Einwirkung gegen die Person von einigem Gewicht.[502]

Im Fall wären diese (erhöhten) Anforderungen zu bejahen. Der B1 nimmt einen erheblichen Schlag vor.

Nicht ausreichend *für § 114 StGB* wäre hingegen z. B. eine leichte Backpfeife oder ein leichtes Schubsen.

Beachte: Ein *Anniesen, Anhusten* oder *Anspucken* erfüllt den Tatbestand, wenn es „von einigem Gewicht“ ist. Dies wäre etwa zu bejahen bei Vornahme ins Gesicht des Beamten oder auch, wenn der Täter eine ansteckende schwerere Krankheit hat.[503]

Der objektive Tatbestand ist im Fall *erfüllt*.

Weiter zu prüfen ist mit dem ***subjektiven*** **Tatbestand:**

Im Fall ist die bei B1 vorliegende Vorsatzform *Absicht*.

Dies ist bei Widerstandshandlungen *die Regel*. Normalerweise will der Täter Amtsträger angreifen und weiß auch, dies zu tun.

---

502 Vgl. Dallmeyer, BeckOK, StGB, 49. Edition 1.2.2021, § 114 Rn. 5 m. w. N. auch zu ersten obergerichtlichen Urteilen, die fallbedingt nicht klären mussten, ob auch sehr leichte körperliche Angriffe für § 114 StGB ausgereicht hätten.

503 Vgl. Dallmeyer, BeckOK, StGB, 49. Edition 1.2.2021, § 114 Rn. 5a.

Allerdings wäre *bedingter Vorsatz* (oder auch *gar kein* Vorsatz) denkbar, wenn der Täter einen Beamten angreift, der *in zivil* auftritt. Erkennt der Täter schlicht gar nicht, einen Amtsträger vor sich zu haben, würde ihm der Vorsatz auf dieses Merkmal fehlen (andere Delikte wie etwa eine Körperverletzung könnten natürlich trotzdem gegeben sein). Ruft der Beamte „Polizei!" und ist der Täter sich nicht sicher, ob dies stimmt oder nicht, würde er insoweit bedingt vorsätzlich handeln. In der Praxis sind solche Konstellationen gar nicht so selten.

Praxisbox:

Wenn Sie in zivil „draußen" sind und auf Widerstand treffen, machen Sie sich also so früh und so gut wie möglich als Polizeibeamte *kenntlich*! Selbst wenn der Beschuldigte dann noch Zweifel hat, dass Sie tatsächlich Polizeibeamte sind, läge bei Widerstand zumindest ein bedingter Vorsatz, solange der Täter zumindest für möglich hält, dass Ihre Offenlegung stimmt. Das wird im Zweifel jedenfalls gegeben sein.

Als nächstes ist im Fall die **objektive Bedingung der Strafbarkeit** zu prüfen, nämlich die Rechtmäßigkeit der „Diensthandlung".

Freilich stellt sich die Frage der Rechtmäßigkeit *nur*, wenn die *Diensthandlung zugleich eine Vollstreckungshandlung* darstellt (das ergibt sich über den Verweis auf § 113 III StGB und das dortige, etwas andere Begriffsverständnis. Nehmen Sie das hier am besten zunächst einfach hin; mehr dazu bei § 113 StGB). Es gilt bei *§ 114* StGB mithin:

*Falls die Dienst*handlung *zugleich Vollstreckungs*handlung ist, ist die *Rechtmäßigkeit* der *Vollstreckungs*handlung Voraussetzung einer Strafbarkeit des Täters wegen Widerstands!

Zu klären ist also zunächst in einem **ersten Schritt**, ob die Diensthandlung eine **Vollstreckungshandlung** ist.

Diensthandlung ist mithin der *inhaltlich weitere* Begriff – und *nicht jede* Diensthandlung stellt eine Vollstreckungshandlung dar. Denn während jede dienstlich veranlasste Tätigkeit eine Diensthandlung ist, gilt für die Frage, was eine Vollstreckungshandlung ist, folgende

Definition „Vollstreckungshandlung":

Jede hoheitliche Maßnahme zur Regelung eines Einzelfalls, die darauf gerichtet ist, einen hoheitlichen Willen gegenüber bestimmten Personen durchzusetzen.[504]

504 Vgl. Fischer, StGB, 68. Auflage 2021, § 113 Rn. 7, 8.

Erfasst sind also insbesondere *alle eingriffsrechtlichen* Maßnahmen, bei denen in *Grundrechte eingegriffen* wird und bei denen zur Durchsetzung *Zwang* eingesetzt werden *könnte*, auch wenn dies in der konkreten Situation nicht passiert!

Beispiele wären etwa Festnahme, Durchsuchung oder Platzverweis. Im Prinzip ist aber das gesamte Instrumentarium, dass Sie im Eingriffsrecht lernen, eine Ansammlung von „Vollstreckungshandlungen" im Sinne der §§ 113, 114 StGB.

Im Fall nimmt P wie schon gesagt eine Verkehrskontrolle vor.

Deren *Charakteristika* sind nun: Es ist eine hoheitliche Maßnahme. Es gibt eine Ermächtigungsgrundlage (hier: § 36 V StVO). Die Maßnahme ist ein Eingriff in Bs Grundrechte, jedenfalls in die allgemeine Handlungsfreiheit.

Das sind zugleich die allgemeinen *Charakteristika einer „Vollstreckungshandlung"*: Diese sind hoheitliche Maßnahmen, die eine Ermächtigungsgrundlage brauchen und einen Grundrechtseingriff darstellen. Liegt dies vor, handelt es sich immer um eine Vollstreckungshandlung i. S. d. §§ 113, 114 StGB.

Eine Vollstreckungshandlung wäre im Fall also zu bejahen.

Der **zweite** Prüfungspunkt *bei der objektiven Bedingung der Strafbarkeit* ist nun, ob die Vollstreckungshandlung im Fall **rechtmäßig** war.

Die Vollstreckungshandlung *muss* also *rechtmäßig* sein, damit § 114 StGB erfüllt ist. Falls die Vollstreckungshandlung rechtswidrig ist, *entfällt* die Strafbarkeit und dies gilt *auch*, wenn Täter sie für rechtmäßig *hielt.*

Die Rechtmäßigkeit der Maßnahme ist mithin genau das, was der Begriff sagt: eine *objektive* Bedingung der Strafbarkeit. Das heißt, sie muss *objektiv* vorliegen, damit § 114 StGB vorliegt. Daher der Name dieses Merkmals im Prüfungsschema und daher auch der Prüfungs*ort: nicht* als Teil des subjektiven Tatbestands oder der Rechtswidrigkeit, sondern selbstständig zwischen diesen beiden, denn auf irgendein subjektives Element, also eine Tätervorstellung, kommt es hier eben *nicht* an!

Es wäre nun also die Rechtmäßigkeit der Maßnahme des P zu prüfen – was regulär ein komplettes eingriffsrechtliches Durchprüfen der Merkmale der Ermächtigungsgrundlage verlangen würde.

Freilich würde dies zu *recht drastischen* Folgen führen: jeder eingriffsrechtliche Fehler, auch wenn er nicht gravierend wäre, würde dazu führen, dass die Vollstreckungshandlung rechtswidrig wäre – und damit eine Strafbarkeit des Täters nach §§ 113, 114 StGB entfiele. Zwar blieben etwaige andere Delikte wie § 223 StGB davon unberührt, aber die §§ 113, 114 StGB wären bei jedem noch so kleinen Fehler des Amtsträgers bei Vornahme der Vollstreckungshandlung weg.

Dies hält der BGH zu Recht für wenig sachgerecht. Die Prüfung der Rechtmäßigkeit der Vollstreckungshandlung soll daher <u>*nicht*</u> nach den eingriffsrechtlichen Standards erfolgen, sondern nach einem sogenannten *strafrechtlichen Rechtmäßigkeitsbegriff*:[505]

Ausreichend für eine Rechtmäßigkeit der Vollstreckungshandlung im Sinne der §§ 113, 114 StGB ist danach:

- Vorliegen einer Ermächtigungsgrundlage
- örtliche und sachliche Zuständigkeit
- *keine groben* Anwendungs- und/oder Ermessensfehler

Der *entscheidende* Punkt ist dabei natürlich der dritte: *nicht jeder* Fehler macht die Vollstreckungshandlung rechtswidrig im Sinne der §§ 113, 114 StGB – sondern *nur grobe* Fehler!

Im Fall sähe dies nun so aus:

Eine Ermächtigungsgrundlage läge mit § 36 V StVO vor.

Die Zuständigkeit ist zu *unterstellen* – was *in Klausuren immer* der Fall sein wird.

§ 36 V StVO ist ferner *nicht grob fehlerhaft* angewandt. Zwar ist fraglich, inwieweit der P von B1 und B2 verlangen konnte, den Kofferraum zu öffnen. Da er aber die Rettungsmittel kontrollieren durfte, was von § 36 V StVO erfasst ist, und diese im Kofferraum waren, wäre es jedenfalls kein schwerer Anwendungsfehler, den Kofferraum zu inspirieren, so dies als solches unzulässig wäre – weswegen die Frage, ob es nach § 36 V StVO unzulässig wäre, auch *gar nicht weiter behandelt* werden muss. Die Vollstreckungshandlung ist also so oder so im strafrechtlichen Sinne rechtmäßig.

Diese objektive Bedingung der Strafbarkeit ist der einzige Punkt des § 114 StGB, der (recht) hohe Anforderungen an das Verständnis stellt – und daher auch *nicht selten Prüfungsschwerpunkt*!

Rechtswidrigkeit und Schuld lägen im Fall (wie meist) hingegen unproblematisch vor, sodass B1 nach § 114 StGB strafbar ist.

§ 113 StGB tritt dann zurück – und kann *unerwähnt* bleiben.

Im Fall zu prüfen wäre nun die Strafbarkeit des <u>*B2*</u>.

Zu beginnen ist auch hier mit § 114 StGB, denn dieser ist stets zuerst prüfen.

505 Vgl. Dallmeyer, BeckOK, StGB, 49. Edition 1.2.2021, § 113 Rn. 15.2.

Strafbarkeit des B2 nach § *114* StGB?

***Objektiver* Tatbestand:**

Amtsträger und Diensthandlung sind dieselben wie bei B1 (es darf verwiesen werden).

Aber greift der B2 den P *tätlich* an?

B2 verübt nur Gewalt gegen eine Sache, die der P in Händen hält. Damit ist der P zwar – indirekt – auch körperlich „involviert", aber insoweit ist die Gewalt nicht „von einigem Gewicht". Ein tätlicher Angriff liegt darin *nicht.*

Im Fall ist § *114* StGB durch den B2 also zu *verneinen* (zu denken wäre auch an §§ 114, 25 II StGB, wenn B1 und B2 bei dem tätlichen Angriff des B1 als Mittäter wirkten. Allerdings handelt B1 bei seinem Schlag gegen P spontan und B2 billigt dieses Vorgehen ausdrücklich nicht, sodass eine Mittäterschaft hier mangels „Gemeinschaftlichkeit" ausscheidet).

c. Widerstand gegen Vollstreckungsbeamte, § 113 StGB

Zu prüfen wäre – weiter im obigen Fall – für B2 nun also **§ 113 StGB**.

Dessen Normtext enthält die folgenden *Tatbestandsmerkmale*:

§ 113 I StGB

(1) Wer einem Amtsträger oder Soldaten der Bundeswehr, der zur Vollstreckung von Gesetzen, Rechtsverordnungen, Urteilen, Gerichtsbeschlüssen oder Verfügungen berufen ist, bei der Vornahme einer solchen Diensthandlung mit Gewalt oder durch Drohung mit Gewalt Widerstand leistet, wird (…) bestraft.

Vergleicht man § 113 mit § 114 StGB, so ist der geschützte *Personenkreis wortgleich* und damit identisch. Klar *anders* ist die *Tathandlung.* Ebenfalls *anders*, wenn auch erst auf den zweiten Blick, ist indes auch die *geschützte Handlung (des Opfers)*: Während § 114 StGB „bei einer Diensthandlung" verlangt, muss der „zur Vollstreckung berufene" Amtsträger hier bei einer „*solchen* Diensthandlung" angegriffen werden – also bei einer „vollstreckenden" Diensthandlung – oder einfacher gesagt: einer *Vollstreckungshandlung.* Dies ergibt folgendes Schema:

Prüfungsschema § 113 StGB:

Objektiver Tatbestand:

Geschützter Personenkreis: Amtsträger/Soldaten/Personen des § 115 StGB

Vornahme einer Vollstreckungshandlung

Tathandlungen:

Widerstand leisten mit Gewalt oder

Widerstand leisten mit Drohung mit Gewalt

Subjektiver Tatbestand: Vorsatz

Objektive Bedingung der Strafbarkeit: § 113 III StGB

Rechtswidrigkeit

Schuld

Im Fall ist also danach nun eine Strafbarkeit des B2 nach *§ 113* StGB zu prüfen.

***Objektiver* Tatbestand:**

Amtsträger/*Vollstreckungs*handlung sind wie schon geprüft zu bejahen (Sie dürfen für beides nach oben verweisen, da beides ja schon geprüft wurde – wenn auch das Merkmal „Vollstreckungshandlung" oben nicht im objektiven Tatbestand des § 114 StGB, wo man es ja noch nicht braucht, sondern erst bei der objektiven Bedingung der Strafbarkeit, wo es bei § 114 StGB zum ersten Mal auftaucht und geprüft wurde).

Beachte also zu § 113 StGB: Falls die Handlung des Beamten *keine Vollstreckungs*handlung ist, *entfällt § 113* StGB schon im *objektiven Tatbestand.* Eine bloße Diensthandlung, die keine Vollstreckungshandlung ist, genügt hier – anders als bei § 114 StGB – mithin *nicht*!

Zu prüfen ist im Fall als Nächstes die **Tathandlung***:*

In Betracht kommt „**Widerstand leisten mit Gewalt**" – die B2 gegen das Funkgerät auch einsetzt.

Zwar soll bei § 113 StGB dabei *nur* Gewalt zählen, die (zumindest *mittelbar) gegen eine Person wirkt.* Die Rechtsprechung zieht den *Gewaltbegriff* hier gleichwohl *sehr weit.* Gewalt gegen Sachen soll reichen, wenn sie körperlich wirkt (wie etwa beim Wegschlagen von Sachen). Gleiches gilt für das Schaffen physischer Hindernisse – etwa beim Springen vor ein Polizeifahrzeug oder beim Festklammern am Lenkrad, um ein Herausholen aus einem Fahrzeug zu unterbinden. *Nur rein passiver* Widerstand wie schlichtes Dasitzen oder Gewalt gegen Sachen *ohne jede* körperliche Wirkung sollen nicht reichen.[506] Die Definition von Gewalt lautet daher – entsprechend *weit* –:

> **Definition „Gewalt":**
>
> Einsatz materieller Zwangsmittel, namentlich Körperkraft, die geeignet ist, die Vollendung der Diensthandlung zumindest zu erschweren.

Erfasst sind bei *§ 113* StGB als „Gewalt" mithin nun die *folgenden Tathandlungen*:

- *Leichtere* direkte Gewalt gegen Personen (*schwerere* direkte Gewalt gegen Personen wäre zwar auch darunter subsumierbar, unterfällt aber *§ 114* StGB, der dann *vorgeht*)
- Gewalt gegen *Sachen, soweit* sie (zumindest mittelbar) gegen eine Person wirkt.

Im Fall „wirkt" das Schlagen gegen die Sache zugleich gegen den P und erschwert dessen Diensthandlung. Widerstand leisten mit Gewalt liegt daher vor.

Ein „**Widerstand leisten mit Drohung mit Gewalt**" als *weitere bei § 113 StGB mögliche Tathandlung* verlangt ein In-Aussicht-Stellen von Gewalt im oben beschriebenen Sinne.

Im Fall läge dies nicht vor. B2 droht *nur mit Scherereien*, was nicht ausreicht (da die Tathandlungen alternativ sind, kommt es darauf indes im Fall nicht an).

Weiter zu prüfen ist im Fall der *subjektive* Tatbestand: Auch bei B2 liegt Absicht vor.

Die **objektive Bedingung der Strafbarkeit** liegt vor – was hier wiederum durch Verweis festgestellt werden darf, da es schon bei B1 geprüft wurde.

Beachte aber zum Verständnis des § 113 StGB: Da dieser zwingend und schon im objektiven Tatbestand eine Vollstreckungshandlung verlangt, ist deren Rechtmäßigkeit (nach dem strafrechtlichen Rechtmäßigkeitsbegriff) *bei § 113 StGB immer* zu prüfen!

Im Fall sind Rechtswidrigkeit und Schuld ebenfalls gegeben – und B2 *nach § 113 StGB strafbar.*

Beachte noch: Ein Widerstand ganz ohne Gewalt oder Gewaltandrohung, also etwa nur mit Drohung einer unrichtigen Anzeige gegen den Beamten, unterfällt weder § 113, noch § 114 StGB. In Betracht kommt dann nur, aber immerhin § 240 StGB, Nötigung.

---

506 Vgl. Dallmeyer, BeckOK, StGB, 49. Edition 1.2.2021, § 113 Rn. 8 ff. m. w. N.

d. Regelbeispiele

Beide Widerstandsdelikte haben (über § 113 II StGB bzw. §§ 114 II, 113 II StGB) **Regelbeispiele**. Zu prüfen sind diese wie stets nach der Schuld, soweit sie im Fall einschlägig sind.

Die Regelbeispiele sind:

- Bei-sich-Führen von Waffe oder gefährlichem Werkzeug, § 113 II Nr. 1 StGB (hier ist – wie bei § 244 I StGB – eine *Verwendungsabsicht nicht* erforderlich).
- Gefahr des Todes oder schwerer Gesundheitsschädigung durch eine „Gewalttätigkeit", §113 II Nr. 2 StGB (erforderlich ist hier eine erhebliche Gewalt, die eine *konkrete* Gefahr des Todes pp. verursacht. Eine bloß allgemeine Eignung reicht nicht).[507]
- Beteiligung mehrerer, §113 II Nr. 3 StGB (was so wie bei § 224 I Nr. 4 StGB zu verstehen ist).[508]

e. Zusammenfassung zur Systematik

Die **Systematik** der Widerstandsdelikte lässt sich zum Abschluss gut **grafisch darstellen**, und zwar wie folgt:

	Vollstreckungshandlung	Bloße Diensthandlung
Gewalt gegen Person von einigem Gewicht	§ 114 StGB	§ 114 StGB
Leichte Gewalt gegen Person/ Gewalt gegen Sachen mit Wirkung gegen die Person	§ 113 StGB	(nur) §§ 223, 240 StGB

507 Vgl. Dallmeyer, BeckOK, StGB, 49. Edition 1.2.2021, § 113 Rn. 30.
508 Vgl. Dallmeyer, BeckOK, StGB, 49. Edition 1.2.2021, § 113 Rn. 31.

11. Brandstiftungsdelikte

a. Systematik der Brandstiftungsdelikte

Ebenfalls ein „Überblicksthema", bei dem nur, aber eben auch die Grundstrukturen bekannt sein müssen, sind die Brandstiftungsdelikte, §§ 306 ff. StGB. Dazu dient folgende Darstellung:

Es gibt bei den Brandstiftungsdelikten *drei Grunddelikte* mit unterschiedlicher Schutzrichtung, jeweils *zwei* Tathandlungen sowie *Qualifikationen/Erfolgsqualifikationen.*

Die *Grunddelikte* sind:

- § 306 StGB
- § 306a I StGB
- (§ 306a II StGB)

b. Die drei Grunddelikte

§ 306 StGB hat dabei nach dem Normtext die folgenden Merkmale:

§ 306 StGB

(1) Wer fremde

1. Gebäude oder Hütten,

2. Betriebsstätten oder technische Einrichtungen, namentlich Maschinen,

3. Warenlager oder -vorräte,

4. Kraftfahrzeuge, Schienen-, Luft- oder Wasserfahrzeuge,

5. Wälder, Heiden oder Moore oder

6. land-, ernährungs- oder forstwirtschaftliche Anlagen oder Erzeugnisse

in Brand setzt *oder* durch eine Brandlegung ganz oder teilweise zerstört, *wird mit Freiheitsstrafe von einem Jahr bis zu zehn Jahren bestraft.*

Tat*objekte* sind die aufgezählten Sachen, wenn sie für den Täter *fremd* sind. Tat*handlungen* sind „in Brand setzen" oder „durch Brandlegung zerstören". Das Delikt droht eine *hohe Strafe* an und ist ein Verbrechen.

Das *Schutzgut* des § 306 StGB ist vorrangig das Eigentum. Geschützt wird dieses vor einer Beschädigung oder Zerstörung durch Feuer.[509]

§ 306 StGB ist also eigentlich nicht mehr als eine *Sachbeschädigung durch Feuer.*

Der deutlich höhere Strafrahmen findet seine Berechtigung in der viel höheren zerstörerischen Wirkung des Tatmittels „Feuer" sowie in dessen Unbeherrschbarkeit durch den Täter.

Das Prüfungsschema zu § 306 StGB lautet:

Objektiver Tatbestand:

- **Tatobjekt:**
  - **Gebäude pp. (Nr. 1 bis 6)**
  - **fremd**
- **Tathandlungen:**
  - **In Brand setzen oder**
  - **Durch Brandlegung zerstören**

Subjektiver Tatbestand: Vorsatz

Rechtswidrigkeit

Schuld

Das zweite Grunddelikt ist **§ 306a I StGB** mit dem folgenden *Normtext*:

§ 306a StGB

(1) Mit Freiheitsstrafe nicht unter einem Jahr wird bestraft, wer

1. *ein Gebäude, ein Schiff, eine Hütte oder eine andere Räumlichkeit, die der Wohnung von Menschen dient,*
2. *eine Kirche oder ein anderes der Religionsausübung dienendes Gebäude oder*
3. *eine Räumlichkeit, die zeitweise dem Aufenthalt von Menschen dient, zu einer Zeit, in der Menschen sich dort aufzuhalten pflegen,*

in Brand setzt *oder* durch eine Brandlegung ganz oder teilweise zerstört.

Tatobjekt sind die aufgezählten Sachen *unabhängig* davon, wem sie *gehören.*

509 Vgl. Schönke/Schröder/Heine/Bosch, StGB, 30. Aufl. 2019, § 306 Rn. 1.

Die *Gemeinsamkeit* zumindest der Tatobjekte in Nr. 1 und 3 ist die hohe *abstrakte (!) Gefährdung von Menschen* durch den Brand der genannten Objekte.

Schutzgut des § 306a I StGB ist also *Leben* und *körperliche Unversehrtheit.*[510]

§ 306a StGB ist wegen dieser völlig anderen Schutzrichtung – *entgegen* der etwas irreführenden Gesetzesüberschrift – *keine* Qualifikation des § 306 StGB, sondern wie schon gesagt ein eigenes Grunddelikt.

Das Prüfungsschema für § 306a I StGB lautet:

Objektiver Tatbestand:

- **Tatobjekt:**
  - **Gebäude pp., die der Wohnung von Menschen dienen**
  - **Kirche pp.**
  - **Räumlichkeiten, in der Menschen sich aufzuhalten pflegen**
- **Tathandlung:**
  - **In Brand setzen oder**
  - **Durch Brandlegung zerstören**

Subjektiver Tatbestand: Vorsatz

Rechtswidrigkeit

Schuld

§ 306a II StGB ist das dritte, allerdings recht selten vorkommende, Grunddelikt.

Es bestraft das Anzünden (eigener *oder fremder*) Sachen gem. *§ 306 I* StGB, wenn dadurch eine *konkrete (!) Gesundheitsgefahr* für einen Menschen entsteht.[511]

Bedeutung hat dies v. a. bei Tatobjekten, die in § 306a I StGB fehlen, etwa Kfz oder Moore.

Schutzgut ist auch hier wie bei § 306a I StGB Gesundheit bzw. Leben.

Das Erfordernis einer *konkreten* Gefährdung, auf die sich auch der *Vorsatz* beziehen muss,[512] ist indes der Grund dafür, dass dieses Delikt sehr viel seltener ist als die anderen beiden Grunddelikte.

510 Vgl. Heintschel-Heinegg, BeckOK, StGB, 49. Edition 1.2.2021, § 306a Rn. 2.
511 Vgl. Heintschel-Heinegg, BeckOK, StGB, 49. Edition 1.2.2021, § 306a Rn. 16, 18 ff.
512 Vgl. Heintschel-Heinegg, BeckOK, StGB, 49. Edition 1.2.2021, § 306a Rn. 22.

Es gibt also **drei Grunddelikte** mit *unterschiedlichem* Schutzgut:

- *§ 306 StGB* (Eigentum; Sachbeschädigung durch Feuer); Tatobjekt: *fremde* Sachen
- *§ 306a I StGB* (Leben und Gesundheit); Tatobjekt: *auch tätereigene* Sachen
- (§ 306a II StGB [Gesundheit]; Tatobjekt auch *eigene* Sachen)

c. Qualifikationen, Erfolgsqualifikationen, Fahrlässigkeit

Zu *allen* Grunddelikten gibt es **Erfolgsqualifikationen**:

- § 306b I (Verursachung einer schweren Gesundheitsschädigung)
- § 306c (Todesfolge)

Bei § 306c StGB *miterfasst* sind auch Fälle, in denen Feuerwehrleute oder Retter umkommen, solange es um die Rettung gewichtiger Rechtsgüter geht und die Retter nicht völlig unvertretbare Risiken eingehen.[513]

Zu *§306a I und II* StGB gibt es noch eine **Qualifikation**, nämlich in § 306b II StGB.

§§ 306 I und 306a I StGB sind gem. **§ 306d StGB** auch **fahrlässig** strafbar – was in der Praxis bei aus Unachtsamkeit veranlassten Feuern recht oft abgeurteilt wird.

d. Die Tathandlungen

Zu den **Tathandlungen** soll noch Folgendes ergänzt werden:

In-Brand-Setzen

> Die **Definition „In Brand setzen"** lautet: So vom Feuer erfassen, dass ein Fortbrennen aus eigener Kraft möglich ist.[514]

Erforderlich und zugleich ausreichend ist das Brennen *wesentlicher Teile,* z. B.: Fensterrahmen, Treppen. *Nicht ausreichend* wäre bloß brennendes Mobiliar.[515]

Glimm- und Schwelbrände genügen.

513 Vgl. Heintschel-Heinegg, BeckOK, StGB, 49. Edition 1.2.2021, § 306c Rn. 9 ff.

514 Vgl. Heintschel-Heinegg, BeckOK, StGB, 49. Edition 1.2.2021, § 306 Rn. 14.

515 Vgl. Radtke, Münchener Kommentar zum StGB, 3. Auflage 2019, § 306 Rn. 52 m. w. N.

Die *Funktion* der Alternative „**durch Brandlegung ganz oder teilweise zerstören**“, die erst später ins Gesetz kam, ist die folgende: Es sollen solche Fälle erfasst werden, in denen der Täter In-Brand-Setzen will, dabei an feuerresistenten Materialien scheitert, aber gleichwohl größere Schäden verursacht (z. B. durch Ruß oder Löschwasser).[516]

e. Tätige Reue

Eine *Besonderheit* enthält **§ 306e StGB**: die sogenannte „**tätige Reue**“. Die tätige Reue ist eine Art „Rücktritt“ vom vollendeten Delikt.

Der *Grund* für diese Regelung ist der folgende:

Der Eintritt der *Vollendung* kann bei § 306 ff. StGB *sehr früh* erreicht sein – weil etwa schon das brennende Fenster ein In-Brand-Setzen ist. Besinnt der Täter sich nun eines Besseren und löscht, bevor ein großer Schaden entstanden ist, kommt ein regulärer Rücktritt nach § 24 StGB *nicht mehr* in Betracht – denn dieser geht *nur* beim Versuch, nicht aber beim vollendeten Delikt! Darum hat der Gesetzgeber die tätige Reue ins Gesetz geschrieben.

Prüfungs*ort* ist *nach* der Schuld, das Schema wäre:

<u>Prüfungsschema für § 306e StGB:</u>

Löschung des Brandes (bzw. Veranlassung der Löschung)

Kein größerer Schaden

Freiwilligkeit

516 Vgl. Joecks/Jäger, StGB, 12. Auflage 2018, § 306 Rn. 29, 33; BGH, NStZ 2014, 404, 405.

12. Delikte gegen die Rechtspflege

a. Einführung

(Leider) durchaus *praxisrelevant* sind die Delikte der falschen Verdächtigung und der Vortäuschung einer Straftat, *§§ 164, 145d StGB.* Diese können für die Strafverfolgungsbehörden sehr viel unnötige Arbeit und für zu Unrecht Angezeigte eine hohe psychische Belastung darstellen. Tätern gehen sie oft recht leicht von der Hand. Die *Grundstrukturen* der entsprechenden Normen sollten daher bekannt sein. Zumindest in diesem Umfang können die Delikte auch prüfungsrelevant sein, wenn auch eher als „Nebenkriegsschauplatz".

b. Falsche Verdächtigung, § 164 StGB

Dem Normtext des § 164 StGB sind die folgenden *Tatbestandsmerkmale* zu entnehmen:

§ 164 StGB

(1) Wer einen anderen bei einer Behörde oder einem zur Entgegennahme von Anzeigen zuständigen Amtsträger oder militärischen Vorgesetzten oder öffentlich wider besseres Wissen einer rechtswidrigen Tat oder der Verletzung einer Dienstpflicht in der Absicht verdächtigt, ein behördliches Verfahren oder andere behördliche Maßnahmen gegen ihn herbeizuführen oder fortdauern zu lassen, wird (…) bestraft.

(…)

Dies ergib folgendes Prüfungsschema § 164 StGB:

Objektiver Tatbestand:

- **Anderer**
- **„Verdächtigen" einer Straftat**
- **Bei einer Behörde pp.**
- **Unrichtigkeit der Verdächtigung**

Subjektiver Tatbestand:

- **Vorsatz bzgl. des objektiven Tatbestand**
- **Wissen (= Wissentlichkeit/Absicht) um die Unrichtigkeit**
- **Absicht, ein Verfahren herbeizuführen pp.**

Rechtswidrigkeit

Schuld

Zu den **Tatbestandsmerkmalen** sei Folgendes erläutert:

„Anderer“

Der Täter muss den Verdacht auf eine *konkrete, real existierende* andere Person lenken. Das bloße Weglenken des Verdachts von einem selber auf den „großen Unbekannten“ reicht für § 164 StGB nicht, ebenso wenig wie die Bezichtigung einer erfundenen „Person“.[517]

Falsches „Verdächtigen“ einer Straftat

> Die **Definition „Verdächtigen“** lautet: Hervorrufen eines Verdachts oder Umlenken oder Verstärken eines bestehenden Verdachts.[518]

Die Tatbegehung ist dabei sowohl möglich durch Tatsachenbehauptung in Form *expliziter Äußerungen* als auch *konkludent* durch Schaffung einer falschen „Beweislage“.[519]

Natürlich erforderlich für eine Strafbarkeit ist, dass die Verdächtigung *inhaltlich falsch* sein muss.

Beachte ferner: *Bloßes Leugnen* der Tat soll *auch dann keine* falsche Verdächtigung sein, wenn der Verdacht dadurch zwingend auf eine andere Person gelenkt wird (Bsp.: Bei nur zwei Insassen im Pkw, mit dem jemand totgefahren wurde, bestreitet der Täter zu Unrecht, gefahren zu sein)! Erst wenn aktiv ein anderer (zu Unrecht) belastet wird, etwa durch Ergänzung des bloßen Leugnens um angebliche „Verdachtsmomente“ gegen einen anderen, greift § 164 StGB.[520]

Adressat der Verdächtigung muss nach dem Gesetz entweder eine Behörde oder sonst zur Entgegennahme von Anzeigen zuständige Stelle sein, v. a. natürlich StA und Polizei. Aber auch eine öffentliche Äußerung genügt.

Subjektiver Tatbestand:

Hier ist v. a. das **Wissen um die Unrichtigkeit der Verdächtigung** erforderlich. Gemeint ist Wissentlichkeit bzw. Absicht. *Bedingter Vorsatz* genügt *nicht*; erst recht keine Fahrlässigkeit.[521] In der *Praxis scheitern* Verfahren regelmäßig am

---

517 Vgl. Valerius, BeckOK, StGB, 49. Edition 1.2.2021, § 164 Rn. 13.

518 Vgl. BGHSt 14, 246.

519 Vgl. BGHSt 9, 240.

520 Vgl. Valerius, BeckOK, StGB, 49. Edition 1.2.2021, § 164 Rn. 8.

521 Vgl. Fischer, StGB, 68. Auflage 2021, § 164 Rn. 12.

Tatbestandsmerkmal „Wissen um die Unrichtigkeit". Denn sobald der Anzeigende zwar die Unrichtigkeit seiner Anzeige für möglich hält, aber eben auch ihre Richtigkeit, liegt der subjektive Tatbestand schon nicht vor.

Erforderlich ist ferner die **Absicht, gegen den Verdächtigten ein Verfahren herbeizuführen oder fortdauern** zu lassen. Hier reicht es, wenn der Täter will, dass gegen den Verdächtigten überhaupt (weiter) ermittelt wird. Eine Verurteilung muss der Täter *nicht* anstreben. Salopp formuliert: Die Absicht, durch ein unberechtigtes Verfahren Ärger und Scherereien zu verursachen, reicht.[522]

c. Vortäuschen einer Straftat, § 145d StGB

Der Straftatbestand des *Vortäuschens einer Straftat, § 145d StGB*, umfasst *verschiedene* z. T. recht unterschiedliche Sachverhalte, die alle dadurch „zusammengehalten" werden, die Strafverfolgungs- oder auch Gefahrenabwehrbehörden auf die „falsche Spur" zu setzen. Eine *Systematisierung* der verschiedenen Varianten lässt sich am besten anhand des Normtexts erzielen. Dieser lautet:

§ 145d StGB

(1) Wer wider besseres Wissen einer Behörde *oder einer zur Entgegennahme von Anzeigen zuständigen Stelle* vortäuscht,

1. *dass eine rechtswidrige* Tat begangen *worden sei oder*
2. *dass die Verwirklichung einer der in § 126 I genannten* rechtswidrigen Taten bevorstehe,

wird mit Freiheitsstrafe bis zu drei Jahren oder mit Geldstrafe bestraft, wenn die Tat nicht in §§ 164, 258 oder 258a mit Strafe bedroht ist.

(2) Ebenso wird bestraft, wer wider besseres Wissen *eine der in Absatz 1 bezeichneten* Stellen über den Beteiligten

1. an einer rechtswidrigen Tat *oder*
2. an einer bevorstehenden, *in § 126 I genannten rechtswidrigen Tat*

zu täuschen sucht.

Absatz 1 Nr. *1* und *Absatz 2* Nr. *1* beziehen sich dabei auf Vortäuschungshandlungen in Bezug auf (jedwede) *bereits begangene* Taten. Strafbar ist danach nach Absatz *1 Nr. 1* die falsche (!) Behauptung, dass überhaupt eine Tat

522 Vgl. Valerius, BeckOK, StGB, 49. Edition 1.2.2021, § 164 Rn. 22.

begangen wurde.[523] Nach Absatz *2 Nr. 1* strafbar ist (bei einer tatsächlich begangenen Tat) auch die falsche Behauptung über *Beteiligte* an dieser Tat.[524]

Absatz 1 Nr. *2* und *Absatz 2* Nr. *2* beziehen sich entsprechend auf *bevorstehende* Taten, allerdings nur, soweit sie im Katalog des § 126 StGB stehen. Absatz *1 Nr. 2* stellt dabei die falsche (!) Behauptung unter Strafe, dass eine solche Tat bevorstehe[525] (etwa die nur aus Jux erfolgte Ankündigung eines Amoklaufes). Absatz *2 Nr. 2* bestraft die falsche Behauptung über Beteiligte an einer (tatsächlich bevorstehenden) Tat aus dem Katalog des § 126 StGB.[526]

So ergeben sich die folgenden **Prüfungsschemata für § 145d StGB**:

§ 145d *I Nr. 1, II Nr. 1* StGB – Vortäuschen *begangener* Taten –

Objektiver Tatbestand:

- **Falsche Behauptung einer begangenen Tat *oder***
- **Falsche Behauptung über Beteiligte an einer begangenen Tat**
- **Bei einer Behörde pp.**

Subjektiver Tatbestand:

- **Vorsatz**
- **Wissen um Unrichtigkeit**

Rechtswidrigkeit

Schuld

§ 145d *I Nr. 2, II Nr. 2* StGB – Vortäuschen *bevorstehender* Taten –

Objektiver Tatbestand:

- **Falsche Behauptung einer bevorstehenden Tat aus dem Katalog des § 126 StGB *oder***
- **Falsche Behauptung über Beteiligte an einer bevorstehenden Tat aus dem Katalog des § 126 StGB**
- **Bei einer Behörde pp.**

Subjektiver Tatbestand:

- **Vorsatz**
- **Wissen um Unrichtigkeit**

523 Vgl. Valerius, BeckOK, StGB, 49. Edition 1.2.2021, § 145d Rn. 10.
524 Vgl. Valerius, BeckOK, StGB, 49. Edition 1.2.2021, § 145d Rn. 15.
525 Vgl. Valerius, BeckOK, StGB, 49. Edition 1.2.2021, § 145d Rn. 11.
526 Vgl. Valerius, BeckOK, StGB, 49. Edition 1.2.2021, § 145d Rn. 20.

Rechtswidrigkeit

Schuld

§ 145d StGB ist gegenüber § 164 StGB *formell subsidiär*! Bei falscher Bezichtigung eines konkreten Anderen als Täter einer begangenen Tat läge §145d II Nr. 1 StGB daher zwar vor, tritt aber hinter § 164 StGB zurück. *Anwendungsbereich* für die Normvariante des *§ 145d II Nr. 1 StGB* ist daher v. a. die falsche Selbstbezichtigung.

Beachte ferner: Die Tat ist *mit der unrichtigen Behauptung/Bezichtigung vollendet*, auch wenn die Polizei diese nicht glaubt.[527]

527 Vgl. Valerius, BeckOK, StGB, 49. Edition 1.2.2021, § 145d Rn. 5, 13.

13. Korruptionsstraftaten

a. Einführung

Die Korruptions-Straftatbestände stellen zwar in der Ermittlungsarbeit ein eher „exotisches" Feld dar, das zumeist von darauf spezialisierten Kriminalbeamten (und Staatsanwälten) bearbeitet wird. Wegen der *hohen gesellschaftlichen Relevanz* von Korruption, insbesondere aber auch, um im eigenen Dienstverhalten *alles richtig zu machen* und nicht selber in Verdacht zu geraten, entsprechende Straftaten begangen zu haben, sollte jeder angehende Polizeibeamte hier indes gleichwohl über *Grundkenntnisse* verfügen.

Es gibt insgesamt *vier* Korruptionsstraftatbestände, die den *Kern* dieses Deliktsfeldes darstellen. Diese sind jeweils spiegelbildlich konstruiert, d. h. zwei betreffen die sogenannten „*Nehmer*", also die Beamten, die sich „schmieren" lassen, und zwei die sogenannten „*Geber*", also diejenigen, die „schmieren". Entsprechend gibt es die *Bestechlichkeit* (Nehmer) und die *Bestechung* (Geber), §§ 332, 334 StGB, sowie die *Vorteilsannahme* (Nehmer) bzw. *Vorteilsgewährung* (Geber), §§ 331, 333 StGB. Die dem Strafrahmen nach schwereren Delikte, nämlich Bestechung und Bestechlichkeit, sind dabei der Sache nach die bekannteren. Die weniger bekannten Delikte der Vorteilsgewährung und Vorteilsannahme aber sind in der Praxis die *bedeutsameren*, weil sie die Grenzen von Korruptionsdelikten sehr viel weiter ziehen, als dies teilweise erwartet wird.

In der Kommentierung findet sich zum Verhältnis der Normen zueinander noch die Behauptung, §§ 332, 334 StGB seien Qualifikationen zu den §§ 331, 333 StGB als Grunddelikte.[528] Da indes alle Tatbestandsmerkmale, die bei §§ 332, 334 StGB „gebraucht" werden, in diesen Tatbeständen auch aufgeführt werden, lassen sie sich ebenso gut als selbstständige, wegen des höheren Strafrahmens den §§ 331, 333 StGB vorgehende, Delikte lesen. Insoweit wird hier auch mit den §§ 332, 334 StGB in der Darstellung begonnen. Auswirkungen auf das *inhaltliche* Verständnis der Normen hat diese Frage *nicht*.

528 Vgl. Heintschel-Heinegg, BeckOK, StGB, 49. Edition 1.2.2021, § 332 Rn. 1.

b. Bestechlichkeit/Bestechung, §§ 332, 334 StGB

Die Tatbestandsmerkmale der **Bestechlichkeit, § 332 StGB**, ergeben sich aus dem Normtext dabei wie folgt:

§ 332 StGB

(1) Ein Amtsträger, *(...) der einen* Vorteil *für sich oder einen Dritten als* Gegenleistung *dafür* fordert, sich versprechen lässt oder annimmt, *dass er eine* Diensthandlung vorgenommen hat oder künftig vornehme *und dadurch seine* Dienstpflichten verletzt *hat oder verletzen würde, wird (...) bestraft. (...) Der Versuch ist strafbar.*

Dies ergibt das folgende Prüfungsschema § 332 StGB:

Objektiver Tatbestand:

- **Täter: Amtsträger**
- **Vorteil fordern/annehmen/sich versprechen lassen**
- **„als Gegenleistung": Unrechtsvereinbarung**
- **Diensthandlung**
- **Rechtswidrigkeit der Diensthandlung**

Subjektiver Tatbestand: Vorsatz

Rechtswidrigkeit

Schuld

Die Tatbestandsmerkmale der **Bestechung, 334 StGB**, sehen dann *spiegelbildlich* nach dem Normtext wie folgt aus:

§ 334 StGB

(1) Wer einem Amtsträger *(...) einen* Vorteil *für diesen oder einen Dritten als* Gegenleistung *dafür* anbietet, verspricht oder gewährt, *dass er eine* Diensthandlung vorgenommen hat oder künftig vornehme *und dadurch seine* Dienstpflichten verletzt *hat oder verletzen würde, wird (...) bestraft.*

Dies ergibt folgendes Prüfungsschema § 334 StGB – welches komplementär ist zu § 332 StGB:

Objektiver Tatbestand:

- **Tatobjekt: Amtsträger**
- **Vorteil anbieten/gewähren/sich versprechen lassen**

- **„als Gegenleistung": Unrechtsvereinbarung**
- **Diensthandlung durch Amtsträger**
- **Rechtswidrigkeit der Diensthandlung**

Subjektiver Tatbestand: Vorsatz

Rechtswidrigkeit

Schuld

Zu den **Tatbestandsmerkmalen des § 332 StGB** sei das Folgende erläutert:

Der Täter des **§ 332** StGB muss **Amtsträger** sein, § 332 StGB ist *Sonderdelikt.*

Für den Begriff „Amtsträger" findet sich eine *Legaldefinition* in § 11 I Nr. 2 StGB. *Unabhängig* von der Dienststellung ist danach *jeder*, der für die öffentliche Hand arbeitet und dabei Aufgaben der öffentlichen Verwaltung wahrnimmt, Amtsträger.[529]

Bsp.: Beamte, Angestellte der Stadt, Angestellte einer städtischen privatrechtlich geführten AG zur Abfallentsorgung.

Die **Tathandlung** besteht darin, einen *Vorteil* für sich oder einen Dritten *anzunehmen* oder zu *fordern* bzw. *sich versprechen zu lassen.*

Ein „**Vorteil**" ist dabei *jedwede Besserstellung*; auch *nicht* geldwerte Vorteile reichen.

Bsp.: Geld, Sachwerte, aber auch Ehrendoktorwürde, Geschlechtsverkehr.[530]

Der Täter muss diesen Vorteil nun **annehmen, fordern** oder **sich versprechen lassen**. Dass eine Bestechlichkeit vorliegt, wenn der Täter einen solchen Vorteil annimmt, ist dabei wenig überraschend. Jedoch ist *bereits das Fordern* (soweit die übrigen Merkmale gegeben sind, insbesondere die Unrechtsvereinbarung) und das *Sich-Gewähren-Lassen* als Tathandlung und damit für eine *vollendete* Bestechlichkeit ausreichend!

Weiter erforderlich ist sodann die sogenannte **Unrechtsvereinbarung**.

Gemeint ist eine Art *Abkommen* zwischen *Geber* und *Nehmer*, dass der Vorteil mit einer *konkreten* Diensthandlung *verknüpft* sein soll. Eine *Diensthandlung* ist dabei jede Handlung mit Dienstbezug.[531]

Bsp.: Entgegennahme von teuren Geschenken für die Erteilung einer Aufenthaltserlaubnis; Abbruch einer Verkehrskontrolle, nachdem der Bürger dem Beamten 50 Euro in die Hand gedrückt hat.

---

529 Vgl. Heintschel-Heinegg, BeckOK, StGB, 49. Edition 1.2.2021, § 11 Rn. 11 ff.

530 Vgl. Heintschel-Heinegg, BeckOK, StGB, 49. Edition 1.2.2021, § 332 Rn. 2, § 331 Rn. 17 ff.

531 Vgl. Heintschel-Heinegg, BeckOK, StGB, 49. Edition 1.2.2021, § 332 Rn. 4 ff.

Erforderlich ist ferner noch die **Rechtswidrigkeit der Diensthandlung.**

Dies bestimmt sich nach dem *jeweiligen Fachrecht.* In den genannten Beispielen wäre dies der Fall, wenn kein Anspruch auf Erteilung der Aufenthaltserlaubnis bestand bzw. die Fahrzeugkontrolle noch gar nicht beendet war.

Im Blick auf die Rechtswidrigkeit der Diensthandlung gibt es nun freilich noch ein *Sonderproblem.* Die Frage ist nämlich, wie in Fällen zu verfahren ist, in denen die Vornahme der Diensthandlung im *Ermessen* des Beamten steht. Hier kann es Fälle geben, in denen die Diensthandlung dem Ergebnis nach vertretbar gewesen wäre, aber gleichwohl nur aufgrund von Unrechtsvereinbarung und Vorteil zustande kam. Für solche Fallkonstellationen gibt es eine *gesetzliche Regelung,* welche sich in *§ 332 III Nr. 1a StGB* findet. Sie lautet:

(3) Falls der Täter den Vorteil als Gegenleistung für eine künftige Handlung *fordert, sich versprechen lässt oder annimmt, so sind die Absätze 1 und 2 schon dann anzuwenden, wenn er sich dem anderen gegenüber bereit gezeigt hat,*

1. *(…),*
2. *soweit die Handlung in seinem* Ermessen *steht, sich* bei Ausübung des Ermessens durch den Vorteil beeinflussen zu lassen.

Bei *Ermessensentscheidungen* gilt also:

Rechtswidrig ist die Handlung *schon,* wenn der Vorteil beim Ermessen *mitbedacht* wird und zwar *auch* bei vertretbarem Ergebnis![532]

Beispiel: Der zuständige Sachbearbeiter im Bauamt vergibt in der Sache vertretbar einen Auftrag an die Firma des Gebers, tut dies aber zumindest auch deswegen, weil er dafür teure Konzertkarten vom Geber erhalten hat.

§ 334 StGB (Bestechung) ist nun einfach spiegelbildlich aufgebaut, weswegen die **Merkmale** komplementär sind.

Beachte aber: **Täter** des § 334 StGB (Bestechung) kann *jeder* sein. Wer immer also einen Amtsträger „schmiert“, kann eine Bestechung begehen.

c. Vorteilsannahme/Vorteilsgewährung, §§ 331, 333 StGB

Eines der Hauptprobleme beim *Tatnachweis* für Bestechung und Bestechlichkeit ist dabei die Verbindung zwischen dem gewährten Vorteil und einer *konkreten,* rechtswidrigen Diensthandlung. Dies gilt namentlich

532 Vgl. Heintschel-Heinegg, BeckOK, StGB, 49. Edition 1.2.2021, § 332 Rn. 8 ff.

dann, wenn korruptive Beziehungen erst im Entstehen sind, der Amtsträger vom Geber mit allerlei „einfach so“ gewährten Geschenken zunächst *„angefüttert“* wird. Um Beweisprobleme zu umgehen und um bereits diese Frühphase korruptiver Beziehungen strafrechtlich zu erfassen, gibt es neben Bestechung und Bestechlichkeit die im Strafrahmen niedrigere, ihren Tatbestandsmerkmalen nach aber sehr viel weiteren Delikte der *Vorteilsannahme bzw. Vorteilsgewährung*, §§ 331, 333 StGB.

Dem Gesetzestext der **Vorteilsannahme**, **§ 331 StGB** sind dabei die folgenden *Tatbestandsmerkmale* zu entnehmen:

§ 331 StGB

(1) Ein Amtsträger, (…), der für die Dienstausübung einen Vorteil für sich oder einen Dritten fordert, sich versprechen lässt oder annimmt, wird mit Freiheitsstrafe bis zu drei Jahren oder mit Geldstrafe bestraft.

Dies ergibt folgendes Prüfungsschema § 331 StGB:

Objektiver TB:

- **Täter: Amtsträger**
- **Vorteil fordern/annehmen/sich versprechen lassen**
- **„als Gegenleistung“: Unrechtsvereinbarung**
- **für die Dienstausübung**

Subjektiver Tatbestand: Vorsatz

RW

Schuld

Die Tatbestandsmerkmale **Amtsträger, Vorteil** sowie **annehmen, sich versprechen lassen** und **fordern** sind dabei so zu verstehen wie in § 332 StGB.

Der große *Unterschied* liegt in der **Unrechtsvereinbarung**. Hier ist es *nicht* erforderlich, dass sich der Vorteil auf eine konkrete Diensthandlung bezieht. Es ist auch *nicht* erforderlich, dass der Vorteil sich auf ein rechtswidriges Verhalten des Beamten bezieht. Vielmehr ist alleine der Bezug zur *dienstlichen Tätigkeit* ausreichend.[533]

Bsp.: wiederholte Einladungen eines Sachbearbeiters im Bauamt durch den Inhaber einer Baufirma wegen der beruflichen Stellung des Amtsträgers.

533 Vgl. Heintschel-Heinegg, BeckOK, StGB, 49. Edition 1.2.2021, § 331 Rn. 26 ff.

Praxisbox:

> In der Praxis wirft dies die Frage auf, wie eine derart weit gefasste Unrechtsvereinbarung *nachgewiesen* werden kann. Gibt es hierzu keine eindeutigen schriftlichen Beweise (was freilich häufiger vorkommt, als man denkt, etwa in E-Mail-Kommunikation), so haben sich die folgenden beiden *Indizien* als Tatnachweis bewährt:
>
> Von einer Unrechtsvereinbarung ist im Zweifel auszugehen bei einer *Überschneidung* vom Tätigkeitsfeld des Gebers und dem Dienstbereich des Amtsträgers sowie bei einer *Geheimhaltung* der Zuwendung gegenüber dem Dienstherrn.
>
> Wird also ein Mitarbeiter des Standesamts von einem örtlichen Bauunternehmer zum Essen in einem sündhaft teuren Restaurant eingeladen, spricht dies für sich nicht unbedingt für eine Unrechtsvereinbarung. Erfolgt eine solche Einladung hingegen an einen Mitarbeiter im Bauamt (und fehlt es an einer anderen plausiblen Erklärung wie etwa einer Verwandtschaft), ist dies ein starkes Indiz für einen Dienstbezug des gewährten Vorteils.

Der *Normzweck* dieser Regelung ist wie schon genannt die Lösung von Beweisproblemen und eine Strafbarkeit schon des „Anfütterns". Daneben geht es aber auch noch um die *Bekämpfung des „bösen Scheins"*, da bereits der Eindruck einer Käuflichkeit der öffentlichen Verwaltung verhindert werden soll, welcher durch die Gabe von Geschenken an Amtsträger an sich entstehen kann, auch wenn der Bezug zu einer konkreten Diensthandlung fehlen mag.

Die *immense Weite*, die die Unrechtsvereinbarung erhält, kann indes dazu führen, dass auch Fälle erfasst würden, die eigentlich strafrechtlich unbedenklich wären. *Keine Unrechtsvereinbarung* liegt auch bei einem Zusammenhang zwischen Vorteil und Dienstausübung daher dann vor, wenn es sich um eine *sozialadäquate* Zuwendung handelt. Wann dies der Fall ist, ist im Einzelfall abhängig von der Stellung des Amtsträgers zu entscheiden.[534] Wird also etwa ein Botschafter der Bundesrepublik Deutschland als solcher an seinem Dienstort in ein teures Restaurant zum Essen eingeladen, kann dies durchaus sozialadäquat sein, da es zum Beruf eines Spitzendiplomaten gehört. Die Einladung eines Sachbearbeiters aus dem gehobenen Dienst im Bauamt in ein Spitzenrestaurant wird aber nicht als Berufs- und damit sozialadäquat anzusehen sein. Für *Polizeibeamte* ist die Sozialadäquanz sogar *verneint* worden für das Entgegennehmen von „Freibier" in einer Kneipe.[535]

534 Vgl. Heintschel-Heinegg, BeckOK, StGB, 49. Edition 1.2.2021, § 331 Rn. 27.
535 Vgl. BGH, NStZ 1998, 194.

Praxisbox:

Um in der Praxis hier nichts falsch zu machen, gerade als Polizeibeamter, gibt es daher *zwei einfache Regeln*: Zum einen ist zu jeder Art von Geschenk im Zweifel einfach *„nein"* zu sagen. Allein *Bagatellzuwendungen*, welche situativ erfolgen (wie etwa das durchaus übliche Anbieten von Kaffee während einer Firmendurchsuchung) kann man bedenkenlos annehmen. Falls man doch mal ein höherwertiges Geschenk angenommen hat (wobei in vielen Dienstverordnungen die Grenze hier bei zehn Euro gezogen wird), ist man immer auf der sicheren Seite, wenn man die Annahme dem Dienstvorgesetzten *unverzüglich meldet*.

14. Politisch motivierte Kriminalität (PMK)

a. Einführung

In politisch aufgeheizten Zeiten ist es keineswegs mehr nur für zuständige Sachbearbeiter bei der Kripo, sondern für jeden Polizeibeamten, auch bei der Schutzpolizei, von *zentraler Bedeutung*, jedenfalls bei den beiden (zahlenmäßig) wichtigsten Straftatbeständen der PMK (politisch motivierten Kriminalität) zumindest in den *Grundstrukturen sattelfest* zu sein. Diese Sattelfestigkeit zu vermitteln, ist der Zweck der nachfolgenden Darstellung der beiden zentralen Normen des „Verwenden von Kennzeichen verfassungswidriger Organisationen“ nach *§ 86a StGB* sowie der *Volksverhetzung gem. § 130 I, III StGB*. Denn dies sind eben die Massendelikte aus dem Bereich der PMK, die jedem Polizeibeamten sozusagen auf der Straße (oder an der Hauswand) begegnen können.

b. Verwenden von Kennzeichen verfassungswidriger Organisationen, § 86a StGB

Geregelt ist das Verwenden von Kennzeichen verfassungswidriger Organisationen in § 86a StGB, der hinsichtlich der Frage, was ein „Kennzeichen“ ist, indes auf § 86 I StGB Bezug nimmt, sodass sich die Tatbestandsmerkmale insgesamt *aus beiden Normen* ergeben und wie folgt darstellen:

§ 86a StGB

(1) Mit Freiheitsstrafe bis zu drei Jahren oder mit Geldstrafe wird bestraft, wer

1. im Inland Kennzeichen einer der in § 86 I Nr. 1, 2 und 4 bezeichneten Parteien oder Vereinigungen (…) öffentlich, in einer Versammlung oder in von ihm verbreitetem Inhalt (§ 11 III) verwendet (…).

(2) Kennzeichen im Sinne des Absatzes 1 sind namentlich Fahnen, Abzeichen, Uniformstücke, Parolen und Grußformen. Den in Satz 1 genannten Kennzeichen stehen solche gleich, die ihnen zum Verwechseln ähnlich sind.

§ 86 StGB

(1) Wer Propagandamittel

1. einer vom Bundesverfassungsgericht für verfassungswidrig erklärten Partei oder einer Partei oder Vereinigung, von der unanfechtbar festgestellt ist, dass sie Ersatzorganisation einer solchen Partei ist,

2. *einer* Vereinigung, die unanfechtbar verboten *ist, weil sie sich gegen die verfassungsmäßige Ordnung oder gegen den Gedanken der Völkerverständigung richtet, oder von der unanfechtbar festgestellt ist, dass sie Ersatzorganisation einer solchen verbotenen Vereinigung ist,*

(…)

4. *die nach ihrem Inhalt dazu bestimmt sind, Bestrebungen einer* ehemaligen nationalsozialistischen Organisation *fortzusetzen,*

(…)

Es entsteht so folgendes Prüfungsschema § 86a StGB:

Objektiver Tatbestand:

- **Tatobjekt:**
  - **Kennzeichen…**
  - **…einer verbotenen Partei/Vereinigung oder**
  - **…einer NS-Organisation**
- **Tathandlung:**
  - **Verwenden**
  - **Öffentlich pp.**

Subjektiver TB: Vorsatz

Rechtswidrigkeit

Schuld

Ein **Kennzeichen** ist dabei *jedwedes Erkennungszeichen* von *NS*-Organisationen oder *seit 1949 verbotener* verfassungsfeindlicher Parteien/Vereinigungen *jedweder* politischer Richtung.

Um die Norm in ihrem Anwendungsbereich richtig zu erfassen, muss man nun den Blick auf *zweierlei* werfen: Zum einen müssen Kennzeichen *nicht verkörpert* sein. Lediglich gerufene Parolen oder bloß gezeigte Gesten reichen grundsätzlich aus! Zum anderen ist die Norm hinsichtlich der erfassten Kennzeichen *nicht auf rechtsextremistische Kennzeichen beschränkt.* Zwar sind Kennzeichen von NS-Organisationen immer erfasst; erfasst sind aber eben auch sämtliche Kennzeichen von seit Bestehen der Bundesrepublik Deutschland verbotenen Organisationen im Sinne des § 86 I StGB.[536]

536 Vgl. Ellbogen, BeckOK, StGB, 49. Edition 1.2.2021, § 86a Rn. 3 ff.

Darunter können auch kommunistische oder ausländerpolitische Organisationen fallen.

Bsp. für Kennzeichen sind daher etwa: Hakenkreuz, SS-Rune, „Heil Hitler"-Rufe, Zeigen des Hitlergrußes,[537] aber auch PKK-Fahnen[538] oder die Fahne des „Islamischen Staats" (IS).

Ebenfalls erfasst sind *minimal abweichende Zeichen*, also etwa SS-Runen mit kaum erkennbaren Abrundungen an oberen und unteren Ecken der Buchstaben.

Nicht von § 86a StGB erfasst sind allerdings *rechtsextreme „Fantasiezeichen"* ohne Organisationsbezug, die erst nach 1945 erfunden wurden. Ein Beispiel wäre etwa die in der Szene (wegen der Straflosigkeit lange sehr populäre) Verwendung von Zahlenkürzeln wie „88" (= „Heil Hitler").[539]

Zeichen, die sowohl im Dritten Reich als *auch* in völlig anderen Kontexten Verwendung finden, unterfallen *grundsätzlich* der Strafbarkeit. Das ist *nur dann anders*, wenn sich aus dem Verwendungskontext sozusagen auf den ersten Blick ergibt, dass es um die nicht-nationalsozialistische Nutzung geht.[540] Straflos wäre also etwa die Verwendung eines Hakenkreuzes in einem Hindu-Schrein.

(Wichtigste) **Tathandlung** ist das **öffentliche Verwenden**. Gemeint ist damit das Zugänglichmachen für einen vom Täter nicht mehr überschaubaren Personenkreis.[541]

Bsp.: Zeigen im Straßenverkehr, Anbringen im Flur eines großen MFH, Verwenden auf für jeden/viele unbekannte „Freunde" einsehbarem Facebook-Profil.

Strafbar ist ferner auch das **Verbreiten** (was ein Zugänglichmachen für eine öffentliche Wahrnehmung meint) und das **Verwenden** in einer **Versammlung** oder in einer **Schrift**.[542]

Die Verwendung *nur im privaten* Bereich hingegen ist *straflos*. Wer also etwa in seinem Wohnzimmer eine durch das Fenster von der Straße aus gut sichtbare Hakenkreuzfahne angebracht hat, verwendet diese öffentlich (und erfüllt so zumindest den objektiven Tatbestand). Wer hingegen seinen Par-

---

537 Vgl. Ellbogen, BeckOK, StGB, 49. Edition 1.2.2021, § 86a Rn. 3 ff.

538 Vgl. LG München, BeckRS 2018, 20548.

539 Vgl. Trips-Hebert/ Wissenschaftlicher Dienst des Deutschen Bundestags, Die strafbare Verwendung von Kennzeichen verfassungswidriger Organisationen, 2014, S. 14.

540 Vgl. Ellbogen, BeckOK, StGB, 49. Edition 1.2.2021, § 86a Rn. 6.

541 Vgl. Ellbogen, BeckOK, StGB, 49. Edition 1.2.2021, § 86a Rn. 25.

542 Vgl. Ellbogen, BeckOK, StGB, 49. Edition 1.2.2021, § 86a Rn. 22 ff.

tykeller mit NS-Devotionalien dekoriert und dort nur mit Familie und Freunden feiert, erfüllt keinen Straftatbestand.

Nach **§ 86 III StGB** straflos ist das öffentliche Verwenden schließlich dann, wenn es der Bildung, der Wissenschaft oder der politischen Aufklärung dient. Das Aufhängen einer Hakenkreuzfahne in einem historischen Museum oder ein Foto einer SS-Uniform in einem Geschichtslehrbuch sind also grundsätzlich straflos. Um Missbrauch vorzubeugen, gilt dies allerdings nur dann, wenn die entsprechende Darstellung keinen beschönigenden Charakter hat.[543]

Praxisbox:

Stößt man *im Rahmen einer Durchsuchung* in anderer Sache im Durchsuchungsobjekt auf NS-Kennzeichen (oder auf solche anderer verbotener Organisationen), ist zunächst im Kopf zu behalten, dass deren *bloßer Besitz nicht* strafbar ist, sondern lediglich das *öffentliche* Verwenden. Gibt es wie im Partykeller-Beispiel dafür *keinerlei* Hinweise, können Objekte und Aufstellungsort zwar durch Lichtbilder dokumentiert werden (und sollten es auch), einen Anfangsverdacht für eine Tat nach § 86a StGB und damit einen Grund für eine Beschlagnahme der Objekte gibt es *dann allerdings nicht*. Besteht hingegen *Unklarheit* über die Öffentlichkeit des Verwendens (z. B. beim Auffinden in einem Bürogebäude) oder handelt es sich um öffentlich verwendete Gegenstände, bei denen allein fraglich ist, ob sie tatsächlich verboten sind oder ob aus dem Kontext ausnahmsweise ein Erlaubtsein folgt, wird ein Anfangsverdacht nach § 86a StGB *im Zweifel bestehen*. In solchen Fällen liegt man daher *mit einer Beschlagnahme im Zweifel richtig*; die Staatsanwaltschaft mag die Gegenstände später ggf. wieder aushändigen, falls der Anfangsverdacht sich nicht erhärten lässt.

c. Volksverhetzung, § 130 StGB

Das zweite „Massen-Delikt" der PMK ist die Volksverhetzung, die in § 130 StGB geregelt ist. Die Norm enthält dabei in vier Absätzen *vier* verschiedene, unabhängige Straftatbestände, von denen *Absatz 1 der praktisch bedeutsamste* ist und den Schwerpunkt hiesiger Erläuterung darstellt. Auf die in Absatz 3 geregelte „*Holocaustleugnung*" soll am Ende gleichwohl noch kurz eingegangen werden; Taten nach § 130 II und IV StGB kommen hingegen kaum vor.

Tatbestandsmerkmale des **§ 130 I StGB** sind nach dem Normtext dabei:

543 Vgl. Ellbogen, BeckOK, StGB, 49. Edition 1.2.2021, § 86 Rn. 26.

§ 130 StGB

(1) Wer in einer Weise, die geeignet ist, den öffentlichen Frieden zu stören,

1. *gegen eine nationale, rassische, religiöse oder durch ihre ethnische Herkunft bestimmte Gruppe, gegen Teile der Bevölkerung oder gegen einen Einzelnen wegen seiner Zugehörigkeit zu einer vorbezeichneten Gruppe oder zu einem Teil der Bevölkerung zum Hass aufstachelt, zu Gewalt- oder Willkürmaßnahmen auffordert oder*
2. *die Menschenwürde anderer dadurch angreift, dass er eine vorbezeichnete Gruppe, Teile der Bevölkerung oder einen Einzelnen wegen seiner Zugehörigkeit zu einer vorbezeichneten Gruppe oder zu einem Teil der Bevölkerung beschimpft, böswillig verächtlich macht oder verleumdet,*

wird mit Freiheitsstrafe von drei Monaten bis zu fünf Jahren bestraft.

„*Sortieren*" lassen sich die auf den ersten Blick recht unübersichtlichen Merkmale des § 130 I StGB nun wie folgt:

Tatobjekt sind „Teile der Bevölkerung" oder „Einzelne wegen ihrer Zugehörigkeit"

Tathandlungen sind

Nach Nr. 1: *Aufstacheln zum Hass*, Aufforderung zu Gewalt- und Willkürmaßnahmen

Nach Nr. 2: Angriff auf die Menschenwürde durch Beschimpfen pp.

Der „Erfolg" ist die „*Eignung zur Friedensstörung*".

So ergibt sich folgendes Prüfungsschema § 130 I StGB:

Objektiver Tatbestand

- **Tatobjekt: Teile der Bevölkerung oder Einzelne wegen ihrer Zugehörigkeit**
- **Tathandlungen:**
  - **Nr. 1: Aufstacheln zum Hass, Aufforderung zu Gewalt- und Willkürmaßnahmen oder**
  - **(Nr. 2: Angriff auf die Menschenwürde durch Beschimpfen pp.)**
- **„Erfolg": Eignung zur Friedensstörung**

Vorsatz

Rechtswidrigkeit

Schuld

Zu den einzelnen Merkmalen sei Folgendes erläutert:

Tatobjekt sind wie benannt „**Teile der Bevölkerung**" oder „**Einzelne wegen ihrer Zugehörigkeit (zu einem solchen Teil)**".

> Die **Definition für „Teil der Bevölkerung"** lautet: Jede zahlenmäßig nicht unerhebliche Personengruppe, die aufgrund gemeinsamer äußerer oder innerer Merkmale als unterscheidbarer Teil von der Gesamtbevölkerung abgrenzbar ist.[544]

Beachte dabei: *Jede* unterscheidbare Gruppe kann Tatopfer sein!

Bsp. wären etwa: Ausländer, Juden, Sozialdemokraten, Beamte, Polizisten.

Ausgenommen sind (nur) zu unscharf abgrenzbare und zu kleine Gruppen.

Bsp. dafür wären: GSG 9 (zu klein), „Linke- und Antifabrut" (zu unscharf).[545]

Richtigerweise können *auch „Deutsche" Tatobjekt* sein, denn sie fallen unter die Definition und einen kriminalpolitischen Anlass; sie auszunehmen oder die Norm auf einen dem Gesetzestext nicht entnehmbaren Minderheitenschutz zu begrenzen, gibt es nicht.[546]

Für die wichtigste **Tathandlung**, nämlich die **Aufstachelung zum Hass**, gibt es nun einen zentralen *Grundsatz: nicht jede* abwertende oder polemische Äußerung ist strafbar und *nicht jede* „politische" Beleidigung ist zugleich Volksverhetzung – denn die *Meinungsfreiheit* gilt *auch* für scharfe, unsachliche und polemische Beiträge!

Zur Frage, wann die Grenze der Meinungsfreiheit erreicht ist und diejenige der Volksverhetzung beginnt, gibt es nun eine *Definition* und eine *Faustformel*:

> Die **Definition „Aufstachelung zum Hass"** lautet: Einwirkungen auf Dritte, die objektiv dazu geeignet und subjektiv dazu bestimmt sind, eine über bloße Ablehnung oder Verachtung hinausgehende feindselige Haltung gegenüber bestimmter Teile der Bevölkerung zu erzeugen.[547]

Die *Faustformel* zur Frage nach erlaubter Meinungsäußerung oder strafbarer Aufstachelung zum Hass geht so:

Überwiegt trotz aller Polemik *noch der Sachbezug*, liegt *keine* Aufstachelung vor. *Dominieren* (trotz ggf. noch vorhandenem Sachbezug) Polemik und Schmähungen, *liegt* eine Aufstachelung vor.

---

544 Vgl. Rackow, BeckOK, StGB, 49. Edition 1.2.2021, § 130 Rn. 15.

545 Vgl. Rackow, BeckOK, StGB, 49. Edition 1.2.2021, § 130 Rn. 15.3 f. m. w. N.

546 Vgl. Nowrousian, JR 2017, 567.

547 Vgl. Rackow, BeckOK, StGB, 49. Edition 1.2.2021, § 130 Rn. 18.

Verboten ist danach etwa die Bezeichnung von Sinti und Roma als „Sozialschmarotzer“. Erlaubt ist aber der von der NPD eine Zeit lang sogar plakatierte Slogan „Geld für die Oma statt für Sinti und Roma“. Polemisch sind dabei beide Parolen. Aber da bei letzterer eben noch ein Sachbezug dominiert, ist sie trotzdem nicht strafbar.[548]

Für die *Faustformel* gibt es nun noch eine *Ergänzung: Stets als Aufstachelung* zu sehen ist nämlich die Verwendung von Begriffen aus der NS-Ideologie gegen „Teile der Bevölkerung“ („Untermenschen“ o. Ä.) und die abwertende (!) Verwendung von Tiernamen für „Teile der Bevölkerung.“

Bsp. (Originalfall eines bei einer Demo gerufenen Slogans): „Jude, Jude, feiges Schwein, komm heraus und kämpf allein!“[549]

Ein „**Aufruf zu Gewalt- oder Willkürmaßnahmen**“ (als weitere mögliche Tathandlung) verlangt das Auffordern zu gewaltsamem Vorgehen oder zu Maßnahmen, die jede gesellschaftliche Teilhabe ausschließen.[550]

Bsp.: „Kauft nicht bei Juden!“

Beachte aber: „Ausländer raus!“ ist nur strafbar, wenn damit zur gewaltsamen Vertreibung aufgerufen wird.[551]

Ein „**Angriff auf die Menschenwürde**“ (als dritte Tathandlung) meint eine über die bloße Beleidigung hinausgehende Anfeindung, die die Angegriffenen als unterwertig darstellt und ihnen das Lebensrecht in der Gemeinschaft abspricht.[552]

Die eigenständige praktische Bedeutung dieser Variante ist wegen ihrer Nähe zur „Aufstachelung zum Hass“ gering; es gilt ferner die gleiche Faustformel wie bei „Aufstachelung“.

„Eignung zur Störung des öffentlichen Friedens“

Eine bloße – abstrakte – *Eignung* reicht dabei. Immer gegeben ist diese bei *öffentlichen* Äußerungen.[553] I.d.R. *nicht* gegeben ist sie bei Äußerungen im privaten Kreis; allerdings können (anders als bei § 86a StGB!) nicht-öffentliche Äußerungen erfasst sein, wenn sie den öffentlichen Frieden gleichwohl stören können, etwa bei Äußerungen in Schulklassen.[554]

548 Vgl. Nowrousian, Kriminalistik 2015, 250 ff.

549 Vgl. Nowrousian, Kriminalistik 2015, 250 ff.

550 Vgl. Fischer, StGB, 68. Auflage 2021, § 130 Rn. 10.

551 Vgl. Fischer, StGB, 68. Auflage 2021, § 130 Rn. 10a.

552 Vgl. Rackow, BeckOK, StGB, 49. Edition 1.2.2021, §130 Rn. 21.

553 Vgl. Fischer, StGB, 68. Auflage 2021, § 130 Rn. 13, 14.

554 Vgl. Nowrousian, Kriminalistik 2015, 250 ff.

§ 130 III StGB stellt – als *eigenständiger* Tatbestand – die „*Holocaust-Leugnung*" unter Strafe.[555] Strafbar ist danach aber nicht nur die Leugnung, also das komplette Bestreiten, sondern auch die Billigung, also das Gutheißen, und die Verharmlosung, etwa durch eine sachlich völlig ungerechtfertigte Relativierung der Opferzahl.

Für beide hier besprochenen Normen aus dem politischen Strafrecht sind ebenfalls die Anwendbarkeit erweiternde *Gesetzesänderungen* bereits im *Gesetzgebungsverfahren*. Nach §§ 86a, 86 StGB soll in der geplanten Neufassung auch das Verwenden *terroristischer* Symbole strafbar sein, wobei es ausreichen soll, dass die Organisation, deren Symbol verwendet wird, auf der EU-Terrorliste steht. Es geht dabei namentlich um Fahnen der Hamas. In einem neuen Straftatbestand soll, dann § 192a StGB, die „*verhetzende Beleidigung*" strafbar sein, die Fälle erfassen soll, in denen der Täter volksverhetzende Äußerungen nicht öffentlich tätigt, sondern einem Angehörigen der verhetzten Gruppe gegenüber – also etwa judenfeindliche Äußerung gegenüber einzelnen Juden. So soll verhindert werden, dass eine Strafbarkeit an der nach § 130 I StGB ja nötigen Eignung zur Störung des öffentlichen Friedens scheitert.[556]

555 Vgl. Fischer, StGB, 68. Auflage 2012, § 130 Rn. 23 ff.

556 Vgl. BT-Drucksache 19/30943; ZEIT, „Gesetzespaket/ Bundestag beschließt Strafgesetze gegen Extremismus und Missbrauch", 25.06.2021.

Annex: Strafverfahren und Strafarten

Durchgesetzt wird der staatliche Strafanspruch, der entsteht, wenn ein Täter einen Straftatbestand vollständig verwirklicht hat, im *Strafverfahren*. Die Regelungen dazu, was strafbar ist, heißen dabei *materielles* Strafrecht; die Regeln des Strafverfahrens nennt man *formelles* Strafrecht (oder eben Strafverfahrensrecht). Geregelt ist das Strafverfahren in der *Strafprozessordnung*.

Das Strafverfahren unterfällt in *vier Abschnitte*:

Der *erste* Abschnitt ist das *Ermittlungsverfahren*, das von Polizei oder Staatsanwaltschaft eingeleitet wird, wenn ein Anfangsverdacht besteht, also zureichende tatsächliche Anhaltspunkte dafür bestehen, dass eine Straftat vorliegen könnte, § 152 II StPO. Im Ermittlungsverfahren wird, ggf. unter Nutzung der strafprozessualen Zwangsmaßnahmen aus der StPO, geklärt, ob überhaupt eine verfolgbare Tat begangen wurde. Ist dies nicht der Fall, stellt die Staatsanwaltschaft am Ende des Ermittlungsverfahrens das Verfahren nach § 170 II StPO ein. Auch bei Vorliegen einer Straftat kann in Fällen von leichter Kriminalität wegen Geringfügigkeit oder gegen Auflage eingestellt werden, §§ 153, 153a StPO.

Das Ermittlungsverfahren ist der Verfahrensabschnitt, in dem Sie als Polizeibeamte gem. § 152 GVG *als Ermittlungspersonen* der Staatsanwaltschaft aktiv sind!

Erhebt die Staatsanwaltschaft nach Abschluss der Ermittlungen *Anklage*, weil sich der Verdacht entsprechend zum hinreichenden Tatverdacht erhärtet hat, entscheidet das zuständige Strafgericht im sogenannten *Zwischenverfahren* als *zweitem* Abschnitt des Strafverfahrens (nur), ob es die Anklage zur Hauptverhandlung zulässt. Tut es dies, findet im Rahmen des *dritten* Abschnitts, des *Hauptverfahrens*, vor Gericht eine mündliche *Hauptverhandlung* statt. In dieser können Sie als Polizeibeamte *als Zeuge* geladen werden, was sehr häufig vorkommt. Am Ende der Hauptverhandlung entscheidet das Gericht durch Urteil und spricht den Angeklagten entweder frei oder verurteilt. Wird er verurteilt und wird dieses Urteil rechtskräftig, folgt als *vierter* und letzter Verfahrensabschnitt die *Strafvollstreckung*.

An *Strafarten* steht zumindest im Verfahren gegen Erwachsene grundsätzlich nur die *Geldstrafe* oder die *Freiheitsstrafe* zur Verfügung, §§ 38 ff. StGB. Bei Mord kann auf lebenslange Freiheitsstrafe erkannt werden; ansonsten ist, wenn der konkrete Straftatbestand nicht ein Höchstmaß bestimmt ist, das mögliche Höchstmaß bei 15 Jahren (§ 38 II StGB). Die Geldstrafe bemisst sich nach Tagessätzen, wobei deren Anzahl sich nach dem Maß der Schuld bestimmt, deren Höhe sich aber am monatlichen Nettoeinkommen des Angeklagten orientiert, § 40 StGB. Als dritte Strafart, die neben Geld- oder Freiheitsstrafe verhängt werden kann, ist mittlerweile auch dann, wenn das Delikt keinen Verkehrsbezug hat, ein Fahrverbot möglich, § 44 I S. 2 StGB.

Neben der Strafe können sogenannte Maßregeln verhängt werden, etwa die Entziehung der Fahrerlaubnis bei Verkehrsdelikten gem. §§ 69 ff. StGB. Ferner ist die Einziehung von Sachwerten, die der Täter durch die Straftat erlangt hat, möglich, §§ 74 ff. StGB.

Im Verfahren gegen Jugendliche gibt es ein sehr viel ausgefeilteres Instrumentarium an Rechtsfolgen, das von Arbeitsstunden über Kurz- und Dauerarrest bis zur Jugendstrafe reicht.